FINANCIAL INSTITUTIONS,
FINANCIAL RISKS AND
FINANCIAL SECURITY

金融机构、金融风险与金融安全

俞 勇 ◎ 著

中国财经出版传媒集团
中国财政经济出版社

图书在版编目（CIP）数据

金融机构、金融风险与金融安全 / 俞勇著. --北京：中国财政经济出版社，2020.10

ISBN 978-7-5223-0086-3

Ⅰ.①金… Ⅱ.①俞… Ⅲ.①金融机构-金融风险-风险管理 Ⅳ.①F830.2

中国版本图书馆 CIP 数据核字（2020）第 182812 号

责任编辑：樊 闽 张 洁　　责任校对：张 凡
封面设计：陈宇琰

中国财政经济出版社出版

URL：http：//www.cfeph.cn
E-mail：cfeph@cfeph.cn

（版权所有　翻印必究）

社址：北京市海淀区阜成路甲 28 号　邮政编码：100142
营销中心电话：010-88191537
北京中兴印刷有限公司印刷　各地新华书店经销
787×1092 毫米　16 开　33.25 印张　515 000 字
2020 年 10 月第 1 版　2021 年 2 月北京第 2 次印刷
定价：85.00 元
ISBN 978-7-5223-0086-3
（图书出现印装问题，本社负责调换）
本社质量投诉电话：010-88190744
打击盗版举报热线：010-88191661　QQ：2242791300

序 言

坚守风险初心任重道远，近二十年过去，弹指一挥间。不论从规模、结构、监管能力还是其他维度观察，我国当前的金融业发展水平都与当年加入世贸组织之时不可同日而语。应该看到，在经受住多轮风险考验和改革提升之后，我国金融体系的稳健性和自我修复能力都已经有了显著提升。但更应该看到的是，近几年，我国面临的内外部发展环境发生了许多始料未及的变化，金融机构极其困难地应对挑战。另一方面，一些金融机构却偏离金融主业，漠视金融风险，忘本弃源。经济金融领域正面临一些前所未有的重大挑战，每临大事有静气，外部环境越是错综复杂，困难挑战越是接踵而来，就越要追本溯源，有必要沉下心来温习金融的本质逻辑。

金融是以服务实体经济为本源的行业。因为有了实体经济，才产生了商品交换和货币信用，从满足欧洲海上贸易融资的银行业发端，到形成以多样化业态服务技术创新和产业升级的现代金融体系，几百年来的金融业发展史就是一部围绕实体经济需求不断发展壮大的历史。在此期间，金融的经营形式推陈出新，但金融服务实体这一本质始终未变。历史的经验一再证明，只有紧盯服务实体经济发展中的机遇，金融业才能充满生机活力。皮之不存，毛将焉附？一旦实体经济衰败，金融业的发展就会受到掣肘，风险就会产生，不论从哪个层面来讲，当前和未来我国金融业应对各种挑战、保持稳健性以及增强竞争力都需要首先把握好这个本质。

金融领域的风险挑战复杂而艰巨，与许多实体经济领域不同的是，其处处蕴含着对人性的考验。这从根本上决定了金融机构经营、金融风险管理和金融监管等工作不但十分复杂，而且时效性强，需要具备超前意识。在面对当前国内外诸多风险挑战之时，金融领域的市场主体和监管主体都更加需要反思历次金融危机的历史教训，梳理各种跨市场、跨机构、跨业务的复杂关联性，防止风险积累集聚导致的危机爆发。

金融是建立于契约和法律基础上的交易集合。信用是金融机构和从业者安身立命的基石，任何背离信用关系的操作与行为，对金融机构来讲都是不道德的。金融业的发展史也是一部法律关系演进及合约机制变迁的历史，基本和重大法律关系的界定、金融展业和监管基本原则的确立，以及各类主体权责边界的划分，都是影响每个金融业参与主体的根本性问题。我国在经历了进入新世纪以来的长足进步之后，更加需要着眼治本、着眼预防、着眼适用，在借鉴国际经验和总结国内实践基础上，着眼未来研究和解决这些问题，使信用和法律真正成为文明社会的标志。

金融安全是关乎国家安全的重要方面。无论是全球政治经济格局的变迁，还是一国政治经济地位的起落，都与金融息息相关。没有国家政治经济局面的稳定，金融业就失去了赖以生存发展的外部环境而难以独善其身；没有金融业的兴旺和稳定，国家的安全和繁荣也难以保证。在建立完善"以国内大循环为主体、国内国际双循环相互促进的新发展格局"的过程中，尤其需要把金融的安全稳定问题放在"两个循环"的大格局之下思考，进一步发挥金融在国家整体战略中的重要作用。

在我国金融业改革发展亟须引进国际经验和高层次人才的重要时期，俞勇同志放弃华尔街优厚待遇毅然归国，迄今已十多年。在此期间，他深度参与了我国金融业监管改革进程，为商业银行等大型金融企业经营水平和风险管理能力提升贡献良多。与此同时，他把理论方法、国际经验与国内金融业改革发展的具体场景紧密结合，持续进行实践导向的深入研究。本书作为俞勇同志多年笔耕不辍所获的又一硕果，包括了对我国商业银行、金融控股公司、私募股权投资机构等金融企业转型发展的专门思考，也包括了对金融监管和金融风险管理诸多细分领域的深入探究，还包括在贸易战不断升级的背景下从金融基础设施、金融应急管理体系及金融科技等多个维度对国家金融安全这一重大课题的及时研究。这些成果既是在金融理论和实践领域孜孜求索的结果，也是对我国金融事业情怀责任的体现。

与俞勇同志相识，是我在北京大学研究金融安全与风险时的事。我们曾就金融安全与金融运行基本规律的关系问题多次进行讨论，并且观点非常相近。世界经济与金融发展的共同历史一再证明并将继续证明：尊重金融本质、遵循金融运行的基本逻辑才能获得繁荣发展的奖赏，而无视金融常识破坏金融运行规则将必然吞下危机和衰败的苦果。不论全球政治经济风云如何变幻，也不论前方困难挑战如何层出不穷，我国金融业改革、发展和开放的步伐都不会停止。愿投身其中的诸君牢记金融事业之本质与初心，继续勇于担当，再接再厉，共同开拓我国金融业更加健康繁荣的未来。

中国建设银行原党委书记、董事长
二〇二〇年八月二十一日

前言：斯路漫漫，上下求索

露往霜来，日月其除。从进入海内外著名高校学习打下专业基础，到投身华尔街金融巨头工作成长，再到归国参与推动金融监管改革，直至近年来致力于帮助国内金融机构对标国际领先实践……回望三十年金融从业经历的各个篇章，许多亲身经历至今令人印象深刻：资产定价模型的精妙复杂，金融海啸的惊涛骇浪，金融监管改革的大刀阔斧，领先金融机构的创新突破……这些历史演进中的记忆交织带来了多样的感悟：

金融是主体众多的复杂生态体系，参与者只有不断快速进化才能在竞争中实现适者生存。从传统的主流金融机构如大型商业银行、证券公司、保险公司到术业有专攻的私募股权投资机构、金融资产管理公司，再到持有多种金融牌照的金融控股公司，各类金融机构之间的竞争早已从细分行业内部扩展到了跨界竞争。稍有懈怠错失良机，就有可能在行业演进的大潮中变成"前浪"，或者在跨界对手的降维打击中走向衰落。

金融充满诱惑和风险，堪称天使和魔鬼的复合体。生活中人们往往厌恶风险喜欢确定性，应对不确定性能力的提高伴随着人类社会进步的全过程。因此，学会与不确定性相处，从风险中寻找价值就成为一项不可或缺的工作。应该看到，因为有了金融的支持，个人实现了财富积累，企业赚取了高额利润，国家实现了兴旺发达；也正是因为不能有效应对金融的风险，于是出现了个人家破人亡、企业破产倒闭，还有一些国家经济衰退。纵观古今中外的经济金融史，"眼看他起高楼，眼看他宴宾客，眼看他楼塌了"的桥段每天都在重复上演。

金融关乎千家万户生计，更关乎社稷兴亡。欧洲传奇金融家族翻云覆雨决定战争胜负的故事已经广为流传，超级大国的金融巨鳄通过发动外汇战争摧毁他国经济的例子也不难列举。在全球经济高度关联的今天，金融已经具备"国之大事，死生之道，存亡之地"的重要战略意义，国家金融安全已经成为"不可不察"的重大课题。

本书收录的文章主题各异、形式有别、长短不同，但都是承载上述感悟的载体，也是标记从业多年来思考进程的符号。其中，第一部分是金融机构改革发展主题下的讨论，既包括商业银行的资本管理、资产负债管理、公司治理及经营变革等方案，也包括对金融控股公司、信托公司、股权投资机构、国有金融企业等其他金融市场参与主体的研究。第二部分是金融风险管理主题下的讨论，从后金融危机时代的宏观审慎监管和巴塞尔协议出发，深入拓展到与金融机构业务结合的风险管理原则、方法和技术层面，并对金融科技赋能风险管理的前沿问题进行了探讨。第三部分是在国家金融安全主题下的讨论，结合近年来国际经济金融形势变动以及金融科技迅猛发展的时代背景，把对金融风险的关注提升到国家安全高度，对国家金融安全面临的挑战、需要的应对策略等进行了探讨。

作为在多年金融从业经历中结合前沿问题进行的实践研究，本书收录的文章大多不追求高深的学理探究，而是着眼于从现实热点问题入手，或进行政策解读，或分析趋势对策，或聚焦操作实务，不一而足。因此，本书既可以为具有一定经济金融专业基础的高年级本科生和研究生提供基础教材之外的辅助教材，也可以成为金融机构中高层管理人员提供面向实践进行再学习的参考书。希望读者通过对本书的阅读，能够进一步深化对金融机构改革发展路径、金融风险管理方法和金融安全防控责任的认识，也能够结合自身专业和工作实际，不断提升金融从业综合素质，从而更好地迎接未来的竞争挑战。

行之力则知愈进，知之深则行愈达。金融是兼具理论之美和实践之美的复杂专业领域，最理想的金融从业者不仅需要拥有高超的智力，还需要拥有强健的体魄；不仅需要拥有勇往直前的一腔热血，还需要拥有对待风险的专业理性；不仅需要拥有对个人事业成功的强烈渴望，还需要拥有对家国时代的责任担当。中国金融的改革开放之路布满荆棘又充满希望，愿我们在不断求索中砥砺前行。

俞 勇

2020 年 8 月

目 录

千帆竞发，百舸争流——金融机构发展篇

商业银行的挑战与机遇 …………………………………………（ 3 ）
强资本约束时代商业银行亟待战略转型 ………………………（ 8 ）
商业银行资本供给、分配管理体系及其应用 …………………（ 11 ）
推动信贷资产证券化，改善银行资本充足率 …………………（ 16 ）
利率市场化与金融机构资产负债管理 …………………………（ 23 ）
商业银行资产负债管理核心能力建设 …………………………（ 31 ）
商业银行公司治理：新一轮银行改革的关键之棋 ……………（ 39 ）
城市商业银行跨地区经营：模式、动因与风险 ………………（ 44 ）
推进我国金融业综合经营 ………………………………………（ 51 ）
金融控股公司监管体系转型 ……………………………………（ 58 ）
金融控股公司风险管理：监管变革与能力提升 ………………（ 63 ）
建设稳健的综合金融集团风险管理体系 ………………………（ 69 ）
综合金融集团的投资产品风险分级 ……………………………（ 78 ）
金融控股公司的并表管理 ………………………………………（ 89 ）
金融控股公司的关联交易内部控制及监测 ……………………（ 104 ）
适应监管形势，强化信托转型能力 ……………………………（ 116 ）
私募股权投资基金机制重塑 ……………………………………（ 121 ）
政府引导基金"名股实债"的监管和风险防范 ………………（ 134 ）
国有金融企业机制改革：回望与反思 …………………………（ 158 ）

利器善事，行稳致远——金融风险管理篇

金融危机十年：回望与前瞻	(180)
构建有效的危机应对、恢复与处置框架	(186)
宏观审慎监管的政策框架	(195)
宏观审慎监管：概念、框架与逆周期政策	(201)
巴塞尔资本协议Ⅳ：从迷雾中走来？	(209)
巴塞尔新资本协议时代的金融机构信贷管理	(217)
新常态下的金融机构资产风险管理	(228)
商业银行支持实体经济风险管控重点	(233)
商业银行重大风险的识别与评估	(237)
金融机构集中度风险管理	(248)
金融机构信用风险参数量化管理	(260)
信用风险量化模型建设和管理技术	(274)
金融机构整合压力测试中向量自回归建模方法	(284)
强化金融机构投融资风险防控能力	(290)
加强商业银行债券业务风险管理	(298)
进一步深化对信用衍生品的认识	(309)
商业银行衍生品市场风险的管理	(315)
金融机构的业务连续性管理	(318)
警惕无处不在的商业银行操作风险	(345)
"资产收益权"的法律性质及其信托产品的法律风险探讨	(352)
金融机构合规文化与合规体系建设	(356)
新形势下的反洗钱工作	(362)
金融反腐与廉洁风险管理	(370)
金融机构声誉风险管理	(384)
金融科技与金融机构风险管理	(400)
金融科技在风险管控中的应用逻辑、边界与监管创新	(413)

居安思危，思则有备——国家金融安全篇

贸易战背景下的国家金融安全	(433)
金融开放对我国金融基础设施的挑战及应对策略	(456)
新时代中国特色金融应急管理体系构建研究	(474)
金融科技影响国家金融安全的机理与应对	(493)

千帆竞发，百舸争流

——金融机构发展篇

进入 21 世纪以来，我国金融业经历了金融危机的洗礼，明确了"服务实体经济"的本源定位，目前正处于深化金融领域供给侧改革的重要时期。从微观视角来看，"有分有合"将是金融机构竞争格局演进中的两个重要趋势。

所谓"分"，主要表现为金融机构类型更加多样。与多年前少数几家国有商业银行高度垄断的局面不同的是，当前我国金融领域的参与主体已经大为丰富，不仅包括商业银行、证券公司、保险公司、信托公司、基金公司等主流金融机构，而且包括金融租赁、股权投资、融资担保、不良资产管理公司等其他金融机构、类金融机构，以及数量众多的征信、评估等第三方服务机构。更为重要的是，从互联网行业发展起来的金融科技公司，携先天的技术优势切入金融领域，建立了包括网络银行在内的新型金融机构。更为丰富的参与主体一方面给资产管理等共同业务领域带来更为激烈的差异化竞争，另一方面则需要参与者各自发挥优势开展密切合作，共同实现在"竞合"之中的优胜劣汰。

所谓"合"，主要表现为金融机构综合经营稳步推进。从国际上的综合金融发展趋势来看，北京时间 2020 年 6 月 25 日，美国联邦储备委员会投票通过修改"沃尔克规则"，放宽美国银行使用风险投资基金等架构参与某些金融交易，并取消银行与其关联机构交易利率掉期等衍生品必须留存保证金等要求，这一变化验证了金融业综合经营曲折前进的趋势。从国内来看，经过对少数"野蛮生长"金融控股公司的整顿，以及专项监管政策的出台，我国金融业的综合经营趋势将继续得到稳步推进。

在金融业改革不断深化、开放不断扩大的背景下，上述两种趋势的不断强化意味着金融机构之间日益激烈的竞争挑战。不论是各类金融机构的跨界竞争，还是与跨国金融巨头的短兵相接，都需要各类金融机构从资本、战略、治理、风控等多维度持续提升能力。

第一，商业银行作为我国金融业中绝对的主体，在利率和汇率市场化改革深化、资本市场不断发展壮大、互联网金融跨界等趋势下，面临着资本充足率约束下战略转型的时代课题，如何对有限的资本进行补充、分配和管理极大影响着资本使用的效率。为此，通过资产证券化等多样化手段提升资产负债管理能力和流动性管理的稳健性就成为商业银行需要特别重视的工作。同时，在经济下行压力较大、金融监管趋严、市场竞争激烈的外部环境下，以区域性城市商业银行等为代表的中小型商业银行亟须在公司治理规范性和经营模式创新等方面做出实质性提升。

第二，我国金融控股公司在过去十多年中经历了蓬勃发展和规范整顿的阶段，目前正处于承前启后的关键转型期。展望未来，金融控股公司需要在监管体系变革、风险管控能力提升、并表和关联交易管理等诸多方面做出变革，才能真正发挥综合金融产品服务实体经济发展和居民财富增长的功能。

第三，信托公司在经历了资产管理规模迅速膨胀的阶段之后，迎来了监管强力整顿之下的转型加速期。规模增长拐点的显现、业务收入和利润获取能力的分化都倒逼其进一步调整各类业务战略布局，加大中后台的战略支持能力。

第四，我国股权投资机构在经历了前几年的蓬勃发展之后，迎来了行业洗牌加速期，头部效应日益凸显。股权投资基金的组织运营机制、激励约束机制和风险管控机制仍存在诸多需要完善的空间。其中一个典型代表是，在"资管新规"政策背景下，政府引导基金"明股实债"等既有模式的局限性也已经显现，需要结合监管政策和市场的变化逐步解决。

总体来看，在我国的各类金融机构和服务日益多样化的趋势下，每一类金融机构都需要对自身定位和能力进行恰当的评估，在不断更新迭代中增强竞争力，从而实现我国金融业的持续繁荣。

商业银行的挑战与机遇[①]

利率市场化是我国推进金融体制改革、改进金融宏观调控的重大举措。中国人民银行根据国家稳步推进利率市场化改革的要求，逐步放开金融市场的存贷款利率，实现我国金融市场利率由管制向市场化的转轨。经过20多年的金融市场逐步改革，我国的银行同业拆借利率、票据市场转贴现利率、债券回购利率、二级市场利率和国债与政策性金融债的发行利率等都已基本实现了市场化。2004年，央行对商业银行贷款利率上限和存款利率下限进一步放松，至此，我国在存贷款利率市场化方面顺利实现"存款利率管上限、贷款利率管下限"的阶段性目标。随着我国利率市场化改革进程的加快，商业银行如何把握利率市场化带来的机遇，回避利率自由化形成的潜在风险，更好地运用利率和价格手段拓展业务、优化经营结构、降低经营风险，支持我国经济健康稳定的发展，是我国商业银行在利率市场化改革中亟须研究解决的问题。

利率市场化利于商业银行优化资源配置，促进商业银行改进管理、创新机制，从根本上改变了我国商业银行的经营环境，对商业银行具有系统性的影响，它不仅给商业银行的发展带来挑战，也带来了新的发展机遇。

一、商业银行的挑战

利率市场化给商业银行的发展带来的挑战主要体现在以下两个方面：

（一）利率市场化使存贷市场竞争加剧，存贷款利差缩小

随着商业银行确定存贷款利率的自主权扩大，银行间的"争存揽储"的竞争加剧。从中央银行在八家农村信用社存贷款利率浮动改革试点的运行情况看，至少有20%的储蓄存款从当地以四大国有商业银行为主体的金融

[①] 原文发表于2015年5月《财经》，收录时略有改动。

机构流向农村信用社。可见，各商业银行会把利率作为竞争工具来使用，促使存款在各银行间大洗牌，直接挤压银行的经营成本和营利空间。

从存款人与银行之间的关系来看，存款人将会有更大的选择空间，他们可以根据利率的高低、服务质量和银行信誉的好坏等因素对银行进行综合排名，进而选择最优的银行；从银行的角度考虑，银行吸收存款的多少是其生存的关键，银行很可能会提高存款利率争取更多的存款。从贷款人与银行的关系来看，贷款人可以选择提供较低利率和优质服务的银行筹集资金，因此利率的自动浮动降低了银行在贷款市场上的议价能力，较高的贷款利率将难以维持。存款利率的上升和贷款利率的降低将大大缩小银行在利率管制情况下的存贷款利差收入，这必然增加长期依靠利差收入的银行倒闭的风险。

（二）利率市场化考验商业银行对利率风险和信用风险的管理能力

利率市场上的自由化，不仅增加金融市场上利率风险，也会增加信息不对称，相应的道德风险和逆向选择的问题也会明显显现。这时，银行不仅要考虑利率风险对经营策略的影响，也要考虑银行在风险管理上增加的难度。特别是中小银行，由于研究分析能力、模型应用能力、趋势判断能力上的不足，在市场定价、甄别风险方面还存在着巨大的压力。利率市场化极其考验商业银行的管理能力，管理能力的高低直接影响着商业的经营成本，进而影响银行在存贷款市场上的议价能力、竞争能力和盈利能力。因此，商业银行要加强风险管理、客户管理、收益成本控制等，保证自身快速稳定发展。

二、商业银行的机遇

商业银行在利率市场化改革中，不仅面临着新的挑战，而且面临着新一轮的发展机遇。利率市场化改革给商业银行的发展带来的机遇主要体现在以下几个方面：

（一）利率市场化促使商业银行进行金融创新，积极开展中间业务

利率的自由变动使存贷款市场信息不对称，商业银行间竞争加剧，进而引致贷款利率下降，存款利率上升，存货利率的差异缩小，银行的利差收入降低。这主要影响以利差收入为主的商业银行，导致其盈利能力下降。商业银行为了应对这些不利的发展因素，必将积极优化资产负债结构，加快金融创新，逐步开展中间业务，实现资产负债多元化经营，寻找新的盈利点。

利率实现市场化之后，利率根据市场情况自由浮动，这将增加商业银行及其客户的利率风险，必然要求银行具有更高的利率风险管理能力。这一利率风险管理能力的需求为以利率为标的物的金融衍生产品提供极大的发展空间，商业银行可借此加快金融创新，利用这些利率衍生品为企业、个人提供金融服务，增加自身的盈利能力，规避利率风险。

（二）利率市场化有利于商业银行进行自主定价，优化客户结构，提高收益水平

利率市场化改革后，商业银行具有更加自由的定价能力，银行可根据客户的经营状况、客户能够带来的潜在利益、提供贷款所需的资金成本、违约成本、管理成本等因素综合评价确定最优的利率水平。因此，银行可以适当利用利率工具吸引优质客户，优化客户结构；也可对具有更高风险的客户课以更高的利率水平，作为风险补偿。

另外，商业银行要根据自身的资产负债结构、成本收益及业务盈利能力等因素确定最优的存贷款利率定价模型，实行差别定价，更加有效地控制风险，提高盈利能力。利率的自由浮动，加剧存贷款市场的竞争，增加不确定性，商业银行应该密切关注存贷款市场的运行趋势，充分利用自身的成本优势、服务优势等，吸引优质客户，推动商业银行客户结构的优化。

（三）利率市场化有利于商业银行主动管理资产负债

利率市场化以后，利率会出现不同程度的波动，商业银行将承担因利率敏感性资产和利率敏感性负债的价值变动不一致而引起的资产负债期限结构不匹配的经营风险。这会促使商业银行在进行资产负债管理时采用更灵活的手段：当利率敏感性资产和利率敏感性负债出现缺口时，商业银行可以采用价格调整的手段，间接影响利率的浮动，保证银行的收益水平。

（四）利率市场化有利于疏通货币传导机制，维护金融市场秩序

长期以来的利率管制使资金价格杠杆在资源配置方面的作用受到严格的约束，人民银行对利率的调整并不能起到导向公众消费的作用，也不会对商业银行的经营和社会投资产生太大的影响。利率管制也使国家的宏观调控受到约束，中国人民银行很难通过对货币供应量的调整实现其货币政策目标。而利率市场化有利于疏通货币的传导机制，使利率在宏观调控中的作用得到充分发挥，保证货币政策的高效稳定。

三、商业银行应对策略

利率市场化改变了商业银行发展的经营环境,在新的经营环境中商业银行如何面对挑战,抓住发展机遇,保持竞争能力,本文基于以上的分析,提出以下应对策略。

(一)最重要的是完善资金定价机制,建立利率风险控制系统

利率市场化后,利率浮动的范围与幅度加大,利率风险和信用风险加剧,商业银行与客户之间就资金定价的博弈也愈加激烈。如果银行资金定价过高会在同业竞争中处于劣势而失去市场,反之可能获得市场但无利可图甚至亏损。考虑到商业银行在价格博弈中的劣势地位,商业银行应该设计切实可行的符合自身发展的资金定价与调整机制,控制风险,保证盈利能力。

(二)建立有效的利率风险控制系统

在利率风险规避方面,如果各商业银行不能建立有效的利率风险控制系统,提高银行自身的经营管理水平,利率市场化可能会重蹈美国银行的覆辙。因此,各商业银行要积极建立利率风险控制系统,这首先需要设计一套综合评价利率风险的指标,其次要培养一批专业人员分析和预测利率的变化趋势,最后要加快利率风险管理信息系统和资产负债管理信息系统的建设。只有经过如此全面的风险控制管理,才能有效地控制利率市场化导致的利率风险。另外,商业银行也可以利用远期利率合约、利率期货、利率期权和利率互换等金融衍生品回避利率风险。

(三)调整优化资产负债结构和业务结构

商业银行要积极调整资产负债结构,加快金融创新,拓展中间业务,实现多元化经营。利率市场化之后,商业银行的存贷款利率将对市场利率的变动产生巨大影响。商业银行有必要对负债成本、资产盈利和对市场利率变动的预测进行经营性的综合分析,采取必要措施,优化资产负债结构,尽可能使利率可调整资产与利率可调整负债相匹配,实现利率零缺口。此外,存贷利差的缩小,传统业务给商业银行的利润贡献度越来越低。商业银行要加快金融创新,拓展中间业务,寻找新的利润增长点。中间业务是商业银行前景广阔,发展潜力最大的业务。中间业务在国外发展比较成熟,美国、日本和英国的商业银行中间业务收入占全部收益比重均在40%左右,美国花旗银

行收入的80%来自中间业务。在中国金融市场上，中间业务所占的比例仍然较低，商业银行要在市场利率化过程中把发展中间业务作为发展的重点。一方面要加快创新，不断扩大中间业务的业务品种；另一方面要从服务功能、服务质量和服务范围的广度和深度上入手，重点发展保险代理、审价咨询、财务顾问等中间业务，逐步开展高附加值和高科技含量的中间业务，进一步提高商业银行的盈利能力和抵御风险的能力。

强资本约束时代商业银行亟待战略转型[①]

在新巴塞尔协议框架下，各国金融监管机构都通过资本约束的方式限制商业银行资产负债表的过度扩张，以降低单个金融机构及整个金融系统的风险。自2007年以来，中国银监会借鉴国际资本监管改革的成果，调整和完善国内银行资本监管制度（包括数量标准、质量标准、时间表、监管手段等），相继出台了一系列强化银行资本约束、提升资本监管有效性的政策法规，使资本约束对中国银行业业务经营发展的制约影响越来越突出。

一、资本补充难题未破解

2013年1月1日起正式实施的《商业银行资本管理办法（试行）》（以下简称《办法》）要求我国商业银行执行"核心一级资本充足率不低于7.5%，一级资本充足率不低于8.5%，资本充足率不低于10.5%"的最低目标监管要求。据此，国内商业银行依照监管要求需要同时满足过渡期资本充足率监管要求（2014年至2018年，资本充足率逐年递增0.4%，至2018年与目标监管要求一致）与新协议下资本充足率目标监管要求双重指标。根据2013年监管实际情况来看，各地银监局均采取审慎监管，要求资本水平在去年即需要达到资本新规要求，这相当于此前银监会设定的过渡期安排被取消。

《办法》实施以来，国内大部分上市银行法下资本充足率指标较现行法均呈现出不同程度的下降。在愈加严格的资本界定及资本充足率要求的背景下，商业银行纷纷面临资本充足率吃紧难题，并试图透过各种途径补充资本。但受诸多因素影响，当前银行业融资渠道仍显狭窄，资本补充难题尚未破解。

[①] 原文发表于2014年4月8日《中国证券报》，收录时略有改动。

作为银行传统资本补充路径，普通股增发在当前国内资本市场不甚活跃，融资成本过高。而符合合格二级资本工具标准的次级债必须含有减记或转股条款，目前20余家银行提出发行减记型二级资本工具的计划，总额超过4200亿元，目前仅平安银行获准发行150亿元。而混合资本工具则存在发行便利性不高，发行难度较大等不足。

作为创新型资本工具，刚刚推出的减记债虽引起银行业热议与较高发行积极性，但监管层内部尚未对其发行具体问题取得一致，一定程度上减缓了减记债落地步伐。优先股也正在等待证监会、银监会出台具体的试点细则，方可正式成为银行业资本补充有效手段。

二、实现战略转型发展

与国家宏观产业政策相一致，监管机构试图通过差别化的风险权重设置等措施引导银行将业务逐渐转向低资本消耗型的业务。根据《办法》的规定，传统的一般对公业务资本占用较高，而小微企业贷款、零售贷款、信用卡以及同业业务、中间业务等资本占用相对较低。因此，对于银行来说，在利差收窄和资本约束的双重压力下，最佳路径是选择在资本精细化管理基础上，从银行自身特点和优势出发，提升盈利能力、内生性补充资本来源，实现战略转型发展。

在银行风险加权资产回报率指标（RoRWA）不变的前提下，银行资本充足率的提升将导致资本回报率的下降。而相对较低的ROE水平致使年度利润不足以充分补充内生资本，进而限制了银行业务规模的扩张，并进一步加剧低收益水平的不利局面，这是资本约束掣肘银行发展的典型体现。在银行强资本约束的条件下，提升资本回报率的有效途径之一即提升RoRWA指标，大力发展低风险权重、高收益类产品，通过战略转型实现资本充足率与资产盈利性的"双赢"。

在开展业务转型的过程中，商业银行应当根据自身风险管理特点，选择适用的转型方向，构建以资本约束为核心的风险与资本管理体系。一般来说，主要包括由批发业务为主向零售业务为主转变，由高风险资产为主向低风险资产为主转变，由被动型负债为主向主动型负债为主转变，由传统业务为主向中间业务为主转变等思路，主动调整信贷结构，通过实现业务结构和盈利结构的均衡化和业务发展的良性循环，建立资本节约型业务发展模式，维持银行的可持续增长。

在上述大背景下，为积极应对资本约束，取得保持资本充足率和业务发展之间的平衡，国内银行也在信贷资产业务证券化、传统贷款业务票据化、创新投行发债业务、打造综合金融平台模式等方面进行了积极的实践，已初步探索出一条依托自身特点和优势，差异化发展低资本消耗业务的路径，逐步形成了拥有各自特色的核心竞争力。例如，招商银行在零售业务和信用卡领域、民生银行在小微贷款领域、兴业银行在同业业务领域、平安银行的投行业务都有了长足的发展，而这些都给中国银行业如何加快经营转型、早日实现由传统的外延粗放型增长方式向内涵集约型增长方式的转变起到一定的借鉴意义。

商业银行资本供给、分配管理体系及其应用[①]

商业银行资本金作为银行抵抗风险的最后一道防线，其资本充足水平是监管机构和银行都非常关注的指标。从监管的角度来说，为了严格管控重大风险，监管机构会提出最低资本充足率的要求，并且这一水平随着当前经济环境的改变正在逐步提高。例如，2008年金融危机之后，各国监管机构都根据 Basel Ⅲ 的要求提高了资本充足率要求，中国银监会也将最低资本充足率从8%提高到10.5%。从内部管理的角度来说，除了满足银监会的最低要求外，银行往往会多计提一部分资本作为抵挡三大风险之外重要风险的保障，因此银行的最后资本充足率水平会较最低监管要求高。

银行需要持有足够的资本来满足上述的资本充足率要求。从资本的构成来看，构成核心资本的要素包括普通股权益、留存收益和少部分可以认定为核心资本的权益项，例如符合要求的少数普通股权益等。除核心资本外，银行可以使用二级资本，包括一些符合条件的次级债等，满足整体资本充足率的要求。

从资本补充的渠道来看商业银行资本供给分析，资本供给一般分为内生性资本补充和外部资本补充两大类。其中内生性资本补充来源主要依靠银行自身的盈利，即留存收益。银行的盈利能力直接影响了其资本补充程度和未来的资本充足水平。同时银行的盈利能力和其资本使用效率相关，即需要考虑业务线基于风险调整后的资本收益率（RAROC），进行适当的资本配置，以保证整体业务的盈利水平。外生性资本补充来源一般包括股票市场融资（IPO、配股、增发等），引进战略投资者进行股权补充，发行次级债，国家注资或者财政援助，如2004年不良资产的剥离或者近年来汇金公司的注资等。但是，近年来由于监管对合格资本构成要求日趋严格，如为了 Basel Ⅲ 对符合要求的少数股东权益、创新型金融工具、次级债等资本工具进行了严

[①] 原文发表于2014年第4期《当代金融家》，收录时略有改动。

格的限制,而中国银监会也对次级债的赎回条件和触发机制提出了更高的要求。整体而言,商业银行的外部融资渠道均存在较大局限性,难以主要依靠其以解决迫切资本需求。在此背景下,商业银行应积极拓展内生性资本补充渠道。

表1　　　　　　　　　　资本供给来源和限制条件

资本公积来源	方法介绍	局限性
股权融资	通过首轮公开募资（IPO）、增资扩股、老股东注资等方式进行融资。	（1）当前股市持续低迷,融资环境不佳;（2）因资本回报率、监管层对关联交易限制等因素,民营资本入股银行积极性不高。
债权融资	通过发行次级债、混合资本债券等方式。	（1）次级债券无法替代核心资本功能,不能从根本上解决资本充足率不足的问题;（2）混合资本债券期限长、清偿顺序仅在股权资本之前,风险较大,对投资者吸引力有限。
战略投资者	通过引入外部战略投资者完成融资。	（1）外部战略投资者引入综合要求较高、所需时间长,无法解决短期内的资本需求;（2）历史经验显示,多数中国银行战略投资者引入案例难言成功
国家注资	通过国家注资（如通过中央汇金）补充银行所需资本。	政策门槛较高,不具备普遍适用性。

从日常规划的角度来考量资本要求,资本配置、滚动资本规划和日常监测资本需求评估则构成了资本使用规划的主要内容。需要注意的是,银行的资本规划是前瞻性的滚动的资本规划,也就意味着银行需要通过实时监测资本管理情况,进行定期的资本管理的回顾和评估并进行必要的资本规划调整。银行在进行资本规划时,需要纳入资本需求水平、资本配置结果（一般到分支机构和业务条线）、未来可能面临的资本缺口和相应的资本供给计划。另外资本规划中还需要考虑在压力情况下的资本需求和相应的应急补充计划,如公开市场筹资、出售资产、减少股利等应急方案。

一般来说，资本规划在银行内是定期工作，频率视银行管理水平和内部需求而定。以汇丰银行为例，在滚动制定 5 年长期资本规划的基础上，银行还会每季度对资本使用情况和未来经济变化、业务发展进行评估，并进行适当的调整。而国内银行则更多以半年度和年度评估调整为主。

为了实现对资本使用效率和可能的资本缺口的实时监控，并采取及时措施，银行还需要建立一套完善的资本管理监测体系，包括对资本水平（如各风险经济资本、监管资本）、资本充足率、资本收益率、可能影响资本水平的市场因素等进行监控，并形成定期报告以供高管层和各相关部门使用。

资本配置则是在明确银行整体资本需求的情况下，银行需要根据各风险和业务条线的资本收益率进行资本分配，以使得银行经济资本在部门间得到最优化的使用，主要考虑的因素是各个业务条线的风险和经风险调整后的收益率。之前银行使用会计标准考量盈利性时，往往忽略了资本成本的考量，即一笔业务承担的风险可能带来的损失，结果使得会计利润可能总是大于经济利润，所以当会计利润为正的时候，而实际上经济利润已经为负，这就是所谓的毁灭价值。因此在评估每个业务条线的资本需求时，需要充分考虑其承担的资本成本，根据每个业务条线考虑到风险成本后的经济利润或者相对于资本的收益率来进行相应的资本配置。其中有两个主要的绩效评估指标：风险调整后的资本收益（RAROC），其分子为经风险调整后的净收入，等于总收入扣除内部转移定价、相关费用、预期损失后的收入；分母一般使用经济资本（不具备经济资本计算能力的银行往往使用监管资本）。经济利润衡量的是经风险调整后的利润，其计算方式是在扣除预期损失后继续扣除资本成本（等于占用资本乘以资本最低回报率）。

在银行实践中，RAROC 和经济利润虽然是不同衡量指标，但都用以对业务条线的投入资本的使用效率，也是经济资本进行配置的重要衡量指标。以期实现未来收益最大化。资本配置较为常见的方法包括：（1）分离经济资本配置。在该方法下将每个业务条线视为不相关的独立单位，忽视每个业务条线之间以及业务条线与银行整体间的相关性，根据每个业务条线的风险绩效来决定其经济资本配置。全行经济资本配置即是每个业务条线经济资本的加总。虽然这是最简单的方法，但是这种方法忽视了资产组合效应，夸大了整体经济资本需求。（2）边际资本贡献率法。考虑每个风险对资本需求的边际贡献率,然后根据边际贡献率进行配比,这种方法需要假设当一种风险不存在时,可以为银行释放的边际资本,操作起来较为困难。但是这种方法考虑了银行资产的多元化效应,在业务组合中增加一个相关性较低的业务单元,则会减少其他业务条线的资本需求,反之会增加其他业务条线的资本需求。(3) 分散化资本配置法。在整体经济资本需求评估的基础上,评估每个业务单元和银行整体的相关度,按照该业务的相关度计算所需要的经济资本。以上三种方法适用不同的业务需求,如方法1更适合评估单个业务条线的资本绩效,方法2比较适合评估新业务的准入或者某个业务的退出决策,而方法3由于考虑了各个风险资本需求的相关性,则比较适合进行业务计划制定。(4) RAROC评估法。以全行RAROC或者经济利润最大为目标,根据各个业务条线的历史资本收益率、业务发展情况、市场状况等情况,进行经济资本分配。可以想象的是,在这种方法下,RAROC越高的业务条线越可能吸引到较多的资本。但是实际上,由于经营环境的限制、客户关系维持、风险管理水平等实际考虑,银行往往并不会将资源完全投入在RAROC最高的业务单元,而是会综合考虑业务的发展前景和内部管理改进等因素后进行资本配置。

举例来说,花旗银行是通过结合风险调整后资本收益率和收入复合成长率的二维评价体系来测算资本配置的方向。花旗银行根据战略目标设定最低要求的业务增长率和资本最低回报率,并将事业部按照资本回报率和业务成长率进行二维排序,因此对于占用资本小、资本回报率高、业务成长率较高的业务应考虑适度增加投入资本,对于占用资本高、资本回报率和业务成长率不尽如人意的业务则需要考虑改善业务状况或者缩减业务规模。

需要注意的是,无论采用以上哪种方法,在操作流程上往往都是由上到下和由下到上的结合。由上到下指的是资源配置部门(如财务部和风险管理部)根据历史数据和模型进行资本初步配置,由下到上是指由业务部门或者分支行自行计算经济资本需求,经过整合到资源配置部门,再进行相应的资本配置。实际上,这两种方法往往都是同时使用,资本配置部门会初步测算资本配置方向,并结合业务部门提出的资本需求进行调整和最终的分配测定。因此资本分配并不是风险管理部门或者财务部门单独的责任,而是需要业务部门、风险管理部门和财务部门通力合作才能完成的一项工作。

以上资本规划在信用风险组合管理中的实践以信贷业务组合管理为典型

应用。银行需要在最大效率使用资本的前提下决定资本在各个业务条线/户群/产品上的分配和使用，这就需要银行针对信贷资产进行组合管理，以实现资本收益率最大化。从管理流程上来说，信贷资产组合管理包括设定组合目标、制定组合计划、形成组合、与组合监控和调整四个阶段。一般来说，组合目标是根据银行中长期战略目标和风险偏好设定，包括目标市场、目标利润和可接受的风险标准（如不良贷款，准备金计提等）。确定组合目标后，风险管理部门需要从 RAROC、资本占用角度和经济利润等指标来分析组合绩效。某部门的 RAROC 往往会与全行要求最低资本收益率相比较，评估该部门是否能够为银行创造正的经济利润（真正的价值）。但是 RAROC 是一个相对指标，由于市场机会的限制，拥有高的 RAROC 的部门不一定能够为银行创造最多的经济价值。而经济利润则能够直接反映价值贡献的大小。

根据以上的组合计划，业务部门在进行信贷业务时，根据客户评级、债项评级、资产分类、客户历史利润贡献率等结果，进行客户/业务选择，并根据组合目标和限额要求，进行组合情况的评估和调整。另外银行也会建立组合预警监控指标和机制，当信贷组合中某类型资产达到预警触发条件时，将由系统自动发出预警信号，及时进行信贷组合调整。

在明确业务单元预期资本成本的情况下，银行还可以将 RAROC 应用于业务定价。这也改变了以往银行在定价时不考虑资本成本，而造成了高资本消耗和不对称利润的现象，也就是造成 RAROC 过低，使得经济利润为负的结果。在进行风险定价时，除了要考虑传统的营业费用、预期损失和内部资金转移定价外，银行还需要考虑资本成本，即配置的资本乘以资本最低回报率，加上对信贷利差的影响。风险管理部门也会根据当前资产分布情况，如资产占比、资本占用等指标，设置集中度风险管控指标，形成限额体系。在考虑资本供给、目标利润、资本充足水平要求的情况下，针对业务发展计划，进行组合计划和资本配置建议。

根据以上的组合计划，业务部门在进行信贷业务时，根据客户评级、债项评级、资产分类、客户历史利润贡献率等结果，进行客户/业务选择，并根据组合目标和限额要求，进行组合情况的评估和调整。另外银行也会建立组合预警监控指标和机制，当信贷组合中某类型资产达到预警触发条件时，将由系统自动发出预警信号，及时进行信贷组合调整。

推动信贷资产证券化，改善银行资本充足率[①]

银行信贷资产证券化能丰富资本市场投资品种，提高直接融资比例，优化融资结构，实现信贷和证券市场融合，发挥市场的价格发现功能和监督约束机制，提高金融资源配置效率，是一条在当前资本约束条件下可持续发展的路径。通过资产证券化，银行贷款可在资本市场上变现和提前收回，提高资产流动性，在负债不变情况下优化资产负债结构，提高信贷资产质量，分散信贷风险。目前我国商业银行补充资本金的问题仍较严重，而金融市场的深度与广度不足，资本市场融资和发行次级债补充资本规模有限，因此有必要推广信贷资产证券化，盘活资产，改善银行资本充足率。在经历多年试点及总结经验后，目前是推动信贷资产化试点常规化的好时机。

一、我国信贷资产证券化的基本情况和现状

我国信贷资产证券化试点始于2005年。监管机构首先发布《信贷资产证券化试点管理办法》和《金融机构信贷资产证券化试点监督管理办法》，随后国开行和建行分别进行了信贷资产证券化和住房抵押贷款证券化，发行规模为71.96亿元；2006年发行规模有115.8亿元；2007年，由于出台了规范信贷资产证券化信息披露及资产支持证券在银行间市场质押式回购交易的相关规定，信贷资产证券化进入扩大试点阶段，规模不断扩大，延伸到不良资产，当年发行规模达到178.08亿元；2008年，发行规模达302.01亿元，包括建行发行的首只不良资产证券化产品，进一步丰富了资产证券化产品种类。

截至2008年底，共有11家发起人进行了16单信贷证券化业务试点，发行总规模为667.85亿元。无论在数量还是规模上，信贷证券化在债券市

---

① 原文发表于2012年2月25日《中国证券报》，收录时略有改动。

场中占比均较低。随着金融危机爆发以及国内宏观经济金融政策调整影响，监管机构出于审慎原则和对资产证券化风险的担忧延缓了市场发行速度，并于2008年年底暂停不良资产证券化试点。进入2009年以来，资产证券化进程停滞。

二、信贷资产证券化发展存在的主要问题

我国资产证券化发展无论是理论知识还是实际经验，无论是金融环境还是法律、会计、税收环境都十分欠缺，存在诸多障碍。存在的主要问题包括：

一是相关法律法规不健全。我国基础法规制度建设落后于市场发展步伐，没有相应法规作后盾，很难规范市场主体行为，投资者合法权益难得到真正保障。全面推行资产证券化需要一系列的法律、法规、政策、制度保障，国内不仅缺乏资产证券化所需的独立法律法规，而现有的部门规章、规范性文件不足以解决法律冲突，资产证券化难获发展。

二是过度审慎监管增加了发行难度和成本。在资产证券化过程中，基于审慎监管的目的，申请处理时间较长，而相关资产池却在不断变化，导致申报材料难以反映最终交易的真实信息，需要不断调整。这又牵涉过多程序，增加了发行难度和成本，发起机构亦错过调整资产负债结构的好时机。因此，对初始申报信息的严格要求、对最低交易份额限定等政策一定程度上限制了资产证券化市场的发展。

三是投资者规模小且单一，融资途径少，一级市场销售不畅。资产支持证券只能在认购人之间转让，不得向认购人以外的投资者转让，受让人不得为自然人，这些对投资主体的限制制约了产品交易的活跃程度。另外，资产证券化产品技术含量较高，投资需要较高定价能力和专业知识，而目前国内机构投资者往往不熟悉证券化产品，授信体系基于单个客户或单笔贷款，对资产包的投资授信机制没有建立，投资者处于观望状态。可见，信贷资产支持证券投资者集中，少量资金充裕的大行交互持有现象突出，没有将信贷风险转移到银行系统之外和分散。同时，市场投资者结构不合理，投资者层次不完备，部分机构投资者被限制在合格投资者范围之外。

四是市场规模小，流动性所需要的规模数量不足，允许资产支持证券用

于质押式回购交易没有根本解决资产支持证券缺乏流动性问题。尽管基础资产类型较为丰富,但每种往往只有规模不大的一两单,有限的交易量和交易笔数难以满足需求,大部分机构选择持有到期,欠缺必要的二级市场流动性是发展的瓶颈。目前交易机制嫁接在其他交易系统之中,中介断续报价而不做市,无法提供发现价格、确定价格和活跃交易的服务。同时,由于资产池中的客户可能提前还贷,每季支付给的本息不是固定不变的,如果一笔回购横跨两个结算周期,就会出现债券定价的难题。

五是中介机构权威性存在质疑,信用评估体系有待建设。信用评级是资产证券化产品的重要特征之一,评级报告是产品信息披露重要组成部分,资产支持证券依赖信用评级制度。但是,我国信用评级业务与市场尚不完善,如违约历史资料匮乏,评级技术和方法处于探索阶段,信用评级标准不明确,评级机构信息透明度低,规模不大,运作不规范,评级公允性与商业利益之间冲突,评级方法及采用参数不透明,评级报告往往都对产品以最高评级,分析内容大同小异,无法真实反映基础资产收益与风险等等,都造成评级结果难得到认同,公信力不足。

六是发行人交易信息披露,特别是涉及资产池信息披露的具体程度及范围方面,与投资者要求有差距。资产证券化承销业务刚刚起步,没有相关的行业规则进行约束。发起人希望转移风险而非收益,投资者则希望得到收益而非风险。发起人在证券化交易中具有信息不对称优势,如果没有适当的平衡措施,发起人可能提供不完整的资产池信息,隐藏负面信息,难以充分反映交易风险。在资产支持证券存续期间,发起人可能利用与客户的关系操纵贷款的提前偿还,转移早偿风险给投资者,或在清收违约资产时出现不尽责的情形。

三、信贷资产证券化业务中的主要风险

证券化将资产进行表外处理能改善资本充足率,提高信贷资产流动性,优化资产结构,扩大中间业务收入,为发起人和投资者开拓了新的融资和投资渠道,实现风险分担、互利共赢。然而,在给融资者和投资者带来收益的同时,也容易低估隐藏在基础资产投资本身及每一业务环节存在的风险,具体表现如下:

一是道德风险。由于发行承销尚无统一规范或准则进行详细规定，主承销商在证券化承销业务中的职责和任务没有硬性约定，主承销商可能没有参与资产池的尽职调查而直接参与相关产品承销，放松相关风险控制要求。发起人与投资者在证券化交易中存在信息和利益的不对称，如果没有明确要求证券的账面价值与它所代表资产的公允价值之间要保持适当的比例，发起人必须持有部分风险级别相对较高的与自身原有贷款相关的债券，发起人就可能隐藏负面信息和交易风险。

二是基础资产风险。基础资产风险是资产证券化风险源头。一旦基础资产受到市场和政策因素影响质量下降，风险将沿着交易链条，传播给投资者和利益性相关者。因此，应注重源头风险管理，及时披露基础资产信息，减少评级过程中的利益冲突，提高评级的准确性。

三是隔离风险。次贷危机的教训是银行过多投资于低质量资产支持证券，危机爆发后由于损失严重从而丧失了融资功能；而在失去资本市场融资渠道后又丧失了间接融资通道，进而投资减少、失业增加，消费大幅下降，危机从金融领域蔓延到实体经济。因此，应根据系统风险程度，合理确定资产证券化市场投资者范围，实行风险有效隔离和限定，实施分账管理。

四是不良资产证券化风险。不良贷款意味着极大的违约风险，不良资产证券化存在的道德风险也较大。不良资产的处理，需要高超技巧，必须有信用担保才能为市场投资者接受。具体来说，有明显风险的不良资产能否产生或者产生多大的现金流是不确定的，损失贷款由于不可能产生现金流因而不可能证券化，有可能进行证券化的是次级贷款和可疑贷款。在处理次级和可疑类贷款过程中会存在损失，如果通过账面价值处理真实出售后，银行不会承担损失，就不会花精力去处理有关问题，有时甚至会损害投资者的利益。因此，银行有动力掩盖不良资产资信状况和减少账面上的不良资产，转嫁损失。

五是虚假转移风险。资产证券化可能完全转移风险，也可能将风险部分或全部保留在银行，需要判断证券化业务中风险转移程度，对所保留的风险提出监管资本要求。如果在银行保留风险的情况下对其免除资本要求，会造成资本充足率高估，导致银行在未能转移风险情况下，采用证券化来规避监管资本要求。资本监管应作为资产证券化业务监管核心内容，强调根据交易经济实质而不仅是法律形式,来判断资产证券化是否实现了风险的有效转移;对以不同角色参与证券化交易的机构,在所形成的风险暴露具有相同风险特征情况下,采用同样资本要求。

四、推进信贷资产证券化发展的建议

在次贷危机的阴影下,国内资产证券化发行环境不利,监管机构对信贷资产证券化监管标准和风险审查的把握更加严格,强调资产质量,延缓了不良资产证券化。当前应总结信贷资产证券化试点阶段和扩大试点阶段经验,将信贷资产证券化业务作为一项常规业务来开展。

一是相关法规法律制度需进一步完善,配套制度需建立或修订。信贷资产证券化过程及各参与主体间的法律关系极其复杂,如果没有良好的法律制度和完善的法律体系调整这些法律关系,保障各个环节良性运转,有可能导致风险失控。应借鉴国外经验,结合我国实际情况,在市场准入和退出,各类参与主体行为规范、风险控制、会计准则、税收制度等方面制订完善的法律法规,并根据发展情况修改与补充,为资产证券化业务创造良好的制度环境并提供法律保障。

应建立专门的资产证券化法来规范和监督市场,对证券化过程中的债权转让做出规定。在税收、会计处理上做相应调整,解决证券化过程中的土地房屋权利、权属登记、贷款担保、资产池管理和贷款文件保管等问题。明确信托资产登记、抵押权转让的登记程序以及原始债务人违约时的诉讼程序,保护市场参与者特别是投资者的合法权利。

二是完善监管环境。现行的监管框架对投资对象和信用等级有严格的限制,减少了投资风险,但使市场流动性匮乏,交易不活跃,不利于市场长期发展。因此,在防范风险的同时,随着市场化程度和市场主体自律水平提高,逐步放松市场管制。比如,放松市场准入条件限制,减少所涉及的环节和服务机构,操作流程和管理手续逐步简化,以业务审批代替市场准入资格审批,获得业务资格的银行在核定总额度内可自主申请发行;统一申请标准、减少申报材料要求,缩短审核时间等,通过竞争提高创新能力与服务质量,进而将市场经验上升为法律规范,借助制度的力量保障证券化发展,扩大证券化资产类型和规模,实现由试点转入常规阶段。

三是扩大市场交易平台和机制，促进证券交易所债券市场与银行间债券市场互通。应允许资产证券化产品在两个市场上发行和交易，实现信贷体系和证券市场的融合，发挥市场机制的价格发现功能和监督约束机制，提高资源配置效率；同时，探索期权、期货等交易形式与方式，形成多层级证券化市场。

四是丰富基础资产类型和参与主体，扩大市场规模。参与主体增加和产品种类增长会使市场规模变大，改善流动性。由于资产支持证券的复杂性，个人投资者难以防范风险，要大力培育机构投资者，扩大融资途径，让更多的投资者参与进来，由养老基金、商业银行、共同基金、保险公司等机构投资者提供持续和稳定的长期资金。同时，要加大培养投资者的市场分析和判断能力，扩大基础资产选择范围，加强品种创新，对符合标准的资产鼓励进行证券化，提高投资需求和运行效率，扩大二级市场流动性。

五是加强信贷资产及证券化产品数据库建设和资产池的信息披露。信用评级和定价需要基础资产的历史数据，如违约率、违约损失率、提前偿还率等。由于我国证券化发展历史短，违约率、违约损失率和提前偿还率等数据属于商业机密，投资者没有足够的历史信息来估计相关风险，这是市场规模小，交易不活跃的原因之一。建立信贷资产及其证券化产品数据库，实现相关信息共享，有利于资产支持证券的交易和发行。

同时，由于资产证券化产品结构比较复杂，投资者在信息量的掌握和准确度的把握等方面依赖发起人和发行人的信息披露，存在着信息不对称问题；在信息透明度不高的情况下，市场参与者投资倾向不确定，影响市场规模，增加市场风险。因此，发起人和发行人应主动承担信息披露的义务，弥补信息的不对称，增加市场信息透明度。在信用评级和披露过程中，应加强对投资者的风险提示和防范意识，保护投资者知情权，树立投资信心。另外，由于评级机构利益直接与被评者利益关联，评级过程与结果要透明，评级费不应由被评机构支付。

六是完善制度和配套措施，规范操作，做好信贷资产证券化全面推行的人才准备。应充分总结试点经验，完善发行交易市场、法规及财务等基础制度建设，如银行间市场与交易所市场的分割打破后相关的配套法律法规和会计准则等。随着参与主体经验不断累积，应及时推动规范的资产证券化运作，实现操作常规化，提高产品设计和审核等工作效率。

信贷资产证券化不同于传统的资产负债业务，无论从政策要求，还是具体操作流程及与之相配套的信息披露、会计处理、交易结算、登记托管、税收等政策法规看都是一项技术性强和专业化高的工作，需要大量既有实践操作技术经验、又有理论知识的人才。而目前我国资产证券化人才短缺，评级、法律、会计师事务所等中介机构也缺乏专业人才，应通过各种方式培养专业化人才，为资产证券化业务全面推行打好人才基础。

利率市场化与金融机构资产负债管理①

利率市场化已渐行渐近。目前，在上海自贸区试点的放开小额外币存款利率上限，已由自贸试验区扩大到整个上海市。人民银行货币政策委员会2014年第二季度例会日前再次强调，将进一步推进利率市场化和人民币汇率形成机制改革。利率市场化明显会影响银行的存贷利差，进而影响银行的经营利润，而银行对存款利率市场化的适应能力还是不够，对银行最大的考验就是定价和存款分流。商业银行对利率市场化要慢慢适应，在资产负债管理上要未雨绸缪。

一、利率市场化改革进程

我国利率市场化改革经过1996—2004年的初步利率市场化时期，以及2004—2011年的休整期，从2012年开始进入核心利率市场化时期。在初步利率市场化时期，央行取消人民币存款利率下限和贷款利率上限，把贷款利率下限调为基准利率的0.9倍，城乡信用社人民币贷款可上浮至基准利率的2.3倍，并基本放开对同业拆借利率、再贴现利率以及外币利率的管制。2012年以来，央行采取了一系列措施推进利率市场化，包括：人民币存款利率可上浮为基准利率的1.1倍，试点发行同业存单；贷款利率由可下浮为基准利率的0.8倍到0.7倍，直至最终取消；建立贷款基础利率（LPR）报价制度，取消票据贴现利率管制，取消农村信用社贷款利率2.3倍的上限，自贸区取消小额外币存款利率上限等。

今后利率市场化动作将包括建立存款保险制度，逐渐放开存款上浮区间直至完全放开存款利率；推出短期政策基准利率，货币政策侧重价格调控；在全国取消小额外币存款利率上限等。未来利率市场化核心将涉及三点：

---

① 原文发表于2014年第8期《当代金融家》，收录时略有改动。

第一,建立存款保险制度。目前我国存款保险制度条例已起草完毕,该制度涉及的被保险机构包括国有银行、股份制银行、城商行、农商行、邮政储蓄银行和外资银行在华的法人子公司,保险产品包括活期和定期存款产品,总体思路为强制参保、费率不一、保额存上限。

差别保费将对中小银行产生较大影响。在利率市场化环境下,中小银行先天竞争优势弱于大型银行,在资本约束和存款保险费上的"歧视"使得中小银行的面临更大的生存压力。对此,中小型银行应主动调整银行负债结构,在对各类负债的来源稳定性、综合成本进行精细分析的基础上,择定合理资产负债结构调整的目标。

在保险限额上,草案计划为98%的储户提供全额保险,而目前50万元以下存款户占比超过98%,因此预计保险限额可能为50万元。这可能会分流大储户在单一银行的储蓄资金,银行应积极探索和开发新的产品工具和交易工具,将储户的大额普通存款转化为投资类资金留在银行,为储户安排资产管理计划或提供其他中介服务,将这部分优质储户留在银行。

第二,初步建立市场利率定价自律机制,发布LPR报价,开闸发行同业存单,为利率全面市场化进行铺垫。市场利率定价自律机制,是指由金融业同业组织相互协商,通过自律性管理确定合理的价格竞争区间,并向其成员机构提供建议,以使各种金融机构对市场利率水平形成共识,防止金融机构间无序竞争,同时保护存款者利益。

中国人民银行确定于2013年10月25日起,正式运行贷款基础利率集中报价和发布机制,仅发布1年期人民币贷款基础利率。贷款基础利率(LPR)是商业银行对其最优质客户执行的贷款利率,银行设定实际贷款利率时,可根据借款人信用情况在贷款基础利率上加减点确定。

关于发行同业存单,目前,国内市场共有十家银行发行了两批同业存单,大部分存单的期限为三个月;同业存单定价由市场供求确定,有利于拓宽银行的融资渠道,弥补Shibor中长期的不足,并形成负债方的有效市场基准利率。

存款利率基础利率报价机制的建设类似贷款基础利率,银行将自主进行存款、存单的定价,着手探讨存款定价方法与工具的构建应用,围绕客户需求和融资需求,开发新型负债产品,进行核心系统改造。

第三，央行对于公开市场的调控手段将更加完善，将从数量调控转向以价格调控为主导。一直以来，央行主要通过数量工具主导管制利率，具体措施包括：（1）通过窗口指导对银行发放贷款规模、增速进行直接管控，直接控制全社会银行信贷规模总量；（2）通过调整存款准备金率影响银行的信贷扩张能力，是规模管控的工具之一，间接调控市场货币供应量；（3）使用"存贷比"等指标，在管制利率环境下控制信贷规模有序增长和维护银行体系整体稳定；（4）央行作为"最终贷款人"通过再贴现、再贷款利率影响市场利率，但使用的银行不多，尚未发挥价格调节作用。

而在未来，市场化利率调控将主要使用价格工具，主要包括利率工具、公开市场操作、短期流动性调节工具、精细化的监管指标等。利率工具方面，将调整再贷款种类，强调再贷款、再贴现利率的价格调控功能；可能减并存贷基准利率期限档、构建短期政策基准利率，把其作为重要的价格调控工具；公开市场操作方面，将灵活开展正、逆回购和央行票据发行，合理把握公开市场操作利率弹性，有效引导市场预期；短期流动性方面，将增加常备借贷便利（SLF）的应用，熨平短期波动，增加短期流动性调节工具（SLO）的应用；此外，还将降低存贷比约束力，增强流动性覆盖率等精细化监管指标的应用。

二、利率市场化对银行资产负债管理提出了新的挑战

第一，从国际经验来看，在利率市场化完成初期，银行盈利能力趋于下降，业务结构和收入构成发生改变，利率风险管理难度加大，对加强资产负债管理能力提出更高要求。利率市场化改革完成后，银行业盈利能力短期下降，中长期趋于稳定。利率市场化推进的一段时间内，银行为了争夺存款资源趋向于提高存款利率，与此同时通过做大贷款规模以对冲存款端对盈利造成的压力，贷款利率趋于下降。以美国为例，美国利率市场化完成后1年左右的时间里，存款利率平均约提升了34bp，贷款利率平均约降低了12bp。而银行运营效率在短期波动后将出现提升。利率市场化之前，美国银行业的ROA与ROE水平长期保持稳定，但市场化完成后，运营效率经过短时间下降后又提升。这说明市场化在短期内造成了银行盈利能力的波动甚至损失，但从长期来看，随着商业银行应对变革，提高资金的运行效率和银行业的贷款质量，并采取发展非息收入业务等各项增加收益的措施，仍提升了银行业整体的收益水平。

根据美国市场经验，利率市场化下，资产、负债和中间业务均受到竞争影响，发生永久性的业务结构变化。在资产端，贷款和投资占总资产的比重基本稳定，但贷款结构调整，对公贷款占比下降，风险较高的房地产贷款业务占比上升。在负债端，存款占负债的比重下降且结构出现调整，短期类存款占比下降，长期类存款占比上升。中间业务上，银行大力发展中间业务，非息收入占总收入比重保持多年连续增长。

此外，利率市场化后的利率波动幅度和频率增加，利率风险加剧。以美国为例，在利率市场化的后十年（1970—1980）内，3个月大额可转让存单和3个月欧洲美元存款利率开始出现大幅波动；联邦基金利率与代表短期债务投资的最优惠利率在市场化后也出现较大幅度变动。总体来说，在20世纪80年代初通胀率和利率高峰之后，随着利率市场化的不断推进，银行的存贷款利率相对于市场利率变化的敏感性程度明显增强；伴随这种变化而来的是更大的利率风险。

第二，利率市场化改革的同时，中国银行业将面临互联网金融发展、非银行融资渠道竞争，以及监管要求日趋严格，这使得银行业所处的外部环境更为严峻。近年来，互联网金融蓬勃发展，金融脱媒趋势愈演愈烈，金融市场竞争态势非常严峻。2013年，包括"余额宝"在内的互联网金融理财产品、"人人贷"在内的各种网贷模式和信用支付等各项互联网金融产品蓬勃发展。该类产品通过对用户社交场景的渗透增加客户黏性，通过信息中介实现信贷资产脱媒，通过便捷的支付服务获得大量宝贵客户数据，通过与货币基金合作抢夺银行负债资源，直接冲击了商业银行的存款、结算支付平台、金融理财、代销金融理财产品等业务。

此外，非银行融资发展迅速，银行贷款增速放缓。据央行资料显示，就融资结构而言，2013年末，人民币贷款占社会融资规模的比例为51.43%，再创新低；而委托贷款和信托贷款等表外融资的占比继续上升，两者合计已超过25.00%；债券的占比也有所下降。2013年金融机构每月人民币贷款增速放缓，标志着传统银行信贷占比下降。尤其是2013年下半年起，人民币贷款的月度同比增速维持在14.00%左右，较2013年上半年及2012年明显偏低。

面对更为严格的资本充足率要求,银行需探索新型资本工具,用多元化手段补充资本。2013 年 1 月 1 日《商业银行资本管理办法(试行)》正式施行,规定商业银行需要在 2018 年底前达到新的资本充足率要求,多数银行在新计量要求下资本充足率出现下降。2014 年到 2018 年是资本充足率达标过渡期,也将是利率完全市场化的关键期,商业银行在未来 5 年中将面临资本管理办法的监管压力。

第三,国内银行业盈利能力持续面临压力,尤其是股份制银行的净利差下降幅度显著。与已完成利率市场化的国际银行相比,国内商业银行严重依赖净利差收入,而净利差水平仅占微弱优势。目前利息收入仍是国内商业银行的主体收入,据 2013 年报披露,五大行净利息收入占营业收入比重超过 75%,中型股份制银行的该比例也较高,而该指标在国际领先银行中只占 48% 左右。我国大中型银行的现有的平均净利差水平约为 2.5%,与已经完成利率市场化的国际领先银行相比,中国大中型银行的净利差并不占很大优势。

与此同时,银行净利润增速下降,尤其是股份制银行的净利差下降幅度显著。由于宏观经济增速放缓、监管规范不断加强、利率市场化程度加深和融资途径多元化等,银行信贷资产收益率下降,不良率上升。2013 年,领先银行的净利润增速较 2012 年下降约 3.5 个百分点,十大上市银行中大部分净利差较 2012 年有所下降,其中股份制银行下行幅度较为显著,这主要是由于生息资产收益率下降以及负债来源对同业拆借依赖的加重。

第四,2013 年银行业的贷款结构已经逐步发生改变,活期存款占比下降,负债成本上升,非标和同业创新业务层出不穷,对资产负债表和表外业务的管理难度加大主要表现为:

首先是贷款增速进一步放缓,个贷增长快于公司贷款,个人住房贷款占比下降,个人经营性贷款和信用卡业务快速增长。2013 年 12 月末,十大上市银行的贷款余额为 45.45 万亿元,较 2012 年底增长 12.81%。十大银行下半年贷款增速比上半年均有所放缓,贷款总额增速近五年来逐年下降。与此同时,大股份制商业银行的贷款结构中,个人贷款较 2012 年底占比上升;五大股份制商业银行的个人贷款结构变化显著,个人住房贷款占比明显减少，而个人助业贷款、经营贷款和信用卡业务占比增加。

其次是以"信托收益权和资管计划"为代表的类信贷资产业务发展迅速，股份制银行尤为明显。股份制银行投资结构发生了明显变化，应收款项类投资占比大幅度增长，其中大部分为信托收益权资产、资产管理计划和理财产品等非标准资产的投资业务。在平安、招行、浦发、兴业、中信、民生六大股份制银行中，除中信外，另外五家股份制银行的信托受益权和资产管理计划在买入返售金融资产的构成中占比明显上升。同业业务的迅速发展也引起监管的注意，2013 年，监管密集出台管理办法规范同业业务和非标准化金融资产业务。

再次是银行业存款增速有所放缓，存贷比压力趋升。先是存款受到非银行融资渠道发展的冲击，2013 年，除中国银行和中信银行之外，工行、建行、交行等八家上市银行的存款增速均呈现放缓趋势，这主要是因为互联网金融产品的入市以及理财产品的发展，使银行存款利率优势逐步减弱，进而对银行存款形成一定冲击。在总体存款增速放缓的大环境下，银行负债端承压严重，2011 年至 2013 年四季度，存贷比同比不断上升，整体流动性面临压力。

最后是活期存款占比下降，股份制商业银行对同业负债的依赖度变大。截至 2013 年年末，十大上市银行活期存款占比较 2012 年年末略有下降，其中五大股份制银行下降 0.45 个百分点，高于五家大型商业银行下降的 0.09 个百分点。2013 年，互联网金融及理财产品的发展持续分流银行活期存款，加速了利率市场化改革的进程，提高了银行的吸储成本。随着息差进一步缩减，各银行将加速转型，加强成本控制。与此同时，股份制商业银行的同业负债利息支出明显高于大型商业银行，在总利息支出中占到近四成，且占比较 2012 年有所上升，显示出对于同业拆借的依赖加重。

三、利率市场化对资产负债管理提出了更高要求

利率市场化改革加速推进，对银行资产负债管理提出了新的挑战。银行需深化流动性风险管理、利率风险管理、利率定价管理、资本管理等，整体提升资产负债管理水平。随着利率市场化，二元利率结构消失和利率波动加大将使得基准市场利率构建、预测难度加大，并让利率风险更加频繁地转化

为现实损失，要求银行加强利率风险管理和内部资金转移定价。竞争加剧将造成存款流动性与稳定性下降、负债成本上升和贷款利率承压，要求银行加强融资与流动性管理、利率定价管理和资本管理。产品创新使得银行开发主动负债工具，也带来非信贷产品的扩张与复杂化，要求银行加强融资与流动性管理和资本管理。

中国银行业正经历金融创新、表外业务、影子银行等对银行稳健经营的挑战，暴露出在金融自由化环境下银行资产负债表管理的重要性。以2008年次贷危机为例，危机暴露了金融自由化环境下银行资产负债管理的问题。银行通过大量的金融创新隐藏潜在风险，表外金融工具和影子银行的存在使得金融体系在危机下更加脆弱。主要问题表现在（1）资产负债管理跟不上复杂金融工具创新，表外业务、同业业务、影子银行隐藏巨大风险；（2）资产负债结构不匹配，银行更多依赖于短期拆借，过度依赖批发性融资市场，市场的流动性对银行自身流动性影响极大；（3）缺少流动性应急计划，银行评级下调后，无法在很短时间筹措资金应对大量流动性需求；（4）资本的结构和质量不足以支持迅速增长的资产规模所带来的潜在风险。

从资产负债管理过渡到资产负债表管理，一字之差，赋予资产负债管理更多的内涵。流动性和银行账户利率风险是资产负债表管理的核心问题，它要求银行从资产和负债两个方面去预测到期期限匹配和重定价缺口问题，同时又要从这两个方面去寻找满足相关限额要求的缓释途径。在明确规定资本充足率目标前提下，根据不同经营环境制定各类资产的风险度量标准和资本规划，以资产收益率和资本收益率作为考察银行收益的主要评估标准。通过调整各类资产和负债的搭配，保持资产规模与负债规模和结构的适度对称关系，并进行动态调整和监控。

在后危机时代，先进银行进行积极探索，强调"资产负债表管理"在银行整体管理体系中的重要性，"资产负债表管理"旨在秉承"1个目标"，使用"2个手段"，管理"3类风险"。"1个目标"指对资产负债表进行策略性管理，对资产负债表结构做出持续性的改进，以期符合机构战略，在可接受的风险限度内使得资本收益（价值）达到最大。"2个手段"为内部资金转移定价和资本配置。"3类风险"指汇率风险、流动性风险和利率风险。汇率风险管理旨在避免汇率变化导致收入或价值的不利波动，流动性风险管理指保持金融机构具备恰当的流动性并为挤兑等突发状况做出筹资策略,利率风险管理将确认不利利率波动趋势并加以管理,实现市净利息收入损失和净现值损失最小化。

四、利率市场化情境下,银行同业对资产负债管理的反思

首先,在流动性管理方面,高资本充足率并不一定有效,货币市场流动性可能短时间消失,市场并不总是运转良好,新环境下的存款并不总是稳定的,流动性成本可能会很高。因此,在制订发展和业务策略时必须将流动性作为稀缺资源加以考虑,开展流动性压力测试,在应急计划中加入危机持续时间和流动性储备资产规模设定,加强对存款黏性和客户行为的分析建模,由静态流动性比例向动态现金流分析转变。

其次,在银行账户利率风险管理方面,利率因子波动更频繁,风险管理难度加大。因此需使用更为先进的方法和模型计量利率风险,加强利率风险管理,开展相关压力测试。

最后,随着二元利率环境的逐步消失和对内部转移定价精细化要求的提高,银行需探索利率市场化进程中的过渡内部转移定价曲线,并以内部转移定价为抓手,加强其对资产负债结构转型的促进作用。

商业银行资产负债管理核心能力建设[①]

在当前银行业金融机构流动性管理压力明显增大的背景下，商业银行需要着力防范流动性风险、加强负债质量、优化负债结构，并推动建立流动性应急预案。这就要求银行业金融机构加强资产负债的核心能力建设。

一、监管要求和市场环境对资产负债管理提出全新挑战

近年来，金融监管愈加规范，流动性变化趋大，利率市场化加速，经济不确定性不断增强，这对商业银行的资产负债管理提出了诸多新挑战，其中包括：

一是监管体系日益健全。这给我们提出的新监管要求主要有：新的资本数量和质量要求，新的风险计量方法，新的流动性管理指标，新的流动性监管指标（流动性覆盖率LCR/净稳定资金比率NSFR）以及其他各类监管方法和指引。

二是流动性波动趋强。货币政策微调幅度增大，央行推进利率市场化放弃兜底，我们如何应对"钱荒"事件？QE退出，资金面紧张，我们的系统压力测试是否考虑到，能否应对这样的情况？进出口波动，人民币汇率预期我们如何应对？同业货币市场中存在的流动性风险，我们如何应对？

三是利率市场化不断推进。存贷款利率浮动范围的扩大及放开，上海自贸区试点的设立，贷款基础利率（LPR）发布机制，同业存单和利率市场化将带来的金融创新。

四是经济发展带来的不确定性增强。是保增长还是控通胀？推进利率市场化的同时，企业融资难的问题如何解决？推进人民币国际化的同时，出口与就业率如何保障？人民币汇率的不确定性会给资本项目开发带来怎样的影

[①] 原文发表于2015年第9期《当代金融家》，收录时略有改动。

响？这些新的监管要求和市场环境对商业银行资产负债管理提出了全新挑战。

二、什么是未来几年资产负债管理的核心能力

什么是未来几年商业银行资产负债管理的核心能力？我们认为应该注意如下六个方面：第一是资产负债管理，商业银行是否建立了高效的资产负债管理决策机制？资产负债管理委员会定位是否合适，是否能够有效履职？资产负债管理是否足够全面和前瞻，能否动态调整？第二是结构风险管理，我们现有的机制能否有效管控流动性风险，有效应对可能出现的流动性危机和波动？是否可以通过情景分析、结构调整和缓释工具管控未来加大的利率风险？第三是资本管理，我们是否已经建立有效的资本充足评估机制？是否已经建立完整的资本规划和控制机制？是否通过资本配置过程集约资本和提升回报？第四是定价管理，我们是否建立了存贷款核心产品的定价方法和机制？是否能够计量产品的资金成本、运营成本和风险成本？我们的定价管理流程中是否纳入财务风险、资产负债结构、客户贡献以及市场因素？第五是管理技术工具，我们的资金转移定价机制是否合理有效？是否已经引入适当的资产负债动态管理技术和资产负债组合管理技术？第六是人员和系统，我们是否有足够数量和质量的资产负债管理人员？是否有强大的数据信息支持包括管理信息系统？我想以上的问题都是需要我们持续关注和注意完善的，接下来我们对这六个方面展开进行详细的探讨。

三、资产负债管理的核心能力建设

（一）高效的资产负债管理决策机制

一个运转高效完备的资产负债管理决策机制至少包含对风险偏好的判断和把控，资产负债管理委员会的定位，自上而下的治理和分工，资产负债管理委员会的定期、重要报告，分析技术，完备、高效的运作管理，策略，行动计划和评价与考核机制。新的监管要求和经济环境也要求我们的资产负债管理委员会必须开始转型：从报告和审批的机器转向主动前瞻性管理；从拘泥于风险合规为重点转向业务、收益、风险、资本的均衡管理；从空泛讨论转向基于数据的风险收益分析；从策略方向到可以具体实施的行动计划。这

些改变是我们努力的方向。

(二) 利率市场化的风险预缓释能力

随着利率市场化的不断推进，不同的风险会出现哪些变化？我们该如何应对？对于基差风险来说，市场化利率资产负债将达到更高比率；会出现市场化利率与管理利率的错配；我们银行需要建立基差风险的监控机制，并开始通过资产负债结构调整等措施去缓释风险。对于业务风险来说，银行净利差收窄；存款增长困难，成本攀升；收入结构转型和更高的信用风险偏好如何权衡。对于其他利率风险来说，结构性错配在市场化的环境下成为影响盈利的实质要素；客户行为发生根本变化，使得利率风险计量难度加大；风险控制和短期盈利的矛盾更为突出；最后我们银行需要重新全面审视利率风险的偏好、计量和管控。

(三) 环环紧扣的定价管理能力

定价管理的要素至少包括价格策略管理、基础利率厘定、定价模型、客户综合定价、定价流程、定价管控、管理信息基础。价格策略管理是指资产负债管理委员会需要结合财务风险状况、资产负债管理和市场竞争需要制定整体价格策略；基础利率厘定要求我们要具备结合市场利率、资产负债管理策略、财务风险分析厘定贷款优惠利率、储蓄挂牌利率等基础利率的能力；定价模型要基于资金转移定价、成本分摊、经济资本三大管理技术建立财务风险角度考虑；客户综合定价要求基于客户贡献度去分析和管理；定价流程是指要结合上述管理要素建立业务定价和管控的制度和流程；最后上述定价管理能力环环相扣，而且离不开强大的管理信息基础。

(四) 适应国情的资金转移定价 (FTP)

适应国情的资金转移定价可以帮助银行提升多个领域的管理水平：首先是提升风险管理和资金运营效率：FTP 机制有助于利率风险和流动性风险的集中、有效管理，统一资金池有助于提高资金运营、风险管理以及公用账的管理效率；第二个方面是实施精细化管理的要求：FTP 是准确计量贡献度的前提和基础，可以帮助实现多维贡献分析，支持相关管理决策，优化资源配置；第三个方面是指导产品合理定价：利率市场化趋势下先行掌握产品定价能力有利于争取竞争主动，而 FTP 是产品定价的起点和基础；最后一点可以帮助我们实现策略导向：收益曲线的选择隐含了资产和负债的发展策略和偏好。而合理的转移价格可以实现资产负债结构和风险收益的优化。策略导向可以有多种实现方式，资金转移定价仅是其中之一。

1. 资金转移定价的主要风险

首先是方法论方面可能面临的风险：银行脱离市场和本行实际，选择过于超前的方法；错误选择收益率曲线，从而导致过度风险或者利差和盈利缩窄；将基差风险留给前线，而未有相应的管理手段；在市场动荡中FTP调整滞后或者过于频繁；滥用FTP调整和补贴机制，导致管理信息混乱。第二个是数据支持方面可能面临的风险：数据不足或者数据质量不高影响资金转移定价厘定、贡献度分析、考核等相关工作；忽视FTP监控和分析，导致参数出错、偏离市场或者误导业务，也无法真正做到息差等方面的精细化管理；系统设计中缺少FTP并行、回溯、锁定利差、FTP报告、约价机制等关键功能，导致管理被动。最后一个是实施推广中可能面临的风险：管理层未给予资金转移定价实施充分的支持；FTP厘定过程不透明，缺少主要利益方的参与；各层级的沟通和培训工作不足够；管理原则不明确，导致实施困难和大量内耗；业务发展中的矛盾集中在FTP，而忽视发展战略、企业文化、执行力以及预算和考核等其他方面的原因；资金池财务、风险管理不到位等。

2. 资金转移定价的难点和挑战

第一个是需要大量的沟通协调工作，FTP的实施需要大量的沟通协调工作，相关方法和政策需要得到各方认可，并逐步培养资金成本意识和风险意识；第二个是会对前台业务行为造成影响，FTP方法论变化会影响产品的盈利水平以及客户经理的行为，需要保证这些行为可控并与银行整体利益一致；第三个是会给配套制度与流程带来挑战，FTP变化既会影响利率和流动性风险管理模式，也会影响到预算、KPI设计和绩效考核流程，需要统筹考虑；第四个是会增加统一资金池管理的难度，逐笔FTP之下必然形成统一资金池以及对原有业务的管理切分，需要研究落实相应的管理措施；第五个是会增加收益率曲线选取或厘定的难度，市场收益率曲线和银行的融资曲线较难厘定，而且需要考虑对银行业务发展和策略的影响；第六个是特殊业务的处理，对一些特殊业务，比较难厘定符合业务实际现金流和利率特征的FTP参数；第七个是数据基础存在差距加大实施难度，FTP需要逐笔业务信息,甚至产品、客户、行业、货币等细分数据,但是很多银行的基础数据存在差距;第八个是调整项的掌握,业内对此争议较大,如何既保证策略执行又避免管理信息混乱,需要银行的管理智慧。

(五)保证资本适度充足的能力

资本管理的需求因素有业务增长、风险结构变化、兼并收购投资、派息、风险计量等,那么管理资本供应的工具有发行股票、债务资本工具、增加盈利、资本出售证券化、调整业务结构、对冲保险等。《巴塞尔新资本协议》统一了银行业的资本及其计量标准,在信用风险和市场风险的基础上,新增了对操作风险的资本要求;在最低资本要求的基础上,提出了监管部门监督检查和市场约束的新规定,形成了资本监管的三大支柱。

第一支柱即最低资本充足率要求仍然是新资本协议的重点,该部分涉及信用风险、市场风险以及操作风险。《巴塞尔新资本协议》仍然将资本充足率作为保证银行稳健经营、安全运行的核心指标,将银行资本分为核心资本和附属资本两类,但进行了两项重大创新:一是在资本充足率的计算公式中全面反映了信用风险、市场风险、操作风险的资本要求;二是引入了计量信用风险的内部评级法。银行既可以采用外部评级公司的评级结果确定风险权重,也可以用各种内部风险计量模型计算资本要求。

第二支柱即外部监管要求银行确保主要风险得到充分识别、计量(评估)、监测和报告,并且确保资本水平与主要风险水平及风险管理质量相适应。作为第二支柱的核心,ICAAP(资本充足率内部评估程序)就是由银行建立的一套内部资本充足评估程序,对商业银行面临的实质性风险的风险水平和管理状况进行评估,找出自身差距,在此基础上确定需要为此持有的资本,与资本充足率预测的结果进行比较,得出未来资本充足率管理的方向和预测,不断提高我们的风险管理水平。对第一支柱未能量化的风险其他因素进行评估并确定额外资本要求,包含风险水平、风管内控、资本实力、企业管治和其他调整因素。

第三支柱即作为对第一和第二支柱补充的市场约束,旨在依靠股东、存款人等利益相关方对自身利益的关注,从不同方面关心银行的经营和风险状况。该支柱的作用发挥有赖于银行的信息披露水平,即要求银行及时、全面地提供准确信息,以便利益相关者做出判断和采取措施。信息披露的范围包括资本充足率、资本构成、风险敞口及风险管理策略、盈利能力、管理水平及过程等。

（六）稳健的流动性管理

进一步完善流动性管理和资金管理机制和制度，保持灵活性来解决银行、整体行业或市场层面的流动性事件，目标是在不利的情况下，银行仍然能够保有充足的资金，以支持其核心业务继续产生利润。主要分为四个方面，第一个方面是建立流动性储备，以应对类似于QE退出、"钱荒"等突发事件下的流动需求；第二个方面是完善资产负债管理机制，流动性风险突发会使银行的资产负债管理面临重大考验，反过来完善的资产负债管理机制会提高银行的流动性管理，使得流动性风险处于可控的范围；第三个方面是完善资金管理，重新审视融资策略，根据本行的风险偏好和实际情况选择激进型、适中型和保守型的融资策略；第四个方面是压力测试和应急计划，以应对未来可能发生的突发事件，减少不必要的损失。

（七）客户行为分析技术

从境外银行经验看，大部分在管理上会引入客户行为分析技术，并将其应用到现金流和利率风险分析、资金转移定价、压力测试等管理过程，商业银行已经在研究相关技术如何与巴塞尔新的监管要求衔接，并与前台的业务管理结合在一起。银行各主要资产负债科目涉及的客户行为有以下几点，站在资产方的角度，客户行为对现金及存放银行款项和债券投资没有明显影响；对于抵押贷款来说，如客户提前还款影响本金流入时间及利息收入额变化，进而导致银行未来现金流入发生变动。站在负债方的角度，对于活期存款（包括保证金存款与同业存放款项）来说，由于客户拥有随时提现的权利，活期存款大量流失将对银行资金支付产生较大压力；对于定期存款（包括单位存款、通知存款、协定存款、定期存款与协议存款）来说，客户提前支取或到期不选择滚存都将影响银行未来现金；对于债券融资来说，有选择权债券持有人行权时，会对银行资金支付产生压力。

一般商业银行采取的针对客户存款的行为模型分析，主要是以预测客户是否会行使其持有的各种期权，包括：沉淀，指活期存款的客户能够随时提取的权利；滚存/提前支取，指定期存款到期前，客户可以提前支取，到期后客户可以选择是否继续定存；提前还款，指客户可以在到期日之前还款，主要指抵押贷款和债券等包含该项期权的产品。对主要客户行为预测的方法主要有如下四种，第一种方法是波动率分析与线性回归，适用于客户个人信息与组合现金流相关性较低的情况或缺乏单一账户数据，如活期、定期存款。第二种方法是 Logistic 回归法，适用于客户个人信息与组合现金流相关性较高的情况，如抵押贷款。第三种方法是滚动率分析法，适用于分析产品到期时是否滚存入下一期或提取，如定期存款。第四种方法是组合复制法，适用于期权与利率相关的个人产品，如可赎回债券。活期贷款一般多采用波动率分析方法，其主要目的是定义核心存款并预测未来现金流波动情况。定期贷款普遍采用滚动率分析方法，主要目的是分析客户滚存/提前支取的情况。抵押贷款一般多采用 logistic 回归方法来预测客户提前还款的行为对现金流影响。

（八）理财等新兴业务的管控能力

在利率市场化和金融创新的大环境下，理财、同业等新兴业务规模迅速扩大，其管理复杂程度不亚于一个内部银行。在管理过程中可能存在以下几种风险，第一种是错配导致的利率风险、流动性风险和价格风险。可能存在负债和资产有不同程度错配的情况，同时外部利率水平变动、负债方产品发行不利、同业市场融资困难、资产方估值变动等都会给银行带来巨大的负面影响。第二种是信用风险，现如今银行面临非常突出的信用风险，尤其非标业务和次级投资。在国内的市场和监管环境下，即使是代销纯通道业务，只要是利用银行销售渠道或使用银行名义均会导致刚性兑付。信用风险带来的更大的问题是进而引发流动性问题。第三种风险是操作风险，现如今银行业务品种复杂，包括代销、理财、发债、撮合、买入返售等，我们要注意在各个环节的操作风险。同时直接融资工具、信贷资产流转平台、资管计划、股票质押式回购等创新型产品不断出现，而系统和人员配套不足，加大了操作风险的管理难度。第四种风险是系统风险，我们要明确的是即使本行管理机制健全，也要提早应对可能出现的系统风险，如市场整体的流动性枯竭、作为贷款最后一轮接力棒、地方政府流动性问题和个别银行管理出现问题的传导效应等。

在对理财等新兴业务管控的各个环节中，可能会出现哪些问题，我们该如何应对这些问题，有哪些内容是我们可以改进的？对于第一部分组织架构，可能会存在管理职责不清晰、多头管理、业务单位为主管理，缺少全行性的合作与制衡这些问题。对于第二部分策略和偏好，可能出现策略和偏好不清晰，我们要注意的是业务发展、收益和风险的平衡。把控相关业务的总规模，是以代销为主还是理财为主，同时注意投资盘的结构管理和结构性产品的次级投资。对于第三部分信用风险，存在贷前管理标准不一的问题：表外与表内，分行端与总行端资产的尽调有效性和质量方面有差距，对代销类业务缺少风险评估；贷中、贷后管理偏弱；清收方面未进行五级分类，无法针对性的监控不良贷款和跟进清收工作；同时客户准入管理薄弱。对于第四部分流动性管理，可能存在的问题主要有：对错配缺少管理或者相对宽松；总体错配有管理，而缺少对重要期限到期日的管理；没有对集中度的管理；偏重支付管理，缺少中期的流动性管理手段；管理偏重正常市场状况，对压力情形和应急计划管理薄弱；关注流动性风险管理本身，忽视了对系统风险、信用风险传导产生的流动性风险。对于第五部分绩效考核，可能存在的问题有绩效考核没有覆盖或者游离于整体考核之外；考核指标偏简单，偏重业务量或者收益，缺少风险方面的考量。对于第六部分系统和流程，可能会出现信息系统支持不够，手工操作出现的差错问题，同时业务发展过快，而流程建设和管理工具建设相对滞后。以上各个流程中可能存在的问题都是需要我们高度重视的。

那么我们在整个流程中应该重点关注哪些点？在风险识别与评估中，我们要重点关注流程分析，风险分析和风险评估。及时地梳理和分析相关业务流程，分析相关业务活动中固有的风险，评估风险发生的可能性和影响，做好相关业务组合的现金流缺口信息及预测和压力测试。在现状分析与监管对接中，信息对接要符合理财信息登记系统要求，管理对接要重点关注非标业务单独建账、投资信息披露、信用风险管理、非标理财的总量控制、规范审批权、不提供担保或回购承诺。在厘清业务策略中，要格外注意资产负债总量管理和同业资金规模管理，对风险指标的选取中，要选取代表某一风险领域变化情况并可定期监控的统计指标，可用于监测可能造成损失事件的各项风险及控制措施，并作为反映风险变化情况的早期预警指标。在管理提升与风险缓释中，要注意优化结构管理与限额控制，做好资产负债总量管理、同业资金规模管理、非标业务规模管理、错配管理（总错配、重要到期日管理、全期限管理）和集中度管理。风险缓释要注意风险偏好调整，如缩短/延长资产/负债期限、流动性缓冲资产和应急计划。同时，全部流程需要数据和IT做好支持工作。

商业银行公司治理：新一轮银行改革的关键之棋[①]

巴塞尔委员会认为，商业银行公司治理缺陷是 2008 年金融危机首要诱因，国际上各金融机构及监管部门开始反思和改革，包括如何建立完善金融机构公司治理架构、提高其风险管理水平和内部控制能力等。近年来，我国银行业金融机构在监管部门的推动下，逐步建立起"三会一层"（即股东大会、董事会、监事会和高级管理层）的公司治理组织架构，形成多元化股权结构，初步建立了独立运作、有效制衡、协调发展的公司治理运作机制。随着商业银行及其业务的飞速发展，商业银行公司治理的核心功能也在发生转变，即由注重权力制衡向优化运行机制、提升科学决策转变。银监会顺应趋势，自 2010 年开始酝酿，在借鉴国际监管改革经验及国内各类银行业金融机构公司治理优势的基础上，于近期印发了适合我国各类银行业金融机构的《商业银行公司治理指引》（以下简称《指引》），进一步指明了行业公司治理的发展方向和路径。

一、金融危机暴露了金融机构公司的治理缺陷

尽管中国银行业基本未受到全球金融危机的冲击，但结合后危机时代国际上对金融机构公司治理的规范，我们发现我国商业银行公司治理存在的缺陷主要表现为：

（一）董事会职责不清

一是公司治理的规定尚存不足，如：未要求董事会对全行风险和业务状况充分了解；未对董事会应关注子公司治理及其董事会职责进行规定；未要求董事会与银行风险管理、内部控制和内部审计等部门进行充分沟通；未要求董事会和高级管理层对各种经营行为的必要性做出评估等。二是董事会未

[①] 原文发表于 2013 年第 10 期《当代金融家》，收录时略有改动。

能有效履行风险管理职责。董事会在监督战略实施时，未切实把握实施过程中的风险容忍度，只是过度追求资产规模和营业收入的扩张。三是缺乏对董事会履职的有效评价。实际情况是，一致性评价标准的缺失导致区分责任主体是个人还是团体难上加难，对董事会的评价受大股东和首席执行官的影响较严重。四是董事会缺乏独立性。金融危机表明，商业银行良好的公司治理不能失去独立性，独立性包括董事会及下属专业委员会要保持独立性；银行运营不受主要股东或控股股东的干预，不受内部人控制等。

（二）风险管控能力不强

《国有商业银行公司治理及相关监管指引》《外资银行公司治理指引》指出"董事会可根据需要设立风险管理委员会"，《国有商业银行公司治理及相关监管指引》指出"应加强风险管理和合规建设"，《农村合作银行监管工作意见》和《农村商业银行监管工作意见》提及"健全内部控制体系""强化内部审计与内部控制的自我评估"，以上均未要求设立独立的风险管理部门和首席风险执行官，但未对上述二者的责任和独立性做出具体规定。这是导致商业银行公司出现风险管理和内部控制水平参差不齐、高级管理层履行风险管理职责缺乏标准、风险管理跟不上产品创新的步伐、风险管理不能适应经营综合化和组织架构集团化要求等问题的关键因素。

（三）信息披露不充分

我国相关监管指引尚未明确规定应对股东和利益相关者充分透明，尚未明确必须披露的关键性信息、利益冲突的政策及处理这些冲突的方式，未要求银行对未披露信息做出解释说明。其导致风险管理部门上报风险情况不及时，内部沟通不畅、不及时。

（四）激励机制不完善

我国已实施的规定尚未对薪酬与银行长期绩效相结合做出具体要求。激励机制不健全可能会导致逆向激励，银行董事或高管为了追求自身短期利益最大化而不顾银行风险，如利用高杠杆开展高风险业务等。

（五）缺乏银行业监管机构的监管要求

实际操作中，监管者未对银行公司进行定期评估，也较少实施对公司治理情况的联合审查。对此，我国已出台的相关规定很少涉及对监管者的要求。

二、《指引》：商业银行公司治理规范的升级版

结合国际上对商业银行公司治理的要求，最新发布的《指引》做了如下修改：规范董事会运作及董事履职要求；做实监事会职责；加强主要股东行为约束；强化商业银行战略规划和资本管理；对建立科学的激励机制、有效的问责机制和透明度建设提出明确要求；明确监管部门对商业银行公司治理的评估、指导与干预职能。

（一）明确董事任职要求，规范董事会运作

《指引》对"三会一层"及董事、监事和高级管理人员作了从任职要求、风险管理、运作机制等方面更详细、更全面的规定。

关于董事任职要求，《外资银行法人机构公司治理指引》提出"银行的董事长及董事会其他成员应符合《实施细则》中规定的任职资格，并按规定报监管机构核准或备案"，《指引》在此基础上对董事的构成、资质和专业素质做出明确规定，如：第五条要求商业银行董事会应当由具备良好专业背景、业务技能、职业操守和从业经验的人员组成；第五十六条要求董事要按要求参加培训，了解董事的权利和义务，熟悉有关法律法规，掌握应具备的相关知识；第二十条规定"商业银行应当根据自身规模和业务状况，确定合理的董事会人数及构成"。这些具体规定为董事会及时掌握银行运营情况、管控风险、保证董事会有效运作打下良好的制度基础。

关于董事会运作，《指引》进一步明确了战略委员会和审计委员会的职责，如：特别要求审计委员会成员"应当具有财务、审计和会计等某一方面的专业知识和工作经验"；要求"各相关专门委员会应当定期与高级管理层及部门交流商业银行经营和风险状况，并提出意见和建议"；要求董事会重点关注"制定商业银行风险容忍度、风险管理和内部控制政策，制定商业银行经营发展战略并监督战略实施，定期评估并完善商业银行公司治理"等，把风险管理和发展战略提到一个新高度。

（二）加强主要股东的行为约束

目前存在主要股东干预董事会、监事会和高级管理层履行职责的现象，而现有的行为规范对主要股东行为约束较松散。为此，《指引》中明确规定股东特别是主要股东"不得干预董事会、高级管理层根据章程享有的决策

权和管理权,不得越过董事会和高级管理层直接干预商业银行经营管理,不得损害商业银行利益和其他利益相关的合法权益"。此外,还对主要股东的义务和责任进行了较为明确的规定。

(三) 增加了风险管理与内部控制的具体规定

《指引》用一章二节十四条的篇幅详细规定了风险管理与内部控制部门的职责范围、权限以及其他部门的配合要求等。具体如:要求"商业银行应当建立独立的风险管理部门,并确保该部门具备足够的职权、资源以及与董事会进行直接沟通的渠道";建议"商业银行可以设立独立于操作和经营条线的首席风险官";要求"商业银行应当设立相对独立的内部控制监督和评价部门"等。这些规定能有效提高商业银行风险管理能力与内部控制水平,以适应商业银行经营综合化、组织架构集团化的发展要求。

(四) 要求商业银行建立科学的激励机制和有效的问责机制

《指引》明确要求商业银行应当建立健全对董事、监事的履职评价体系,明确董事和监事的履职标准,要求从多个维度对董事和监事的履职进行评价,并基于此合理安排董事和监事的薪酬。要求与银行的发展战略、风险管理、整体效益、岗位职责、社会责任、企业文化相联系,对高管人员进行绩效考核,从而形成完善的一体化的薪酬激励机制。

当董事和监事违反法律法规或者商业银行章程,给商业银行造成损失时,《指引》要求商业银行在依照法律法规进行处理的同时,对相关当事董事和监事进行问责。此外,《指引》明确规定商业银行应适当采取措施处理不能按照规定履职的董事、监事和高级管理人员。

(五) 对透明度建设提出明确要求

规范地披露信息是存款人和其他利益相关者维护自己知情权的基础,也是促使商业银行形成良好公司治理架构的关键。《指引》明确规定商业银行信息披露的范围、性质,要求商业银行对未能披露的信息做出解释说明;要求商业银行披露关键性信息,如发展战略、风险偏好、大股东持股结构等,并要求监事会监督董事会和高级管理层对信息披露职责的履行。

三、《指引》尚需完善

结合我国当前实际以及国际对金融机构的监管要求发现,《指引》尚存可完善之处。

（一）应对独立董事任职条件做明确规定

为保证董事会独立性，我国商业银行公司治理模式引入独立董事制度，但在独立董事的资质审查上，《指引》仅给出宽泛选聘原则，"审查重点包括独立性、专业知识、经验和能力等"，对独立董事的专业知识、履职能力和经验等尚缺少具体的考核指标。另外，对独立董事所占比例缺少具体规定，这使独立董事制度的作用大打折扣。

（二）应对董事会和高管层了解业务运营架构做具体规定

巴塞尔委员会2010版《加强银行公司治理》中明确规定董事会和高管层应理解银行运营结构和相应风险，《指引》中尚未要求董事会和高管层完全了解银行的复杂结构性工具、产品，并对相关交易活动风险充分识别；未强调银行在缺乏透明和不符合透明度国际准则的区域经营，或与该地区的交易对手进行交易时，应格外做好尽职调查；未对银行复杂交易结构的设立进行严格限定等。这些具体规定的缺乏使得银行在低透明度国家开展业务时，可能给银行带来财务风险、法律风险和声誉风险。

城市商业银行跨地区经营：模式、动因与风险[①]

20世纪90年代中期，为缓释地方金融风险，金融主管部门通过对各地城市信用社进行清理整顿，组建成为城市合作银行，并在此基础上更名为城市商业银行（以下简称"城商行"）。由于其特殊的历史沿革，城商行最初的经营区域仅限于当地，市场定位也具有完全的本地化特征。经过十多年的发展，城商行整体已成长为银行体系中仅次于五大国有商业银行和十二家全国性股份制银行之外的又一重要组成部分。2007年，南京银行、宁波银行和北京银行成功实现IPO，标志着城商行的发展进入了一个新的阶段。截至2010年末，城商行资产总额达7.9万亿元，较2009年增长38.2%，占我国银行业金融机构总资产的8.24%。其不良贷款比率为0.9%，比上年下降0.4个百分点。前十大城商行的资产规模均已超过2000亿元，另有14家城商行的规模超过800亿元。个体城商行的扩张速度更加惊人，仅2010年，至少有22家城商行资产规模较上年增长超过40%。其中，中石油旗下的昆仑银行、广西北部湾银行与赣州银行资产规模增速甚至超过100%。

与资产规模大幅扩张相伴的是城商行越来越明显的跨地区经营趋势。所谓跨地区经营是指城商行在其总行所在地之外，或通过设立分支机构，或通过重组、并购其他地区金融机构的方式开展经营。2004年11月，银监会发布了《城市商业银行监管与发展纲要》，鼓励城商行跨地区发展。2005年12月，合肥市商业银行合并重组省内其他十二家金融机构成立徽商银行；2006年4月，上海银行设立宁波分行，这一系列事件标志着城商行跨地区发展的开始。自此，经过5年的发展，截至2010年末，已有60多家城商行实现跨区域经营，所开设的分行已经超过130家。

[①] 原文发表于2011年第11期《银行家》，收录时略有改动。

一、城商行跨地区经营的模式

城商行跨地区经营模式主要包括：新建异地分支机构、合并重组其他城商行、参股或并购其他城商行三种。

（一）新建异地分支机构

新建异地分支机构是城商行实施跨地区经营较为常见的模式，主要包括省内跨地区新建分支机构和跨省（地区）新建分支机构。对于中小规模的城商行，在省内跨区域新建分支机构往往是实施资产规模扩张的必然。而对于以北京银行、上海银行、宁波银行等为代表的一批资产规模较大、综合实力较强的城商行来说，在省外中心城市开设分支机构，实施跨地区经营，不仅仅是扩张规模的需要，也是基于自身长期发展战略，提升品牌价值的选择。

相对于跨地区经营的其他模式，直接新建分支机构并不需要承担重组其他城商行所带来的历史负担，也避开了参股或并购时可能来自于外界的其他阻力，是最直接的扩张方式。同时，该模式可以保持城商行原有的企业文化、规章制度，降低了其他模式跨地区经营所可能产生的整合成本。

2009 年 4 月，银监会发布《关于中小商业银行分支机构市场准入政策的调整意见（试行）》，适当放宽城商行分支机构市场准入政策后，城商行跨地区新建了相当数量的异地分支机构。仅 2010 年全年，其数量就超过 100 家。与省内跨地区相比，跨省（地区）新建分支机构对于城商行的扩张战略的实施及知名度的提升作用更为显著。但由于跨省（地区）分支机构的建立在监管方面对中小城商行实施了较强的限制，因此绝大多数跨省（地区）分支机构是由资产规模较大的城商行设立的。

（二）合并重组其他城商行

该种模式主要是指通过吸收合并或新设合并的方式将多个城商行重组成为一家，通过扩大资产规模提升其综合实力，实现跨区域经营。该模式的特点是具有鲜明的政府主导特征。一般来说，通过合并重组模式新成立的城商行，合并前的原城商行绝大多数是位于同省（地区），而合并后便直接在省内实现跨地区经营。全国首家通过吸收合并方式成立的徽商银行和江苏省内 10 家城商行通过新设合并而成立的江苏银行是该模式的代表。

在合并重组模式中，吸收合并和新设合并的选择较为关键。合并方式的选择和参与合并各方的实力有关，吸收合并的存续方一般实力较强，而新设合并中的各参与方则实力较为平均。同时，与吸收合并相比，新设合并有利于平衡参与合并各方的利益。基于上述差别，徽商银行由原本实力最强的合肥市商业银行作为存续方吸收合并其他城商行而成立，而江苏银行合并前的各家城商行则实力相当，因此采用新设合并。上述两家通过合并重组后成立的银行在资产规模、质量以及抵御风险的能力等方面均有了相当提升，在自身资本实力积累到一定条件下，它们均又通过新建跨省（地区）异地分支机构的模式布局省内外，进一步发展奠定了基础。

与其他模式相比，合并重组可以更为迅速地扩大城商行的资产规模；和合并前相比，新成立的银行可以通过统一内控、业务流程，共用电子银行网络等方式降低自身的运营成本，实现银行经营的规模经济，获得更高的品牌价值和声誉，有利于银行的长期发展。

（三）参股或并购其他城商行

与合并重组模式不同，参股或并购模式的跨地区经营往往基于市场行为，而非政府主导。因此，采用该模式实现跨地区经营的城商行并不局限于省内异地，而是可以通过并购或参股外省城商行实现跨省（地区）经营。该模式较为典型的案例包括2006年南京银行通过收购日照银行18%的股份成为其第一大股东，以及2009年北京银行收购廊坊市商业银行19.9%的股份。这两则交易的特点在于大型城商行选择了更为灵活的方式进入目标城市。

参股或并购交易需要充足的资金保证。因此，这种跨地区经营的模式主要适用于资产规模大，资金实力强，经营与管理能力较高的城商行。在监管层对中小城商行异地开设分支机构设定较为严格限制的时期，参股或并购其他城商行的确也可能成为一些中小城商行的可选模式。

二、城商行跨地区经营的动因分析

城商行跨地区经营的动因普遍认为是追求规模经济与降低交易成本、行业内部竞争程度的提高与业务开展的需要、提升自身品牌的需要。

（一）追求规模经济与降低交易成本

规模经济是指企业通过扩大规模，使得在固定成本不变的前提下，获得平均成本的下降，提高利润水平。理论上讲，银行应当存在规模经济特征，但基于不同国家、不同时期数据的各种实证研究常常得出相悖的结论。一般结论认为，银行的规模经济存在一定的边界，超大规模的银行更有可能出现规模不经济。现实中，城商行规模的扩大，会降低其单位资金的结算成本，同时在更大范围内推行风险管理，提供技术支持，使银行自身的成本收入比下降，并以此提高盈利能力。

另外，交易成本理论也可以解释城商行实施跨地区经营所带来的益处。由于存在有限理性及不确定性，企业采取兼并、收购等不同组织方式的目的在于通过内部化市场消除其不确定性以节约交易成本。城商行在本地经营异地业务，要面对目标市场较高程度的不确定性。而不管是通过新建异地分支机构还是重组、并购其他城商行，都有利于将银行与异地市场的交易内部化为银行自身内部的交易，从而降低了市场的不确定性及由此产生的交易成本。从现实看，由于城商行的业务往来早已不再局限于当地，而如果其仅仅通过在本地经营异地业务，就必然面临着市场的不确定性所引发的诸多风险，跨地区经营成为解决该问题的最佳选择。

（二）行业内部竞争程度的提高与业务开展的需要

国有商业银行与股份制商业银行由于资产规模较大，发展基础较好，大都已经完成了全国范围内的布局。随着行业内竞争的加剧，先天实力偏弱的城商行在本地的生存空间持续受到挤压。如果不采取跨地区经营，其进一步发展必然受到制约，跨地区经营便成为城商行为实现自身持续发展的必然选择。

此外，银行业作为金融服务业，其跨地区业务的开展与客户的需求有密切的关系。由于经济的区域关联性越来越紧密，作为银行优质客户群体的企业也大都跨区域经营，其业务的发展往往需要异地支付、结算以及信贷支持等金融服务。单一地区经营的城商行在开展业务、获得优质客户的竞争中将存在必然的劣势；如果不能更好地提供跨地区的服务，甚至有可能失去原有客户。因此，跨地区经营也是其紧随区域经济体不断发展的趋势，是发展业务经营的必然选择。

(三) 提升自身品牌

银行的品牌主要体现在银行提供的产品，即金融服务以及银行的整体形象之中，构成其核心竞争力。城商行由于在历史上受到经营区域的限制，除了在本地之外，几乎没有任何跨地区的知名度与影响力；在争夺目标客户时，常常由于自身实力与品牌知名度较弱而影响其基本业务的开展。此外，由于银行业特殊的风险特征，拥有较高品牌知名度的银行往往能给公众额外的信任感，从而提升了其声誉资本，增加银行运营的平稳性。而城商行通过跨区域经营，可以大幅提高其知名度及品牌，并可以由此提供更加多样化的金融服务，对吸引优质的客户群体也有相当裨益。

三、城商行跨地区经营的风险分析

理论上讲，城商行的跨地区经营可以分散其过度本地化所带来的贷款及业务过度集中的弊端；然而在现实中，城商行跨地区经营却面临着盲目扩张规模所带来的种种风险。

首先，城商行跨地区经营、规模扩张与风险管理的相对滞后极易引发不良贷款及其他经营损失，高速成长所带来的负面结果是自身风险管理体系的建立滞后于其业务规模的扩张。城商行个体的资产规模及资本实力仍然不强，其承受风险的绝对能力较大型银行偏弱，风险管理对于其持续经营至关重要。但是，跨地区经营的快速推进容易导致大多数人才、风险管理技术储备不足的城商行出现经营漏洞。另外，跨地区经营所面临的市场环境比本地复杂，部分以快速扩张规模为首要目标的城商行容易轻视经营中的信用风险，此时滞后的风险管理便无法保障城商行经营的稳健。由于各项风险指标均存在一定程度的滞后性，因此城商行跨地区经营的风险有可能在未来几年显现。

其次，跨地区经营改变了城商行的管理模式，使其原本简单的组织机构由于异地经营的扩张而变得复杂。大部分城商行的成立时间较短，其内部管理本身就存在问题，跨地区经营使其管理链条进一步加长，放大了组织管理中的漏洞，影响了银行内部控制的有效性，增加了操作性风险事件发生的可能性。2010年年末，齐鲁银行涉入巨额"伪造金融票证案"使得各界对于城商行在跨地区经营的同时是否能够恪守审慎经营，银行内控等风险管理体系能否支持其高速扩张等产生了质疑。

再次，许多城商行是由地方政府主导建立，实施跨地区经营的背后往往存在地方政府的行为和意志。比如，城商行跨地区经营往往只为追求规模扩张所带来的知名度提升，以凸显现任政府在职时的政绩，而并非基于市场化及银行自身业务经营需要。这种类型的跨地区经营往往忽视市场本身的风险，使银行承担不必要的扩张成本，而收益甚微。近年来，城商行在对地方政府融资平台的贷款项目上的激进风格已备受诟病，而现阶段其跨地区经营扩张的速度也远远超出预期。

最后，城商行跨地区经营同质化程度较高，其在激烈的市场竞争并不占据任何优势，有可能根本无法在异地经营中取得满意的回报，却造成了跨地区经营中管理费用、网点建设、品牌推广等一系列成本的增加。跨地区经营意味着城商行将有限的资源部分从专注于本地市场转移到异地目标市场，当城商行在本地的渗透率并未达到适当水平的情况下，贸然实施跨地区经营，客观上造成了银行资源的错配，增加了经营中的风险。同时，由于许多城商行在跨地区发展中，不顾自身的条件，盲目与大银行开展同类业务竞争，忽视了细分市场、找准目标客户并致力于满足其特色金融服务需求才是其实现快速成长的最优路径。

针对上述风险及发展现状，我们建议不同类型的城商行应根据自身实力选择不同的跨地区经营战略。对于已经上市及资产规模较大、内控、风险管理体系运转良好的城商行，可以通过跨地区经营优化自身经营结构；但其仍要以在控制风险基础上实现风险调整后收益，而不是单纯资产规模的扩大作为首要目标。对于中小规模的城商行，则应该将有限的资源投入到本地化经营中，以此在不断完善自身管理水平的基础上同时获得自身资本的积累，不应急于或不应定位于跨地区经营。但是，由于中国银行业经营模式的特殊性，快速扩张规模在某种程度上仍是银行获得盈利的关键。在可预见的未来，推动城商行跨地区经营的内在因素仍将存在，而以无序的跨地区经营为代表的城商行扩张冲动会使整个金融系统的风险不断累积，影响金融稳定。因此，监管层从城商行跨地区经营的外部环境着手，对其相关行为加以指导和干预则至关重要。

四、政策建议

针对城商行跨地区经营的风险，监管当局可以通过强化现有的监管评级制度，提高跨地区经营准入标准的方法来限制城商行的跨地区扩张冲动。同时，在继续通过评估各城商行总体资本充足率、拨备覆盖率、不良贷款量等风险指标的基础上，将现有的城商行跨地区分支机构的风险、经营指标纳入评估，结合其现实的市场表现以作为后续的跨地区准入依据。

在微观审慎监管层面，监管当局可以对于实施跨地区的城商行设置区别的准备金比率，同时在资本及核心资本比率方面设置更高的标准，以督促其重视风险。同时，评估促进城商行完善自身的内控制度及风险管理体系，提高其应对风险的能力。

在宏观审慎监管层面，应将城商行跨地区经营所引起的资产过度扩张及由此所可能引发的风险视为系统性风险。由于城商行的经营业务结构的原因，其整体的风险与地方政府行为、宏观经济运行的关联度较一般银行更为紧密，因此应根据宏观经济形式有条件地将其整体视为系统重要性机构，实施宏观审慎监管。

除此之外，应该看到，规范城商行公司治理结构是解决其盲目扩张的关键之一。由地方政府预算的软约束问题造成的金融风险曾是中国银行业发展的重要经验教训，而监管层可以规范并指导城商行建立现代的公司治理结构，并将其作为跨地区准入的重要标准。

推进我国金融业综合经营[①]

从分业经营向综合经营转变是金融业发展中的重要规律，但从美国等发达国家的经验来看，其演进过程经历了多次金融危机和监管政策转向，呈现出典型的曲折前进特征。我国的金融业综合经营在经过一段时期的探索试点之后，当前正面临机遇和挑战并存的局面。一方面，供给侧结构性改革加速推动产业转型升级，实体经济对金融服务的需求更加综合化；全社会居民财富快速增长，家庭对以金融资产配置为核心的财富管理需求日益多元化。综合性的金融需求必然催生综合性的金融供给，这从根本上决定了我国金融业经营模式从分业向综合转变的长期趋势。另一方面，随着我国金融领域改革开放的深入推进，防范化解金融风险成为重要的攻坚任务，一些"以综合经营为名，行监管套利之实"的违法违规行为正在得到整顿，与金融业综合经营相关的风险得到了更多的关注，也出现了类似"综合经营导致次贷危机爆发"的观点。在当前国内外宏观经济金融形势复杂多变、多重风险叠加的背景下，首先需要在理论上厘清综合经营与次贷危机的关系，才能在现实中稳步推动对我国金融业综合经营路径的探索。

一、综合经营在危机中的实际表现

对综合经营与次贷危机关系的探讨，离不开对基本历史事实的研究，特别是需要从危机的发生、应对和后续影响中定位综合经营的角色。这就既要回顾次贷风险的积累过程、也要分析次贷危机爆发后金融机构和监管当局的应对表现，更要从次贷危机前后的监管规则调整中发现制度变迁的长期趋势。

[①] 原文发表于2018年第18期《中国金融》，收录时略有改动。

(一) 风险累积视角的分析

为了厘清综合经营与次贷危机之间的关系，首先有必要重新对危机的风险累积过程进行简要回顾。将爆发于 2007 年并引发全球性金融危机的美国次贷危机作为典型样本，分析综合经营在此期间的表现，将有助于拓展对这一关系的认识。互联网泡沫破裂之后，美联储通过持续调低联邦储备基金利率引发了房地产价格的持续上涨，较低的融资成本和准入门槛迅速刺激了次级抵押贷款的市场规模。随之而来的是以次级抵押贷款作为基础资产的金融衍生产品链条不断拉长，部分投资银行等金融机构在提供证券化服务过程中，以金融创新的名义从事大量高杠杆融资的衍生品交易，导致了 CDO 等衍生品市场规模呈几何级数增长。当美联储的加息政策刺破了房地产泡沫，房价急剧下跌导致的住房贷款违约带来了一系列连锁反应，次贷危机随之发生。从上述对次贷危机发生过程的回顾中不难发现，次贷风险起源于过于宽松的货币政策环境，次贷风险积累的过程也是衍生品链条不断延伸和杠杆层层加码的过程，次贷危机爆发的导火索则是加息刺破了房地产价格泡沫。可以认为，次贷危机的本质是以次级按揭贷款为代表的零售信贷风险被金融系统的复杂性及模糊性放大，而与综合经营模式并没有根本性的关联关系，综合经营并非次贷危机积累和爆发的必要条件，更谈不上充分条件，二者之间并不存在必然的因果关系。

(二) 危机应对视角的分析

回顾次贷危机爆发后美国金融机构的应对过程，不难发现以下两个特点：一是与实行单一经营的金融机构相比，实行综合经营的金控集团表现出了更强的风险应对能力。在危机中倒下的金融机构绝大多数并非实行综合经营的金控集团，而是以投资银行为代表的单一金融机构。作为复杂衍生品交易模式的先行者，美国的投资银行将募集资本金、融资活动、销售金融衍生产品等环节捆绑在一起。这种运作方式引发了风险的快速传染，不仅表外资产大幅缩水难以脱手，而且对其融资能力形成了拖累，最终导致曾给美国金融业带来无限繁荣的五大投行全军覆没。这样的结果，与投资银行在衍生品业务上的高集中度及内部风险对冲机制失灵是密切相关的。二是危机应对方案实际上推动了金融业的综合经营趋势。纵观五大投资银行的最终出路发现，高盛和摩根士丹利向美国联邦储备委员会提出了转型为银行控股公司的请求并获得批准，这在使它们获得开展储蓄业务吸纳存款资格的同时，拥有了从美联储获得紧急贷款的权利，也宣告了华尔街独立投行模式的终结。除雷曼兄弟以倒闭告终外，第五大投资银行贝尔斯登以超低价出售给摩根大通银行，第三大投行美林被美国银行收购，上述危机应对方案的一个重要特点恰恰是由商业银行并购陷入危机的投资银行等其他金融机构。以上两个特点表明，综合经营在危机中的作用方向和方式已经开始得到重新评估，对综合经营的角色的认识也已经开始向积极方面转变。

（三）规则变迁视角的分析

在全球金融体系最为发达的美国，金融监管当局对综合经营的态度经历了一个不断探索和修正的过程，这一过程集中反映在监管规则的几次里程碑式变化当中。从历史比较的视角来看，这种变化突出表现在次贷危机之后与20世纪30年代大萧条之后美国政府对待综合经营的监管规则的差异上。大萧条结束后，美国政府出台了《格拉斯—斯蒂格尔法案》，将金融业带入了分业经营时代。但在随后的半个多世纪中，美国金融业对综合经营的探索从未停止，把股市崩盘和危机爆发归咎于综合经营的观点也受到了越来越多的质疑。1999年颁布的正式《金融服务现代化法案》开启了美国金融业的综合经营时代，综合经营逐渐成为具有广泛共识的发展趋势。2010年颁布的《多德－弗兰克法案》被誉为20世纪30年代以来最全面的金融监管法案，其重点也并非限制金融业综合经营，而是放在了破解"大而不能倒"困局、保护金融消费者权益和加强金融衍生品监管方面。该法案中关于限制银行自营交易、限制银行投资对冲基金和私募股权基金的"沃尔克规则"也在今年5月迎来了首次修订，旨在减轻中小型银行的监管压力。从上述金融监管规则的历史变迁中不难发现，美国金融监管当局在过去近1个世纪的时间里，对综合经营的认识经历了从"综合经营是危机的罪魁祸首"到"综合经营并不必然导致危机"的变化。当然，这种观念的转变来自历次"危机实验"后获得的宝贵经验，也是美国金融体系不断成熟和完善的必然结果。

二、综合经营的内生性风险防范机制

通过上述分析发现，金融业的综合经营并非引发次贷危机的根源。那么综合经营对金融风险究竟意味着什么？应该一分为二地看：一方面，综合经营的确存在不当关联交易和监管套利等已经得到广泛关注的问题，这些问题往往在综合经营模式与分业监管框架不兼容的情况下表现得比较突出，是可以在监管与经营两个层面的适应性互动过程中逐步规范的。另一方面，在传统研究中常常被忽视的是，综合经营可以通过产品综合化和机构综合化等机制实现对风险的内化，从而在一定程度上有利于防范风险在金融体系内的扩散。

（一）产品综合化中风险内化机制

产品综合化，是指在金融工程技术的支持下，传统上局限于间接融资性质的金融产品，逐步开始融合信贷融资、证券投资、信用支持等功能，连通了间接融资市场、直接融资市场和担保市场，形成在流程上覆盖多个金融市场的综合性金融衍生产品。以商业银行贷款类资产的证券化产品为例，作为间接融资中介的商业银行退出市场，使得资金需求者和供应者之间建立起直接的融资关系，商业银行在出售信贷资产的同时也转移了风险；与此同时，本来由间接融资机构承担的融资风险也相应地转移给了资本市场中的证券投资者。资产证券化产品起到预期的分散风险作用和风险规避效应，多管齐下的经营方式减少系统风险，有效减少了风险传染性。由此可见，在产品综合化的背景下，金融机构全面参与具有跨市场特性的资产证券化产品的多个业务环节和市场环节，使得风险循环于内部系统，在相当程度上缓冲了全面市场风险的爆发。

（二）机构综合化中的风险防御机制

所谓机构综合化，是指金融机构通过自生或并购的路径实现业务领域的扩张，从而成为开展金融业务综合经营的集团。相比于单一金融机构在次贷危机中大批倒下，许多金控集团却能遭受重创而不倒，与机构综合化带来的抗风险能力提升不无关系，主要表现在三个方面：一是实行综合经营的金控集团能够借助多元化的业务布局，全面参与金融衍生产品的各个市场环节，在具备综合性金融产品设计和实现能力的同时，也推动了产品综合化水平的提高。二是整体资本规模的增加提升了吸收和化解风险的能力。一般来说，实行综合经营对金融机构具有更高的资本要求，更雄厚的资本意味着能够承受更大的风险损失，而综合经营模式本身又意味着对各业务板块的资本支持具有更高的灵活性。三是综合经营提升了对市场信息的获取能力和反应速度。由于不同业务领域关注的市场风险存在一定的差异性，跨市场的风险传递往往相对不容易较早发现。但综合经营模式下，不同业务板块之间通常存在正式或非正式的风险信息共享机制，有利于及早发现跨市场风险。

产品综合化和机构综合化一定程度上有利于减少金融体系的风险传染性和脆弱性，但不容忽视的是，这一正向外部性的实现对金融机构自身的风险管控能力提出了较高的要求。需要金融机构具备较强的全面风险管理能力，对包括风险防火墙和利益冲突处理机制的有效性给予较多关注。

三、几点启示

当前，对我国金融业的综合经营趋势既不应视为洪水猛兽，也不应放任自流，而应在科学认识其趋势和风险的基础上予以稳步推进。要从我国金融体系发展阶段的实际出发，以前瞻性的监管改革提升风险防范能力，以健康发展的金融业综合经营更好地满足我国经济社会发展中的多样化金融需求。

（一）对综合经营的探索需要符合本国金融业发展阶段实际

金融业综合经营模式的显著优势在于"规模效应、范围效应、整合效应"，但在不同的金融生态下可能会带来不同的外部性影响。就我国目前的国情而言，金融领域内的区域不均衡和结构不均衡依然显著存在，农村金融服务发展滞后，直接融资渠道空间有限，低端金融消费需求难以得到有效满足，而高端金融消费需求尚处于探索阶段。在此背景下，满足微观金融需求最有效的途径在于通过横向的金融扩张和纵向的金融深化并举提升效率。现阶段，我国采取银行体系和资本市场并行发展的模式具有很强的现实性和合理性。当银行体系出现困难时，资本市场的正常运作能帮助银行业度过危机；当资本市场出现动荡时，银行体系的稳健经营则能为其提供必要的流动性。未来需要充分考虑我国当前金融需求特点、金融市场成熟程度和金融机构经营能力的实际，在积极探索和稳妥推进的基础上找到适合我国国情的金融业综合经营路径。

（二）综合监管能力缺失是制约金融业综合经营的重要短板

在金融机构和金融产品双重综合化的背景下，以美国为代表的分散监管体系在面对次贷危机时表现得力不从心。以信贷资产证券化产品为例，作为基于多类型业务的金融衍生产品，其具有显著的跨行业和跨市场特征，这就大大增加了监管的复杂度。面对"从贷款发起到最终证券化销售"链条上的风险传染路径和特点，没有一个监管机构拥有监测系统性风险所必需的完全信息和必要权威；当危机爆发时，也没有一家监管机构有能力协调整个金融监管体系。由此可见，与金融业综合经营的步伐相比，美国在次贷危机前夕的监管调整明显滞后，而这一缺陷又是由对"危机驱动"式诱致性变迁路径的依赖造成的。在当前防范化解系统性金融风险任务艰巨的情况下，监管当局更应该考虑如何改变这种既有的路径依赖，跳出"危机爆发—监管强化—金融创新—监管放松—危机再次爆发"的循环。

（三）综合监管能力的提升需要着眼全局和长远

面对当前我国金融业综合经营中遇到的问题，监管机构需要适应金融业综合经营的发展趋势，在综合监管和功能监管等方面迈出更多实质性步伐，实现从分业监管向综合监管的现代化金融监管转型。应在金融机构和监管部门良性互动的基础上，着眼于实现全局性和长期性问题的解决。在监管体系建设方面，应着眼于强化金融业综合监管的顶层设计，进一步明确监管主体权责分工，完善各监管部门的沟通协调机制；应更加注重原则性监管理念的落实，强化对金融机构资本充足性和偿付能力等方面的要求；应明确监管对象界定标准和分类，实施"分类施策"的针对性监管政策；应设计完善面向综合经营的监管工具和措施，建立定性标准和定量标准相结合的综合经营评价和监管指标体系，强化跨行业交叉特征的金融产品的功能监管。

（四）综合监管需要强化对微观层面问题的针对性

金控集团作为从事多元化金融业务的市场主体，也是金融业综合经营趋势在微观层面主要载体。从历史上看，金控集团经营的稳健性和规范性也在很大程度上影响了金融业综合经营的发展进程。我国金融业在过去几年的综合经营探索中，滋生出诸多亟待治理的乱象，这些乱象在暴露分业经营框架下短板的同时，也显示了综合监管在微观层面的着力点。在具体监管措施方面，应特别注重解决三个方面的突出问题：一是公司治理的不规范问题，主要表现为从资本运作过程开始的违规操作到股东和董事会层面制衡机制的原生性缺陷，对此应尽早明确对金控集团在公司治理方面的特殊要求，从根本上提升其治理规范化水平。二是风险管理能力不足，主要表现为风险管理基本架构、制度流程、基础设施等方面还存在较大提升空间，对此应大力推进金控集团在整合框架下的全面风险管理体系建设，构建强大的风险管控能力。三是关联交易风险防范问题，不正当关联交易的存在大大增加了综合经营的潜在风险，对此需要尽快明确综合经营情境下对关联交易的认定和管控要求，通过构筑防火墙等机制防范关联交易风险。

金融控股公司监管体系转型[①]

进入 21 世纪以来，我国金融业逐渐加快了从分业经营向混业经营转变的探索步伐，金融控股公司数量大幅增加，综合金融业务规模迅速扩大，在提高金融资源配置效率方面发挥了独特作用。但少数金融控股公司的无序扩张滋生出诸多乱象，突出表现为通过循环注资、虚假注资、抽逃资本、不正当关联交易等手段野蛮生长，扰乱了金融市场秩序、积聚了金融风险。党的十九大和第五次全国金融工作会议以来，监管部门的清理整顿有力遏制了金融控股公司发展失序的势头，也催生了对金融控股公司"其兴也勃焉，其亡也忽焉"的担忧。在新一轮对外开放不断深化、防范化解金融风险成为攻坚任务的今天，金融控股公司能否在与国际综合金融巨头竞争中立于不败之地，走出一条符合我国实际的转型路径，需要站在我国金融业改革发展的全局高度，科学回答这一重大理论和现实问题。

一、对金融控股公司发展的认识

金融控股公司是随着现代市场经济和金融体系的发展而诞生且不断进化的产物，其发展过程受到经济规律和外部环境的深刻影响。因此必须首先从历史经验和现实国情出发，厘清对金融控股公司发展的四个基本认识。

第一，从分业经营向混业经营演进是金融业发展的重要历史规律，而金融控股公司曲折发展的过程则充分反映了这一趋势。金融控股公司在发达国家的演进历程大体经历了自由萌芽、快速扩张、规范发展三个基本阶段，但这个过程并非是线性的，而是存在反复和曲折。在此过程中，金融控股公司作为市场经济的参与者，一方面无法脱离特定经济发展阶段经济结构、金融需求的限制；另一方面也推动了经济结构和金融体系的诸多重要变革。从美

[①] 原文发表于 2019 年第 1 期《中国金融》，收录时略有改动。

国综合金融发展的历史来看，金融混业经营被认为是导致1929年大危机的重要原因，此后《格拉斯—斯蒂格尔法案》的出台直接导致金融混业经营的发展骤然减速。但在接下来的60多年中，随着美国经济发展对综合金融服务的需求日益强烈，非银行金融机构不断蚕食银行的传统业务，金融混业发展的趋势越发变得不可阻挡。而1999年《金融服务现代化法》的出台则正式标志着金融混业经营的限制解除，金融控股公司迅速发展的时代到来。

第二，我国金融控股公司的发展历程反映了市场经济改革和金融体系变革不断深化的趋势，是对日益增长的综合性金融需求在供给侧的呼应。近年来，新的经济形态和商业模式层出不穷，新的财富形式和消费热点不断涌现，全社会金融需求也开始呈现出明显的转变趋势：供给侧改革加速推动产业结构转型升级，实体经济对金融服务的需求更加综合化；全社会居民财富快速增长，家庭对以金融资产配置为核心的财富管理需求日益多元化。综合性的金融需求必然催生综合性的金融供给，这从根本上决定了我国金融业经营模式从分业向混业转变的长期趋势。在此背景下，金融业经营模式从严格分业向适度混业的转变将成为长期趋势，但当前金融控股公司仍需要合理把握布局方向和节奏，才能获得未来混业发展的趋势红利。

第三，我国金融业要应对国际贸易和金融领域的不确定性冲击，迎接新一轮金融开放中国际金融控股巨头的竞争，必须着眼于系统提升我国金融控股公司的竞争力。2018年以来，我国在国际经济领域迎来了两大变化：国际贸易形势方面，中美贸易摩擦使我国的对外贸易形势在较短时间内经历了较大变化，未来几年的进口增速很有可能出现两位数的高速增长；国际金融格局方面，随着我国金融业扩大开放的步伐进一步加快，银行、证券、保险等行业的市场准入将大幅度放宽，跨境资金流动规模和速度也将显著上升，来自国外金融机构的竞争将更加激烈。贸易形势和金融格局的深刻变化在给我国金融业带来学习国际先进经验的机遇的同时，也将带来深化金融改革、防范化解风险等方面的巨大挑战。面对已经实行混业经营、金融产品丰富、资金实力雄厚、金融创新能力很强的外资金融控股公司，我国金融控股公司在稳健经营和持续发展方面的能力还有很大的提升空间，在对接国际金融市场、迎接国外大型金融机构竞争方面将面临较大的压力。相比国际大型金融集团通常实行综合化经营，为客户提供全流程、一站式、跨市场服务，目前我国商业银行综合化程度偏低，业务经营范围有限。尽管我国大型银行在资产规模上已位居世界前列，但国际综合竞争实力仍难与这些国际金融"巨头"匹敌。证券业、保险业则受限于自身规模和实力，难以做大综合经营。

第四，政府对金融控股公司的监管存在双重性。市场经济和金融体系自身均具有天然的不稳定性，这就决定了金融控股公司在不同历史时期的兴起与衰落、扩张与收缩都与当时的宏观经济形势和货币金融环境密不可分。正是因为如此，发达国家政府对金融控股公司的监管呈现出典型的"顺应推动"和"规范引导"兼而有之的双重特征，且在特定时期会有所侧重。在经济欣欣向荣、金融市场平稳运行时，监管可能对金融控股公司的扩张行为持有较为宽容的态度。但监管对混业发展风险的担忧却从未完全消除，一旦发现风险不能被有效管控，就会改变政策风向，进入严格监管时期。

二、金融控股公司面临的突出问题

从近年来国内金融控股公司规模扩张和经营的实践来看，较为突出的问题集中表现为并购中的资本运作乱象和经营中的关联交易风险，这也成为当下亟须规范整顿的两大问题。

一是规范并购中的资本运作问题。资本运作通常是金融控股公司获取金融牌照的主要手段，但"全牌照"的实现往往需要巨大的资金支持。近年来，一些资本实力不足的企业通过复杂架构、虚假出资、循环注资等违法违规手段，在短短几年间构建出规模庞大的金融控股公司，扰乱了正常的金融秩序，成为亟须解决的问题之一。当前应一方面对快速扩张的金融控股公司进行集中排查，对其在金融牌照申请设立、兼并收购过程中的股东资质、出资真实性和过程规范性等进行存量风险排查重检；另一方面，应根据《关于加强非金融企业投资金融机构监管的指导意见》等政策要求，对面向金融机构的并购严格审查审批，确保增量的金融机构股权交易合法合规。

二是整顿经营中的关联交易问题。不论在单一金融机构还是金融控股公司内部，关联交易都是监管复杂度较高、技术难度较大的问题，在分业监管的时代尤其如此。当前不仅需要对存在明显利益输送等违法违规性质的金融控股公司关联交易行为加大查处力度，还需要在《企业会计准则——关联方关系及其交易的披露》及对单一金融机构关联交易管理规定的基础上，加快制定面向金融控股公司的关联交易管理政策，把整顿不正当关联交易作为治理金融控股公司乱象的重要突破口。此外，部分金融控股公司危机的出现具有必然性，最普遍的原因是未能准确判断外部环境和趋势并将其内化于自身战略，在大规模扩张中积聚过多风险导致管理失控，在市场环境或监管政策突变时遭遇危机。如果将失败的教训转化为历史经验就会发现，及时准确地把握时代趋势是金融控股公司的关键能力。只有站在响应时代需求、承担时代使命的战略高度谋划金融控股公司的发展路径和格局，才能敏锐地洞察发展机遇、防范经营风险，实现竞争力的持续稳步提升。

三、强化监管的顶层设计

2017年以来，治理整顿金融乱象的力度明显加大，防范化解金融风险的能力也稳步提高。但在分业监管体制下，金融控股公司的监管存在盲点，需要明确监管主体，出台监管规则，目前对金融控股公司的监管仍然缺乏系统性、针对性的措施。而监管的滞后不仅会增加风险爆发的概率，而且将制约金融控股公司在外来竞争加剧和混业经营加速时期的竞争力提升。从外部宏观领域提升金融控股公司竞争力，关键在于弥补监管短板，全面提升针对性和系统性监管能力，实现从分业监管向混业监管的现代化综合金融监管转型，创造有利于金融控股公司规范发展的外部监管环境。在具体实施上，应坚持"标本兼治"总体思路，将全局性的体系建设和针对性的问题导向有机结合。

相对于金融业长期分业经营的基本格局，金融控股公司在我国发展时间较短，无论市场实践还是监管经验都相对不足。过去几年金融控股公司的快速发展暴露了监管方面的诸多薄弱环节，在相应的监管体系建设欠账较多的情况下，"打补丁"式的监管改革已经难以满足当前和未来金融控股公司健康发展和塑造综合金融竞争力的需要。明确"谁来监管、对谁监管、如何监管"等基本问题，搭建相对完善的金融控股公司监管总体架构，从顶层设计上确保监管体系的完备性，才能从根本上避免"头痛医头、脚痛医脚"的问题。

首先是确定监管主体权责分工。长期以来，我国金融控股公司监管相对滞后的基本原因之一是监管主体缺位。在金融业分业经营、分业监管的背景下，对金融机构的监管呈现出"铁路警察各管一段"的格局，这给金融控股公司以"金融综合经营"之名大搞监管套利提供了机会。我国应在借鉴美国"伞形监管"和英国"双峰监管"等成熟模式的基础上，逐步建立清晰的权责分工体系，明确金融稳定发展委员会、"一行两会"和地方金融办（监管局）等机构在金融控股公司监管方面的权责安排、沟通协调机制等，从根本上解决"谁来监管"的问题。

其次是明确监管对象界定和分类。在监管对象方面，首先需要解决金融控股公司的界定标准、监管分类等问题，确保监管"有的放矢"。在当前缺少官方明确的界定和分类标准的情况下，不仅在金融控股公司的界定标准上存在牌照类型及数量的争议，在分类标准上也存在多种差异性观点，这直接导致了无法准确认定监管对象，进而难以实施针对性监管措施。未来解决"对谁监管"这一问题的基本思路应该是：在监管对象界定方面坚持统一标准，确保在"是否认定为金融控股公司"的问题上不存在争议；在监管对象分类方面坚持多样标准，综合考虑牌照数量和规模等因素进行类型细分，避免认定标准单一导致"一刀切"，为"分类施策"监管原则的落实建立基础。

再次是完善监管工具和措施。国务院办公厅《关于全面推进金融业综合统计工作的意见》，首次以官方文件形式提出了"金融控股公司"的概念，并要求建立相应的统计制度和统计监测系统。未来应在此基础上，借鉴巴塞尔委员会、国际货币基金组织等国际组织发布的《金融集团监管原则》《金融部门评估手册》及我国《商业银行并表管理与监管指引》的相关要求设计基于并表监管的一整套监管工具和措施系统，解决对金融控股公司"如何监管"的问题。建议从定性和定量两个方面进行评价和监管：定性方面，应主要关注全面风险管理体系的成熟度、内部控制的有效性等；定量方面，则应主要关注资本充足率、杠杆率、关联交易和大额风险暴露等关键指标。可以预见，随着"金融控股公司监管办法"等法规的出台，功能监管和行为监管的理念将得到进一步落实，金融控股公司野蛮扩张、粗放增长的发展模式已经走到了尽头。在新的发展阶段，混业发展、综合经营的属性决定了金融控股公司比单一金融机构更需要成为服务实体经济的模范、防范金融风险的中坚、深化金融改革的先锋。

金融控股公司风险管理：监管变革与能力提升[①]

面对当前已经初步得到整顿的金融控股公司风险和乱象，系统提升金融控股公司的风险管理能力已经成为当务之急。这就一方面要对积累的问题及其原因有尽可能客观恰当的评估，并承认可以照抄的现成解决方案并不存在；另一方面也要看到，无论是在分业经营中的银行业等细分金融领域，还是在国外对金融控股公司的监管方面，都已经积累了许多值得借鉴的宝贵经验。而过去三十年中不断探索和完善的"巴塞尔协议"，以及为弥补分业监管不足而诞生的《金融集团监管原则》（包括1999年版和2012年版），恰恰是这些经验的集大成者。无论是从完善金融业综合经营外部监管的角度，还是从提升金融控股公司自身风险管理水平的角度，都可以从中获得有益的启示，这也是纪念"巴塞尔协议"实施三十周年的一个重要意义和价值。

一、金融控股公司风险乱象

2008年国际金融危机之后，金融控股公司在我国经历了一个"野蛮生长"的时期，在规模迅速扩张的同时也积累了大量风险，带来了诸多乱象。

（一）助长经济"脱实向虚"倾向

无论传统实体经济领域的优势企业、新兴的互联网龙头企业，还是地方的国资经营平台，都一度出现向金融领域大规模投入的倾向。特别是实体经济领域成本上升、利润下滑，产业资本和金融资本回报率差异巨大的背景下，许多实体经济企业开始把多年积累的资本向金融领域转移，有的甚至完全放弃实体经济主业。许多传统企业在尝到金融投资带来的"甜头"之后，开始把构建多元化经营的金融控股公司作为转型的战略目标，并不断通过从实体企业"抽血"和提高杠杆率来加快战略实施，这一过程带来了产业空

[①] 原文发表于2019年第3期《清华金融评论》，收录时略有改动。

心化和宏观经济脱实向虚的风险。

（二）加大系统性金融风险防范难度

在 2017 年以来的严监管环境下，一些比较突出的金融领域乱象已经得到集中整顿，其中包括部分金融控股公司"野蛮生长"带来的金融风险。究其原因，典型的既包括通过复杂架构虚假出资和循环注资等问题，也包括集团通过下属平台企业实施的不当投资行为扰乱资本市场秩序等问题。这些问题的出现，扰乱了正常的金融市场秩序，降低金融资源配置效率。而金融控股公司在资本来源和公司治理等方面的复杂性，也加大了系统性金融风险防范的难度。

二、金融控股公司风险管理的双重困境

近年来的金融控股公司风险和乱象，出现于我国宏观经济和金融业迅速发展的时期，属于金融业发展不成熟、不规范的表现。这在相当程度上源于两个方面的困境：一是金融监管框架不完善带来的外部套利空间，二是金融控股公司自身风险管理能力不足。

（一）金融分业监管框架下的套利空间

改革开放以来，我国金融业监管主要实施的是"分业经营、分业监管"的基本框架，但 21 世纪初也曾在政策层面有过一些鼓励试点综合经营和探索综合监管的尝试。早在 2004 年 6 月，《中国银行业监督管理委员会、中国证券监督管理委员会、中国保险监督管理委员会在金融监管方面分工合作的备忘录》签署。该备忘录指出，"对金融控股公司的监管应坚持分业经营、分业监管的原则，对金融控股公司的集团公司依据其主要业务性质，归属相应的监管机构，对金融控股公司内相关机构、业务的监管，按照业务性质实施分业监管。对产业资本投资形成的金融控股公司，在监管政策、标准和方式等方面认真研究、协调配合、加强管理"，并约定建立"定期信息交流制度""监管联席会议机制" 和 "经常联系机制"。

面对金融业综合经营的趋势，特别是越来越多追求"全牌照"的金融控股公司来说，"备忘录"层面的综合监管合作模式显得过于松散，实质上仍然没有明确的监管责任主体，协作监管的力度也远远不够。在以分业监管为主的政策框架下，一些利用监管政策漏洞和分业监管套利空间迅速壮大起

来的金融控股公司把"左手倒右手"的套利手段发挥到极致。更有甚者不仅采用违法违规手段在短时间内构建出庞大的综合性金融集团，踩踏监管红线，还利用多种金融牌照大肆进行违法违规经营活动。

（二）金融控股公司自身风险管理能力不足

从金融控股公司形成过程中的资本来源看，主要有三种类型：产业资本孵化型的资本来自传统产业或互联网等新兴产业，政府金控平台型的资本来自地方政府国有资本，金融机构孵化型的资本来自单一金融机构。其中，金融机构孵化型是以银行、保险等单一持牌金融机构为母体，并以设立子公司形式控制多个其他牌照的金融机构或类金融机构，这一类金融控股公司由于并表监管的要求，及母公司风险管理体系向子公司的输出和覆盖，大多拥有相对较好的风险管理框架和能力。

但产业资本孵化型金融控股公司则不同，由于其设立的初衷往往是"产融结合""产融协同"，实际运行过程中需要想方设法为产业板块提供融资便利，在外部监管不完善的情况下也就缺少足够的动力去设立防火墙并避免利益输送，更遑论积极主动提升自身风险管理能力。地方金控平台型金融控股公司则在风险管理能力建设上参差不齐，但多数由于外部监管缺失和经验不足等原因，并未在集团层面建立起较为完善的全面风险管理体系框架。总体来看，我国的金融控股公司在全面风险管理能力建设上还有不少"历史欠账"，在未来新的监管规则出台之后可能要经历一段"补课"时期。

三、"双管齐下"完善金融控股公司风险管理

在探索加强金融控股公司风险管理的过程中，既不能"照搬照抄"，也不必要完全"重起炉灶"，而是可以充分借鉴巴塞尔委员会、联合论坛等国际监管协调机构的多年积累的成果，把对外部监管和风险管理能力建设的国际经验进一步消化吸收，并在结合中国金融业综合经营发展实际的基础上找到行之有效的路径。

（一）系统提升综合金融监管能力

第一，加强监管协调，进一步完善面向金融业综合经营模式的金融控股公司监管框架，压缩监管套利空间。相比于以往银监会、证监会和保监会以签署"备忘录"形式进行监管协调，现在的金融稳定委员会无论在层级设

置和覆盖范围方面都有了更大的优势。接下来需要在确保对金融控股公司及其子公司监管全覆盖的基础上持续完善监管框架，扎牢制度"笼子"，最大限度消除监管套利空间。当前需要重点解决的是明确监管主体责任、建立持续有效的监管沟通协调机制，提高监管信息完全性和对称性水平，为针对性监管政策的设计实施建立基础框架。

第二，明确监管导向，统筹平衡综合监管和分类监管。鉴于近年来的金融控股公司乱象主要表现为金融空转及助长经济"脱实向虚"，因此要强化和强调将金融服务实体经济作为金融控股公司的首要目标，并围绕这个目标来制订差异化的金融监管细则。同时，对于不同的主体、不同细分行业的也要从制度上进行差异化监管。对不同主体和业务类型在监管细节上要有区别，要考虑到不同主体的业务特点进行监管政策适度差异化设计。

第三，强化资本底线监管，细化监管落地要求。针对少数金融控股公司构建过程中以高杠杆撬动庞大规模资金带来的风险，需要监管对集团层面的资金来源及资本充足率设置相应的监管标准，及时发现并纠正资本重复计算，规避双重乃至多重杠杆效应。并在此基础上将金融控股公司的机构属性、持牌情况、经营规模、市场准入、关联交易等要素纳入监管设计考量。但应注意考虑各类具体业务特点，对监管指标要求尽可能不要过度严苛，而是通过适当的激励机制促使公司内部自我调控，提升风险管理水平。

（二）全面增强金融控股公司全面风险管理能力

金融控股公司面临的风险既有作为金融企业的一般性，也有其作为集团化企业的特殊性，这就决定了其风险管理能力的提升需要建立在全面风险管理体系建设基础上，而这一体系的建设需要在对基本问题达成一致的基础上，在合理的总体思路框架下循序推进。

1. 全面风险管理体系建设三个基本问题

一是金融控股公司集团层面与成员企业之间风险管理的边界问题。风险管理的职责边界划分与集团管控的类型高度相关，且需要充分考虑受监管实体与非受监管实体的差异性、成员企业自身经营水平和风险管理能力等因素。

二是金融控股公司风险管理能力提升的起点问题。金融控股公司全面风险管理体系的建设并不是对原有的风险管理制度、流程和工具完全推倒重来，而是在吸收既有风险管理经验、借鉴国内外同业领先实践的基础上形成进行升级和再造。同时，全面风险管理体系的建设也要能够承接金融控股公司的整体战略，并嵌入到成员企业的战略规划和投资规划中去。

三是金融控股公司全面风险管理体系建设的周期问题。从银行等单一金融机构的经验来看，巴塞尔新资本协议的实施周期往往在三到五年甚至更长时间。作为跨机构、跨市场经营的综合金融企业，金融控股公司比单一金融机构面临更多的风险类型、更高的风险复杂度，这也决定了其全面风险管理体系建设的高难度和长周期特征，进而需要有长期投入的准备。

2. 全面风险管理体系建设的思路框架

金融控股公司全面风险管理体系建设的一个基本思路是在集团层面搭建资产组合，以包括广义风险政策、信贷授信政策、展业政策等政策为牵引，以组合计划为依托，以项目授权和审批流程为支撑，加以定期的风险分析与监控，涵盖业务协作、信息沟通、成员企业关系管理等环节，最终实现"借得来、投得出、转得快、收得回、走得稳"的良性循环。参照巴塞尔协议和COSO框架，金融控股公司全面风险管理体系建设的思路框架需要包括五个部分。

一是风险政策。风险政策的设计制定应当基于金融控股公司的中长期战略规划，既要根据外部风险环境变化进行适时的动态调整，也要充分考虑成员企业在金融细分领域的展业情况，包括对不同地区和行业采取差别化风险政策。

二是组合计划。总体而言，组合计划是国外金融控股公司风险管理中的标准做法，但作为落地的量化标准，压力测试、经济资本计量等组合计划管理的技术手段对工具端有较高的要求。鉴于当前国内多数金融控股公司在这方面尚处于空白或起步阶段，如果照搬巴塞尔协议的标准和工具可能遇到较多问题。比如，资本监管比较适合在银行类金融机构、非银行类金融机构、类金融机构应用，但对担保公司、股权投资公司等而言可能并非适宜的手段。

三是项目审批与授权。项目层面的风险管控是实现集团对成员企业风险管理的重要抓手，也是从业务层面管控风险的重要手段，其中有两个需要特别关注的问题。其一是国资性质的金融控股公司审批授权机制的独特性问题，中共中央办公厅、国务院办公厅印发的《关于进一步推进国有企业贯彻落实"三重一大"决策制度的意见》提出，凡属重大决策、重要人事任免、重大项目安排和大额度资金运作（简称"三重一大"）事项必须由领导班子集体做出决定。如何将此类政策要求与金融风险管理的审批授权机制有机结合，是许多地方国资金融控股公司面临的重要问题。其二是金融控股公司中受监管的成员企业中监管合规要求与集团审批授权的关系问题，一方面不能突破监管对股东权利范围的规定，另一方面又要确保集团对成员企业在项目层面的有效管控。

四是风险监测和分析报告。金融控股公司的全面风险管理体系的报告机制，需要包含以传统分析手段对产品、行业、区域等主题下的专项风险进行监测，定期形成分析报告。此外还需要运用大数据等金融科技手段构建面向交易对手的实时风险监测工具和系统，监测交易对手在信用违约、违法涉诉、负面舆情等方面的动态信息，进而及时采取相应的处置措施。

五是风险缓释。与传统的银行信贷业务主要依靠抵押物作为风险缓释措施不同，金融控股公司业务类型的多样性决定了其风险缓释措施的多样性。比如，股权投资业务可以对赌条款进行风险缓释，成员企业中有 AMC 和物业经营板块的可以考虑以经营性处置作为风险缓释措施。

需要特别指出的是，上述五个方面的体系建设和能力提升需要有技术工具体系的支撑才能有效落地，包括数据集市的建设、内部评级体系的建设等，而这些都能从巴塞尔协议等国际监管框架中找到值得借鉴的原则和经验。

建设稳健的综合金融集团风险管理体系[①]

在金融全球化和自由化的大背景下，我国许多金融机构逐渐发展成集银行、保险、证券等业务为一体的综合性金融企业集团[②]。中国银监会在近期下发的探索银行转型发展新路径通知中强调，银行转型提了很多年，但与经济社会对金融的需求相比还有较大差距，2016年发展转型的必要性、紧迫性都很大，各类银行在转型发展方面要根据自身的优势，争取多样化和综合化经营，探索有特色的银行发展模式，以及特色业务领域的专业化银行发展模式。可以预期，随着今后全球金融逐渐走出危机，综合金融模式又将成为各国金融业竞争的焦点。虽然这种金融集团能够满足客户"一个客户、一个账户、多个产品、一站式"的金融服务，且能够实现规模经济、范围经济，降低营运成本，增加利润，但这种包含银行、保险、投资为一体的综合经营模式也导致综合金融集团面临着新的风险。这些风险在金融集团中具有复杂性、传递性等特点，增加了金融集团管理风险的难度，因此建立科学全面的风险管控和防范机制是金融集团管理发展的必然趋势。

一、综合金融集团的识别和风险特点

（一）综合金融集团的识别

根据集团内主要成员的性质划分，综合金融集团可分为"银行集团与投资业集团"和"保险集团"两大领域。同时，对于综合金融集团的识别，国际上通常有一整套识别流程，包括三类标准以及三个风险测试。

其中，三类标准包括：首先，在并表集团内是否至少有一个成员属于保险领域，和至少有一个成员在银行领域或投资服务领域；其次是是否有一个

[①] 原文发表于2016年第4期《银行家》，收录时略有改动。
[②] 如国家正式确定的三家综合金融试点企业：中信集团、光大集团和平安集团。

受监管的实体作为并表集团的最高管理（行/公司）；再次是受监管的实体是否至少满足以下条件之一：（1）为整个金融领域中一个并表集团中成员的母行；（2）参与并表集团中的一个成员；（3）和并表集团中一个成员有并表的关系。

三个临界点测试包括：首先是并表集团在各金融领域中所有成员净资产与综合集团总净资产的比例是否超过40%。其次是是否该集团所在的每一个金融领域，以下两个比例的平均值超过10%：（1）该金融领域的净资产同金融领域作为一个整体而言的净资产的比例；（2）该金融领域的偿付能力和资本充足与该集团金融领域总体偿付能力和资本充足的比例。再次是最小金融领域净资产是否超过监管规定。

（二）综合金融集团的风险特点

1. 复杂性

金融集团组织架构复杂，且从事多元化的业务，不仅面临着一般金融性企业所面对的由于自身经营而产生的风险，如市场风险、信用风险、操作风险、流动性风险和资本安全风险等，还面临着由复杂的股权关系及集团内企业的相互关联所引起的风险传递和由于不良关联交易所导致的一系列特有风险，如内部交易风险、利益冲突风险、透明度降低的风险等。由此可见，金融集团所面临的风险正呈现出多样性和复杂性的特征。此外，由于金融集团的内部企业之间产权关系逐渐复杂化、内部交易经常化、财务主体多元化等集团化的特征也将会给集团带来现实或潜在的管理风险。

2. 传递性

综合金融集团风险的传递性是指，集团内的某个企业因流动性或盈利性的危机对集团内其他企业造成影响，且呈现出集中爆发的趋势。集团内部企业由于日常关联交易、产权关系、集团的信誉、破产救助等原因存在直接或间接的联系，一旦某个内部企业出现某种危机，这种危机就会迅速地在集团内扩散，影响到其他集团内部企业的正常运营。这种风险快速传递和集中爆发的特征无疑要求金融集团具有更高风险意识和风险监管水平。

3. 信息的不对称性

金融集团通常具有复杂的组织架构，一般包含法人机构、业务活动机构和管理机构等，且各种机构之间存在复杂的产权关系及差别的财务披露制度,使集团的公开信息与实际不符,不利于集团管理层和监管者及时准确掌握集团的财务信息和风险状况,错失控制风险的最佳时机。

二、综合金融集团风控管理体系建设关键

(一) 清晰明确的风险治理架构是风险管理的前提

金融集团应当以保持体系要素和体系结构的统一为前提,在充分考虑集团公司总部及子公司风险管理需求的基础上,形成由董事会负最终责任、管理层直接领导,以相关专业委员会为依托,各职能部门密切配合,覆盖各专业公司及业务线的风险管理组织体系。具体来说,可以构建如下的风险管理组织体系:董事会是公司风险管理最高决策机构,对全面风险管理工作的有效性负责;集团行政执行委员会全面领导集团风险管理工作;集团可建立风险管理中心,下设合规部、风险管理部、稽核监查部,负责风险事前识别、事中监控、事后监督;子公司内控负责工作的具体落实,将事前、事中、事后三位一体的控制手段嵌入业务活动中;董事会下设的风险管理委员会负责审议风险管理总体目标、基本政策和工作制度;集团风险管控委员会在授权范围内履行风险管理的具体职责,确保公司整体风险在可承受范围之内;集团风险管理部负责具体建立并持续完善全面风险管理体系,制订风险控制措施,汇报风险状况;子公司风险管理职能部门负责风险管理工作的具体落实,包括执行监管要求,贯彻集团风险政策等。通过构建风险管理组织体系,可以有效地提高风险管理部门的效力和效率,保证风险管理得到切实公正的实施。

(二) 并表风险管理体系是抗风险能力和稳定性的基础和保障

自从银监会 2008 年初正式印发《银行并表监管指引(试行)》以来,国内主要商业银行均积极贯彻落实相关要求,积极对银行集团并表管理进行探索。《银行并表监管指引(试行)》指出"并表监管是在单一法人监管的基础上,对银行集团的资本、财务以及风险进行全面和持续的监管,识别、计量、监控和评估银行集团的总体风险状况"。可见,并表监管着眼于集团层面,持续的评估金融集团的总体风险,因而基于集团并表框架下的全面风险管理体系能够保障集团业务的健康发展,为实现均衡的业务结构、稳定的资金来源、完备的风险控制能力提供基础和保障。

(三) 集团层面跨系列风险并表横向管理，构建全面风险管理体系

综合金融集团应站在集团的高度，以资本为核心，以制定风险偏好，控制风险集中度，协调资本分配为目的，有机结合跨系列风险并表横向管理和各系列纵向风险管理两种风险管理方式，构建全面风险管理体系。跨系列风险并表横向管理应包括信用风险管理举措、市场风险管理举措、操作风险管理举措、承保风险管理举措和协助其他部门举措，且各种举措要有机结合，不断提高在风险治理、风险识别、风险计量、风险监控及报告等方面的技术水平。纵向风险管理主要是指针对银行、保险和投资三大系列的风险管理措施。其中，针对银行业，全面提升银行风险管理和资本管理水平；而对投资业则要实施风险限额和可投资金融工具管理机制，全面提升投资风险管理水平；在保险业方面可参照 Solvency II 先进理念，全面提升保险业务资本管理水平。

三、如何打造综合金融集团的全面管控体系

（一）综合金融集团风险的评估

成为综合金融集团或停止成为综合金融集团，以及其所属的并表集团成为综合金融集团或停止成为综合金融集团时，都必须向监管当局报告。国际上通常对综合金融集团的管控遵循风险为本的理念，从内控风险和业务风险两个方向对风险进行逐一评估和管理，最终达到对综合金融集团的有效管控。具体包括：

1. 管理流程的四个步骤

分别是风险识别、风险衡量、风险削减、风险监控和报告。在风险识别时，应该及时识别出现对管理目标构成威胁的主要风险；在风险衡量时，应该衡量这些风险的程度和规模；在风险削减时，要视风险的规模而定；而在风险监控和报告时，则要监控并报告风险管理的进程。

2. 风险组和风险元素划分

分为业务风险和控制风险两类，在对金融集团的管理中，特别要注意以下几个被认为是天然的、需要特别注意的风险组和风险元素有环境风险、客户、产品和市场中的利益冲突、审慎性风险、客户、产品和市场控制中的利益冲突管理、财务和操作控制中的财务控制、审慎性风险控制、管理、治理

和文化中的公司治理、与集团其他成员的关系、资本和流动性中的资本充足性。

3. 风险评级模式

采用的公式比较简单，即有碍于管理者目标的风险等于问题发生的概率乘上问题一旦发生所产生的影响。相应的级别则有低、较低、较高、高四类。其中除了低级风险，其他三个级别的风险均应引起注意。

4. 风险评估流程

遵循从风险到部门的流程，首先进行对业务风险的评估，评估出高业务风险、中等业务风险、低业务风险。然后将其纳入以风险为本的内控框架，并进一步对各职能部门进行风险评估，将内控职能和支持职能的各部门分为高等、中等、低等三个内控风险级别。内控职能的部门比如风险管理部门、合规部和法律部、财务部门等；支持职能的部门比如运营部、信息技术部、人力资源部等。

（二）综合金融集团的风险管理重点

综合金融集团的风险管理重点在评定金融集团层和各机构的管理是否稳健、有效和审慎，以及任何主要股权方是否会成为这些机构有效管理中的薄弱环节，包括：

1. 集团治理

按照金融集团的业务行业和职能管理的差异进行区别管理。依据全球业务线－与法人机构保持一致的业务线和全球内控职能管理－当地内控职能管理纵横两个纬度将金融集团的集团治理结构分为四类。同时，在集团治理的管控中，需要掌握必要的信息，主要包括集团，或机构业务策略、企业架构、业务行为架构、管理架构、内控职能架构、集团间的授信和交易等。

2. 公司治理

各银行、证券公司和保险机构的高层管理人员的品德和才能对一家机构有效管理和稳健发展至关重要，需对其进行资格测试，并在重大职责分配上做到责任清晰，负责人、高级管理层和治理体系可以有效监控业务和风险。此外，在公司治理方面还需：（1）建立起上下两个方向的汇报路线；（2）明确管理层职责；（3）实行职责下放和工作外包以及对其进行持续监督；（4）职能分离（如前台、中台和后台的职能分离以防止一个人发行、操作和监控同一笔交易);(5)利用董事会或管理层管理工具;(6)保证一些部门的独立性,如内审部门独立于管理层和日常工作流程,信用风险管理部门和市场风险管理部门独立于业务,合规部门独立于业务条线和运营部,但不需独立于管理层。

3. 成员间关系

主要指控股方和关联方,需要对这两方及关联机构分别进行管理。控股方在采取以下重大变动措施时必须通报监管当局:变更控股,增加和减少控股,增加和减少对基金公司的控股,不需采取任何步骤的控股变化;托管银行本身更改控股不释放其他人的报考责任。被控股方在一些情形下需要通知监管当局,如现在的控股方从20%减少或从少于20%增加。同时,关联机构(母行的另一家子行,拥有该机构20%或以上资本或者控股20%以上的机构)在成为或者停止成为任何法人的关联方时也需通知监管当局。

4. 审慎性风险

对金融集团审慎性风险的管理是以资本充足原则为本,包括在集团层要保持资本充足、防范资本负债翻倍情形以防止集团资本的过高计算,造成对集团下属机构的不利影响和金融集团下的一家机构必须在任何时点持有的资金以数量和种类衡量都充足,以保证其金融集团层面上资本的充足。具体来说则包含以下两个方面:一是资本充足率在金融集团层面不同的计算方法。二是风险集中和集团间交易,需要根据金融集团所在的最重要的金融领域的不同实行不同领域的法规。比如,如果一家混业经营的控股公司最重要的金融领域为金融业和投资业,还是保险业决定对集团间交易的监管则适用不同法规,财务报表不同的报告频率等。

5. 内控体系

公司必须对建立和维护内控体系给予足够的关注,同时这些系统和内控机制必须与其经营业务相匹配。内控系统的适当要考虑很多因素,包括(1)业务性质、规模和复杂程度;(2)操作的多样性,包括地理位置的多样性;(3)交易的数量和规模;(4)每一操作领域的风险程度。对于银行集团(普遍而言),以下几个领域是需要监管者和当事方高度关注的:(1)高层管理安排;(2)组织架构;(3)外包;(4)利益冲突;(5)集团风险系统和控制;(6)财务风险系统和控制。其中,(4)、(5)两个领域尤为重要。

其中，对金融集团利益冲突的管理应考虑以下六个方面：（1）要建立合适步骤识别利益冲突，包括公司其员工及指定代表和客户之间利益冲突，或公司的一个客户与另一个客户之间的利益冲突；（2）对利益冲突进行分类；（3）对利益冲突进行记录；（4）对利益冲突进行管理，管理的方法包括建立管理中心，观察名单，禁止交易名单，防火墙政策，个人账户交易记录等，其中防火墙建立在交易部、企业融资部和研究部之间，以防止一方利用内部消息而不当牟利；（5）必要时，还可以向客户披露利益冲突；（6）建立起利益冲突政策，这样的政策必须在早期与企业金融客户明确义务范围。

最后，对金融集团风险的管控还应考虑以下四个方面：（1）建立稳健的治理和管理程序，这包括在集团内由相应的管理层对集团所需承担的风险和如何承担所制定的战略和政策进行审批和定期核查，这些核查和审批要在集团的层面上实施；（2）在集团的层面上制定资本充足率政策，其目的之一必须是预测集团业务策略对其风险概况的影响，以及对集团层和下属机构的资本充足的影响；（3）拥有适当程序维持集团及其成员的良好风险监控体系，成员的风险监控体系可以融合到集团体系中。（4）拥有适当程序以确保集团所有成员的系统和控制具有一致性，并确保风险可以在集团层面上衡量、监督和控制。

此外，管控方法和工具国际上一般采用 ARROW 风险评估方法，主要包括持续监测工具和对个别风险的特别工具，这些管理工具的作用是确诊、监督、预防、改正。持续管理工具主要包括非现场审核、和公司管理层及其他代表开会、现场检查、分析和审查定期报告、回溯审核、交易监控、利用审计公司、利用其他专业人员。其中和公司管理层及其他代表开会是最常用的工具，而利用审计公司和其他专业人员则是尽量避免使用的。对个别风险的特别工具主要有给出预防性整改措施的建议、给某个公司个别指导、施加特定要求、更改公司营业许可范围等。

四、良好的综合金融集团风险管理实践

（一）集团持续致力于健全和完善风险管理体系。

健全完善的风险治理体系作为防范金融风险的基本方法，有助于进行统一管理、集中控制、分层负责，有助于实现对风险的有效管理。金融集团可以从以下几个方面持续不断的健全和完善风险管理体系：在风险治理、风险识别、风险计量、风险监控及报告、风险管理系统等几个方面不断提高技术水平，完善并表风险管理框架；以风险仪表盘的形式识别各类风险、监测风险偏好的执行；持续完善资本管理机制，提高资本使用效率；根据风险的暴露程度及并表的难易程度逐步实现并表管理；根据风险计量能力逐步实现多维度的组合管理；不断提高风险计量水平，完善集团并表压力测试；按照独立、公平、公正的原则建立完善的关联交易管理机制。这些举措逐步实施，可以不断地提高金融集团识别风险、评估风险、控制风险、监控风险的能力，有利于金融集团的健康快速发展。

（二）构建集团层面的风险管理政策架构体系

构建覆盖风险管理战略和文化、风险管理办法和机制政策、风险管理工具和技术等三个方面的风险管理政策体系。其中，风险管理战略和文化方面可以从风险偏好、风险治理和风险战略三个角度入手，建立具有风险意识的企业文化，营造良好的风险管理文化氛围，树立正确的风险管理理念，增强员工的风险管理意识，促进金融集团建立系统、规范、高效的风险管理机制。风险管理办法和机制政策要包含操作流程和管理流程管理办法，如风险识别、评估、控制、监控、报告等流程的操作方法及集团内部公司间的交易管理、利益冲突管理、信息共享管理等管理办法。另外，金融集团还要时时监控资本运转数据、风险管理数据等，并采用回归分析模型、压力测试模型等技术方法对风险进行评估，构建风险预警体系，做到提前防范风险。

（三）构建全面的集团风险管理信息系统

全面的风险管理系统可以为风险管理的全过程提供及时、详尽、全面、准确的风险管理信息，是集团风险管理的决策层制定解决方案的有力保障，是集团内部企业之间进行风险信息传递的桥梁，有助于提高风险管理的效率和可靠性。因此，金融集团要建立风险管理数据模型，开发相应的风险管理软件，构建综合全面的风险管理信息系统，提高风险信息的传递效率，降低风险信息的不对称性，增强集团量化管理风险的能力和风险预警能力。

（四）确立全面风险管理的内控评价机制

确立以风险为导向，以标准化、规范化为原则，包含内部环境、风险评估、控制措施、信息交流和内部监督五要素的内控评价机制，实现内控人人参与、合规人人有责、日常化运作、嵌入业务和流程，并逐步整合升级内部控制体系。作为金融集团防御风险的重要防御系统，内控评价机制在集团层面要能够有效地分配集团资源应对风险，以保证内控评价机制的有效运行。内控评价机制具体可分为风险自评、内控自评、独立测试、整改跟踪和机构评级五个流程，这五个流程要有明确的职责分工，相应的操作手册及评价指标，并且要逐步完善内控环境建设，定期出具内控报告，对内控体系持续进行评估改进。

综合金融集团的投资产品风险分级[①]

近年来,综合金融集团下属的各专业公司的投资和信贷业务已经逐步趋于多元化,从传统的产品逐步延伸到更加复杂的产品,如各类复杂衍生投资工具、另类投资产品和境外投资产品。随着未来中国金融市场快速发展和放开,这一趋势还将更加明显。综合经营模式符合经济发展变迁、客户需求更新、同业竞争深化的要求,但其风险特点也非常明显。专业公司投资领域的多样化,在给综合金融集团带来机遇的同时,也给集团风险管理带来了巨大的挑战。面对国际国内形势新变化,金融领域潜在风险逐步显现。近期中央经济工作会议提出要防控金融风险,确保不发生系统性金融风险,把对综合金融集团的风险管控放到更加重要的位置。如何能够在支持成熟专业公司投资多样化和创新的过程中,从集团整体层面对一些高风险的投资业务进行重点管理,是一直在探索的问题。参考国际领先实践,通用做法是在集团层面建立风险产品库,并对投资产品建立风险分级的管理机制,在这一思路的指导下,开展行业实践是综合金融集团稳健风险管理的根基和保障。

一、投资产品风险分级的覆盖范围

从产品属性的角度,对风险分级的覆盖范围做出如下界定:产品分为风险产品和非风险产品。其中风险产品指的是各专业公司在运用一、二和三方资金过程中持有的或协助第三方持有的、资产类的、可能给集团带来信用和市场风险的各类金融工具的总称。

风险产品细分为信贷产品和投资产品,其中信贷产品特指回收金额固定或可确定,且没有市场报价的非衍生金融工具,包括信用卡、信用贷款、抵押贷款、融资租赁、代付等;除信贷产品之外的风险产品统称为投资产品,

---

① 原文发表于 2016 年第 4 期《银行家》,收录时略有改动。

从资金来源的角度，各专业公司在协助集团外部投资者进行投资时，也可能会对投资所带来的风险承担隐性兜底的责任，投资产品风险分级不仅局限于各专业公司运用自有资金和保险资金开展的投资业务，而且全面覆盖各专业公司运用一、二或三方资金开展的投资业务。

非风险产品主要包括两类：（1）负债类产品：任何一项金融工具，在构成一方资产的同时，必定形成另一方的负债。在本风险分级中，仅从资金运用和资产的角度来看金融工具，不考虑负债方，不覆盖各类负债类产品，如存款、同业拆入、发行债券等。（2）无风险业务（不会给集团带来信用或市场风险）相关的产品或服务：如结算类业务、经纪业务、咨询业务，这些产品或服务者本身或者不涉及资金运用，或者即使涉及资金运用，但风险明显在第三方投资者，不会给集团带来信用或市场风险，不纳入集团风险产品和投资产品风险分级的管理范围。

总而言之，投资产品的风险分级覆盖范围包括：

（1）现有的和潜在的投资产品：风险分级包括集团各专业公司现阶段已有的投资产品，和各专业公司目前尚未开展，但在未来有可能进行投资的投资产品；

（2）各金融市场的投资产品：风险分级覆盖各类金融市场上的投资产品，包括货币市场、债券市场、股票市场、外汇和贵金属市场，以及另类投资市场等；

（3）单一和组合类投资产品：风险分级覆盖单一的投资产品，如国债，也覆盖组合类的投资产品，如信托计划、基金、理财产品等。

二、投资产品风险分级的基本原则

投资产品风险分级最终目的是支持综合金融集团对专业公司投资产品的风险管理，在设计投资产品风险分级方法时主要遵循了以下四个基本原则：

（一）对产品大类进行风险分级

只对大类进行风险评级，而非针对具体的投资产品或投资项目进行评估。在投资产品风险分级的过程中，忽略同一类投资产品的内部不同标的差异，主要评估不同类别的投资产品之间的差异；这并不是表示类别内部的差异不重要，而是集团层面更关注的是不同类别投资产品之间的差异，各类投资产品内部的风险差异应由专业公司来进行识别和管理。例如，风险分级方法通过综合评估房地产信托这一大类投资产品的一般风险水平，给予一个整体的风险等级，不会针对某一个具体的房地产项目为其特定的风险水平，给予不同的风险等级；再比如，风险分级方法通过综合评估上市公司流通股这一大类投资产品的一般风险水平，给予一个整体的风险等级，不会针对不同的上市公司的股票，给予不同的风险等级。

（二）对投资产品进行分类

投资产品分类主要根据产品类别本身风险差异的大小，结合集团未来对投资产品风险管理的要求来确定，以投资产品的差异化管理为目标，为其提供支持；对不同投资产品分类的粗细程度可能会存在差异，主要是由产品风险差异或集团管理要求所决定的，举例说明：对信托计划，如投资标的不同，风险水平也有较大差异，按照固定收益、权益类、另类等进行进一步细分分级；对回购交易，回购标的（押品）不同可能会导致风险有差异，但更多的风险来自于交易对手的违约，并不是标的或押品价格变化，风险的实质是类似的，因此作为同一类投资产品进行分级管理。

（三）风险分级不考虑投资产品本身标的风险差异

投资产品风险分级是在不考虑其他因素，如投资者的经验背景、风险偏好、资金来源、目标投资期限、投资者现有资产组合的情况下，独立考察投资产品本身的风险的差异。例如，信托公司在运用资本金进行投资和通过发行信托计划运用第三方资金进行投资时，资金来源不同，目标投资期限也可能不同，通常自有资金投资对流动性要求较低，而第三方资金可能期限较短，对流动性要求较高，在投资产品风险分级的过程中，不考虑这种不同的流动性要求，而假设是相同的；证券公司进行实际投资时，要考虑新增的投资产品与已有投资产品构成资产组合之后带来的风险分散效应，可能某投资产品本身风险较高，但能够降低现有投资的风险，仍是一项很好的投资工具，在进行投资产品风险分级时，独立看待每一类投资产品，不考虑这种分散效应；投资公司专门从事私募股权投资，在此领域具有丰富经验，控制投资风险水平高于同业，虽然私募股权投资普遍风险较高，但对该公司来说，可能并不一定高于某一项不熟悉的投资产品，即便如此，集团在进行投资产品风险分级时，统一看待各类投资产品，不考虑投资者投资经验带来的差异。

（四）风险分级不考虑投资产品收益的差异

更高的风险常常意味着更高的收益，任何投资和管理决策都不能仅建立在对风险衡量和评估之上，必须考虑相应的收益；但在进行投资产品风险分级时，仅仅评估风险一端，不考虑投资收益的差异性。

三、投资产品风险分级方法

分级方法综合运用实证分析法和专家判断法，通过对一类投资产品的风险进行多方面评估，确定该类投资产品的风险等级；实证分析法主要用于对投资产品波动性的分析和判断，专家判断法广泛用于各类风险指标的分析判断。在设计投资产品风险分级方案的过程中，应参考国内外投资产品风险分级的行业实践，结合自身风险分级的目标和原则，探索适合综合金融集团的投资产品风险分级方法；通过建立投资产品风险评估指标体系，运用实证分析和专家判断对投资产品的各个风险指标进行评估，综合各个指标评估结果确定该类投资产品的风险等级。

（一）风险评估指标

根据国内外关于投资产品风险分级的行业实践，可以确定选择波动性、流动性和复杂程度三个指标作为投资产品风险评估指标，这三个评估指标比较符合综合金融集团投资风险分级管理的目标和原则。在指标的选择过程中，很多指标都具有很好的评估维度，如财务杠杆、交易成本，但不符合集团投资产品风险分级的原则。以财务杠杆这个指标为例，对于区分房地产类投资内部的各个项目来说是很好的指标，但对房地产这类投资产品与其他类别的投资产品的区分不是很有帮助，不是很适合作为分级的指标。另外，如考虑产品的投资收益，交易成本可以作为一个很好的指标来评估投资产品的净收益，但产品的收益不在考虑范围内，因此成本指标不能单独作为一个指标作为评估因素。选择的三个指标可能没有完全反映各类投资产品之间的差异，有一定的局限性，需在实践的基础上，不断总结投资产品风险分级可选的评估指标，丰富和完善投资产品风险评估指标体系。

1. 收益波动性

波动性是最常见的衡量投资产品风险的指标，广泛应用于各类行业实践中。在经济学中,风险本身就被定义为不确定性,收益的波动性指的就是投资产品收益的不确定性,是衡量风险的重要因素。

影响投资产品收益波动性的因素很多,对于不同的投资产品来说,影响波动性的因素又有所不同。长期而言,收益的波动性与产品本身收益结构有很大关系,例如同一个企业发行的股票和债券,由于收益结构和优先偿还次序不同,债券收益的波动性相对股票较低。其次,投资产品对应实体经济或实物资产收益的波动性也是影响投资产品波动性的重要因素,实体经济或资产本身稳定性较好,波动性就会相应较低,例如国外成熟市场的股票指数相对于新兴市场的股票指数波动性较低。此外,短期来看,投资产品收益的波动性还会受到宏观经济政策,产品规模和市场供求关系等诸多因素的影响。

投资产品风险分级也将该指标作为评估投资产品风险的重要因素。参照国内外金融市场上多种投资产品的实证分析结果,可选择月收益率的标准差作为衡量投资产品收益波动性的指标。长期数据显示,投资产品收益率的标准差的排序相对于其他波动性指标排序具有更好的稳定性,指标的具体定义和档位划分可参考表1。

表1　　　　　　　投资产品风险分级的收益波动性指标

指标名称	指标评估含义	波动性等级	分档描述
收益波动性	分析评估该类投资产品长期的月度收益率的标准差	很低	月度收益率标准差0~1%
		较低	月度收益率标准差1%~3%
		中等	月度收益率标准差3%~8%
		较高	月度收益率标准差8%~16%
		很高	月度收益率标准差16%以上

2. 流动性

流动性指投资产品在正常的市场环境下迅速变现的难易程度,也是常见的衡量投资产品风险的指标。由于投资产品的市场成交量不足,或者缺乏愿意交易的对手,或者产品本身的交易和转让受到限制,可能导致投资者无法在理想时点迅速地完成投资产品的买卖,给投资带来风险。影响投资产品流动性的因素可从以下两个角度进行分析:

(1) 对可自由交易转让,有二级市场的投资产品,其流动性主要是由二级市场的广度和深度所决定，市场上同质的产品越多，标准化程度越高，参与该产品交易的对手越多，交易量越大，产品的流动性也就越好，如股票、债券等产品。

（2）对不可交易，或对交易有较多限制的投资产品，其流动性主要是由产品限定投资期限决定的。这类产品限定的投资期限又由两个因素决定，一个是产品的持有到期期限，另一个是产品允许赎回的开放期；产品限制的投资期限越短，产品的流动性也就越好。银行理财产品、信托计划、集合理财等属于这类产品。

选择流动性作为衡量投资产品风险的另一个重要指标，具体定义和档位可参考表2。

表2　　　　　　　　投资产品风险分级的流动性指标

指标	指标评估含义	流动性级等级	分档描述
流动性	评估该类投资产品的二级市场和产品的投资期限	很高	有集中交易市场进行交易的投资产品
		较高	有活跃场外交易市场（市场内交易对象具有高度同质性，交易者可随时找到自愿交易的买方和卖方，并且市场价格信息是公开可获得）进行交易的投资产品；或者，虽无集中市场交易，但期限非常短，可随时赎回的投资产品。
		适中	产品限定投资期限1年以内
		较低	产品限定投资期限3年以内
		很低	产品限定投资期限3年以上

3. 复杂程度

复杂程度指投资者对投资产品的风险和收益结构理解的难易程度。随着金融工具的不断创新与发展，金融市场上出现了各种新型的投资产品，如嵌入式衍生产品、结构化投资产品等，这些产品相对传统的投资产品来说复杂程度很高，而投资产品结构的复杂程度又往往会影响投资者对产品风险本质的认识和理解，导致投资者承担额外的风险。因此，国内外的很多金融机构都将投资产品的复杂程度作为衡量其风险水平的一个重要指标。

从投资者的认识和理解来看，产品的复杂程度主要受到产品成熟和标准化程度的影响；投资者对成熟的、标准化的投资产品的收益结构和风险相对了解和熟悉，不容易被误导或做出错误判断。另外，产品是否包含杠杆也是产品复杂程度的一个重要标志，杠杆通常会放大投资风险，如果投资者对杠杆认识不清，通常会对风险产生误判。

选择复杂程度作为衡量投资产品风险的重要指标，具体定义和档位可参考表3。

表3　　　　　　　　投资产品风险的复杂程度指标

指标	指标评估含义	复杂程度级别	产品复杂程度的级别
复杂程度	评估该类投资产品结构和收益的复杂程度。	很低	非衍生或结构化基础投资产品
		较低	成熟标准化且无杠杆衍生产品
		适中	成熟标准化含杠杆衍生产品
		高	非成熟标准化衍生产品

（二）风险得分

在对各类投资产品进行多维度风险评估的基础上，将各个评估指标的结果综合起来，进行整体评估，可采用如下的方法对各个评估指标的结果进行整合。首先，对每一个评估指标的每一个风险档位赋予一定的分值。具体可采用百分制的方式，对每一个评估指标，最高等级和最低等级之间的差距均为100分；在此基础上，根据评估指标的风险等级的个数，按照平均间距的方式分配各个级别档位的分值，分值越高，表明水平越高。档位分值仅代表投资产品风险的等级和次序，分值本身只有相对大小，并不代表绝对水平的高低。也就是说，某一类投资产品波动性得分为50，另一类投资产品波动性得分为25，只能说明第一类投资产品收益的波动性高于第二类产品，不能说明第一类投资产品收益的波动性是第二类投资产品的两倍。按照上述方法，所选择的三个指标各个风险档位的分值分别如表4所示，其中分值越高代表风险越大。

表4　　　　　　　　投资产品风险分级的指标等级与分值

指标	风险等级/分值				
	很低	较低	中等	较高	很高
收益波动性	0	25	50	75	100

续表

指标	风险等级/分值				
流动性	很低	较低	中等	较高	很高
	100	75	50	25	0
复杂程度	很低	较低	中等	较高	很高
	0	25	50	75	100

其次，根据指标的重要性对指标进行排序，结合行业内的其他机构的实践，给每一个指标赋予一定的权重（见表5）。

表5　　　　　　　　投资产品风险分级的指标权重

指标名称	指标权重	权重说明
收益波动性	55%	反映风险的最重要指标
流动性	25%	重要程度相对收益波动性来说相对较低，但相对于产品的复杂程度来说更加重要
复杂程度	20%	重要性相对较低

最后，根据评估指标风险档位的分值，结合指标权重，采用加权的方法计算该类投资产品的风险得分。由于每个指标的最低分值均为0，最高分值为100，因此投资产品风险得分的范围也将是在0到100之间：投资产品风险得分 = 55% × 收益波动性分值 + 25% × 流动性分值 + 20% × 复杂程度分值

（三）风险等级

参考国内外关于投资产品风险分级的行业实践，结合对投资产品风险分级的精细化程度要求，大部分金融机构的投资产品风险分级都包含5或6个层级。如采用5个风险等级，其中四级和五级为高风险等级。例如，5个风险等级分别可如下表所示，在分级实施的过程中，还应根据投资产品风险分级实际风险得分的分布进行必要的调整（见表6）。

表6　　　　　　　　投资产品风险等级及风险得分

风险等级	风险级别	风险得分	风险等级描述
一级	低风险	0~15	风险水平很低，通常投资收益的波动性小，产品流动性好，产品复杂程度低。

续表

风险等级	风险级别	风险得分	风险等级描述
二级	较低风险	15~35	风险水平较低，通常投资收益的波动性较小，产品流动性较好，产品的复杂程度较低。
三级	中等风险	35~65	风险水平中等，通常投资收益存在一定波动性，产品流动性一般，产品复杂程度中等。
四级	较高风险	65~85	风险水平偏高，通常投资收益存在较高的波动性，产品流动性较低，产品复杂程度较高。
五级	高风险	85~100	风险水平很高，通常投资收益存在很大的波动性，产品流动型很低，产品复杂程度很高。

四、投资产品风险分级管理和应用

投资产品风险分级管理和应用是整个风险分级体系建设的重要部分，分级管理和应用的好坏直接决定综合金融集团风险管理基石是否稳定。国内外风险分级行业实践一般有三个环节：

（一）风险分级的建立

综合金融集团相关部门牵头负责投资产品风险分级建立的工作，各专业公司协助共同完成投资产品的风险分，具体工作方法和流程如下：

1. 准备工作

（1）了解整个集团投资业务的产品种类和规模现状和发展方向，根据各专业公司反馈的产品库清单开展工作；

（2）建立投资产品清单：在正式开展分级工作之前，收集下属各专业公司投资产品信息和公开市场上投资产品信息；根据集团投资产品风险分级的原则和要求，对已经收集投资产品进行整理、分类，确定纳入投资产品分级的产品清单；

（3）确定实证分析范围：收益波动性是一个量化指标，通过对该大类产品代表性指标的历史收益率波动性的实证分析来支持该类产品收益的波动性的评估。在准备阶段，分析各类投资产品是否存在具有代表性指数，指数的历史数据是否充分，确定收益波动性实证分析的范围；

（3）制订专家意见调查方案：听取各专业公司对投资产品风险水平的

意见，采用调查问卷的方法，集团和各专业公司的投资业务专家和风险管理专家对各类投资产品的各个风险指标发布评估意见。在准备阶段，制订专家意见调查方案，明确调查对象、调查内容和准备调查问卷。

2. 实证分析和专家意见调查

（1）开展实证分析：根据实证分析的范围，收集各类投资产品代表性指标的历史数据，进行月度收益率标准差的计算，相关信息填入调查问卷，为专家意见调查提供支持；

（2）专家意见调查：根据专家意见调查方案，组织调查工作培训和宣讲，下发的调查问卷由集团相关部门和各专业公司负责填写。

3. 形成分级方案

（1）对专家意见进行整理、汇总和统计分析；

（2）根据专家意见和打分卡结果，结合自身管理要求，形成对各类投资产品的风险分级方案；

（3）对于高风险的投资产品提交审核认定。

4. 发布分级结果

向集团相关部门和各专业公司发布投资产品风险分级结果。

（二）风险分级的更新

随着新的投资产品的不断出现，风险分级也是一个动态管理的过程。原则上，每年要对所有纳入风险分级的投资产品进行一次重新评估，重新评估的具体方法和工作流程原则上参考投资产品风险分级建立的过程。针对一些传统的基础投资产品，可适当简化，如不纳入实证分析，缩小专家调研的范围。根据重新评估的结果，对照原有风险分级，结合专业公司专家建议，形成风险分级调整方案，其中涉及高风险产品的调整应上报审核。

当集团下属各专业公司拟投资某类产品，但该类产品尚未包含在投资产品风险分级之中时，应及时发起对这类投资产品的风险评估，并将其纳入投资产品风险分级。对单一投资产品评估的具体方法和工作流程可参见投资产品风险分级建立的过程，但可适当简化，如缩小专家调研的范围等，对该类新的投资产品提出风险分级建议方案，如为高风险产品，应上报审核。

（三）风险分级结果应用

在投资产品风险分级基础上，综合金融集团应结合专业公司的投资和管理能力对专业公司的投资业务，包括运用第一方和第二方资金投资各类风险产品，以及协助第三方投资各类风险产品，实施差异化管理。对投资高风险等级投资产品，要求专业公司有较高的风险管理水平与之相匹配。

对于各专业公司已有的高风险等级的投资产品，应定期报送产品投资的具体情况，在集团层面进行汇总、分析，并纳入集团投资产品风险报告。对于各专业公司新增高风险投资产品，应结合专业公司的投资经验、投资管理能力、风险控制能力、资金来源、业务模式、风险分担等提出建议。

金融综合经营是一把双刃剑，发挥得好，能带来规模效益和协同效应；如果管控不到位，容易引起风险传染、利益冲突、协同失效等一系列问题。如何解决集团管控能力问题，减少管控成本、提高管控效率，处理不同层面的风险聚集和风险传递问题，包括利益冲突风险、关联交易风险、偿付能力风险、透明度风险等，建立全面风险管理和内控体系，提高风险管理的科学性和内部控制的有效性，前提是把投资产品风险分级做好。

金融控股公司的并表管理[①]

随着我国金融改革步伐提速向前，金融混业经营趋势也越来越明晰，金融控股成为金融领域的重要趋势之一。作为金融业综合经营创新试点，从1995年开始，在人民银行、保监会、银监会、证监会的指导下，借鉴摩根、高盛以及汇丰等全球综合金融的实践案例，金融控股公司结合实际积极探索适合的综合金融模式，引进公司治理、风险内控、合规审计、防火墙建设、信息披露、后台资源整合等方面的先进理念和经验，以并表管理为核心，逐步建立了比较完善的综合金融集团组织架构、符合国际监管标准的综合金融管理体制和可持续发展平台。

一、控股公司模式特点

目前，我国金融控股公司的业务范围涵盖银行、证券、保险、资产管理、信托、基金等金融领域，具有全面的业务发展架构、运营后台和稳健的发展道路，其模式具有以下特点：

（一）控股公司的性质和经营范围

作为金融投资控股公司，不经营任何具体业务，仅以股权为纽带，通过对子公司的投资控股实现管理职能和关联交易管控。一些控股公司采取的母子公司交叉持股模式，比如银行控股保险公司，或保险公司控股银行，符合国际上金融集团法人治理结构和风险管控的要求，同时也易于监管。

（二）控股公司的定位

控股公司重在明确方向、制定规则，创造整体协同价值，负责履行资本筹集、战略规划、合规监督、品牌经营、整体协同等核心职能，不参与、不干预子公司的日常经营管理。

[①] 原文分上下两篇发表于2014年第7期和第8期《当代金融家》，收录时略有改动。

（三）控股公司与子公司的公司治理边界清晰

控股公司派驻人员参与子公司董事会及下属专业委员会，通过子公司董事会对子公司进行管理和控制，集团成员不与子公司管理层交叉任职。子公司均拥有独立的法人资格、董事会和管理团队、薪酬体系，实行专业化独立经营，形成了天然的防火墙。

（四）集团对子公司的风险管控体系

控股公司对子公司的管控遵照相关法律和监管规则，通过子公司董事会制定重大决策，通过合规问责、风险内控等环节强化监管部门的要求，在计划管控、审计合规、风险内控、高管问责等核心经营领域，构成对子公司的管控。

二、控股公司并表管理职责

控股公司按照会计准则和相关规定编制合并财务报表，有符合并表管理要求的财务信息系统，在充分保证子公司独立性、满足有关行业监管及上市规则要求的前提下，及时、准确、全面地获取子公司的相关信息。同时，建立与业务特点相结合的全面风险管理体系，覆盖各子公司及业务条线，对整体风险状况进行识别、评估和控制。

子公司作为独立法人，严格按照会计准则要求进行独立核算，具备完善的财务与业务系统，形成有效的系统支持和信息传递。控股公司在严格的防火墙管控下，通过系统实现对子公司财务报表的有效管理。控股公司及子公司独立聘请会计师事务所进行外部审计，保证外部审计标准一致性和审计内容的可比性。

在每个会计年度后向监管机构报送控股公司及子公司年度审计报告，并按照规定，定期提供并表监管信息，主要包括：（1）控股公司组织架构信息，包括子公司的名称、持股比例、主要经营类型，以及重大股权、并表范围和组织架构的变动情况等；（2）子公司的经营情况；（3）控股公司偿付能力和资本充足率指标以及有关风险分析报告；（4）关联交易和内部交易、重大投资损失、重大对外担保等重大事项。作为纯粹的投资公司，控股公司本身并不经营任何业务，主要通过旗下子公司开展具体金融业务；定期根据整体综合金融发展战略，对子公司具体业务发展、股东投资回报等关键业绩指标进行评估。

三、完善组织架构和公司治理加强并表管理

控股及子公司按照《中华人民共和国公司法》《中华人民共和国证券法》等相关法律法规及规范性文件的要求，建立由股东大会、董事会、监事会和高级管理层组成的治理结构，形成权力机构、决策机构、监督机构和管理层之间分工配合、相互协调、相互制衡的运行机制。股权结构是决定公司治理模式的基础，优化、合理和均衡，是完善的治理结构的坚实基础。

股东大会、董事会、监事会和高级管理层依法规范运作，独立行使权力、履行义务。合理均衡的股权结构使全体股东都能通过股东大会平等充分地行使股东权利，组建专业化的董事会和管理团队。监事会成员中，不仅有股东代表监事、职工代表监事，还有外部监事。利用科学的考核评价制度对董事、高级管理人员工作绩效的考核，形成积极有效的激励机制、问责机制和符合相关监管法规、国际惯例、中国国情、行业特点的公司治理结构，保证持续健康稳定发展。

控股公司不经营具体业务，业务分布在子公司，有利于共享客户等经营资源，充分发挥协同效应；在业务管理上实行分业经营监管，相互之间有严格的防火墙。在控股公司经营层面，设立经营管理委员会，下设专业决策委员会，与外部行业监管机关一起对各专业公司实行管控，建立职责明确、适应流程控制需要的组织机构，通过完善组织架构和公司治理来加强并表管理。

四、风险并表管理的程序和主要内容

控股层面管理不同附属机构之间及与附属机构之间的风险传染，包括但不限于制定风险偏好、资本分配、风险限额、内部交易规模管理、业务准入、授权管理、紧急风险处理预案、风险集中度限制、流动性管理、防火墙设置等。对子公司并表管理主要是立足与防控大额风险暴露和集中度风险，从具体管理机制上，包含有以下环节：

（一）治理架构

控股公司董事会下设风险管理委员会，是控股最高风险管理机构，对大

额风险暴露及风险集中度负最终管理责任。管理层下设风险管理委员会，负责审议控股大额风险暴露及风险集中度的议案。控股风险管理部门负责控股层面的大额风险暴露及集中度管理，监控控股层面汇总的大额风险暴露是否超标。子公司风险管理部门负责自身业务的大额风险暴露及风险集中度管理和日常业务的监控，定期向控股汇报相关风险敞口和限额情况。

（二）风险识别

控股风险管理部门对各业务线面临的风险进行全面的梳理，明确面临的信用风险、市场风险、操作风险等大类，对控股现有业务品种及产品类型进行分析，对同类型的业务及能实现并表的业务进行并表管理。比如信用风险方面，对零售无抵押业务的并表分析，涵盖了零售无抵押信用贷款、信用保证保险这两个业务线中同类的业务；市场风险识别方面，对资产管理、银行、证券、信托等专业公司的股票、债券、基金、存款、拆借、回购等业务进行数据并表。

（三）风险计量和限额

在控股层面进行资本管理是一个长期目标和发展方向，跨专业系列的资本计量是个趋势，但受限于数据、系统等条件，控股公司一般通过设立组合限额（从客户、区域、产品、行业等维度），定期对大额敞口及集中度情况进行汇总分析，运用模型对数据进行测算，形成相应的风险限额。比如，信用风险方面，对金融同业交易对手采用的机制是汇总相应的专业公司数据，并通过模型测算出限额；市场风险方面，在识别专业公司的可并表的产品后，计量风险暴露（股票、债券等头寸）的敏感性（股票 Beta，债券 Duration，PV01 等）和集中度（单一行业、单一个股、单一交易对手等）。

（四）风险监控和报告

子公司专注自身的风险指标和限额，控股公司关注组合层面的风险指标和限额；定期搜集汇总子公司的风险数据进行数据并表，向控股公司风险管理委员会汇报。控股公司设立分工明确的报告体系，日报主要由子公司根据业务的需要，监控比如投资资产结构、浮动盈亏情况等；月报包含子公司和控股两个层面，子公司负责内部进行分析，控股通过子公司上报的月度经营报告检视；季度报是控股公司风险管理委员会会议报告等高管层的报告，涵盖了近期风险并表分析的结果以供决策；年报是公司年度风险评估报告等报告,对全年的工作进行总结并向监管机构和外部披露。

(五) 风险系统

对大额风险暴露统计汇总、分析评估、监测报告等后,相应的风险管理系统能提高数据提取、分析、监控、汇报的时效性和准确性,为多维度、多情景的分析奠定数据基础。比如,在控股公司操作风险管理系统,通过风险事件收集、关键风险指标、风险控制自我评价、外部事件收集这些方面奠定操作风险高级计量管理的基础;市场风险方面,投资风险IT平台通过数据接口导入外部市场信息,在符合公司治理的前提下,接入子公司的风险报表数据,在投资风险IT平台汇总形成并表的指标监控和限额管理。此外,通过各种分析引擎(如模型估值、敏感性测试、情景分析等)进行多维度、多情景的分析,为高管层汇报提供分析基础。当然,各业务线面临的风险多种多样,如何全面准确考虑到风险之间的相关性是一个挑战。此外,相关数据来源于不同的系统,如何在公司治理的框架下取得数据,如何对数据进行清洗,满足相关系统的需要也是个挑战。

五、跨业跨境附属机构流动性风险、国家(地区)风险评估和风险限额的并表管理

对同一交易对手风险敞口的管理要覆盖到附属机构以及境外机构,要有国别风险框架体系。具体来讲,按监管的要求,控股公司要有相应的管理办法和风险数据系统,明确责任部门,进行定期的监控。对业务涉及的国家采取分类管理,可分为高风险、中等风险、低风险、极低风险地区,拟定禁入、收缩额度、可适当介入、可积极介入等管理举措,设定相应的风险限额。由于目前一般立足于国内业务,国别风险相对较小,但通过定期的监控,积累对国家风险的相关数据基础,在预警的同时为公司未来的战略提供支持。

对附属机构流动性管理方面,控股公司提供流动性支持受法人治理、关联交易以及监管法规等限制,通过公允、公平的原则以市场化的交易进行,子公司通过合理的资产配置和科学的现金流预测管理机制来保障自身的流动性。子公司的资产配置中要有一定比例的高流动性资产来满足自身流动性需求,控股公司可通过久期较短的资产配置,保持较高的流动性。此外,借款

和卖出回购资产亦构成控股公司日常经营中流动性来源的一部分，流动性的应急预案主要在子公司层面确保。

六、关联交易的并表管理

在经营管理上，控股公司应重视关联交易管理，遵守各项法律法规、行业监管规定及上市规则，完善公司内部管理规定，建立起关联交易管理体系和审批决策程序，通过事前（制度建设和人员培训）、事中（内部审核及信息披露）、事后（稽核复核及问责）三个阶段的流程控制，保障关联交易得以合规、公允、有序地进行。本着契约制的原则，关联方交易应按照独立交易的原则，参考市场定价，强调公平交易的精神。

根据法律法规和监管规定，控股公司制定专门的关联交易管理制度和配套的管理细则等，定期更新，形成完善的关联交易管理制度体系。同时，建立关联方信息收集、关联交易识别、定价审核、交易审批、报备/报告/披露、关联交易资料保管的管理全流程：（1）关联方信息管理机制，定期更新发布关联方清单；（2）对关联交易进行界定，要求各业务部门进行识别、报告；（3）审核定价公允性，提交定价政策说明，分析定价是否公允；（4）完善审批流程，对须报备/报告/披露的关联交易须经董事会或股东会批准，一般关联交易按照审批流程审批，审核定价公允性；（5）关联交易披露报备机制由董事会办公室负责披露、报备；（6）关联交易资料保管机制。

子公司按照控股公司关联交易管理要求及所属外部监管政策和规定，建立关联交易管理制度，确立关联交易管理流程。控股公司通过关联交易稽核检查机制，每年对控股及子公司关联交易开展专项稽核审计；在日常稽核审计中，关联交易也是重点关注的事项，要求子公司及时更新完善关联方清单，与关联方进行交易，遵循各项法律法规、监管规定和关联交易管理制度，定价公允，不得进行利益输送。同时，根据相关法律法规、监管规定及管理需求，子公司制定并及时更新管理办法和操作规程，主要内容：

（一）关联交易管理架构

董事会层面，明确股东大会、董事会重大关联交易审批职能、监事会关联交易监督职能；董事会下设关联交易控制委员会统筹关联交易管理，控制关联交易执行。管理层层面，明确牵头部门和配合部门管理关联交易。

（二）关联交易审批权限与流程

明确授信类与非授信类关联交易业务经办部门及审批部门职能，按关联交易业务性质归属对应的业务主管部门审批；一般关联交易条线领导审批，重大关联交易经关联交易控制委员会、董事会审批；监管规则规定须提交股东大会审批的，须提交股东大会审批；关联交易的审批须执行关联人员、关联董事、关联股东的回避制度。关联交易须经办部门出具价格公允性说明，主管审批部门出具价格公允性分析意见；关联交易须符合诚实信用及公允原则，不得优于与非关联方同类交易的条件进行。

（三）关联方信息管理

关联方识别遵循实质重于形式的原则进行界定，明确规定关联法人、关联自然人（包括内部人及其近亲属）的范围，规定各部门关联方信息报告职能和非自然人股东、董事、监事及高级管理人员通过相关途径主动报告关联方信息义务。关联方信息管理信息系统汇总关联方信息，定期或不定期进行关联方信息维护。关联方信息库开放给各机构业务部门根据业务需要查询关联方，识别关联交易。关联交易审批部门每月汇总提交其审批的关联交易信息，按规定报告关联交易控制委员会、董事会等。相关部门根据关联交易信息，按照监管规定进行定期报告和信息披露。

（四）关联交易界定及分类

按照监管规定，关联交易金额分为一般关联交易和重大关联交易，要求经办单位主动识别、查询关联方信息库，在工作流程中增加"本交易是否属于关联交易"的条款，并获取对方声明，法律事务部门对关联交易业务提供咨询与审核。

（五）关联交易的监督稽核

稽核部门将关联交易作为工作的重点，通过稽核促使重视关联交易工作，严格遵循监管规定，合规、规范进行关联交易，发现问题及时向关联交易控制委员会报告。

（六）关联交易合规宣导培训

法律合规、财务风险等部门开展关联交易依法合规、定价公允性等内容宣导培训，提高员工关联交易合法合规意识。

（七）关联交易额度管理

针对与关联方的持续性日常关联交易，兼顾审批效率和监管要求，对未来一定时期与关联方的相关日常关联交易额度进行预计，管理层在额度上限内，可按日常业务审批权限审批，不需逐项公开披露相关关联交易。

（八）防范大股东及关联方资金占用

根据监管规定及其他制度要求，履行资金支付管理及关联交易决策等程序，完善防止资金占用长效机制和防范大股东及关联方资金占用制度，有效防止大股东及其关联方资金占用情况的发生。

七、发展战略、重大投资、业务开展情况的并表管理和授权管理

遵循分业经营、分业监管的管理模式，作为各子公司的控股股东，集团自身不经营具体业务，仅负责将股东资本投向子公司，并对其进行监督和管理。子公司作为独立法人，按照会计准则要求独立核算，具备完善的财务与业务系统，并形成有效的系统支持和信息传递。控股公司在防火墙管控下，按照会计准则和相关规定，通过符合并表管理要求的财务信息系统，对子公司财务报表并表管理，保证子公司独立性、满足有关行业监管及上市规则要求。

子公司作为独立法人，分业经营，接受对应监管部门的监管，相互之间设置有防火墙和风险防范机制；集团法人治理结构清晰、健全，经营透明，作为投资控股公司，不经营任何具体业务，仅以股权为纽带，对子公司实现管理职能。同时，通过控股各职能部门，在财务计划、审计稽核、风险合规等方面，对子公司指导和支持，支持业务条线的纵向管理，和监管部门一起构成对子公司的监管。

控股公司有较完善的资本管理与决策机制。子公司按照市场化机制自主进行经营决策，根据自身业务发展需要提出资本需求，控股公司根据子公司整体的业务发展情况提出集团整体资本规划的建议，在战略规划的基础上决定最终资本规划方案，进行资本分配。

子公司依法合规开展市场化经营，保持业务独立、资产完整、自主经营、自负盈亏。当子公司出现经营问题时，集团承担控股股东的相应责任，维护集团经营与金融市场的稳定。值得关注的是，控股公司管理存在一定的

复杂性,在维护包括子公司经营独立性的同时,如何在提供资本支持、销售网络、客户资源、后台运营系统、综合服务平台等战略资源,发挥更大的协同效应,还需要在符合法律法规的前提下,继续进行有益尝试和积极探索。

八、派驻人员管理

集团以股权为纽带,对所投资的控股子公司进行监督管理,通过向子公司委派董事、监事等手段,在子公司董事会、监事会拥有表决席位,在决策层面发挥高管选派考核以及监督等科学专业决策优势。子公司根据公司章程、董事会工作细则等相关规定,对高级管理人员开展选任以及考核。子公司董事会下设委员会分别根据规定和授权履行专业职责,对董事会负责并提交意见建议。各公司监事会根据股东授权及公司章程规定,对高级管理人员进行监督,对违反法律法规、公司章程或者股东大会决议的高级管理人员提出罢免的建议。

子公司作为独立的法人,根据业务规划对高管设定明确的滚动计划与问责目标,依据达成情况,每年进行问责考核,并结合反馈,对高管进行综合评价。问责结果与长短期奖酬、职级晋升紧密挂钩。子公司高级管理人员的薪酬激励约束与公司整体经营目标达成状况、利润指标完成情况和个人绩效考核结果紧密挂钩,确保高级管理人员与公司及股东利益一致,并通过探索长期激励方式,保持高级管理人员与关键岗位人员个人利益与公司长远发展目标一致。

派驻人员管理兼顾效率和职责清晰、风险隔离等方面的要求,子公司作为独立的法人,根据其公司章程以及内部管理制度的相关规定,其董事、高管和具体操作人员均有明确的职权及相匹配的岗位责任与义务。同时,按照外部监管以及公司内控规范的要求,各业务流程均进行岗位风险隔离,杜绝和防范各种职务风险和业务操作风险。

九、资本指标的并表管理

在控股层面设立职能部门,按照集中管理、统一规划、持续监控的总体原则,对集团及子公司的资本金进行统筹管理,综合考虑股东、监管者、债权人等各方利益,平衡风险、收益与增长之间的关系,促进股东利益最大化,实现公司的稳健经营和可持续发展。

作为银行或保险控股公司,在合并层面主要通过计算资本充足率或偿付能力指标来衡量集团整体的资本充足状况,该指标是将银行或保险控股公司及其子公司视作单一报告主体而计算的合并资本充足率或偿付能力。子公司作为独立法人,分业经营,接受对应监管部门的监管,遵循所属监管领域的资本充足与偿付能力管理制度,确保各项资本指标高于监管要求。具体而言:

(1) 少数股权:母公司对子公司具有控制权,母公司承担子公司的风险,对子公司采用完全合并法,即子公司的最低资本都记入控股公司最低资本,不扣除少数股东的部分。(2) 集团内部资本投资、相互持有的债务工具:受监管成员公司根据计入监管报表中实际资本或净资本的数额进行抵消,非受监管公司根据账面价值从实际资本中进行抵消,会计并表是集团内部资本投资、相互持有的债务工具全额进行抵消。(3) 子公司发行的资本工具:根据实际计入子公司监管报表或净资本的数据直接计入集团偿付能力,同时抵消集团内部购买的金额;会计并表需要对集团内部购买的金额全额进行抵消。(4) 集团对外资本投资:对外资本投资均纳入集团资本充足率或偿付能力充足率的评估范围,会计并表则按企业会计准则对子公司的报表进行并表和确认。

十、信息系统建设的并表管理

按照会计准则和相关规定编制合并财务报表,集团要拥有完善的符合并表管理要求的财务信息系统,在充分保证子公司独立性、满足有关行业监管及上市规则要求的前提下,能够及时、准确、全面地获取子公司的财务信息、完成合并报表的编制。同时,审计师每年度也会对并表管理财务信息系统进行审验,确保信息系统符合内部控制要求,不存在重大缺陷。

子公司作为独立法人,严格按照企业会计准则的要求进行独立核算,具有独立、完善的财务与业务信息系统。控股公司要实现对子公司财务信息到并表管理信息系统的电子化对接传递,降低报表数据合并过程中的人为因素风险,提高财务数据的准确性,缩短合并报表报告周期,提高工作效率。

与业务特点相结合的全面风险管理体系,覆盖子公司及业务条线,对整体风险状况进行识别、评估和控制，在一定程度上保障了并表管理需求。在完成对大额风险暴露的统计汇总、分析评估、监测报告等功能后，控股公司全面风险管理系统提高数据提取、分析、监控、汇报的时效性和准确性，为多维度、多情景的分析奠定数据基础。具体来说，操作风险管理系统，通过风险事件收集、关键风险指标、风险控制自我评价、外部事件收集这些方面，奠定操作风险计量管理的基础。市场风险方面，投资风险IT项目，通过数据接口导入外部市场信息，在符合公司治理的前提下，接入子公司的风险报表数据，在投资风险IT平台汇总后，形成并表的指标监控和限额管理；此外，还通过各种分析引擎（如模型估值、敏感性测试、情景分析等）进行多维度、多情景的分析，为控股高管层汇报提供分析基础。

目前，控股公司各业务线面临的风险多种多样，如何全面准确的考虑到风险之间的相关性是一个挑战。相关数据来源于不同的系统，如何在公司治理的框架下取得数据，对数据进行清洗，满足相关系统的需要也是很大的挑战。比如，就处理附属机构行业性质、业务要求和监管标准差异所带来的困难而言，控股层面需进行企业报表合并，汇总并表数据，处理来自子公司和控股公司的各类数据，转换成会计科目的数据，通过多套组织架构（如全系统合并架构）和不同调整分录，实现不同准则会计报表的转换；数据导入系统后，根据组织架构和合并规则进行抵消和合并调整，通过层次关系向上汇总数据，生成所有试算表和调整分录，完成从原始数据到合并报表，控股层面最终统一出具满足披露要求的财务报告。

十一、整合和协同效应：平衡协同效应与防止风险传染之间的关系

2008年，五部委在《关于金融支持服务业加快发展的若干意见》中提出"科学发展，统筹兼顾，加大对服务业发展的金融支持力度中，引导集团公司发挥子公司协同效应和集团优势，推动金融业务的交叉销售和综合拓展，促进服务多元化发展"。2011年以来，各行业监管机构也明确提出稳步开展金融综合经营试点，强化创新服务和风险控制能力，通过银行业、证券业和保险业开展广泛深入合作，提高综合金融服务能力与水平。

（一）协同效应

综合金融的开展源于客户日益多元化的金融服务需求，由于控股公司下

属子公司通过本公司直接销售人员以外的其他子公司销售渠道获得业务机会目前仍处于渠道建设期，成本收入比高于传统渠道，规模效应尚未发挥，不过受益于综合金融而产生的协同效应已经逐步显现。首先，控股公司的战略资源支持能充分利用全国销售网络、庞大的客户资源、强大的后台运营系统以及综合服务平台，塑造业务特色，提升市场竞争力。其次，业务人员可同时对同一客户挖掘多种金融需求，大大降低了子公司业务员的展业成本，促进了业务队伍稳定及发展。再次，子公司之间利用综合金融业务相互介绍客户，业务相辅相成，为银行、保险、投资等业务的壮大提供契机。围绕客户不断增长的需求，深化多元化的金融产品与服务，利用数据库营销和新技术平台为客户提供优质、高效的综合金融服务，提升客户体验及忠诚度。

在开展综合经营过程中，存在如下问题待解决和完善，其中有些问题及风险之前就已存在，随着综合金融业务的开展，风险可能会进一步显现：（1）综合金融规模效应有待显现，总体规模有待提升。（2）客户管理有待提升，子公司之间存在客户标准不一致、客户信息不完整现象，找不准客户，缺乏中后台支持团队无法赢得客户。（3）综合金融的激励保障机制有待完善，总对总管控机制及利益分配机制缺失。（4）制度建设有待加快，有的综合金融业务已经开展，相关制度和法规仍欠完善。（5）综合金融开展过程中的道德风险有待规避，业务员偏离服务范围，给客户不实承诺以及利用信息不对称误导客户等个别现象，有待完善相关制度来规避。（6）培训机制有待完善，包括从业人员综合金融技能教育、职业道德教育以及客户教育等。

（二）合规经营防止风险传染

一是渠道只负责推介客户。开展交叉销售业务采取严格的措施加强营销合规和风险控制。各项开展业务中，渠道业务员只负责推介客户和业务，业务办理及风险识别等工作均由客户业务人员负责；客户销售服务及产品购买均遵循产品设计及监管要求，客户个人信息及资产情况均按要求执行保密管理。

二是遵循公允交易原则。渠道之间交叉销售的产品严格遵循市场公允交易原则，并符合监管规定。

三是有针对性的风控措施。以联名信用卡为例，采取的措施主要有：加强营销合规及风险管控，防范售前风险，包括完善销售考核，增设风险指标；加强对业务员推荐资格管理；建立销售管理体系和培训体系，强化风险意识。制定差异化的产品风险管控策略，包括根据目标人群的特点，明确申请人的主体资格，申请人须达到准入条件；制定差异化的进件标准，销售人员须严格按照进件标准提供申请资料。制定差异化的征信审核标准，要求征信审批人员按照标准，严格审核申请人的真实性、申请资料的真实性，参考内外部征信信息等情况，严格控制发卡风险。同时，从授权管理、欺诈管理、额度管理等方面加强贷中控制，根据客户情况制定催收政策等。

十二、控股公司监管建议

借鉴发达国家经验，结合金融业发展实际，我们认为，稳步推进综合经营对于我国金融业加快改革创新步伐、提升金融业综合竞争力具有重要意义和积极作用，也有利于实现未来长期可持续发展。总结探索与实践，在我国开展金融业综合经营的挑战主要体现在监管及风险管理方面：

（一）综合经营监管的复杂性

在我国开展金融综合经营，须符合人民银行、银监会、保监会、证监会的所有监管法规政策，同时满足上交所、深交所、港交所的各项上市公司法规和披露规则。在纯金融控股模式下，通过强化控股公司的定位和职责来解决。集团作为纯粹的投资控股公司，不经营任何具体业务，对子公司实现管理职能，和监管部门一起，在财务管控、审计合规、风险内控、计划执行、高管问责五方面，共同构成对子公司的监管。目前我国实行"一行三会"的金融监管体制，对于综合金融的法律地位暂未明确，各监管机构在监管政策取向上存在差异，重复监管与监管真空并存，增加了监管协调复杂性，一定程度上不利于综合金融创新与发展。

（二）综合金融模式与风险管控特点

由于业务范围广，组织结构复杂，存在较多内部关联交易，金融机构开展综合经营，需要防止单项业务的局部问题，集团内部交叉传染的风险。目前国际上的综合金融模式主要有三种，其风控方面的特点及监管难易度分析如下：

（1）纯金融控股型：控股公司不经营具体业务，仅作为股东对控股子公司行使管理职能；子公司独立经营、独立核算，接受所属监管部门的监管。该模式治理清晰、透明度高，资金从控股公司流向子公司，风险管控严格，容易监管。

（2）交叉持股型：银行控股保险，或保险控股银行，母子公司均有金融牌照，母公司经营具体业务，并对子公司进行管理。该模式的集团透明度较低，母子公司资金上下流动，风险传递性高，监管的难度大。

（3）产融结合型：产业资本控股金融机构，控股公司经营实业。该模式下的金融机构透明度低，内部关联交易隐蔽性大，母子公司资金上下流动，产业集团问题很容易引发金融风险，监管困难，国际上已有大量教训。

由于综合金融存在一定的风险，对企业的实力和管理水平要求高，并非所有企业都适合开展综合经营，世界主要国家和地区普遍对此设立了较高的准入标准。同时，很多国家和地区立法要求综合金融机构采取纯金控模式。比如，中国台湾地区2001年颁布的《金融控股公司法》，明确支持综合金融发展，鼓励集团内子公司交叉销售；同时，要求综合金融机构采取纯金控模式，监管部门主要监控控股公司的风险，对子公司采取简单的管理模式。对交叉持股型和产融结合型，国际上一般采取审慎措施和严格监管，特别对产融结合型，一般严格遵循产业和金融分离的原则，限制产业资本进入金融业。

（三）完善综合金融监管体系的建议

为进一步推动综合金融规范、健康、有序发展，借鉴国际经验，完善我国综合金融监管体系，具体建议如下：

1. 尽早完成综合金融立法，对开展综合金融设立较高标准

综合金融立法要从战略、治理、模式、风控等方面，为综合金融发展提供必要的管理、指导和支持。中国台湾地区在文化传统、金融监管体制、金融市场发展特点上，与中国大陆有很多相似之处，其金控立法和监管经验成熟，在立法上可借鉴台湾地区模式，内容包括鼓励纯金控模式，允许合并纳税，支持集团内子公司交叉销售，鼓励集团全资控股子公司，简单的子公司管理模式等。设立较高门槛要从体制、治理、规模实力、合规风控等方面，建立高标准，避免一拥而上，鼓励、支持纯金控集团模式，适当限制交叉持股模式，审慎对待并严格管控产融结合模式。

2. 允许金融控股公司对子公司实行高比例控股

实践表明，对子公司实行高比例控股模式有利于完善公司治理、提升透明度、发挥协同效应、降低成本；同时，当某个子公司出现经营问题时，集团将承担控股股东的相应责任，维护集团经营与金融市场的稳定。

3. 以风险管理监管为重点，建立综合金融监管标准体系：

（1）加强风险集中度管控：对控股公司资本市场和非资本市场的投资监控，包括信用风险、市场风险等风险类别的集中度管理等。

（2）制定风险偏好框架和指引：制定风险治理框架和风险偏好体系指引与标准，并要求子公司的风险偏好与集团相一致。

（3）统一关联交易管理标准：综合各监管机构的关联交易管理规定，统一集团关联交易管理标准、流程等。

（4）统一反洗钱管理标准：根据控股公司的特殊性，统一监管标准，鼓励集团实施反洗钱集中管理。

（5）强化集团对子公司的管控：借鉴国际监管趋势，强化控股公司对子公司的监管责任，协助监管部门督促子公司落实监管方针和要求。

（6）在建立完善综合金融监管制度的同时，建立与综合金融相适应的金融监管体制。

4. 建立和完善综合金融框架下的税收财务管理制度

以税收政策为例，因税收政策法规局限，综合金融带来的创新业务会遇到税务问题及风险，导致交叉销售奖励无法在企业所得税税前列支，导致税负增加。

老子说，其不自生，故能长生。过往经验和实践表明，综合金融道路金融内生需要，是符合科学发展要求的，我国已经建立了比较完善的综合金融可持续增长平台。金融控股公司今后要继续完善公司治理，合法合规开展市场化经营，保持业务独立、资产完整、自主经营、自负盈亏；同时，在维护独立性的同时，提供资本支持、销售网络、客户资源、后台运营系统、综合金融服务平台等战略资源，支持子公司获得超越市场的核心竞争力。

金融控股公司的关联交易内部控制及监测[①]

关联交易是关联方之间转移资源、劳务或义务的行为，不论是否收取价款。通过关联交易，可以调动集团内部资源，对市场机会做出快速的反应，如关联授信；也可能会让投资人等利益相关者不安，如公司是否有独立生存能力，是否存在操纵利润行为，是否存在逃税行为，是否存在转移资产行为？按现行法律法规和规章制度，关联交易有的被严格禁止，有的实行总量控制，有的须向监管机构报批报备、有的须按规定进行及时披露或逐笔披露。

对于金融控股公司而言，关联交易是把双刃剑，管理得好运用得好益处多，管理得不好会伤害企业集团。管理是关键，国内面临问题主要有关联交易的管理体制和机制较为薄弱，关联交易管理机构不健全，没有关联交易委员会，没有明确关联交易归口管理部门，管理缺乏系统性，关联交易管理制度建设不能满足业务需要，关联交易的统计分析和监控机制未建立，这些都值得研究。为防止不良的关联交易及其风险，政府和交易所等机构十分重视对关联交易的管理。人民银行 2016 年《中国金融稳定报告》认为：控制关联交易是防范金融业综合经营风险的核心问题，在进行综合经营的金融集团中，一家子公司的风险很容易通过关联交易传递到集团内从事其他行业的公司，导致风险的跨行业、跨市场传递。

一、关联方和关联交易的相关规定

目前，内地和香港地区没有统一的法律法规来界定关联方、关联交易和关联交易的管理。在《中华人民共和国公司法》《中华人民共和国证券法》和财政部、一行三会、税务总局、证券交易所制定的规范性文件中，在香港

---

① 原文分上下两篇发表于 2016 年第 1 期和第 12 期《当代金融家》，收录时略有改动。

地区的《公司条例》、联交所上市规则及监管机构规章中可以看到一些相关的规定。各规定对关联方和关联交易的文字表述有所不同，各监管机构对所监管对象关联交易的管理也存在较大差异，大致总结如下：

（一）关联方关系和关联交易的定义

根据财政部《企业会计准则》，在企业财务和经营决策中，如果一方有能力直接或间接控制、共同控制另一方或对另一方施加重大影响，则他们之间构成关联方；如果两方或多方同受一方控制，则他们之间也构成关联方。控制是指有权决定该机构、法人或其他组织的人事、财务和经营决策，并可据以从其经营活动中获取利益。共同控制是指按合同约定或一致行动时，对某项经济活动所共有的控制。重大影响是指不能决定该机构、法人或其他组织的人事、财务和经营决策，但能通过在其董事会或经营决策机构中派出人员等方式参与决策。

综合各项法律法规规定，关联方可以分为以股权关系为纽带的关联方和以管理关系为纽带的关联方。以股权关系为纽带的关联方包括：（1）主要股东（即直接或间接持有该机构股份或表决权达到某一比例的股东，银监会和保监会规定这一股份或表决权比例为5%以上，香港联交所规定在10%以上）；（2）与该机构同受某一法人或自然人直接、间接控制的法人和其他组织；（3）主要自然人股东的近亲属；（4）主要自然人股东及其近亲属直接、间接、共同控制的法人或其他组织等。以管理关系为纽带的关联方主要包括：（1）该机构的内部人及其近亲属（内部人主要指董事、监事和高级管理人员）；（2）内部人及其近亲属、主要自然人股东及其近亲属可施加重大影响的法人组织。

尽管按法律法规和规章规定，企业关联方的范围较广，但目前各监管机构最为关注的还是企业与其控股股东及控股股东控制的其他法人之间所形成的关联方关系，主要包括集团总部、纳入集团合并报表范围的子公司以及集团能实质控制的子公司。关联交易是以关联方关系的认定为基础的，《企业会计准则》将关联方交易定义为"关联方之间转移资源、劳务或义务的行为，而不论是否收取价款"，集团内部的关联交易主要表现为融资、担保、投资、股权和资产转让、购销产品、存款以及提供资产管理、资金托管、咨询顾问、证券承销、信息服务等。

（二）对关联交易的管理规定

按现行法律法规和规章制度，关联交易有的被严格禁止，有的实行总量控制，有的须向监管机构报批报备、有的须按规定进行及时披露或逐笔披露。现将禁止类关联交易和实行总量控制的关联交易介绍如下：

1. 禁止类关联交易，主要表现在融资、担保、投资、承销服务等方面：（1）担保方面：银行、证券和信托公司不得为关联方的融资行为提供担保。（2）融资方面：银行不得向关联方发放无担保贷款；证券公司不得为关联方提供融资；信托公司自有资金和集合信托资金（信托资金全部来源于关联方的除外）不得为关联方提供融资；上市公司不得拆借资金给关联方使用，不得通过金融机构向关联方提供委托贷款，不得代关联方偿还债务。（3）投资方面：上市公司或其关联公司持有证券经营机构10%以上的股份时，该证券经营机构不得自营买卖该上市公司股票；证券公司的控股子公司不得参与该证券公司主承销股票的询价和网下配售；与发行人或主承销商具有实际控制关系的企业不得作为此次股票发行的询价对象；基金财产不得买卖基金管理人、基金托管人的关联方发行或承销期内承销的证券；与保险公司受同一第三方控制的公司不得投资该保险公司发行的次级债；上市公司不得委托关联方进行投资。（4）服务方面：证券公司不得从事该证券公司及其关联方持有合计超过7%股份的企业或该证券公司关联方提供了担保或融资的企业的股票上市保荐工作；保险公司间接投资基础设施项目的受托人、托管人和独立监督人不得有关联关系。

2. 总量控制类的关联交易：（1）在内地注册的商业银行对一个关联方的授信余额不得超过商业银行资本净额的10%；商业银行对一个关联法人或其他组织所在集团客户的授信余额不得超过商业银行资本净额的15%；商业银行对全部关联方的授信余额不得超过商业银行资本净额的50%。香港银行对一个关联集团的授信不得超过资本基数（实收资本和储备之和）的25%。向所有关联方提供的无抵押贷款不得超过资本基础（主要是包括一级和二级资本）的10%。（2）信托投资公司办理集合资金信托业务时，在一个会计年度与一个关联方交易的发生额不得超过集合信托计划的50%；信托公司固有业务对同一个关联方的投资余额在任何时点上不得超过信托公司资本净额的10%；对全部关联方的投资余额在任何时点上不得超过信托公司资本净额的50%。(3) 保险公司的单个股东持有的保险公司次级债不得超过单次或者累计募集额的10%，并且单次或者累计募集额的持有比例不得为最高。

二、关联交易相关法规对集团子公司业务合作的影响

按照现行法律法规，集团内未上市的非金融子公司之间的关联交易受到的限制很少；集团金融子公司、上市子公司与关联方的关联交易存在一些限制，其中上市金融子公司的关联交易受到的限制最多，在子公司间业务合作中可能受到的影响主要如下：

（一）在融资方面

一是按照现行法规，对一个关联人的授信不超过限额规定。如何在商业化的原则下，将银行子公司这些有限的资源运用充分，支持其他优质子公司发展，值得研究。二是由于银行不得向关联方发放无担保贷款，集团内优质子公司从银行取得贷款的条件可能会高于其他银行，集团内优质子公司融资的积极性可能会下降；而对非优质子公司的授信如果没有集团的担保，银行的积极性也会不高。三是按"上市公司不得再拆借资金给关联方"的规定，子公司之间的短期资金融通受到限制。四是按"信托公司自有资金和集合信托资金不得为关联方提供融资"的规定，信托只能通过单一信托方式给集团公司及子公司进行融资，不利于信托以集合信托方式向子公司房地产、基础设施等产业进行大规模的融资。五是集团公司及子公司不能投资保险子公司发行的次级债，可能影响到集团以债权投资的形式支持保险公司的发展。

（二）在投资方面

相关法律法规对关联投资的禁止性规定一定程度上会影响到金融子公司资产管理和自营投资的收益率。一是由于基金公司不能购买证券承销期内承销的股票，基金不能参与证券主承销股票的网下配售，与同业相比，可能影响到基金的收益率。二是基金公司不能买卖上市子公司的股票，可能会影响基金公司推出完全复制型指数基金。三是证券公司自有资金、基金公司不能买卖系内上市公司的股票，可能会影响到利用ETF基金、股指期货等从事套利活动。

（三）在承销方面

相关法律法规的禁止性规定会影响到证券公司的承销业务和银行的信贷业务。如：按规定，如果一个企业在银行有授信余额，则证券子公司不能保荐该企业股票的上市；集团子公司上市推荐工作只能由外部其他证券公司担任。

（四）在担保方面

"银行、证券和信托公司不得为关联方的融资行为提供担保"的规定，可能会影响集团其他子公司向外部其他企业筹资的行为。

（五）在关联交易的管理方面

由于监管机构要求报批、报备、须股东大会审议的关联交易事项较多，无疑会增加各子公司从事业务合作和关联交易的难度。如：按规定信托公司开展关联交易，应逐笔事前向银监会报告；商业银行、基金公司发生重大关联交易后，应及时报告银监会、证监会；证券公司自营业务网上申购关联证券公司所承销的证券时，应将相关决策文件及申购情况向证监会及注册地证监局报备。在内地上市的公司发生重大关联交易以及为关联方提供担保的事项、在香港上市的公司未获得豁免的交易总额在1000万港元以上的关联交易须经股东大会审议；审批关联交易时，关联股东及董事须回避。

（六）在信息披露方面

众多详尽的信息披露要求，增加了关联交易的透明度，容易受到监管部门的关注，引起投资者的猜想，造成上市子公司市值的波动，进而影响上市公司内部合作的态度。

三、金融控股公司关联交易的管理现状及其存在的问题

集团内子公司业务合作，可以利用集团资源，降低成本，增加盈余，有利于发挥集团综合经营优势，提升集团整体的竞争力；另一方面开展关联交易应该符合监管要求，应坚持市场准则，应符合自身的发展战略，能够控制住风险。

国内金融控股公司各子公司逐步开始加强对关联交易的管理。如制定关联方授信管理实施细则，规定所有的关联授信必须报总部审批；制定集团客户授信管理办法，将集团内部贷款视同"一个债务人"进行风险管理，参

照交易所的上市规则和会计师事务所的审计条款加强关联交易管理。通过制定的公司章程、信息披露管理办法和股东会、监事会、董事会议事规则等文件对关联交易进行规范，对关联交易实行会签，由董事会办公室统一负责对外披露关联交易。制定内部控制指引、关联交易管理办法、关联交易规则等制度，对关联交易进行了规范。

但大多数国内集团公司对关联交易的认识和管理还处于初级阶段，存在很多问题，主要表现在：（1）子公司关联交易管理机构不健全。多数子公司没有成立关联交易委员会，没有明确关联交易归口管理部门，对关联交易通常采取一事一议的方式，管理缺乏系统性。（2）子公司关联交易管理制度建设不能满足业务需要。大部分子公司对关联交易的规定分散于公司章程、信息披露管理办法等文件之中，没有制定统一的关联交易管理制度。（3）子公司对关联交易相关法律法规研究和运用不够。多数子公司未对关联交易相关法律法规进行系统的研究，对其关联方进行界定并定期更新；对相关法律变化对本公司与其他子公司业务合作模式的影响研究不够，在业务操作中对如何规避禁止性关联交易和限制性关联交易存在困难，运用创新的模式充分利用集团内资源拓展业务不够，难以适应监管部门对金融企业、上市公司关联交易监管趋严的形势。（4）集团子公司之间信息沟通渠道不畅通，在日常业务中对关联方的确定和变动、对应规避的关联交易不能及时掌握。（5）集团层面尚未确定关联交易的管理部门，未制定管理政策和制度。未对整个集团内部发生的关联交易信息进行全面统计、分析和监督。（6）集团内部关联交易缺乏明确的监督约束机制。当一方违约，另一方顾及声誉，无法采用起诉、查封、公布黑名单等手段，难以控制关联交易带来的风险，维护自己的正当利益。

四、逐步完善集团内部关联交易管理

集团子公司相互间业务互补性强，合作空间大。加强子公司间的业务合作和交流，加强体制机制和经营模式创新、加大交叉产品开发力度，能充分发挥集团公司综合优势和整体协同效应。但是，这也会不可避免地产生更多的集团内部交易，需要改进现有的关联交易管理模式，加强对关联交易的管理。

(一) 建立健全关联交易管理体制和机制

应在集团公司的统一领导下,由控股公司具体负责管理金融子公司间、金融子公司和非金融子公司间的关联交易,确保关联交易在合法合规和风险可控的情况下高效地开展,充分发挥其作用。具体而言:

1. 设立集团公司层面关联交易管理机构。在集团层面设立由控股公司和子公司领导参与的关联交易管理委员会,负责重大关联交易政策的审批和重大关联交易争议的协调,控股公司作为关联交易管理委员会的日常办事机构,具体负责管理金融子公司间、金融子公司和非金融子公司间的关联交易。

2. 加快集团内部关联交易制度建设。由控股公司牵头制定集团子公司间关联交易管理办法,明确集团内关联方的确认规则、关联交易的原则、关联交易的分类、关联交易的审批规定、重大关联交易的报告制度、关联交易的信息披露规则、关联交易争议的仲裁、关联交易的法律责任等,规范集团子公司间的关联交易行为,指导各子公司做好关联交易管理工作。

3. 建立集团内部关联交易相关的信息平台。一是做好关联交易相关法律法规的信息共享工作,使集团各子公司能及时、全面地掌握法律法规对关联交易的规定;二是做好关联方信息的维护和发布工作。由控股公司根据关联交易相关法律法规规定,以及集团子公司股权关系变化情况,对关联方的界定名单进行及时更新,定期予以发布;三是做好关联方业务供给与需求信息的收集与发布工作。在控股公司组织下,不定期召开集团内部业务合作交流会,发挥金融控股平台优势,积极倡导建立集团内部市场,以控股内联网为信息沟通平台,发布子公司业务需求和合作意见,促进内部关联交易的发展。

4. 建立关联交易争议仲裁和处罚机制。在集团关联交易管理委员会的领导下,规范集团内部关联交易行为,对关联交易中的违约行为要进行处罚,保护集团子公司关联交易的积极性。

5. 建立关联交易的统计分析报告制度。建议对子公司上报的关联交易数据进行全面统计汇总,定期出具集团内关联交易情况报告,向集团和关联交易委员会上报,为决策提供依据。

6. 加强与监管机构的沟通机制,控股公司、各子公司与人民银行、银监会、证监会、保监会等监管机构的沟通协商。

（二）重点对集团内的融资、授信、担保、投资行为进行管理和规范

由于集团子公司间的关联融资、授信、担保和投资行为容易形成复杂的资金链条和债权债务关系，管理不善可能会导致集团内部风险相互传染。因此，对这些业务应重点予以管理和规范，以保证集团对整体情况的了解，保证集团整体的安全运营。具体而言：

1. 在条件成熟时，考虑在集团公司统一指导下使用现有关联授信额度，发挥这些资源在深化子公司业务合作中的作用。具体可由控股公司和集团计划财务部一起提出关联授信资源配置建议，由控股公司负责制定子公司间的关联融资和投资类交易管理办法，对分散于各金融子公司的融资、授信、担保等需求进行集中和整体的管理和规范。

2. 由控股公司协助金融子公司做好关联融资、授信、担保和投资管理工作。一是参照市场标准建立集团内部企业资信等级评定制度，定期评定并发布集团内子公司的资信等级，为金融子公司选择关联方提供授信服务。二是积极促进集团优质子公司的全面合作，要求优质子公司与银行在融资、存款和结算等业务方面达到较高比例。三是协助金融子公司做好关联授信的调查和授信后的管理工作，帮助银行等收集集团其他子公司的财务报表和经营管理资料，催收到期贷款，及时协调解决有关问题。四是建立关联融资、担保和投资风险监控系统，定期评价集团内关联交易形成的资金链条和债权债务关系的复杂性，提高风险的透明度，及时报告和处置重大风险。

（三）研究发展集团内部关联交易的新模式

应由控股公司牵头，进一步组织相关子公司共同研究关联交易所涉法律法规对子公司业务合作的影响，加强重大关联交易法律问题研究，合理合法规避法律法规对关联交易的限制，深入挖掘各子公司深化合作的可能性。同时，加大研发力度，促进子公司间合作的深度和广度。比如，发展有特色的交叉产品和业务，推出基础设施资产证券化业务，满足非金融子公司基础设施建设的融资和流动性需求；又如，在信托业务、理财产品、证券投资等方面扩大合作，深入发挥在财务顾问、资产重组、不良资产处置等领域的专业能力，为其他子公司服务。

此外，探讨设立中间公司，合理规避关联交易限制。如根据金融租赁公司管理办法，符合条件的商业银行机构和制造商可以成为金融租赁公司的主要股东，以此为契机，可以由生产企业联合系统类其他企业发起成立金融租赁公司，经营融资租赁、吸收股东1年期（含）以上的存款、向商业银行转让应收租赁款、同业拆借等业务，既可以拓宽企业的销售渠道，也可以与银行之间进行资金融通。又如，成立风险投资基金、直接股权投资基金、信用担保公司，主要为集团内子公司提供融资服务。信用担保公司可以在银行申请综合授信额度，实行专业化和市场化运作，筛选符合集团总体发展目标、前景广阔、技术水平比较先进、附加值高的子公司进行重点培育，解决资金瓶颈问题，促进科技创新成果的转化应用。

五、关联交易的监测

近几年金融子公司之间、金融子公司和非金融子公司之间的关联交易主要集中在融资、咨询顾问、资产和股权转让、担保、存款、信息服务、购买金融产品、租赁、联合开发交叉产品等方面。发挥金融控股公司综合经营优势是现时期一项重要发展目标，而加强子公司间的业务合作，无疑涉及大量关联交易问题，如何既能拓展子公司间业务合作，又能对其有效监测，满足关于防范关联交易风险的要求，是一个急于探讨的问题。

（一）监测目的和内容

金融控股公司通过内部关联交易可以实现协调与规模效应、降低营运成本、提高集团整体盈利，这是集团内部合作的一种重要方式。但不适当的关联交易可能引发金融控股公司间的利益输送和风险传递，因此对关联交易进行监测，目的不在于阻碍关联交易的发生，而在于降低关联交易的随意性，提高透明度，保障金融集团长远健康发展。

一般而言，监管当局对金融控股公司关联交易的监测至少包括以下几个方面：关联方的界定、关联交易方式、关联交易限额的设定、披露与报告义务、内"防火墙"的设置。

（二）对关联方进行界定

由于股权结构多样，金融控股公司关联方也错综复杂，对关联方进行界定是监测关联交易的基础，至少应该包括：（1）集团内各金融和非金融子公司；（2）金融控股公司和集团内各子公司（包括金融类和非金融类）的高级管理人员、其他主要股东（包括自然人和法人）、及与高级管理人员、其他主要股东存在关联关系的自然人和法人。

（三）对关联交易方式进行清楚界定

从国际上看，联合论坛、欧盟、日本、中国台湾都采用列举的方式对金融控股公司关联交易方式进行了界定。从操作层面看，界定清楚关联交易类型，对数据统计与分析具有重要意义。从监管关联交易的角度来看，应重点关注的交易有：（1）可能产生债权债务关系的交易，包括贷款、承诺、担保、承兑、保险、贴现、证券回购、贸易融资、保理、信用证、保函、透支、拆借、资金存放等业务；（2）可能产生资产转移的交易，包括自有资产转让和交易、资产购买或售出、委托资产管理等；（3）相互提供服务：包括管理费、信用评估、资产评估、审计、法律等服务。建议采用列举的方式列出关联交易的范畴，而对金融控股公司与子公司间的股权投资监测，不作为关联交易监测范围，应放在对资本的监测中进行。

监测限额的设定应考虑：（1）以交易金额还是以风险敞口作为风险监测值：以风险敞口作为风险监测值更能反映出实际风险的大小，但风险敞口如何计算、如何扣除关联方提供的保证金、质押物、抵押物等的价值？我们认为监测初期可使用关联交易金额进行监测，条件成熟后可采用风险敞口的概念进行监测。（2）单一金融机构关联交易的限额受各自监管当局监管制度的限制，在此只考虑金融控股公司层面关联交易的限额。主要监测指标应包括：集团内所有金融机构对单一关联主体的交易限额（≤10%）；集团内所有金融机构对全部关联主体的关联交易的总限额（≤20%）；（3）关联交易限额计算公式为：关联交易风险敞口/金融控股公司资本净额×100%。（4）应特别关注关联交易对银行可能带来的不利影响，主要通过各项指标进行监测。

（四）对不同类型的关联交易采取不同监测方式

（1）对产生债权债务关系或资产转移的关联交易，通过设定监测限额的方式进行。（2）对股权投资、相互提供服务、公用统一品牌之类的关联交易，通过信息披露方式进行。应在交易发生后向监管机构和外界披露交易的主体、类型、定价方式、审批表决方式等。

（五）增加对关联交易信息披露的要求

金融控股公司应将关联交易内部管理办法向监管机构备案；应按监管规定，及时向监管部门报告和披露关联交易的相关信息；应指定专门部门和人员负责信息披露工作。

（六）金融控股公司必须加强对关联交易的监测与管理

从国际经验看（详细参见附件），联合论坛、欧盟、澳大利亚、美国、日本、中国台湾均将"有效的关联交易内部管理体系"作为监测的重点。金融控股公司应建立关联交易管理机制，对关联交易进行管理和监测，包括应对关联交易的种类进行规定，禁止没有商业基础的关联交易，严格限制风险大的关联交易；建立关联交易的授权审批制度，规定一定金额以上的重大关联交易需经集团董事会审批；、建立关联交易的报告制度；建立关联交易风险监测制度；建立关联交易检查制度；建立关联交易的信息披露制度等。

六、关联交易内部控制与内"防火墙"设置

金融控股公司要制定管理、监控关联交易的内部管理办法，确保将关联交易风险控制在可承受范围内。同时，在客户资源共享、人员兼职和资金在子公司间流动方面设置防火墙。在客户资源的共享方面，主要是为保障消费者权益，关于客户往来、交易的资料，应保守秘密；同时防止利用这些资料进行内幕交易或者对客户进行欺诈；同时，对金融控股公司负责人兼任子公司职务是应做出非常严格和详细的规定，比如禁止金融控股公司的管理人员在旗下子公司中兼任职务；最后，在资金流动方面，应规定银行与非银行业务必须实行资本、会计及营业的独立；同时，为防范金融控股公司旗下子公司发生不当的资金流通或资产买卖，金融控股公司对利益相关者以及子公司之间的授信行为必须有严格的规范。

金融控股公司的内部控制可以分三个层次，第一层次是子公司自身的内部控制，第二层次是金融控股公司自身的内部控制，第三层次是金融控股公司对子公司内部控制建设和执行情况的指导、监督、评价和纠正。第三层次作为前两个层次的桥梁与纽带，将金融集团和其子公司内部控制有效地连接在一起，使整个集团的内部控制更具一致性，更能符合集团整体稳健运营的要求。

基于上述分析，规范和加强金融控股公司建立科学、完善的内部控制体系和机制，督促其加强对各子公司内部控制的指导、监督、评价和纠正，确保金融控股公司整体的稳健运营。对第一层次子公司自身内部控制的监管，可以依据各行业的监管标准进行；目前各个监管机构均针对各自监管的金融机构制定了内控建设指导原则或评价办法。对第二层次金融控股公司自身内部控制的监测，可以参照 COSO 委员会关于内部控制的定义和要素进行，从内部控制环境、风险识别与评估、控制活动、顺畅的信息沟通和加强内部监督五个方面具体监控，具体监测内容正在进行补充。从第三层次内部控制来看，金融控股公司应明确对子公司内部控制的管理机制，指导和督促子公司建立完善的内部控制体系，建立对子公司内控建设和执行情况的监督、评价、纠正甚至处罚机制。促使子公司内部控制更符合集团整体目标和利益。

综上所述，应将金融控股公司自身内控建设和金融控股公司对子公司内部控制的管理机制作为现时期的监测和管理重点，正确认识推进长效机制建设的重要意义，落实内在要求，提高核心竞争力，这是稳健发展的前提条件。

适应监管形势，强化信托转型能力[①]

近年来，中央将防范化解重大风险攻坚战列为未来三年首要攻坚战，重点是防控金融风险。整个信托行业在经历了前几年的高速增长之后，已经开始进入新一轮转型调整期。这种变化不是偶然出现的，而是和中国宏观经济增长周期密切相关，和以供给侧改革为主线的结构调整密切相关，和金融业自身发展的规律密切相关。在中央号召金融回归本质的背景下，近日召开的2018年全国银行业监督管理工作会议也强调防范化解十大金融风险，信托应当回归业务的本质，即"受人之托、代人理财"，围绕外部环境变化的挑战和信托发展战略，推进业务转型，努力提升自主管理能力，在为客户提供风险隔离、事务管理的基础上，发力私募融资、财富管理和资产管理等领域。

一、全面把握信托行业的发展趋势

面对信托行业的发展趋势和格局变化，我们必须聚焦战略方向，业务开展前要进行精准研判。

（一）深刻认识信托行业规模的增长拐点

从已经披露的62家信托公司的财务数据来看，信托行业当前的最为显著的特征是"规模大幅增长"和"盈利能力不强"并存。一边是高达30%的规模增速，另一边是只有个位数的利润增速，这背后的直接原因是信托资产规模的快速增长主要由低报酬率的通道业务支撑，难以带动利润的增长。有的信托公司在通道业务的支撑下规模迅速突破万亿，这种靠通道业务扩大信托资产规模的行业通病不仅与当前对金融业服务实体经济的要求背道而驰，而且难以支撑形成差异化的核心竞争力。

[①] 原文发表于2018年第3期《当代金融家》，收录时略有改动。

在供给侧改革"去通道"的宏观背景下，压缩信托通道规模是大势所趋。银监会55号文虽然承认了银信通道业务的法律地位，内容也仅仅是扩大了银信合作的范围以及对信托要求的"三个不得"，这次缩减通道业务的力度与决心远超想象。可以预见，信托通道业务在2018年不可能再继续高速增长，导致信托行业绝对资产规模出现下降，规模增长出现拐点。我们必须充分认识到行业拐点带来的挑战，主动变革，推进拐点时期业务健康发展。

（二）深入分析信托行业竞争的格局变化

一些行业领先的信托公司，在前几年已经对行业发展趋势有了科学的前瞻性预判，并主动进行调整变革，现在已经收到良好的效果，而另一些信托公司则沉迷在通道业务带来的"虚胖效应"中不能自拔。对行业趋势的不同判断导致了不同的战略方向和能力储备，进而导致了行业内竞争格局的分化加剧。主要表现在：

1. 业务收入分化加剧

已公开的2017年经营数据显示，信托公司的业务能力差异明显。从信托业务收入增长速度来看，62家公司两极分化，有37家公司实现同比增长，25家公司出现下降。特别是信托业务收入排名前20的公司有13家实现增长，其中渤海信托、爱建信托、外贸信托增幅分别达74.83%、64.87%和41.55%，均超过40%；民生信托、平安信托、中航信托增幅分别为36.72%、34.52%和24.31%，均超过20%。相比而言，信托业务收入排名后20名的公司，有11家公司出现不同程度的下降；其中7家下降幅度超过30%，最高降幅有60.7%，对比差距进一步拉大，出现剩者为王、强者恒强的行业格局。

2. 利润获取能力分化加剧

从净资产收益率来看，中等区间的公司数量较少，而两边区间的公司数量集中。2017年净资产收益率超过20%的信托公司合计有24家，其中超过30%的达10家。与此同时，净利润低于10%的信托公司也有21家，其中5家净资产收益率低于5%。

从净利润同比增速来看，行业两极分化明显。43家信托公司去年净利润是同比增长，基数较低的2家增速超过100%；在净利润排名前20的公司中，10家增速接近或超过20%，其中民生信托、外贸信托、渤海信托增速分别高达90.87%、50.23%和88.54%。同时，19家信托公司净利润同比下降，降幅超过30%的有6家。净利润排名5~10的信托公司增长强劲，使行业利润向上集中的趋势进一步加强，落后与领先的差距进一步拉大。

对于信托行业拐点和竞争结构变化的特征，我们要改变形势变化以后被动应对的做法，提高主动预判和主动变革的能力，不断增强行业趋势研判把握能力和提前布局建立比较优势的能力。同时，要从对行业格局变化的分析出发，对领先同行从战略制定、展业政策、组织架构、风险管理等多维度进行深入对标，转化为可以落实的变革行动，一起支撑起信托行业稳健向前发展。

二、精准研判监管政策变化的影响

2017年底以来，监管部门先后下发了《关于规范金融机构资产管理业务的指导意见》（征求意见稿）、《关于规范银信类业务的通知》等一系列新的监管政策，2018年严监管继续的形势下，对政策的研判必须及时和准确。

（一）提高监管政策研究的实用价值

在金融监管日益严格的大趋势下，"一行三会"在2018年将继续密集出台更多监管政策。政策研究的目的是防范合规风险、支持业务拓展，因此必须提高对监管政策研究对风险管理和展业政策的支撑能力。

如果仅仅从政策文件本身出发研究监管政策变化，仅仅停留在梳理条文、咬文嚼字的层面，就难以实现政策研究的使用价值。要从业务实际出发，对已经比较成熟存量业务领域，要根据监管文件判断其是否合规、是否仍然具有较大发展空间，是否需要进行局部调整，并结合同业领先实践研判如何调整；对尚未开展或正在摸索试点的新业务领域，要密切关注监管政策变化，避免因为政策风向的变化出现"踏空"。

（二）提高监管政策研究的组织效率

曾经的"政信+地产+通道"的老三样随着通道业务的萎缩，信托业稳健增长的资产管理规模今年可能出现拐点。部分信托公司监管适应能力比较欠缺，不能很好地评估风险，不能主动承担风险，造成制约投资研究能力、产品设计能力的瓶颈。要通过设立创新研发部门加以解决，研究为展业服务，对监管政策研究的具体组织形式必须服从和服务于这一目的，中后台人员不能简单地解读监管条文。

要把业务人员丰富的市场经验和研究人员扎实的理论功底结合起来，形成可以有效指导业务的展业政策，最终的研究结果必须能够直接解决"干什么、怎么干"的问题，不能停留在口头上、纸面上。

三、大力增强新形势下的战略实现能力

对行业趋势的研判，对监管政策的解读，最终都必须落实到对战略的规划和执行上。我们要深入思考新行业格局和监管形势下的战略定位，在梳理出清晰的总体战略基础上，通过强化业务战略和职能战略实现既定目标。

（一）调整和明确各类业务战略布局

我们对业务布局的调整既要明确方向，又要设定量化分解目标、压实责任。比如，"做财富管理和资产管理专家"这样的战略定位如何落实到业务层面实现？总体上必须根据对行业趋势和监管政策的研判，在公司总体战略定位的基础上，科学确定对各类细分业务的定位。要分清哪些业务要逐步减少甚至退出，哪些业务已经看清楚要重点发力，哪些业务要摸索试点。要以展业指引的形式明确下来并执行。再比如，"发力同业、资本市场、房地产"三大业务领域做到什么程度，通道业务压缩多少，主动管理业务增加多少等都要有明确的指标和计划。

（二）加大中后台的战略支持能力

组织架构和人力资源方面，要确保团队和部门设置与业务开展充分结合。一是要重新思考现有的部门设置是否真的有利于支持业务，每个部门的业务方向不够明确就不能责任到人，就很难聚焦发力；二是要鼓励灵活组建团队和管理，相应的激励机制配套设计要跟上，设计好KPI。

风险管理方面，通道业务占绝对多数情况下，对风险管理的专业能力要求是不太高的。但在向主动管理转型的过程中，主动的、专业的、全面的风险管理能力的缺失本身就是致命的风险。面对向主动管理转型过程中遇到的新情况、新问题，必须以高度的责任心分析研究。风险管理部门和业务部门要联合组成攻坚团队，一起想办法打磨产品、防范风险，通过提高专业素质、发展服务型业务来寻找新的机遇，从而提高业务效率和质量。

惟其艰难，才更显勇毅；惟其笃行，才弥足珍贵。我们要辩证看待信托行业格局变化和监管政策收紧趋势，主动适应外部环境，从中寻找机遇、迎接挑战；要不断增强自身战略调整和战略落地的能力，找准方向、精准发力，实现转型发展。

私募股权投资基金机制重塑[①]

私募股权投资基金早在 20 世纪七八十年代兴起于美国，以 KKR、黑石集团、凯雷集团等机构为主要典型代表，随后各地的私募股权投资机构纷纷兴起。私募股权基金和私募股权投资是一个过程的两个方面，有时候二者均被简称为 PE（Private Equity），不作区分。私募股权基金的主要特征包括：资本募集形式以私募为主，投资对象为股权，投资方式是阶段性持有目标企业的股权或其他权益，投资目标旨在最终退出时实现资本增值收益。私募股权投资是一种独特的投资模式，以基金方式作为资金募集载体，以专业基金管理公司作为运作平台，其主要特征是资金来源广泛、流动性差、投资期限较长、高风险和高收益并存、投资退出渠道多样化、多以权益类投资为主以及私募股权投资机构多采取有限合伙制等。

2004 年，私募股权投资基金在中国出现，随着证券市场进入健康发展的轨道而得到持续发展，已经成为我国多层次金融体系不可或缺的重要组成部分。2014 年以后，中国证监会和中国证券投资基金业协会陆续颁布了《私募投资基金监督管理暂行办法》等一系列监管要求和政策文件，为私募股权投资基金的规范发展奠定了基本框架。此后，随着政策支持和市场需求的叠加，我国私募股权投资行业迎来了爆发式增长的时期。过去几年中，我国私募股权投资行业有了长足发展。截至今年 6 月，我国登记私募基金管理人已多达 23903 家，其中私募股权、创业投资基金管理人 14309 家。私募基金总规模达到 12.6 万亿元，其中私募股权、创投基金规模为 7.95 万亿元。但 2017 年以来，受资管新规等严监管政策的影响，私募股权投资基金行业开始加速进入洗牌期和转型期。在资管新规对于向上穿透投资者、限制多层嵌套、禁止资金池等监管要求下，撬动高杠杆资金的难度日益加大。2018

[①] 本文撰写于 2018 年 8 月。

年上半年的 VC/PE 市场基金募集表现低迷，突出表现在基金募集规模和数量均出现大幅下滑，募资难度加大成为私募股权投资行业面临的普遍困难。

回望历史，洞见未来。随着行业规模的迅速扩张和募资"寒冬"的到来，我们有必要重新思考私募股权投资基金的发展动力和未来方向。而深入到关键机制层面的思考，则更加有利于我们排除干扰，聚焦本质。私募股权投资基金的发展离不开组织运营、激励约束和风险管控三大支柱，这也是研究私募股权投资基金未来变革的重要着眼点。

一、私募股权投资基金的组织运营机制

作为私募股权投资基金最基本的底层机制，组织运营机制构成了治理结构和业务运行的载体，主要内容包括两个方面：组织架构和运营流程。

（一）私募股权投资基金的组织架构

从基本架构的角度来看，私募股权投资基金主要有公司型、契约型（信托制）、合伙型三种主流组织模式，不同组织模式的特征具有较大差异性（见表1）。

表1　私募股权投资基金主要组织架构

组织架构		特征	优点	缺点
公司型	自我管理型：与一般意义上的公司管理模式相同 委托管理型：一般采取的是决策权与经营权相分离的"董事会－经理层"分权管理制度，体现的是"委托—代理"关系，以基金的名义独立行使民事权力并独立承担民事责任。	1. 投资者自然人和法人皆可，按其股权份额行使相应权利； 2. 组建方式有多种：（1）采取私募方式筹措资本组建公司；（2）大公司或金融机构独资建立子公司。 3. 基金管理人可以是公司股东，也可以是聘用人员。	1. 管理较规范，利于保护投资者利益； 2. 能快速实现集中投资，利于控制风险； 3. 权益流通性较强。	1. 对于投资者，公司制的投资基金大大增加了运作和代理的成本； 2. 双重征税，须缴纳企业利润的所得税和个人所得税； 3. 代理成本中等偏高，管理费用较高； 4. 流程较多，缺乏效率； 5. 较易产生道德风险。

续表

组织架构		特征	优点	缺点
契约型		除了投资者和专业投资家之外，还有基金保管人作为第三方，一般由银行等金融机构担当；投资者、专业投资家和基金保管人三方的关系以信托契约为基础书面化、法律化。	1. 税收透明，能较有效地控制日常开支； 2. 无须成立法律实体，内部治理机构简单灵活； 3. 独立性较强； 4. 对信托投资产品取得的投资收益暂不征税； 5. 可迅速、有效集中大量资金。	1. 不是独立的商事主体和法人主体，投资者无权直接干预基金的经营活动； 2. 投资者只有剩余索取权，不拥有任何形式的控制权，风险承担和控制分离； 3. 代理成本高； 4. 受银监会、证监会双管理，涉及机构多，效率低； 5. 受相关法律制约较多，业务范围受限。
		公司型信托基金的组织形式与公司制的投资基金相类似。 开放型基金发行数额不定，投资者可以随时认购、随时卖出或转让。 封闭型基金发行固定数目，发行期满后，不能再增减。 基金的所有者只承担有限责任，基金管理公司按照契约负责运作。		
合伙型	普通合伙	对合伙事业享有全面管理权，并对合伙的债务承担无限连带责任。	1. 税收透明，能有效控制日常开支； 2. 只对合伙人征税，不对合伙企业征税； 3. 代理成本最小。	1. 需足够的资金和经营管理能力，要投入较多精力和时间； 2. 承担无限连带责任。
	有限合伙	没有管理权，对债务以出资额为限承担责任。	1. 独立性较强，权责利明晰； 2. 设立程序简便，激励灵活； 3. 较适合风险投资的运作要求与特点； 4. 能有效解决利益相关者的矛盾； 5. 只对合伙人征税，不对合伙企业征税； 6. 代理成本最小。	1. 合伙人充分信任有一定困难； 2. 缺乏制约。

公司型和契约型基金的共同点在于均建立在经营和保管分开的基础上,即基金管理人员负责基金的操作,下达买卖的指令,不经手基金的资产,托管人负责保管基金资产。二者的一个重要差异在于税收,即公司型基金涉及企业所得税、个人所得税的"双重税收";契约型基金无法在工商进行注册,在被投资企业IPO的穿透核心过程中存在一定障碍。因此,合伙型企业组织形式是私募股权投资基金主要的组织形式。

(二)私募股权投资基金的运营流程

私募股权投资基金的运营过程一般可分为资金募集、企业筛选与资金投入、投后管理与价值增值、资金退出与退后评价四个环节。这四个环节相互衔接、互相影响,共同组成了一个首尾相连的私募股权投资运营循环,具体运营流程如图1所示。若将该流程视为一个高度精简的模型,则表现为从融资端到投资端的运作过程。

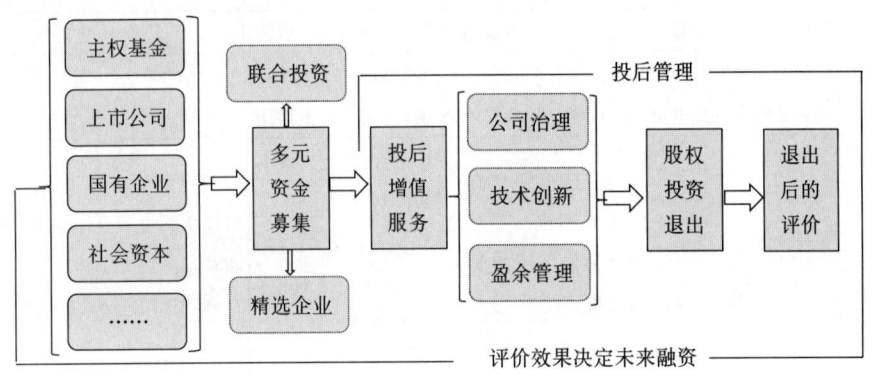

图1 私募股权投资基金运营流程

从融资渠道来看,私募股权投资基金的资金主要来自机构投资者,如养老金基金公司、银行、保险公司等,少部分为个人或家族投资者。具体的募集方式包括自行募集和委托募集,但私募基金管理人不能委托个人进行募集。

从投资对象来看,私募股权投资基金大多倾向于投资高新技术和新兴产业,比如计算机软硬件、生物技术、医药、通信等行业,少数投资于传统产业(基于投资组合考虑)。主要投资于创业企业的成长期和扩张期,尤其是政府性质的投资机构更倾向于投资成长期和扩张期企业,创建期和成熟期获得的支持较少。

二、私募股权投资基金的激励约束机制

私募股权投资基金的激励约束机制并非独立设置，而是建立在自身组织架构基础上，并贯穿于不同的业务模式当中。

（一）不同组织模式下的激励约束机制比较

一般认为，有限合伙型具有最佳的约束激励机制，能有效地约束管理者，降低其损害投资者利益的道德风险。但比较全面来看，基于不同组织架构的激励约束机制各有其优劣势（见表2）。

表2　　　　　　　不同组织架构下的激励约束机制比较

	公司型	契约型（信托制）	合伙型
激励机制	1. 管理者可以参与利润分配，但限制较大； 2. 根据经营者绩效建立年薪制度或股票期权等激励方案。	1. 管理者不参与利润分成； 2. 激励方案预设于契约中，管理者得到固定比例的管理费用和业绩报酬； 3. 管理者有充分的支配权和决策权； 4. 开放式基金因可申购或赎回的特性而有较好地激励约束机制。	1. 管理者的利润分配一般为投资收益的20%； 2. 对管理者的激励方案在契约中予以明确规定； 3. 普通合伙人管理以总资产的1%~3%收取管理费用； 4. 管理者一般有股票期权。
约束机制	1. 管理公司负有管理义务，须承担过错责任； 2. 投资者承担有限责任； 3. 股东有较大权力约束管理公司，同时限制其积极性； 4. 股东大会、董事会、经理层和监事会形成相互制衡机制。	1. 管理公司承担有限责任，仅对过错负责； 2. 投资者承担有限责任； 3. 信托基金的经营人全权负责基金经营，但仍受到基金保管人的一定制约； 4. 可以通过约定基金的存续期限，分期缴纳投资资金，强化分配利润政策等方式降低风险。	1. 管理者承担无限责任，有限合伙人承担有限责任； 2. 投资者承担有限责任； 3. 投资者可通过约定基金的存续期限，分期缴纳投资资金，强化分配利润政策等方式降低风险； 4. 管理者不受太多干涉，能灵活自主地进行经营。

在灵活性方面，公司型在治理结构上有缺陷，运作成本大大高于有限合伙型和契约型，但其激励方案经董事会提出股东大会批准后，可以在公司永

久的存续期内随时加以调整；有限合伙型和契约型下，激励方案是在契约中明确规定的，整个存续期内不能改变。此外，有限合伙型和契约型的决策程序都比公司型灵活简单，资本运作更加有效率。

在代理成本方面，有限合伙型在降低运作成本和代理成本上是卓有成效的，而公司型对管理者的约束往往不如有限合伙型来得有效。此外，由于各国的法律法规不同，契约型在降低运营成本上的成效也有所不同。

（二）不同业务模式下的激励约束机制比较（以契约型为例）

契约型（信托制）私募股权投资基金通常会因信托公司在其中的角色差异而细分为三类业务模式，包括结构化模式、单一化模式和"信托+有限合伙"模式。与此相对应，具体的激励约束机制也会因细分业务模式的差异而有所不同。

1. 结构化业务模式

信托公司不仅需要承担基金发行、管理和运作职责，且享有一定的受益权。该受益权通过认购部分基金份额取得，收益分配顺序在投资者之后，属于优先承担投资损失的劣后（次级）受益权。基金治理规则、不同受益人的权利义务及利益风险分配方法由信托合同约定。结构化模式的基本结构如图2所示。

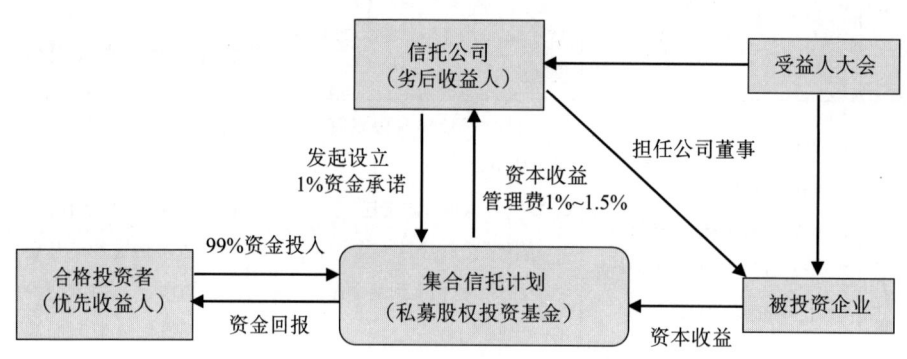

图2　结构化业务模式

2. 单一型业务模式

信托公司向投资者发行信托计划募集资金成立私募股权投资基金，将信托资金直接投资于被投资企业。由于投资策略的直接性，发行人和管理人的身份都属于信托公司，信托公司需要全面负责基金发行、管理和运作等一切事宜；受益人大会代表受益人承担监督职能，防止信托公司擅自挪用信托资金。信托公司作为管理人有权在资本收益中扣除一定金额作为管理报酬，剩余部分由受益人共同享有与分配。单一化模式的基本结构如图3所示。

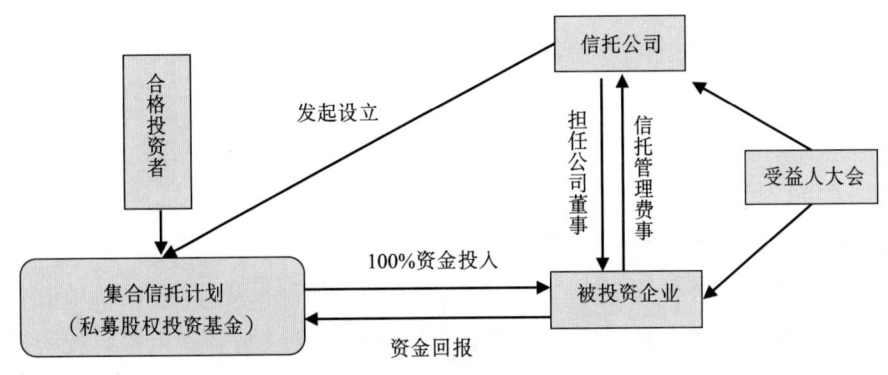

图3　单一型业务模式

3. "信托+有限合伙"模式

信托公司只负责基金发行和托管事务，不再承担基金管理人职能，而是将该职能外包给专业第三方投资管理机构。该模式下的私募股权投资基金一般实行合伙制，专业投资管理机构为普通合伙人（GP），其他投资者为有限合伙人（LP）。信托公司和LP共同组成受益人大会，对专业投资管理机构资金运用行使监督职责。基金治理规则、信托公司及GP、LP权利义务与利益风险分配等方案均由信托合同约定。"信托+有限合伙"模式的基本结构如图4所示。

三、私募股权投资基金的风险管控机制

从机制设计的着眼点来看，私募股权投资基金通常将委托代理关系作为关注重点，现实中的主要风险管控机制包括投资契约、递增投资和联合投资。其主要差别在于，投资契约机制和递增投资机制的主要功能在于降低道德风险，联合投资机制则既有利于控制道德风险，又有利于弱化逆向选择。

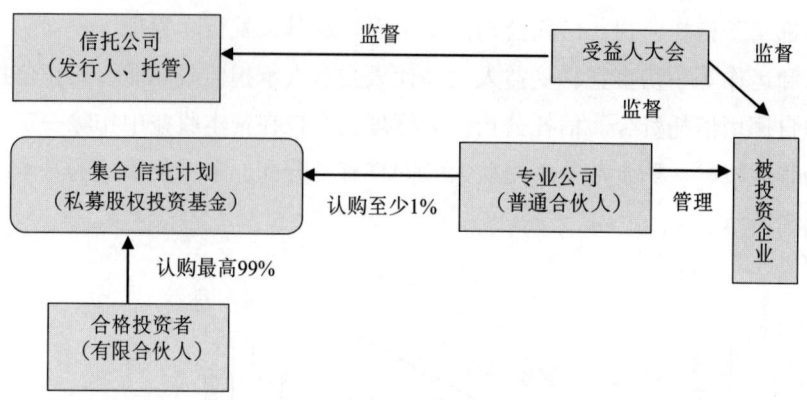

图4 "信托+有限合伙"模式示例图

(一)基于投资契约的风险管控机制

投资契约是一种基本的风险管控机制,也是明确投资人与管理人委托代理关系的重要方法。私募股权投资基金投资人通常会与管理人签订投资契约,以此来有效控制基金投资管理人的道德风险问题及其引发的代理成本。为了管理可预测或不可预测的问题而引发的道德风险和代理问题,投资者和管理者之间可以设计特殊的金融契约来明确地对基金管理人的权利义务进行限定。基于投资契约机制自身的特性,契约合同通常签订于私募股权投资基金投资前的准备阶段。

(二)基于递增投资的风险管控机制

递增投资也称分阶段投资,即投资人设置一个分期的投资方式,从而节约综合投资成本。对于私募股权投资基金投资公司来说,递增投资保留了对未按预期发展企业再投资的选择权,有利于防控未来的不确定性风险;对于被投资企业来说,递增投资也同时提供了一个达到预期目标的激励机制,有利于提高自身经营效率。私募股权投资基金通常在首轮仅投入少量资本,并在随后的投资轮次中,参照企业首轮运作情况,在动态估值调整的基础上决定后续追加资本的数量。在递增机制的实际运行中,基金往往在投资之前就要求被投资企业满足后续阶段投资支付的相应条件。

(三)基于联合投资的风险管控机制

联合投资是许多私募股权投资基金常用的风险管控机制,私募股权投资基金通过联合投资,与其他有经验的合作投资者分担风险并固化风险,从而降低投资过程中由于信息不对称带来的逆向选择风险。联合投资有利于严格控制投资对象的筛选过程，预防随之而来的投资轮次中的竞争。对于一些行业研究能力不足、主动投资能力有限、风险偏好较低的私募股权投资基金而言，联合投资是降低风险的常用机制，但也会因交易成本增加而在一定程度上影响收益。

四、私募股权投资基金机制的重塑

我国的私募股权投资基金发展到今天，在具备一定规模的同时，也存在良莠不齐、甚至是鱼龙混杂的行业弊病。其中许多基金管理人虽然短期内取得了一定的业绩，但由于对重视基础层面的机制设计重视不够，未来的发展存在着较大不确定性，需要从以下三个方面探索重塑私募股权投资基金的机制。

（一）激励机制升级

私募股权投资基金行业的激励机制的观察较多偏重于组织架构和业务模式方面，但最终要落实到更具体的"人"的层面。而对"人"的激励则应是全方位的，这也是激励约束机制升级的主要方向。

1. 收入激励

一般来讲，私募股权投资基金机构的整体收入由四个部分构成（见图5），包括其中目标奖金和超额绩效奖金主要着眼于短期激励，而期权和跟投则是长期激励主要形式。目前一些知名私募股权投资基金实行了面向员工的长期激励政策，并取得了良好的效果。

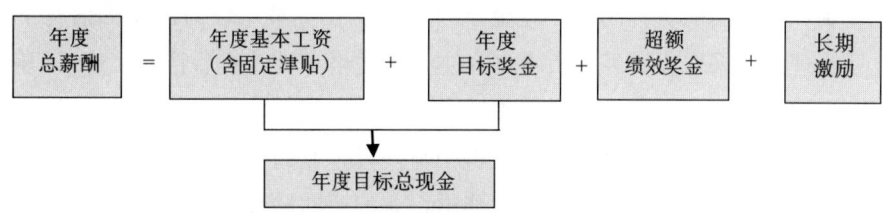

图5 PE机构薪酬总体构成

私募股权投资基金适当的期权安排能使股东利益、基金机构利益和管理层利益更好结合在一起，能进一步调动核心成员的积极性，为基金业绩持续增长做出贡献；同时，期权使基金机构和管理者在分享业绩持续增长的成果的同时，最大限度的留住优秀人才。而跟投作为激励约束机制，要求项目组的核心成员对项目进行投资，其他人自愿；参考市场实践，为保证基金利益与投资团队个人利益的绑定和实现整体收益，一定岗位层次以上需要强制参与跟投；作为公司福利和员工保留的一种方式，其他岗位人员可以自愿参与。

2. 成长激励

除了追求业绩指标的考虑，私募股权投资基金激励机制设计的一个重要出发点就是维护核心员工队伍的稳定，从而实现长期的稳定发展。在一定程度上，成长激励和收入激励之间具有替代效应。一些规模大、业绩优的私募股权投资基金往往对非资深员工采取低收入激励和高成长激励的混合策略。而要实现这一点，必然需要在收入激励之外，提供成长性的激励机制，如培育员工认可的文化氛围、提供高质量的学习平台、设计清晰的职业发展路径等。

（二）投后管理机制升级

在过去几年私募股权投资行业"大跃进"的环境下，国内股权投资市场竞争日益加剧。要想获得优质的项目，单靠资金已经不具备充足的吸引力。被投企业越来越关注投资者提供增值服务的能力，私募股权投资基金投资阶段的竞争力也越来越多地取决于其投后管理能力。长期来看，投后管理体系的单独设置是私募股权投资基金在规模化基础上的专业化分工需求，也是推动私募股权投资基金回归投资价值的本源需求。因此必须把握投后管理增值服务这一大方向，加快从粗放投资向精细的投后管理转型升级。

1. 专业化的投后管理团队

私募股权投资基金在投后管理上的团队配置大致可分为两类：投资经理负责制和专门团队负责制。在基金规模较小、投资策略较为被动的情况下，投后管理一般采取投资经理负责制，主要关注事务性的投后管理工作。但随着基金规模增大、投资策略向聚焦和主动转型，就需要将投后管理升级为专门团队负责制。这虽然会增加投资机构与被投企业的磨合成本，但也可以释放出投资项目负责人的精力，使之淡出企业的后期培育，将更多的精力投入到潜力项目的挖潜开发中；而专业的投后管理团队和专门的投后管理体系更有助于企业价值创造和提升，更有助于实现项目投资的高回报。

2. 多元化的投后管理服务

私募股权投资基金投后管理从投资经理兼任到专业团队负责转变的过程，也是从单一的事务性投后管理向多元化的增值服务升级的过程。这就意味着投后管理不仅要对被投企业进行必要的风险监控，还需要适时提供后续融资、战略规划、治理结构改善、财务咨询、市场开发等方面的增值服务。要实现多元化投后管理和增值服务，就需要私募股权投资基金构建相对完整的投后管理生态圈，具备协调对接多方面资源的能力。可以说，私募股权投资基金提供多元化和针对性资源的能力，在相当程度上影响着其对被投企业的吸引力。

3. 差异化的投后管理策略

处于不同发展阶段的被投资企业，其成熟情况与发展需求也有所区别，因此在投后管理的具体策略上，应充分考虑被投企业发展的阶段性特征，制定有针对性的投后管理方案并动态调整。一般来说，对 A 轮融资之前企业的投后管理应主要帮助其搭建管理梯队、优化股权结构，并利用专业优势帮助被投企业梳理商业模式、降低运营成本、加强融资对接。对已具备了基本商业模式的 A+ 到 C 轮企业，应在帮助其尽快提炼出合理的盈利模式，使其具备基本造血功能。同时发挥投资方的资源和社会网络优势，为其寻找战略合作伙伴，促进被投企业的长远发展。对已经具备了成熟的商业模式和盈利能力的 D 轮到 Pre–IPO 企业，投后管理的重点应放在协助企业完善产业链，为上市做充分准备。此外，考虑到被投企业之间存在行业上的差异性，投后管理应充分尊重细分行业技术经济特点，考虑被投企业的技术生命周期阶段等因素。

（三）风险管控机制升级

2017 年以来，多家私募基金管理人实际控制人失联引发投资者恐慌，行业风险事件频出。中国证券投资基金业协会全面收紧了事前审批，并加大了事中事后监管力度，全行业在合规经营方面面临较大风险。近期证监会就《证券期货经营机构私募资产管理业务管理办法（征求意见稿）》公开征求意见，明确指出"个别机构偏离资管业务本源，主动管理不足，风险控制薄弱"，这意味着监管部门对私募股权投资基金的风险管控机制将提出更高的要求。

1. 体系建设的视角

总体来看，目前我国私募股权投资基金行业整体的风险管理体系化程度并不高，许多基金公司甚至没有对风险管理体系建设进行系统规划。在当前外部环境面临募资难、监管严、流动差等诸多挑战的情况下，以往行业快速增长期积累和潜伏的风险更加容易凸显。要系统防范和化解这些风险，就必须着眼于从治理架构、政策制度、管理流程、工具和系统、绩效考核机制、风险管理团队和文化建设等方面加强风险管理体系建设。

2. 流程梳理的视角

在项目实际运作过程中，私募股权投资基金需要充分考虑"募投管退"各环节风险管控的差异性，将风险管控手段和工具迁入业务流程的主要环节。在募资环节应重点提升声誉风险管理能力，预防重大声誉风险事件发生；在投资环节应重点强化尽职调查等工作上的内控及操作风险管理能力，特别是需要在估值管理上确保公允性；在投后管理环节应跟踪监测投资对象的风险状况，重点防范市场风险和道德风险；在退出环节则应重点关注资本市场变化，通过合理设置退出触发指标，降低退出风险。基于流程的私募股权投资基金风险管理重点如图6所示。

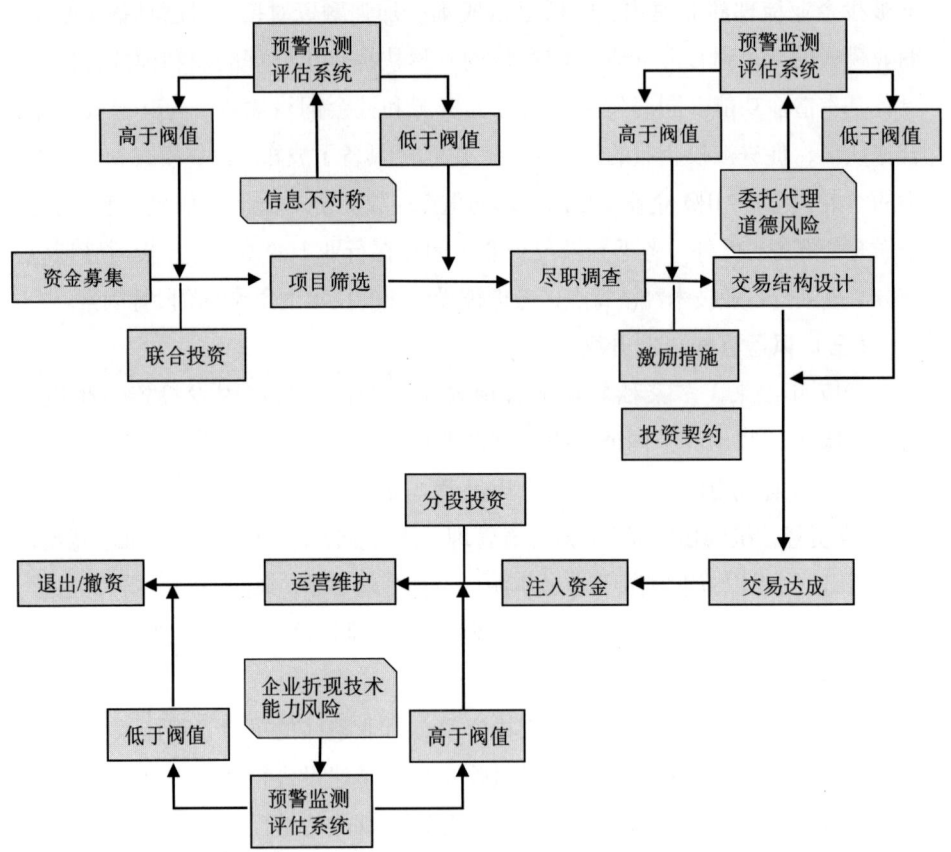

图6 基于流程的私募股权投资基金风险管控重点

从流程视角来看，私募股权投资基金的风险存在于"募投管退"的多个环节，因此需要设置相应的风险预警监测评估系统，对各环节的风险因素加以管控（见表3）。

表3　　　　　私募股权投资基金流程风险管控要素

阶段	投前	投中	投后
要素	严格的项目筛查 创业团队分析 企业内部管理分析 市场分析 核心竞争力 财务分析 政策环境分析	业务尽职调查 财务尽职调查 法律尽职调查 专家、顾问验证 投资管理委员会商议 投资协议约束	监督公司财务 战略指导 资源整合 人才引进 协助公司治理 融资上市/并购/回购

3. 业态分类的视角

除了股权直投的一般业务模式外，私募股权投资基金行业自身由于风险偏好等的不同，也包括固收基金和FOF等细分业态。不同业态面临的主要风险类型并非完全相同，一般的股权直投和母基金业态对应的风险类型是市场风险，而固收基金则主要对应的是信用风险。与此相对应，风险管控的重点对象和具体手段也需要相应地有所差异。

私募基金从2013年之前的纯股权时代，到2013年之后的股权加证券时代，再到2014年后股权、证券、其他并存，波涛汹涌，惊涛骇浪。私募股权基金投资运作模式的建立非一朝一夕，需要长期的积累，也没有统一完美的模式。大浪淘沙，立于潮头，新时代下的私募股权基金应根据自身实际情况，选择最合适的模式。

政府引导基金"名股实债"的监管和风险防范[①]

政府产业基金作为由政府参与并主导的产业投资基金,是财政扶持产业发展的重要资金使用方式。政府产业基金一般运营机制是由政府发起设立投资基金后,交由基金专业管理公司运营,资金由托管银行托管。政府主要负责基金管理方针政策、政府股权权益维护、专业公司监管等工作,不直接干预基金投资具体工作。政府产业基金利用双方在全国各地的资源,与各个项目进行产业对接,使产业与金融相结合,加强各方的优势集成互补、互利共赢、共同发展。

一、政府引导基金投资业务现状和近期监管政策

根据投中研究院的研究数据,截至2019年6月底,国内各地政府合计成立1171支政府引导基金,政府引导基金以及子基金的总目标规模为5.85万亿元,其中政府引导基金本身总规模为1.46万亿~1.75万亿元。从时间上看,2012—2017年,政府引导基金数量增加987支,年均复合增值率45%,设立总目标规模增加5.13万亿元,年均复合增长率97%;分年来看,2017年政府引导基金增速有所放缓,设立数量和目标规模仅同比增长9.79%和20.65%。从地域上看,华东地区规模最大,累计成立546支政府引导基金,总目标规模达2.17万亿元;其次为华北地区成立140支,目标规模1.55万亿元;华南地区成立154支,目标规模0.92万亿元;其余华中、西南、东北、西北地区成立目标规模分别为0.47万亿元、0.35万亿元、0.19万亿元、0.19万亿元。整体看,各地区成立目标规模并不平衡。

为了进一步完善政府产业基金的管理体系,2016年12月,发改委办公厅出台了《政府出资产业投资基金管理暂行办法》,这个办法对于政府出资

[①] 原文拟发表于2020年《北大金融评论》,期数待定。

的产业投资基金的设立登记、投资运作、绩效评价、监督管理进行了更具体的规定。2017年3月31日国家发展改革委办公厅印发了《政府出资产业投资基金信用信息登记指引（试行）》（发改办财金规〔2017〕571号）进一步规范政府出资产业投资基金登记管理工作。同时，为了进一步规范政府融资行为管理，切实防范和化解地方债务风险，2017年5月，财政部联合六部委共同发布了《关于进一步规范地方政府举债融资行为的通知》（财预〔2017〕50号），重申地方债务风险，剑指政府违规举债。6月1日，财政部和国土部联合发布《地方政府土地储备专项债券管理办法（试行）》（财预〔2017〕62号），提出试点发行土地储备专项债券，加强对专项债券的管理。6月2日，财政部出台了《关于坚决制止地方以政府购买服务名义违法违规融资的通知》（财预〔2017〕87号），对地方政府以购买政府服务名义的举债行为进行清理整顿，以正面清单、负面清单的方式对政府购买服务范围和方式做出界定，此前被普遍装入"政府购买服务"的建设工程类全都上了"负面清单"。这三份文件几乎实现对政府融资行为监管的全覆盖。

2018年3月发布的《财政部关于规范金融企业对地方政府和国有企业投融资行为有关问题的通知》规定国有金融企业与地方政府及其部门合作设立各类投资基金，应严格遵守有关监管规定，不得要求或接受地方政府及其部门做出承诺回购投资本金、保本保收益等兜底安排，不得通过结构化融资安排或采取多层嵌套等方式将投资基金异化为债务融资平台。2018年10月国务院办公厅发布了《关于保持基础设施领域补短板力度的指导意见》，要求"按照市场化原则保障融资平台公司合理融资需求，不得盲目抽贷、压贷或停贷；在不增加地方政府隐性债务规模的前提下，对存量隐性债务难以偿还的，允许融资平台公司在与金融机构协商的基础上采取适当展期、债务重组等方式维持资金周转"。2019年3月，财政部出台了《关于推进政府和社会资本合作规范发展的实施意见》（财金〔2019〕10号），以"规范"为核心明确了PPP规范发展的总体要求，PPP项目的正面清单及负面清单，并规定不得出现：存在政府方或政府方出资代表向社会资本回购投资本金、承诺固定回报或保障最低收益的，由政府实际兜底项目投资建设运营风险的等。

在新的政策文件实施下，政府产业发展基金的业务发展面临很多现实的困境和难题，目前较为突出的为"名股实债"。政府引导产业基金，多数不是真正意义的私募股权投资基金，而是名股实债项目。目前的主要融资渠道，银行、保险等金融机构投资产业基金，特别是投向产业项目的同股同权类资金仍然存在政策障碍；政府设立引导基金支持产业发展的诉求和金融机构投资名股实债的冲动和稳健性要求，仍有较大冲突。

二、"名股实债"定义及监管政策

（一）"名股实债"的定义和演化

1. "名股实债"的定义

"名股实债"并不是一个法律上的概念，而是近年一种新的投资方式，与纯粹的股权投资或债权投资的区别在于，具有刚性兑付的保本约定，名义（明面）上是股权投资，实质为债权投资。在银保监会的监管体系下，"名股实债"可以理解为"带回购条款的股权性融资"；2006年银监会发布的《关于进一步加强房地产信贷管理的通知》中明确将"投资附加回购承诺等方式"视同间接发放房地产贷款进行监管；银保监会2008年发布的《关于加强信托公司房地产、证券业务监管有关问题的通知》，其中规定严禁以投资附加回购承诺等方式间接发放房地产贷款，严禁以购买房地产开发企业资产附加回购承诺等方式变相发放流动资金贷款。2017年银保监会在《G06 理财业务月度统计表》中，也对"名股实债"做了定义，投资方在投资前会签署股权回购协议，资金使用方承诺按固定的溢价全额回购的融资安排。

除银保监会外，中基协在2017年发布的《证券期货经营机构私募资产管理计划备案管理规范第4号——私募资产管理计划投资房地产开发企业、项目》也做了相关定义，阐述了其中特征并罗列了一些具体情形，主要为投资回报不与投资企业的经营挂钩，而是根据约定支付固定收益，如回购、对赌、定期分红等。

结合以上监管规章制度的定义，"名股实债"的特征及定义可以总结为：资金方在名义上有以股权形式进行投资，但同时，约定了通过回购、第三方收购、对赌、定期分红等形式获得固定收益，并与融资方约定投资本金保本以及固定收益利息刚性实现。

2. "名股实债"的关注点

"名股实债"为何引起诸多关注？主要有以下两大原因：

（1）"名股实债"多存在于地方政府投融资平台。"名股实债"这种模式多出现在房地产项目融资、政府平台融资、PPP项目融资等，使用这种模式的主要原因是融资方自有资金不足，只能通过股权方式融资来充当资本金，并通过其他增信措施的安排实现安全退出。

（2）多以绕开监管为目的，存违规风险。根据中国人民银行《贷款通则》，只有持有国务院银行业监督管理机构颁发的金融许可证，并经工商行政管理部门核准登记的机构才具有放贷权限。除信托之外的其他SPV只能以投资的名义绕开监管。然而，"名股实债"在法律上没有明确的界定，在实践中出现了较多问题，引起监管层注意，并出台一些管理办法。因此，如果操作不当，它存在一定的违规风险。

（3）与普通债权相比，"名股实债"存在一些特有风险：如协议无效风险，多是由于协议内容损害了签订主体之外第三方的利益；如回购条款，《中华人民共和国公司法》有明确规定公司回购的情形，公司在不符合回购情形而肆意采取回购可能会损害公司债权人利益而导致该行为无效；如劣后受偿风险，在实操中，"名股实债"的性质认定存在不确定性，这也导致企业在破产清算分配顺序也无法确定。当"名股实债"协议被认定为股权，而被投资企业因经营不善进入破产清算程序时，其受偿顺序要劣后于被投资企业的普通债权，其风险远大于普通债权。

（二）不同视角对"名股实债"的界定

1. 法律视角

"名股实债"在法律上没有明确的界定，它不是一个法律概念。一般只有发生纠纷时才会去界定是"股"或"债"，从"甘肃世恒案""宁波强人案""新华信托诉湖州港城置业"等案件看，"股"或"债"的判定会遵循以下原则：尊重当事人意思自治，鼓励交易和维护公共利益，综合考虑合同细则、协议内容、增信措施等因素判定。

2. 金融视角

正常投资而言，资金供需方会签订《股权投资协议》；供方要保障收益，会要求需方签订《回购条款》《增信保障》《远期股权转让协议》等配套补充协议。常见有股权投资型、对赌协议、信托计划投资型以及有限合伙基金型等"名股实债"。

（1）股权投资型"名股实债"。股权投资型"名股实债"一般为投资人通过特殊目的载体（SPV），以股权投资的形式，入股标的公司，但通常会有其他协议约定固定收益，以及未来本金退出安排，到期后，由融资方自身或其关联公司，以回购股权的形式来退出，交易结构如图1所示。

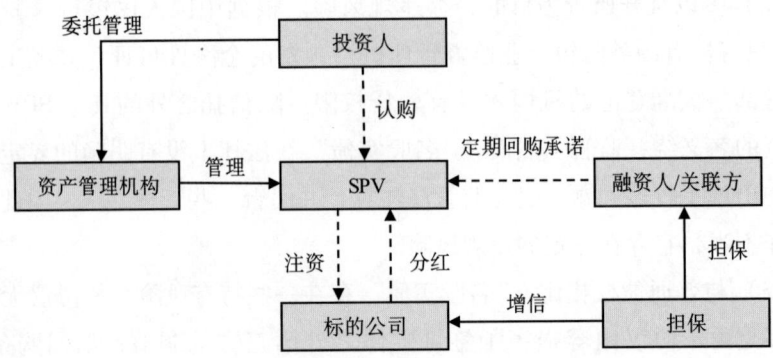

图1　股权投资型"明股实债"交易结构

（2）对赌协议型"名股实债"。对赌协议型"名股实债"是指资金供需方在协议中约定，对公司未来发生不确定情况的时候，安排不同处置方式。按照约定出现的不同情况，双方来行使约定的不同权利，以保障自己的利益，交易结构如图2所示。

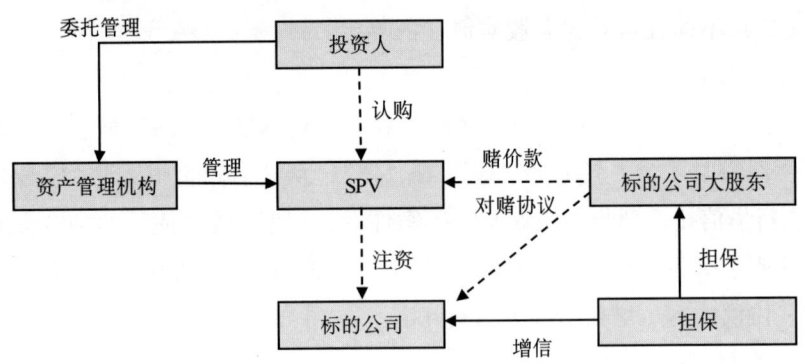

图2　对赌协议型"明股实债"交易结构

（3）信托计划投资型"名股实债"。信托计划投资型"名股实债"是通过信托计划设立，具体操作是由信托公司设立信托计划，信托计划以股权投资、可转换债、购买特定资产收益权等方式投资房地产公司设立的项目公司,最终通过房地产项目公司项目分红、大股东回购等方式来退出投资。

(4) 有限合伙基金型"名股实债"。有限合伙基金型"名股实债"实质是在资金方和融资方中增加了有限合伙公司架构,融资方或其关联公司出资设立 GP,相应资金方投资优先和劣后级 LP,到期后由融资方或其关联方回购股权,交易结构如图 3 所示。

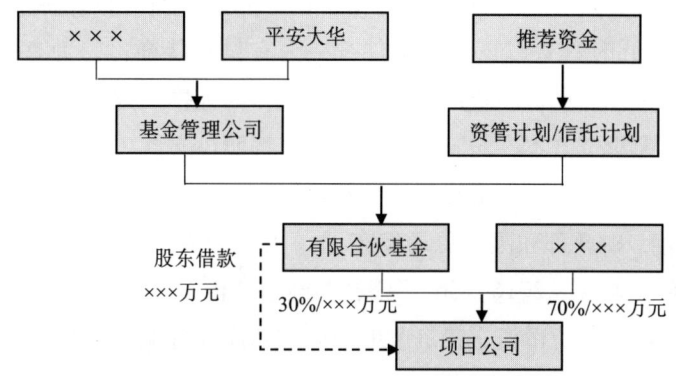

图 3 有限合伙基金型"名股实债"交易结构

(5) 混合型"名股实债"。混合型"名股实债"即嵌套了上述两种或两种以上模式的名股实债。

3. 会计视角

(1) 实质重于形式。按照企业会计准则第 37 号相关规定,企业应当根据金融工具的合同条款和经济实质情况,来确认分类,具体分类为金融资产、金融负债或权益工具。穿透来看,"名股实债"实质上属于债务工具投资。

(2) 是否并表。可分两个层面:一个是项目公司层面,由于一般是融资方股东来承诺回购,项目公司并无相关承诺,故从项目公司角度来看,收到资本金时,即可确认为权益工具;二是从融资方股东层面,大股东承诺的回购责任,在实质上是符合金融负债的定义,即"向其他单位交付现金或其他金融资产的合同义务",也就是未来即使发生一些不利情况,使得项目公司股权价值实际上大幅下降,大股东也必须按照协议约定价格进行回购,因此融资方大股东需要将该部分资金确认为金融负债。

以上对于融资方、融资方大股东之间,存在并不完全一致的股、债对称定性判断,但即将普及实施的《国际财务报告准则第 9 号——金融工具》

(IFRS 9) 提出了对称式记账要求。可以预见，今后权益工具与金融负债的区分判断方法、债务工具和权益工具的区分方法将会完全一致，对"名股实债"会计层面界定存在不确定性。

4. 税收视角

2013 年 7 月，国家税务总局下发了《关于企业混合性投资业务企业所得税处理问题的公告》，其中将符合条件的"名股实债"投资称为"混合性投资"，需要同时具备以下五个条件：一为有付息特征；二为有还本特征；三为投资方对投资项目净资产不拥有所有权；四为投资方不具备选举权和被选举权；五为投资方不参与日常经营活动。按照该文件，不同时具备上述五个条件的融资模式都不会被界定为债权投资。

2016 年，财政部和国税总局发布了《关于全面推开营业税改征增值税试点的通知（财税〔2016〕36 号）》，明确了"混合性投资"会计税务处理规则，即对投资以货币资金投资收取的固定利润或者保底利润，按贷款服务缴纳增值税。如涉及资管产品，则按《关于明确金融、房地产开发、教育辅助服务等增值税政策的通知（财税〔2016〕140 号）》中"金融商品持有期间（含到期）取得的非保本的上述收益（保本收益、报酬、资金占用费、补偿金），不属于利息或利息性质的收入，不征收增值税"来处理。

5. 监管视角

从监管发文态度来看，制定了一系列规章制度来规范限制此类业务，并不鼓励采用"名股实债"的操作模式。

（1）国务院。2013 年，国务院发布了《关于加强影子银行监管有关问题的通知（107 号文）》，要求规范发展私募投资基金业务，要按照投资基金的本质属性规范业务定位，严禁私募股权投资基金开展债权类融资业务。2014 年，国务院发布了《国务院关于加强地方政府性债务管理的意见（国发〔2014〕43 号）》明确提出，加快建立规范的地方政府举债融资机制，推广使用政府与社会资本合作模式。2016 年，《地方政府性债务风险应急处置预案》（国办函〔2016〕88 号）指出，"金融机构违法违规向地方政府提供融资，要求地方政府违法违规提供担保"属违规违法行为。

2018 年，国务院办公厅发布了《关于保持基础设施领域补短板力度的指导意见》，其中要求，"严禁违法违规融资担保行为，严禁以政府投资基金、政府和社会资本合作（PPP）、政府购买服务等名义变相举债。金融机构要审慎合规经营，尽职调查、严格把关，按照市场化原则评估借款人财务能力和还款来源，综合考虑项目现金流、抵质押物等审慎授信"。

2019年6月10日，中共中央办公厅与国务院办公厅印发了《关于做好地方政府专项债券发行及项目配套融资工作的通知》支持重大项目市场化融资……金融机构可按照商业化原则自主决策，在不新增隐性债务前提下给予融资支持，保障项目合理资金需求；鼓励地方政府合法合规增信，通过补充有效抵质押物或由第三方担保机构（含政府出资的融资担保公司）担保等方式，保障债权人合法权益。

（2）发改委和财政部联合。2016年5月，发改委和财政部一起印发了《关于进一步共同做好政府和社会资本合作（PPP）有关工作的通知》，明确"要杜绝固定回报和变相融资安排，在保障社会资本获得合理收益的同时，实现激励相容"。

（3）财政部。2015年，财政部下发了《关于对地方政府债务实行限额管理的实施意见（财政〔2015〕225号）》，明确政府投资基金不得从事融资担保以外的担保、抵押、委托贷款等业务，以及不得第三方提供贷款和资金拆借。因此，政府投资的产业基金实际上是不能从事债权投资业务。

2016年9月，财政部印发了《政府和社会资本合作项目财政管理暂行办法》要求，"政府与社会资本合资设立项目公司的，应按照《公司法》等法律规定以及PPP项目合同约定规范运作，不得在股东协议中约定由政府股东或政府指定的其他机构对社会资本方股东的股权进行回购安排"。

2019年3月，财政部印发了《关于推进政府和社会资本合作规范发展的实施意见》，其中要求，各级财政部门要规范运作，不得出现以下行为：存在政府方或政府方出资代表承诺固定回报或保障最低收益；政府实际兜底项目投资建设运营风险。各级财政部门要对重点领域、重点项目加大政策支持力度，加大融资支持。鼓励通过股权转让、资产交易、资产证券化等方式，盘活项目存量资产，丰富社会资本进入和退出渠道。

2019年4月，财政部办公厅《关于梳理PPP项目增加地方政府隐性债务情况的通知》（财办金〔2019〕40号）要求各省级财政部门按照财金10号文要求，梳理入库PPP项目纳入政府性债务监测平台情况。对于增加地方政府隐性债务的PPP项目，应当中止实施或转为其他合法合规方式继续实施；省级财政部门应主动从项目库中清退，并核查项目咨询机构和专家是否存在违法违规行为。

（4）发改委。2016年，发改委印发了《政府出资产业投资基金管理暂行办法（发改财金规〔2016〕2800号）》，文件中明确提出政府出资产业投资基金不得从事"名股实债等变相增加政府债务的行为"，列举了政府出资产业基金的投资范围，包括未上市公司股权投资或者上市公司定向增发、并购重组和私有化等股权交易形成的股份等，并未明确排除债权性投资；但是，明确禁止"名股实债等变相增加政府债务的行为"。根据发改委的规定，政府出资产业投资基金不得通过"名股实债"等融资方式来增加地方政府债务，其他类型的债权性投资则未明确禁止。

2019年7月，发改委印发了《关于依法依规加强PPP项目投资和建设管理的通知》（发改投资规〔2019〕1098号）规定，"投资者可按其出资的比例依法享有所有者权益，也可转让其出资，但不得以任何方式抽回""PPP项目的融资方式和资金来源应符合防范化解地方政府隐性债务风险的相关规定。不得通过约定回购投资本金、承诺保底收益等方式违法违规变相增加地方政府隐性债务，严防地方政府债务风险"。

（5）银保监会。"名股实债"在房地产业务融资中较多见，一般情况下资金方借助通道融出资金，并以此作为房地产项目公司的自有资金，如此将直接导致"432"监管规定实质上被变相突破，增加了项目开发风险。"名股实债"在之前被信托公司常用，主要用于逃避房地产融资的监管规定，并且如果合同条款设计体现的债性不足，则甚至有可能产生法律风险。此外，在地方融资平台业务中，也有多种"名股实债"的融资模式，通过不规范PPP、政府购买服务、政府投资基金等方式，以"名股实债"的模式向金融机构融资，并且常采用母子基金的运作模式，导致杠杆不断扩大，最终结果为持续增大了政府隐性债务规模。

2017年4月，银监会办公厅发布了《关于开展银行业"监管套利、空转套利、关联套利"专项治理的通知》（银监办〔2017〕46号），明确要求检查"名股实债"，即是否违反落实新预算法和国家相关规定要求，以产业基金、委托贷款等方式进行融资，最终加大了政府性债务，进行非标资产投资等。

2018年1月，保监会下发了《关于加强保险资金运用管理支持防范化解地方政府债务风险的指导意见》（保监发〔2018〕6号）明确提出，"保险机构开展保险私募基金、股权投资计划、政府和社会资本合作（PPP）等保险资金运用创新业务，要遵循审慎合规原则，投资收益应当与被投资企业的经营业绩或股权投资基金的投资收益挂钩，不得要求地方政府或融资平台公司通过支付固定投资回报或约定到期、强制赎回投资本金等方式承诺保障本金和投资收益，不得为地方政府违法违规或变相举债提供任何形式的便利。"

2018年1月，保监会下发的《打赢保险业防范化解重大风险攻坚战的总体方案》（保监发〔2018〕9号）明确，"集中整治保险资金运用乱象，严肃查处违规利用保险资金加杠杆、违规开展多层嵌套投资、违规开展资金运用关联交易、违规开展股权投资、违规开展境外投资等行为，严禁违法违规向地方政府提供融资，坚决制止明股实债等变相增加实体经济成本的违规行为，依法从重处罚相关机构和责任人"。

"名股实债"实质上会干扰金融机构信用风险计量准确性，如穿透来看，同业理财投资的底层资产如果为"名股实债"结构，则难以准确计量信用风险加权资产，使得监管统计数据有所失真。

（6）中国基金业协会。2017年3月，中国基金业协会颁布《私募基金登记备案相关问题解答（十三）》正式明确要求，为落实专业化运营，私募管理人只能在私募证券基金管理人、私募股权/创投基金管理人、其他类私募基金管理人三者之间选择一种类型，不得同时兼具：①根据专业化经营的要求，不鼓励甚至不允许股加债产品的存在，如股权类管理人就做股权类投资，资金闲置时可做一些现金管理类的投资，因此"股＋债"目前政策原则上不允许；②关于地产、产业引导、PPP这三类的投资，很多都设置"股＋债"结构，但该种结构事实上违反专业化经营原则，在监管政策上是不允许的。

2017年12月，在第四届中国私募投资基金峰会上，中基协会长洪磊在演讲中指出，"基金与信贷是两类不同性质的金融服务活动。从基金的本质出发，任何基金产品都不能对投资者保底保收益，不能搞明股实债或明基实贷"。

（7）中国人民银行。2017年4月，财政部、发改委、司法部、人民银行、银监会、证监会六部门联合发布《进一步规范地方政府举债融资行为的通知（财预〔2017〕50号）》要求，"地方政府不得将公益性资产、储备土地注入融资平台公司""不得承诺将储备土地预期出让收入作为融资平台公司偿债资金来源""不得要求或接受地方政府及其所属部门以担保函、承诺函、安慰函等任何形式提供担保""限额内发行地方政府债券方式举债"，均旨在理清地方政府和融资平台的债务关系，避免地方政府与融资平台纠缠不清的隐性风险。

（三）"名股实债"的风险

"名股实债"的风险主要包括行业风险、信用风险、法律与合规风险、运营风险等四个方面，具体说明如下：

1. 行业风险

（1）基建行业增长周期性放缓。"名股实债"类融资工具广泛应用在基础设施行业中的项目建设融资，而基础设施项目融资建设又关联地方政府融资平台主体信用，以及政府的隐性支持。随着过去城投业务的大发展，政府隐形债务率大幅上升，财政支持能力和力度不断下降，监管多次发文规范政府融资行为和举债方式，提出了违规责任终身追究制。基础设施建设融资难度不断加大，且政府投资意愿趋于谨慎，以上均可能造成基建行业存在周期性的放缓。

（2）行业监管政策趋紧。"名股实债"业务多存在于房地产业务、政府融资平台业务，以上均为较敏感行业，易受到宏观政策的频繁调控，使得名股实债业务经常要面对变化较大的合规风险和监管风险。上文所列出的近期发布政策，均在不断规范政府融资行为，避免以不合规的方式增加地方政府隐形债务，行业监管政策的趋紧也加大了该类业务的退出难度，风险有所上升。

2. 信用风险

在"名股实债"的交易结构中，由于存在回购、差额补足协议，从法律角度看，以上约定均有债的属性，那么回购方或差额补足方的信用风险，将是此类交易模式的首要风险。

回购方在签署的回购合同中，需要承诺在未来期间按照约定价格进行回购，回购方是否能够履行回购义务，其履约能力如何，将体现为回购方的信用风险，所以需要对回购方进行经营能力、财务情况、征信情况的信用风险评估。如果经过评估，回购主体实力不足，则需要考虑增加差额补足方，承诺在回购方无法履行义务时，对回购差额本息进行担保，因此也需要对差额补足方进行信用风险分析及评价。

3. 法律与合规风险

随着 2016 年"新华信托"系列案件的宣判，名股实债的法律效力及其合规性引起了广泛关注。从既有案例的判决结果来看，涉及名股实债的案件判决结果在"认定为股权还是债权"的问题上，存在较大争议；但从判决依据来看，仍然可以发现一些值得借鉴的基本原则：

（1）根据"实质重于形式"原则，认定为债权。叶罕某、叶忠某及强人置业与新华信托公司的信托纠纷案，则体现了该点，法院最终根据合同实际内容，判决认定为借款合同，叶罕某、叶忠某及强人置业公司应按合同约定履行相应支付和担保义务。

（2）根据"先外后内原则"认定为股权。此类案件典型代表是"新华信托"诉"港城置业"败诉案，最终法院判决的结果是认定为股，主要原因是该案件被告主体已进入破产程序，法院倾向保护善意第三人的信赖利益。"名股实债"属于内部约定，并不适用于外部关系。

（3）近期最高人民法院解释。2019 年 8 月，最高人民法院公布了《全国法院民商事审判工作会议纪要（最高人民法院民二庭向社会公开征求意见稿）》（以下简称《会议纪要》），首次提出对赌协议的效力及对赌纠纷的审判原则。其中提到的"对赌协议"，是指在股权性融资协议中包含了股权回购或者现金补偿等对未来不确定事项进行交易安排的协议。提及审理原则为，既要坚持鼓励投资方对实体企业特别是科技创新企业投资原则，在一定程度上缓解企业融资难问题；又要贯彻资本维持原则和保护债权人合法权益原则，平衡投资方、公司股东、公司以及公司债权人之间的利益。

整体看，在与目标公司进行对赌时，如果由原股东承担补偿义务，且对赌协议不存在其他影响合同效力的事由的，应认定有效；在对赌失败的情形，投资方请求履行的，应予支持。

关于由目标公司回购投资方的股权或者向投资方承担现金补偿义务的约定，投资方请求履行的，能否判决强制履行，则要看是否符合《公司法》关于股份回购或者盈利分配等强制性规定。符合强制性规定的应予支持；不符合强制性规定，存在法律上不能履行的情形的，应当根据《合同法》第一百一十条的规定，驳回投资方请求履行上述约定的诉讼请求。

4. 运营风险

鉴于"名股实债"交易结构的特殊安排，该种模式存在较多的运营风险，简要分析如下：

（1）投资价格风险。在此交易模式下，投资者是以股权投资模式进入项目公司，其中便存在股权定价问题，具体表现为投资者投入资金以获取项目公司股权。如果该部分资金定价过高，则回购方进行远期回购的意愿大为降低；如果该部分股权属于折价转让，则对本笔业务产生增信效果，同样也会增强回购方的回购意愿。股权定价是整个交易结构中非常重要的一点，定价的合理性将直接影响着投资收益率以及投资安全性。

（2）认缴出资补足风险。"名股实债"资金名义上是以股权投资进入，需要遵守公司章程以及公司法的相关规定。在项目出现风险时，该部分资金可能被认定为公司资本，或者项目公司认缴资本金额较大而并未全部出资时，根据相关规定，项目公司股东可能存在被要求在其未缴出资范围内对公司债务承担补充责任。

（3）回购不能风险。"名股实债"此类交易结构的核心是回购的安排，回购的标的就是前期投入资金对应的股权份额。如果在项目存续期间，项目公司被破产清算，将可能导致回购标的不复存在，导致回购方的远期回购不能。

（4）不当回购主体的风险。在交易结构设计中，一般是项目公司的实际控制人或指定的公司承担回购或差额补足义务，但上述公司信用资质不强，则难以产生真正的差额补足增信作用；即使差额补足主体信用资质较高，差额补足义务在法律上也不等同于传统的连带责任保证担保，其义务履行存在一定的前置条件。

（5）增信灭失风险。如果在交易结构中约定远期回购的回购方在回购期限未至时已发生破产，"名股实债"投资者能否有权利获取财产分配收益，以上权利能否得到破产管理人认可以及法律支持，这些均没有足够的理论和案例支撑。

（6）委托代理人管理风险。在交易结构设计中，往往在委托投资环节存在一些受托人或管理人提供中间服务，比如信托公司、基金管理公司等（简称管理人）创设的一些 SPV，管理人承担包括投后管理、定期报告和信息披露在内的管理职责。在相应法律事务中，管理人也是作为直接的民事主体，投资者难以直接越位，实际上也就承担了代理人管理水平不足或者怠于行使主动管理职责的风险。

三、同业金融机构实践

（一）信托业务模式

对资金运用灵活的信托公司而言，过往业务做的主要不是政府产业基金，而是属于政府融资项目（信政合作业务）。资金主要投向轨道交通、高速公路、污水管网、路桥、产业园区等各类城市基础设施建设项目；之前存量的政府类业务多数都是按照"名股实债"来操作的，因为政府项目融资主要缺的就是资本金。

2014 年之前的信政业务交易结构一般是向各地市负责相关项目建设的公司增资，再由其国有股东（一般是国资下属实力较强的公司）进行回购；或是通过转让回购股权收益权的方式，以向国企购买其持有的下属公司的股权收益权方式进行融资。增信方式一般主要是政府有关部门出具函件，承诺将还款金额纳入人大预算，并出具相关决议。

在 2014 年新修正的《预算法》和 43 号文发布之后，这种股权投资附加回购，即名股实债的传统融资模式，已受到很大的限制。根据 43 号文，除了发行地方政府债券和 PPP 方式外，不允许地方政府通过其他方式举债。由于 PPP 操作流程长、额度有限，许多地方政府都选择通过设立城市发展基金（产业投资基金）、政府购买服务等方式来操作。通过政府购买服务方式，将一些基础设施建设，甚至融资服务列入其中。

2017 年 50 号文再次强调进一步规范地方政府举债融资行为，87 号文又要求严格按照规定范围实施政府购买服务，严禁利用或虚构政府购买服务合同违法违规融资，强调"先有预算后购买"，期限也严格限定在三年的中期财政规划内，并明确了负面清单，基本堵死了地方政府通过政府购买服务融资渠道。

2019 年 6 月，中共中央办公厅、国务院办公厅《关于做好地方政府专项债券发行及项目配套融资工作的通知》规定，允许将专项债券作为符合条件的重大项目资本金，一定程度上缓解了政府项目资本金压力。经过多轮发文规范以及设置违规责任终身追究制后，信托公司通过名股实债方式开展信政业务已经非常少，目前主要合作方式是向符合授信条件的政府融资平台公司发放贷款置换过往政府债务或其他用途，且新增其他用途贷款已明确不再纳入政府债务。

（二）政府主导产业基金开展模式

政府主导的产业基金特征一般包括三个维度：出资方、管理方和投资目标，主要包括以下几个类型：一是政府（财政）全额出资设立，政府管理，完全为政策目标服务的产业投资基金；二是政府部分出资并参与设立市场化运营的产业投资基金；三是政府发起设立，联合国有资本运营管理机构、政府平台、国企乃至民间资本出资，设定总体投资方向，一般为特定的政府政策目标，政府主导投资方式、退出路径等要素。政府主导的产业投资基金典型的交易结构如图4所示。

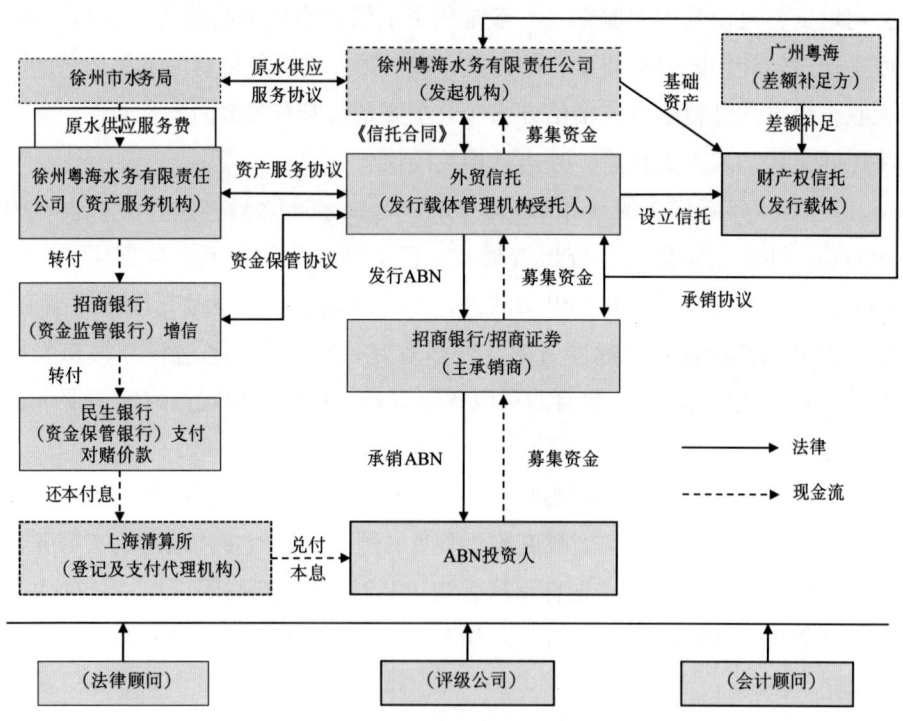

图4 政府主导产业投资基金典型交易结构

通过这种母子基金的方式，一般可以撬动 10 倍以上的杠杆。因涉及资金量较大且期限一般较长，参与方主要是银行或保险机构，通常是出资作为（优先级）LP，并要求固定收益，信托公司更多是作为银行等金融机构出资担任 LP 的通道。通过设立政府投资产业基金为基础设施项目融资时，由于大部分项目收益无法覆盖，普遍会采用"名股实债"方式由政府或国企提供增信，包括政府购买服务（已被叫停）、政府支持函（已不复存在）、土地抵押、国企回购等方式。

2018 年 4 月，央行、银保监会、证监会、外汇局联合发布《关于规范金融机构资产管理业务的指导意见》（以下简称"资管新规"），对部分资管业务发展不规范、监管套利、产品多层嵌套、刚性兑付、规避金融监管等问题做出了相应规范，并设定了过渡期。以上模式中银行多以理财资金出资，而资管新规的出台使得以上模式难以为继。

（三）银行产业基金业务开展模式

银行是目前主要社会资本方，了解银行开展产业基金特别其中市场化模式具有重要参考意义。从银行视角来看，产业基金主要分为银政合作、银企合作、并购产业基金业务，其中后两者为市场化业务。银政合作从投资方式来看基本为名股实债，银企合作从投资方式来看可分为"名股实债""同股同权（真股权）""股 + 债"等模式，并购产业基金实质为标的特殊的银企合作，投资方式基本同上。

1. 银政合作产业基金

银行通常作为优先级 LP，要求固定收益且风险容忍度低，过去多采用"名股实债"方式；目前由于资管新规出台的相关规定，银行理财资金已难以继续采用名股实债模式操作，此类新增业务已较少。

2. 银企合作产业基金

"名股实债"类型，一般安排企业进行回购。同股同权（真股权）、股 + 债模式：银行房地产开发产业基金案例（虚线表示亦可转为股 + 债模式），业务结构及模式：

投资逻辑：以上持有项目公司真股权，可获取项目成功时带来的溢价，进而提高收益率；对于企业来讲，可以减少刚性负债，通过合作，银行与企业各发挥各自优势，共同发展，产生协同效应。

投资路径：以项目公司增资方式或直接受让原有股份方式。为保障对项目公司的控制权，应设计交易结构中明确持有项目公司30%以上的股权（具体要视投资项目、双方谈判确定）。

退出路径：当项目公司账面资金较多富余时，股东可以进行一致表决同意项目进行预分配。在基金投资期满前，或者项目销售基本完毕时，基金有权转让所持有的项目公司股权，转让价格可以按照公允价格或者经评估的价格，按照约定，项目公司股东可享有优先购买权。

风控措施：（1）准入条件：严格合格开发商、投资区位准入，优选项目盈利高、开发周期短的住宅项目。（2）基金管理公司层面：基金管理公司设立董事会，银行指派其中1名董事。对于有限合伙基金和基金管理公司的所有重大事项须全体董事一致通过，基金管理公司印章由银行保管。（3）有限合伙基金层面：基金的投资决策、收益分配等重大事项须经基金管理公司董事会通过按月提交检查材料。（4）项目公司层面：项目执行一级监管，资金封闭运作；银行合作伙伴指派一名人员担任项目公司董事；项目开工或开盘时间发生90日以上延期、项目总成本金额增加10%以上、销售价格较董事会原定价低10%以上，需经项目公司董事会再行表决，直至获得一致通过；项目公司按月向银行提交月报，汇报当月项目资金运用、工程建设进度、销售资金回款等情况。

变通模式：股+债。视项目情况，银行一致行动人控制的产业基金持有项目公司部分股权（真股权），再以关联方贷款形式向项目公司发放委托贷款。这种模式在享受一定项目溢价的同时，亦可通过土地抵押+保证担保+股权质押等方式加强债权保障能力。

同样受到资管新规的约束，银行一般无法通过理财资金进入，以免违反多层嵌套的监管原则；目前多以代销信托计划的方式参与，成为银行的中间业务，但往往考虑到代销客户的收益以及项目出现问题后声誉风险影响，多数银行也会从实质风险角度穿透项目进行独立评审，以免造成群体上访等不利事件影响。

3. 并购产业基金业务

银行可与实力较强公司合作共同设立产业投资基金，基金主要投资于符合上市公司发展战略的并购项目及其上下游配套项目。银行并购产业基金案例：

从投资及退出方式来看，并购基金主要分为"名股实债"（由并购方或并购方大股东回购）、同股同权、股+债（债以股东借款进入）。

四、替代方案

政府产业基金的出发点在于撬动更多的社会资本参与，引导完成政策性要求。参与者不同的诉求形成一些突出矛盾点，如社会资本方主要为银行、保险公司等金融机构，其传统债权思维要求固定收益，且风险容忍度较低，而真股权投资保障措施往往较弱，通过分红等途径难以确定时间及确定收益退出。对于融资方来说，一方面希望资金计入权益工具，实现充实资本金、美化报表的目标，另一方面并不希望真实让渡股权甚至出让控制权；加上不直接违反监管规定的考虑，是过往政府产业基金多采取"名股实债"的原因。目前经过多轮对政府债务的发文规范，以及资管新规去杠杆、去通道、标准化的要求，极大压缩了原有业务模式的生存空间，未来开展业务可从以下两个思路出发：彻底摒弃"名股实债"思维、仍为"名股实债"但不增加政府债务的模式。

（一）非"名股实债"方案探讨

可探讨的非名股实债交易模式包括同股同权（真股权）、真股+真债、FOF模式、Pre-ABS与ABS、优先股（可收取固定收益的权益工具）、永续债或其他工具（可计入权益工具的债）。

1. 同股同权

参考上述银行开展银企合作的模式经验，与PPP项目社会资本方或其他成立项目公司。

投资路径：增资或受让项目公司股权。为保障对项目公司的控制权，应设计交易结构中明确持有项目公司30%以上的股权（具体要视投资项目、双方谈判确定）；为控制风险，入股价格应做好充分测算，且测算应充分考虑压力情况下的投资损益。

退出路径：项目公司富余账面资金的预分配，以及项目结束后按照章程对公司分配清算、获取收益。此外，可约定在基金投资期满前或项目成熟后，基金有权转让所持有的项目公司股权，转让价格可以按照公允价格或者经评估的价格，按照约定，项目公司股东可享有优先购买权。

可采取的风控措施：（1）严格按照金融机构准入标准，优选具有较高运营能力的合作社会资本方，提升项目运营效益及成功率；（2）在基金及有限合伙层面：事先约定在基金管理公司层面和有限合伙基金层面均派驻董事，对重要事项拥有一票否决权，并管理基金管理公司印章；（3）项目公司层面：强化投后管理，派驻董事，对重大变动事项如财务支出、对外担保等有一票否决权。

优点：以上持有项目公司真股权，可获取项目成功时带来的溢价，进而提高收益率，实现资本和专业能力相结合，协同发展；缺点：股权投资高度依赖社会资本运营能力和项目运行情况，投资保障措施较弱。

2. 真股+真债

亦参考上述银行开展银企合作的模式经验，上述模式的变通。

投资路径：政府产业基金通过项目公司增资方式或受让原有股份方式，获取项目公司部分股权（真股权），再以股东借款或委托贷款等形式向项目公司发放委托贷款。股权投资金额与债权投资金额可根据具体情况设置不同的比例，也可以通过对债权部分设置较高的利率来保障实际上全部投资金额的固定收益（具体视谈判约定）。

退出路径：债权部分按照债权协议约定，对于股权部分，项目公司富余账面资金的预分配。在基金投资期满前或项目成熟后，基金有权按照公允价格或者评估价格向第三方转让其所持有股权，项目公司股东享有优先购买权。

风控措施：除上述风控措施外，对于债权部分可以通过设置抵质押或担保措施，强化还款保障。

优点：这种模式在享受一定项目溢价的同时，亦可通过土地抵押+保证担保+股权质押等方式加强债权保障能力，且理论上可通过条款的设计实现实际上的固定收益；缺点：股权部分依赖社会资本运营能力和项目运行情况，投资保障措施较弱。

3. FOF模式

政府以财政等资金出资设立母基金，之后以FOF方式投资到专业私募管理机构的专项基金中，进而为本地创业企业融资服务或吸引大型企业落户带动本地配套产业聚集发展。具体可参考国内比较有口碑的重庆市产业引导基金，该引导基金以市场化"母基金"方式运作，在专项基金中参股不控股，实行决策与管理相分离的管理体制，专项基金的日常管理、投资决策由合作基金管理人负责，充分发挥市场配置资源的决定性作用。引导基金与其他社会资本实行"同股同权同回报同进退"，收益共享、风险共担。

4. Pre-ABS 与 ABS（特别是 PPP 项目）

2016 年 12 月，发改委、证监会联合印发了《关于推进传统基础设施领域政府和社会资本合作（PPP）项目资产证券化相关工作的通知》，大力支持推进 PPP 项目的资产证券化；2019 年 10 月，人民银行就标准化债权类资产认定规则公开征求意见，其中明确标准化债权类资产是指依法发行的债券、资产支持证券等固定收益证券，包括资产支持票据、证券交易所挂牌交易的资产支持证券。政策层面，以上规定将继续促进资产支持证券的发展壮大。

近期，已有部分 PPP 项目以 ABS 方式进行融资，如 2019 年 2 月份成立发行的徐州粤海水务有限责任公司 2019 年度第一期资产支持票据，该项目底层资产即为 PPP 项目，交易结构如下：

根据相关法律规定，徐州粤海水务有限责任公司作为发起机构/委托人将其依据资产合同（包括《徐州市骆马湖水源地及原水管线 PPP 项目协议》《徐州市骆马湖水源地及原水管线 PPP 项目之原水供应服务协议》）对徐州市水务局享有的在特定收款期间的特定金额的原水供应服务费之收费收益权委托（交付）给作为发行载体管理机构/受托人的对外经济贸易信托有限公司设立"徐州粤海水务有限责任公司 2019 年度第一期资产支持票据信托"。在信托成立后，委托人按照《信托合同》的约定，将其合法所有的基础资产转让给信托；信托期限内，受托人根据信托文件及法律法规的规定对信托财产进行管理、运用和处分。

从结构设计看，ABS 融资方式可以盘活固定资产，提前获得流动型，提高资产使用效率，并且 ABS 作为资管新规认可的标准化产品，未来发展空间广阔；但由于符合资产支持证券的入池资产要求相对较高，可探讨资产支持证券的前期培育融资支持，即 Pre-ABS。

模式简介：Pre-ABS 业务通过主动识别、收购或创设优质基础资产，促进了资金端和资产端的紧密结合，提高了参与各方的盈利水平和综合实力，并可获取产业链上的超额收益。

投资路径：针对未来可做成或可培育发行 ABS 的资产，联合认可资产并可承做 ABS 的金融机构（一般为证券公司或大型商业银行）乃至撬动其资金开展合作，提供资金对尚不成熟的资产进行运营培育。

退出路径：资产成熟后，通过发行 ABS 的方式募集资金对原有投资进行偿还或分配，还可发展承销业务引导银行等社会资本投资 ABS，获取承销收益及固定投资收益。

风控措施：选取未来有稳定、可预测现金流的项目如水务、高速公路等，做好现金流测算及压力测试，保证在无法成功发行资产支持证券的情况下，也能覆盖资金敞口，严格选择运营方准入条件，防范运营风险及道德风险。

优点：这种模式在 ABS 资产培育、发行、投资、运营形成闭环，有效地解决了建设资金、未来收益期限不匹配的难点，同时建设资金匹配未来现金流的折现值，避免盲目扩大投资，这也是国家政策所引导、支持的方向；

缺点：前期投资难以产生固定收益，未来现金流易受政策、市场变化影响，保障措施较弱，涉及多方协作，较难协调。

5. 优先股：可收取固定收益的股权

优先股是相对于普通股而言，主要指在利润分红及剩余财产分配的权利方面，优先于普通股；担保优先股是指股利支付由其他公司提供担保的优先股股票。参考国外案例，过往美国铁路、工业和公用事业公司及联邦企业为了建设规模巨大项目都曾经发行过这类优先股。其特征：（1）优先股通常预先定明股息收益率；（2）优先股的权利范围小，一般对公司经营无投票权；（3）优先股的索偿权先于普通股，而次于债权人。

2014 年 3 月证监会第 97 号令公布的《优先股试点管理办法》规定，非上市公众公司可非公开发行优先股。目前主要是上市公司发行了较多的优先股，国内大型银行近期正在筹划发行大量优先股，如工商银行在 2019 年 10 月 10 日挂牌发行了 700 亿元优先股。其退出路径有：（1）按事先规定价格赎回；（2）在发行优先股时，从所获得的资金中提出一部分款项创立"偿债基金"，专用于定期地赎回已发出的一部分优先股；（3）将优先股转换成普通股。

风控措施包括，选择主体资质较好、实力较强的公司，并且参考美国模式，可以设置抵质押等担保措施。

优点：对于融资方来言，属于权益工具，不用出让股权控制权，增厚了资本金；对于资金方，可获取固定收益，可探讨设置抵质押担保措施；缺点：还款主要依赖融资公司的自身实力，会受到其经营状况的影响，且因优先股无表决权，对融资公司掌控力较弱。

6. 永续债：可计入权益工具的债

参考在公开市场发行的永续债，近期也存在一些非上市优质公司发行永续债。永续债券是非金融企业（发行人）在银行间债券市场注册发行的"无固定期限、内含发行人赎回权"的债券。永续债的每个付息日，发行人可以自行选择将当期利息以及已经递延的所有利息，推迟至下一个付息日支付，不受到任何递延支付利息次数的限制。近年来，永续债发行较为踊跃，特别是大型商业银行。

据统计，2019 年以来，已有 8 家银行成功发行合计规模达 4150 亿元的永续债，永续债逐渐成为银行补充资本金的重要方式。根据会计准则，永续债在满足一定条件下可计入权益工具，具体条件如下：（1）合同中须约定发行人拥有续期选择权；（2）合同中须约定发行人可以无条件、无限次推延付息；如有强制付息事件条款，则该事件应可由发行人控制是否发生；（3）没有担保条款；（4）合同中没有或有结算条款；（5）合同中约定仅发行人拥有赎回选择权，持有人没有回售权。

其退出路径：永续债一般设置固定期限加延期条款（如"5+N"），在固定期限到期后设置利率跳升机制以及融资方赎回选择权，公司在经营好的情况下会选择赎回债券而避免承受高的资金成本。风控措施包括选择实力较强、融资渠道畅通的公司，公司自身实力及经营状况是未来还款的最主要保障来源。

优点：对于融资方来言，可计入权益工具；对于资金方，可获取固定收益，且因存在利率跳升机制，实际上存在固定期限及固定收益；缺点：对融资公司掌控力较弱，担保措施较弱（永续债计入权益的前提条件之一是不能设置担保措施）。

以上探讨的融资方式摒弃了名股实债的观念，其中涉及的资产质量和公司资质判断则尤为重要，运营资产未来收益测算及压力情况下的现金流变化，则是未来投资收益实现的最主要影响因素。

（二）不增加政府债务的"名股实债"模式

按照中央金融工作会议提出"防范金融风险"的要求，政府投资基金关键是不能增加政府债务，根据合同意思自治原则，对于未增加政府债务的"名股实债"目前尚有生存空间。

1. 选择实力较强、政府支持力度较大的平台公司作为回购主体

平台公司一般是由当地政府为加强地方基础设施建设而组建，未来该部分融资与政府债务脱钩后，政府按照规定流程通过增资或注入经营性资产，切实增强回购主体能力，将政府债务信用转变为企业信用。投资资金可以通过设立信托或合伙基金的形式，对具体负责项目的公司进行增资，并由上述有实力的国资公司回购。这种通过信托计划或基金形式增资并回购的模式操作成熟，并且以上回购义务不再属于政府债务范畴，其核心在于是否有符合资金方内部审批标准的"市场化经营"的还款主体，或是资金方认可政府潜在支持力度、相信还款主体未来有还款能力。此时，资金方对回购还款主体的主要财务指标如净资产、资产负债率、综合经营收入、净利润及经营性现金流等都提出了要求，更加注重了回购主体本身资质及还款能力的判断；也有资金方认为，鉴于平台公司与当地政府千丝万缕的关系，政府未来会通过资产注入、政府补贴等手段持续支持主要平台公司，提升其经营能力，当然这些不构成政府义务乃至政府债务。

2. 引入产业龙头第三方信用模式

对于现金流较好的公用事业类项目，可引入相关产业龙头参与项目实施，以其自身信用实现融资配套。一方面，金融机构可利用合作产业龙头资源，为地方政府引入项目建设、产业运营更专业的产业龙头；另一方面，结合政府资源优势，为产业龙头对接政府项目，并利用金融机构资源优势，通过金融方案设计，为产业龙头募集配套资金投入地市项目建设，最终实现资金与项目的匹配，支持实体经济发展。

3. 与政府设立担保公司合作，积极拓展业务联动模式

与政府设立的担保公司合作，积极探索共建地方性融资担保合作模式。

2017年发布的50号文允许地方政府设立或参股担保公司（含各类融资担保基金公司），构建市场化的融资担保体系，地方政府依法在出资范围内对担保公司（担保基金公司）承担责任。金融机构可与地方政府（含政府产业基金）积极研究、探索共建融资担保"投保联动""保贷联动"合作模式，充分发挥担保增信作用，通过市场化的融资担保体系，为政府产业基金的市场化运营打开合作空间与渠道，合理支持地区产业政策落地和地方经济稳定发展。

国有金融企业机制改革：回望与反思[①]

习近平总书记在十九大报告中指出，中国特色社会主义已进入新时代，社会主要矛盾已转化为人民日益增长的美好生活需要和不平衡不充分的发展之间的矛盾。不平衡不充分的发展包括国有金融企业发展的不平衡不充分，而国有金融企业机制问题是造成其发展不平衡不充分的原因之一。十九届三中全会指出，我国机构设置和职能配置与"五位一体"总体布局、"四个全面"战略布局与应对新时代新任务提出的新要求还不完全适应。目前国有金融企业的治理机制与新时代新任务提出的新要求还不完全适应，必须进一步推进和深化国有金融企业治理机制的改革。党的十八大以来，习总书记多次提出要理直气壮做强做优做大国企，要求"国企要做创新驱动发展的排头兵"，得出"国企强，则国家强"的科学论断。以开放促改革是我国长期坚持的国策，我国已确定证券、基金、期货、保险等金融机构外资准入的具体措施和时间，我国金融业将开启新一轮更大力度的对外开放和市场准入。因此，国有金融企业改革现有不适应新时代新任务、对外开放等提出的新要求的机制显得尤为重要。

一、我国国有金融企业机制改革现状

1978年我国实行改革开放，改革的主要任务是改革当前的计划经济体制，实现社会主义市场经济体制。企业是市场的主体，而当时的国有企业则是市场主要主体。因此，对国有企业改革是改革的应有之义，其改革伴随我国改革开放的全过程。

（一）我国国有企业改革主要历程

从1978年至今，国企改革已逾40年，国有企业从市场地位、组织形

[①] 原文发表于2019年第10期《新金融》，收录时略有改动。

式、治理机制等均经历了多轮改革，从历史的纵向角度看，大致表现出以下阶段性特征：

1. 放权让利，扩大国有企业自主权（1978—1984年）

1978年11月十一届三中全会至1984年是我国改革开放的预热期和准备期，经济体制仍是计划经济的延续。这时期国企改革以"放权让利，扩大企业自主权"为主要目标，以农业承包责任制的思维在国企推行承包责任制，实行分层企业利润留成制度以及两步利改税的改革，实行简政放权、减税让利，提高企业利润分配的自主性和员工积极性，但企业的所有权和经营权仍牢牢掌握在国家手上。

2. 所有权与经营权分离，产权多元化（1985—2002年）

1984年十二届三中全会提出有计划商品经济的改革目标，1986年进行国企股份制改革试点，以合同管理方式试行经济责任制、租赁制，通过权力下放扩大国企自主权。1988年颁布的《中华人民共和国全民所有制工业企业法》指出，全民所有制企业是社会主义商品生产者和经营单位，所有权与经营权分离，企业只拥有"国家授权经营管理的财产"，但没有以资本金为基础的法人财产。1992年党的十四大将"国营企业"更名为"国有企业"，这是所有权与经营权分离的进一步落实，为国有企业建立现代企业制度打下基础。

1993年十四届三中全会发布《中共中央关于建立社会主义市场经济体制若干问题的决定》提出，"建立适应市场经济体制要求，产权清晰，权责明确，政企分开，管理科学的现代企业制度"。国有企业要按照决策机构、执行机构、监督机构相互独立、权责明确、相互制约的原则进行领导体制的构建；建立由股东会、董事会、监事会和经营管理层组成的公司治理体制，各司决策、监督和执行权，同时职工代表参与，实行有限的民主管理。1997年开始，国企股份制改革和混合所有制改革共同推进，通过将国有中小企业出售、重组、租赁等形式引入多元化投资主体，增加混合所有制比重，为现代企业制度和混合所有制奠定了制度基础。1999年9月，十五届四中全会发布《中共中央关于国有企业改革和发展若干重大问题的决定》指出，国有资本通过股份制吸收和组织更多的社会资本，放大国有资本功能，提高国有经济的控制力、影响力和带动力。

3. 混改为主，聚焦主业（2003—2017年）

2003年3月，国资委正式成立，其代表国家履行出资人职责，对国有资产集中授权经营，并开展清产核资、战略与主业管理、经营业绩考核、经营者薪酬管理、国有产权转让、国有资本经营预算、国有企业外部监督等一系列管理工作；同年，党的十六届三中全会提出，发展国有资本、集体资本和非公有资本等参股的混合所有制经济，实现投资主体多元化。

2013年11月十八届三中全会提出，要完善产权保护制度，积极发展混合所有制经济，推动国有企业完善现代企业制度，支持非公有制经济健康发展。2014年，在央企大力推行交叉持股的混合所有制改革；2015年《国务院关于深化国有企业改革的指导意见》再次强调，混合所有制改革要引入非国有资本参与，通过出资、收购、认购转债、股权置换、交叉持股、员工持股等方式引入非国有资本。

2015年11月中央财经领导小组第十一次会议决定启动供给侧结构性改革，从国有经济和国有企业体制机制入手，解决产能过剩、结构失衡等深层次问题，加快国有企业内部决策、经营机制的改革。经过2015—2017年三年的供给侧结构性改革，结合2017年重点推进的去杠杆改革，为国有企业回归主业、聚焦主业创造了空间。2018年4月《关于加强非金融企业投资金融机构监管的指导意见》印发，明确了国有企业聚焦主业的要求。

4. 授权经营体制机制从管资产向管资本职能转变（2018至今）

2017年5月，《国务院国资委以管资本为主推进职能转变方案》提出，强化出资人监管与落实管党治党责任相结合、落实保值增值责任与搞活企业相结合，强化3项管资本职能，探索建立国资监管机构、国有资本投资或运营公司和国有企业三级国有资本授权经营体制机制。2017年10月习近平总书记在十九大报告中提出，改革国有资本授权经营体制，加快国有经济布局优化、结构调整、战略性重组，促进国有资产保值增值，推动国有资本做强做优做大。

2018年5月，《关于改革国有企业工资决定机制的意见》指出，应根据企业功能性质定位、行业特点，科学设置联动指标，合理确定考核目标，突出不同考核重点。同年6月30日，《关于完善国有金融资本管理的指导意见》指出，国有金融资本出资人职责应由一个部门集中统一行使，要对国有金融资本实行统一授权管理。同年 7 月和 11 月,《中央企业违规经营投资责任追究实施办法(试行)》《中央企业合规管理指引(试行)》等相继印发,对国有企业的合规经营、违规经营进行了专项明确。

截至 2019 年 1 月,已有 21 家中央企业和 122 家地方国有企业开展国有资本投资、运营公司试点,在试体制、试机制、试模式等方面进行了探索实践。2019 年 4 月 28 日,《改革国有资本授权经营体制方案》指出,到 2022 年要基本建成与中国特色现代国有企业制度相适应的国有资本授权经营体制,国企改革从强调完善治理、突出主业、强化激励的微观层面转向国资授权经营的核心问题。

(二)我国国有金融企业改革的主要历程

国有金融企业的改革伴随着国有企业的改革,过程基本一致,表现出"大一统—分业—混业"的改革逻辑和阶段性特征。

1. 大一统监管,混业经营(1949—1992 年)

1978 年改革开放前,我国是"大一统"的金融体系,仅中国人民银行开展金融业务的经营与管理,不存在其他金融机构。1978 年改革开放后,四大国有商业银行、中国人民保险公司、中国国际信托投资公司等金融机构相继建立或恢复,国家出台一些行政性规章制度对它们进行监管和规范,金融机构的监管多以行政监管和混业监管为主,分业的专业性监管不足;中国人民银行既承担货币政策制定和全国金融监管机构的职能,又经营商业银行业务,"既是裁判员,又是运动员"。

2. 分业监管,专业和混业经营并存(1993 至今)

1993 年,国务院颁布《关于金融体制改革的决定》,我国金融业开始了分业经营和分业监管;1998 年,中国保险监督管理委员会和中国证券监督管理委员会相继成立,前者负责保险业监管,后者负责证券和期货市场的监管;2003 年,中国银行业监督管理委员会成立,负责银行业金融机构的监管;形成"一行三会"金融业分业监管体制。2002 年国务院批准中信集团、光大集团和平安集团 3 家试点综合金融控股集团经营;2005 年,商业银行试点基金公司业务;2008 年,试点银行入股保险公司。我国金融机构积极探索金融控股集团混业经营模式,经历"混业—分业—混业"发展过程,金融机构多采取相互持股的产权制度安排,国有金融企业则由国家独资控股或绝对控股。

伴随国企混改的推进，国有金融企业一度成为混改先行者。2014年8月，中信集团通过股改引战实现在香港整体上市，成功引入境内外27家投资者，包括社保基金等11家大型国有机构，主权财富基金淡马锡、卡塔尔投资局等13家境外机构，以及腾讯、泛海、雅戈尔等国内民营企业，财政部持股从100%下降至70%左右，公众持股25%左右，初步实现"中央国资＋地方国资＋外资＋民营资本"四位一体结构的混合所有制。2015年6月，交通银行引入民资、高管层和员工持股来推动混改，积极探索"中央国资＋地方国资＋外资＋民营资本"四位一体结构的国有金融企业混合所有制。

我国金融机构的发展2002年前以国有金融机构和企业为主，2002年后逐步形成央企产业金融控股集团、地方政府金融控股集团、民营金融控股集团、互联网金融控股集团、银行系金融控股集团等多元化金融控股机构和企业，互联网金融控股集团基本为民营控股集团。国有金融企业以"摸着石头过河"的渐进式改革方式，从初步发展、尝试改革、全面改革，到新时代的深化改革，均以市场化改革为导向，一是重点调整和优化产权制度，二是重点厘清监管体制机制，先后历经"混业—分业—混业"发展和监管。国有金融企业混合所有制改革已然迈出坚实的第一步，为国有企业改革提供了可供参考的经验。

（三）我国国有金融企业改革的现实困境

由上述可知，我国国有企业改革始终未脱离"公有制为主体"和"市场机制起决定性作用"两大目标。然而，既要国有企业保持市场经济主体地位，又要市场机制在国有企业改革中起决定性作用，难免造成国有金融企业改革的诸多困境。

1. 市场化不足，面临"一放就乱，一收就死"的挑战

由于受长期的"运动式行政化改革思维"的影响，前期国有金融企业的改革依然落入"运动式行政化"推动的旧有套路，违背市场规律，未真正让市场起决定性作用。广东作为改革开放的先行区，混改取得明显成效，但仍有很大推进空间。比如广州混改率已超过66%，混改企业对国企的贡献度超过65%，但除海格通信、广州浪奇等少数几家企业国资持股低于

50%外，其他大部分企业国资持股均超过50%，处于绝对控股或一股独大的地位。2018年国家启动"双百行动"，包括之前的一系列政策文件，均鼓励国企在有条件的二、三级企业率先实施混改，目前混改后国有持股低于50%或不是控股股东的多集中于二、三级企业。国有金融企业实施混改的更少，即使在二、三级企业进行混改的也不多。这与金融企业的一些特殊性有关，但同样说明混改中以产权为基础制度的授权机制改革依然没有得到有效推进。混改的主要目标是想以产权制度的改革激活企业的激励、约束、容错等机制，目前已有部分国企在二、三级公司开展"授权调整机制"试点，比如中广核向旗下成员企业的董事会下放经理层选聘、业绩考核、薪酬分配等权责，授权是分类设置，灵活调整，干得好的多授权，干得差的少授权甚至不授权。"授权调整机制"的试点仍然在二、三级企业进行，且产权制度若没有新的突破则仍停留在授权机制上。2019年8月，山东省决定在省属一级企业全面推进混改，力争利用2019—2021年三年时间，混改实现重大突破。这是首次提出要在一级企业进行国企混改的省份，其成效如何，只能拭目以待。从目前市场化程度最高的混改现状来看，仍然面临诸多困境。一方面，导致"股权多元化"成效不显著，非国有资本无法"当家做主"，各市场主体参与积极性低，无法形成"资本力量"，无法形成由"点"带"面"的改革效果；另一方面，市场化机制无法嵌入到公司治理机制，国有金融企业的董、监、高成员的市场化选聘仍然较低，行政任命比例高，市场上专业性人才较少，企业活力不足。

2. 差异化不足，面临"千人面，一刀切"困境

国有金融企业承担着防范金融风险、守住不发生系统性金融风险的底线、服务实体经济、培育新产业、支持产业转型升级等复杂性任务，与其他国有企业有较大差异。在《关于规范金融机构资产管理业务的指导意见》出台前，国有金融企业的监管机制尚未实现统一，存在多头管理、职责不清、监管定位不准、监管过度等问题，导致各监管部门互相推诿、监管矛盾，最终陷入"不了了之"或"一刀切"的"大一统"的困境。即使已明确各级财政部门为各级国有金融企业的出资人，并要求各地在2018年底提交相应的国有金融资本归口管理的方案，截至目前，部分地方已出台相应改革方案，但尚存在以下问题：一是，仍有部分地方暂未出台改革方案，暂未

能清晰明确金融国有资本的管理机制；二是，出台的改革方案中设置的过渡期并未清晰明确，说明改革任务艰巨或未有细化方案；三是，地方财政部门履行出资人职责的配套机制与金融监管机制如何对接协调尚未明确。

3. 执行力不足，面临经营机制改革"不顺畅，不到位"困境

一是董事会职权落实未到位，对企业负责人定位不准确，受多重监管，权责不清，且无法自主选聘董事会成员和经营层，如在现有国有金融企业监管机制中，企业主体受财政部、国资委、监事审计部门等的监管；董、监、高成员个体受政府部门（中央直管干部、省管干部）、财政部门、资本运营公司、国资委等监管。二是监管机构、董事会和经营层关系不明晰，权、责、利不对等，责任重，权利轻，"一岗双责"甚至"一岗多责"普遍存在于国有金融企业。三是用人机制不通畅，尚未建立明晰的董、监、高成员退出及流动机制，管理人员能上不能下、员工能进不能出等问题依然突出。四是薪酬机制无活力，"一刀切"现象严重，员工收入能增不能减，董、监、高薪酬与行业对标企业相距甚远，人才流失严重。

4. 容错机制不足，面临"创新动力不足，担当意识不足"的困境

创新是发展的动力，但创新总会有失败。容错机制不足一直是国有企业创新动力不足、管理层担当意识不足的一个重大弊端，失败容忍度过低则导致管理层担当意识不足、员工积极性不高。2018年8月《国企改革"双百行动"工作方案》印发，"双百企业"三条遴选标准之一是企业要有较强改革意愿，即指企业要敢为人先、勇于探索、攻坚克难，能在改革重点领域和关键环节率先取得突破。其实质是鼓励企业改革创新，给予足够高的失败容忍度，培养企业管理层的担当意识。2019年6月《关于支持鼓励"双百企业"进一步加大改革创新力度有关事项的通知》就国企改革"双百行动"一年过程中遇到的一些共性问题，明确提出了授权放权、市场化用人机制、工资总额、中长期激励等九条有针对性、操作性的政策措施。这其实是对企业创新、管理层担当意识不足原因的针对性总结，容错机制不足依然是导致创新动力不足、各管理层担当意识不足的重要原因。金融企业与其他企业创新不同，最大一个区别是金融企业创新失败的负外部性较大，"双百企业"主要以非金融企业为主，金融企业只有数家。由此可知，国有金融企业容错机制更是不足，面临的创新动力不足、担当意识不足的困境更为严峻。

5. 退出机制不足，面临"可持续发展动力不足，竞争力不强"的困境

数轮国企改革都会淘汰一批产能落后、无市场、无竞争力的企业，2015年国家启动供给侧改革，坚决淘汰一批"僵尸企业"。即使以行政手段推动的国企改革，但由于有些企业涉及下岗工人太多，为了保持社会稳定，仍然有不少的"僵尸企业"不能按市场机制退出。退出市场的"僵尸企业"多以能源、产业类企业为主，至于金融企业的退出机制更显不足。一是，金融企业退出的负外部性较大，容易造成社会动荡、社会生产凋敝，如：20世纪末和21世纪初的金融企业退出潮、近年来被清理的P2P平台等，均给社会造成极大的负面影响；二是，金融企业退出的法律不够健全，虽然我国《中华人民共和国商业银行法》《中华人民共和国存款保险条例》均对银行破产进行了相关规定，但我国金融机构种类非常繁多，较少法律法规对种类繁多的金融机构市场退出有明确规定。

6. 竞争力不足，面临新的"大而不倒，竞争垄断"的困境

国企改革要求聚焦主业、资源整合、资本运营、打造世界一流企业等，中央国企和地方国企基本都采取分类整合的办法，把国企分门别类，整合、划转等，使原来规模就较大的企业规模更大。比如，2019年8月18日《深圳市区域性国资国企综合改革试验实施方案》印发并提出，到2022年深圳将力争实现每家市国资委直管企业控股1家以上上市公司，深圳市投资控股公司到2020年力争控股10家以上上市公司；2018年广州市印发《关于市属国有企业发展混合所有制经济的实施意见》提出，到2020年竞争类市属国有企业全部实现整体上市或至少控股1家上市公司，市属国有企业总数由33户调整到20户左右，打造资产千亿级企业10家。这将出现两个局面：一是，重组、合并的企业可能成为规模更大的企业；二是，大规模国有资本或大量国有企业由一家或数家国有资本投资运营管理，这些资本投资运营企业也是大企业。这会导致几个问题：一是，一批新的"大而不倒"企业诞生，导致大企业病的出现；二是，风险进一步集中，尤其是金融企业。截至2018年底，96家中央企业中有近20家改组设立了国有资本投资公司，2014年国资委还组建诚通集团、中国国新2家公司试点国有资本运营公司，这意味着国资委旗下在剥离原来直接控制的企业的情况下，同样新增了数十家直接管理的资本运营公司，"旧瓶装新酒，换汤不换药"的困境是否依然存

在，无法使资本运营公司在政府与企业间发挥隔离层的作用。

7. 监管体制改革匹配不足，面临"事前监督低效，惩戒机制不足"的困境

自十八大以来，金融领域已有近百名监管部门人员和金融企业高管因违法违纪被处理及调查，几乎涉及所有金融业态，既有国有金融企业，也有非国有金融企业。这既给金融企业带来损失、危及其发展，又给金融体系和系统带来风险，危害国家金融和经济安全。从总体来看，导致这些问题既有监管体制机制不合理、不完善的原因，也有金融企业治理结构、机制不健全、不完善的原因。具体而言，主要有以下原因：一是金融监管体制改革与国有金融企业改革匹配性不足，很多时候两者的改革都是独立进行，而未考虑到两者改革的匹配性和协同性；二是由于社会制度、历史发展等原因，我国金融体系的市场化程度较低，国有金融企业在金融市场起主导性作用，容易形成权力大、资金大的圈子，极易成为腐败的温床；三是国有金融企业几乎是国家绝对控股，行政干预过多，目标容易多元化，从而出现"竞争性干预"和"竞争性监管"，导致企业无所适从，进一步导致"监管不敢作为"和"监管虚化"，事前、事中监督低效；四是我国法律法规没有对具体的金融违法犯罪有明确的刑罚惩戒规定，多以相关案例判罚为参考，判罚较轻，惩戒机制和力度不足，而且惩戒多针对个人而并非企业主体，这样容易导致企业治理机制不完善现象的出现。

总体而言，国有企业改革缺乏统一、整体性制度安排，政出多门，容易导致企业"无所适从"或"走过场"；主次不分，关键问题没抓对，容易犯"眉毛胡子一起抓"的毛病；差异化、精准度不够，容易犯"头痛医头，脚痛医脚"的毛病，导致企业应付了事或积极性不高。国有金融企业改革的内生动力严重不足，大多都是对外开放倒逼去推动的，从近年来国家金融开放政策、监管政策与金融机构的变革中能清楚看到这点。国有金融企业改革有国企改革的一些共性问题，也有其自身一些特性问题。虽然改革一直在路上，但极少看到国有金融企业改革有重大突破。如：国有金融企业的混改并不是简单的各方持股比例问题，而是如何协调各方利益相关者利益的问题。但解决这些问题的关键仍然在授权经营机制、人才管理机制、激励考核机制等核心机制上，而基础机制则是授权经营机制。

二、国外金融机构发展和有效运作机制的经验启示

我国金融机构和企业的发展引入和借鉴诸多国外类似金融机构和企业的发展经验,并在中国社会主义特色经济发展环境下,呈现出特定的中国特色。国外金融机构和企业发展较为成熟,在经历"混业—分业—混业"发展过程后,已基本形成大型金融控股公司的发展模式,但各国由于经济制度、法律法规、社会环境等的差异,各金融机构和企业的发展模式存在一定的差异,分析和借鉴其发展和有效运作机制的经验,进一步推进我国国有金融企业的改革,显得尤为重要。

(一)淡马锡:"政府强管控模式"

淡马锡控股公司成立于1974年,由新加坡财政部100%控股,截至2016年底,以持股超50%绝对控股方式管理着17家企业(其中独资7家),净资产1750亿美元;其定位为纯商业主体,不受非商业化的干扰。在产权制度上,以宪法的高度明确了国家总统特殊"独立监护人"身份和财政部出资人身份,前者具有监管其储备金、任免董事会成员及首席执行官的权利,后者具有考核其业绩、剩余索取等权利。

在法人治理结构上,以董事会和经营层为主:董事会成员分为股东董事、执行董事和独立董事三种,一般为13人左右;股东董事由政府派驻,常为1人,薪酬由政府负责,以最大限度保持其独立性;执行董事由经营层人员兼任,常为2~4人;其余多为独立董事,以市场化向社会选聘。董事会下设执行委员会、审计委员会、领袖培育与薪酬委员会3个专业委员会,审计委员会成员均为独立董事,其余委员会的主席为非执行董事,以最大限度确保各委员会决策和建议的独立性。经营层以首席执行长为首,下设脱售与投资高级委员会、高级管理委员会、战略投资组合及风险管理委员会。

在授权机制上,通过加强董事会建设,向外选聘经验丰富、专业性强的人作为董事,最大限度切断政府与经营层的联系,董事会有完全自主的决策权,经营层完全在董事会的指导下运作,不受政府影响;特色在于股权集中且完全授权给董事会经营,政府只派人参加董事会,以项目审批制等方式实行外部监督。

在用人机制和薪酬机制上,董事会成员向全球选聘,不受国籍限制,择

优聘用，一经政府聘用和任命，拥有完全自主经营决策权，董事长的选聘和任命需报财政部复审并报总统批准；董事会的薪酬机制以中长期为主，分为基本薪酬、福利、绩效指标奖金和财富增值四个部分，主要以绩效指标资金和财富增值为主，在退任后慢慢给付，最大限度防止任期腐败行为；对其考核以绩效考核为主，委任第三方独立机构对其进行评价，让市场在考核中起决定性作用。经营层以聘用制为主，完全市场化招聘，首席执行长的选聘和任命报财政部复审报总统批准；经营层薪酬以市场化为导向，根据市场行情及目标任务确定；对经营层的考核则以市场为主，由成熟的职业经理人市场发挥考核作用，以市场和董事会评价为主。

淡马锡控股公司对二级公司的管控以控股为主，通过对二级公司经营层的选聘与考核、制定业务范围管控制度、业绩考核制度等方式管理二级公司，定期开展业绩分析会，帮助二级公司提升管理水平及提高业绩，不直接参与其治理。

"淡马锡模式"的优点在于通过加强董事会建设，切断政府与经营层的联系，强化企业自主经营决策权，成功的关键在于董事会成员的选聘，政府只决定董事长和执行长的选聘和任命，市场化程度高；对二级公司的管控以管资本和放权为主，不直接参与治理。其缺陷在于政府完全放弃对企业的直接控制权，容易导致管理层的短期"谋利"行为，不利于企业长远发展，且股权完全集中于政府，不利于市场竞争的公平。

（二）摩根大通："风险强管控模式"

摩根大通成立于1859年，业务涵盖投资银行、零售金融服务、银行卡服务、商业银行、财产及证券服务和资产管理等领域。摩根大通在《格拉斯—斯蒂格尔法案》颁布之前就已发展成为业务多元化的金融控股公司，在1933年该法案颁布后，其证券承销和投资业务实行分业经营，成立了摩根士丹利。1999年，美国《金融服务现代化法案》颁布，重新允许金融企业混业经营和允许设立金融控股企业。摩根大通抓住机会，先后成立摩根期货公司、摩根证券公司等二级或控股子公司，迅速发展成为具有股票发行、并购咨询、债券、私人银行、资产管理、风险管理、私募、资金管理等业务的金融控股公司。摩根大通以银行控股模式不断发展其他业务，摩根大通银行的治理模式是摩根大通集团治理模式的集中反映。

（1）完善高效的法人治理结构。摩根大通银行的法人治理结构由股东大会、董事会及其直属的各专业委员会和经营层组成。其中，董事会下设公司治理与提名、薪酬与管理发展、公共事务、风险政策、审计、股票与董事会层面的执行七个专业委员会，各委员会相互独立，基本涵盖了银行长期发展与日常运营等各主要方面；董事会成员 11 名，除董事会主席外，其余均为外部董事，董事会成员的构成和经营层的业绩考核实质上由外部独立董事决定，以此保证董事会及各专业委员会的独立性，能更好地对银行的运营进行监督和评价，保障股东利益。

（2）完备的风险管理架构。摩根大通银行董事会下设风险政策委员会和审计委员会，前者主要职责是监督 CEO 与高级管理人员对公司信用风险、市场风险、利率风险、投资风险、流动性风险、声誉风险等的管理工作，同时对信托及资产管理活动进行评估；后者主要职责是评估风险管理准则与流程，协助经营层评估内控和财务报告系统，确保业务运作的合规性。各业务部门均设有风险委员会，主要负责各自部门风险策略、风险政策及风险管控工作；银行的首席风险官必须是各风险委员会成员，其在 CEO 和董事会领导下负责整个银行所有的风险管理工作，包括风险识别、计量、监控和报告等工作。整个银行的风险体系由董事会下设的风险政策委员会和审计委员会，直接向 CEO 和董事会汇报工作的首席风险官，总银层面的总财务部、法律和合规部，总行运营委员会下设的风险工作组、资产负债管理委员会、投资委员会、市场委员会、全球交易对手委员会，及各业务部风险委员会组成。

摩根大通"风险强管控模式"的优点在于通过完善高效的法人治理结构、完备的风险管理架构，以良好的风险管理文化，精确的风险管理方法，精准的创新性风险管理工具的综合运用，实现精细化、精准化管理；董事会成员独立性较高，专业委员会齐全且独立性高。其缺点是过度依赖外部董事作用，且对风险管理的能力要求较高，需要大规模的风险基础数据积累和长期的基础建设。

（三）汇丰集团："纯控股模式"

汇丰集团最早可追溯到 1865 年的香港上海汇丰银行，至今已发展为具有个人理财、工商金融业务、企业银行、投资银行、资本市场及私人银行等多元化业务的金融控股集团,业务遍布全球70多个国家。

(1) 完善的现代法人治理结构。集团的法人治理结构由股东大会、董事会及经营层组成,股东大会是最高决策机构,其职责是选聘和考核董事会成员,审议和投票表决集团重大事项;董事会向股东大会负责,其主要职责是选聘和考核经营层成员,制定集团重大战略发展规划及业务发展目标,指导集团业务开展和控制;经营层向董事会负责,其主要职责是制定具体战略实施计划和步骤,负责业务管理工作。汇丰集团由汇丰控股有限公司控制,汇丰控股设单一的董事会,由董事会主席、行政总裁、执行董事及非执行董事组成,大部分为独立的非执行董事,以最大限度地发挥其专业知识和独立见解参与董事会决策的作用,及独立监督和评价经营层业务管理和业绩的作用。董事会下设集团管理委员会、审核委员会、集团薪酬委员会、提名委员会、社会责任委员会五个专业委员会。股东大会、董事会和经营层分工明确,各施其责,将股东意愿、利益诉求与集团战略、业务发展、风险管控有机结合起来,构筑完善的现代法人治理结构。

(2) 纯控股矩阵式管理。汇丰控股有限公司主要直接控股英国汇丰银行有限公司、北美汇丰银行有限公司、汇丰国际(荷兰)有限公司、汇丰投资银行控股有限公司、汇丰保险集团有限公司、汇丰拉美集团有限公司、汇丰金融集团有限公司等大型二级公司,及其他子公司。汇丰控股仅单纯控股这些公司,不直接参与它们的业务经营,负责制定战略规划和宏观管理;主要通过对经营层的选聘及考核、风险管控、贡献度考核来管理,最大限度赋予二级子公司经营自主权,不干涉其业务范围或经营区域范围。汇丰控股由银行发家,通过控股多家关联银行,再由银行逐步控股其他业务公司,各业务公司除专有业务外,也可发展其他相关业务;因此,以纯控股方式形成二级公司直接管理各业务的矩阵式管理模式。

汇丰集团的"纯控股模式"优点在于受政府影响较小,政府只起"守夜人"作用,发展完全市场化竞争,让市场起决定性作用;赋予二级公司较大的经营自主权,最大限度发挥二级公司的积极性和灵活性。其缺陷在于过于依赖市场,分散的股权结构容易弱化董事会的作用;对二级公司风险管理能力要求较高,且矩阵式管理模式对产品和服务的标准化要求较高。

(四) 日本瑞穗："集中交叉持股模式"

日本瑞穗金融集团由日本第一劝业银行、日本富士银行、日本兴业银行三家银行于 2000 年通过换股方式组建而成，是日本政府为解决 20 世纪末发生的亚洲金融危机而出面推动组建的金融控股公司。1997 年，日本颁布《金融控股公司解禁整备法》和《银行控股公司创设特例法》，前者规定金融控股公司分为银行控股公司、保险控股公司、证券控股公司三类，且三类公司对各子公司持股必须过半。1998 年，日本颁布《金融体系改革法》，准许金融控股公司设立子公司参与不同金融业务经营。1999 年，日本颁布《日本商法》，鼓励采取股份交换及股份转移等方式发展金融控股公司。日本瑞穗金融集团的母公司日本瑞穗金融控股公司正是在这样的历史背景下成立的，日本瑞穗金融控股公司直接控股瑞穗银行、瑞穗企业银行、瑞穗证券、瑞穗信托银行和其他金融相关子公司，各子公司具有独立法人资格，同时开展混业经营；控股公司对旗下核心的银行和证券公司实行直接管理，对所有子公司实行统一的风险管理。

(1) 产权安排。一是股权高度集中。瑞穗金融控股公司股权高度集中于金融机构与非金融法人机构，三菱东京、三井住友通过旗下的银行持股瑞穗金融控股公司，同样瑞穗金融控股公司通过旗下的银行持股三菱东京、三井住友，通过这种方式，瑞穗金融控股公司股权超过 60% 为金融机构和其他非金融法人机构持有，个体及国外投资者持股不超过 15%。二是交叉持股。瑞穗金融控股公司控股旗下各二级公司，其部分二级公司反过来持股瑞穗金融控股公司，如：瑞穗金融控股公司控股第一生命保险公司及朝日生命保险公司，这两家二级公司反过来持股瑞穗金融控股公司，但持股比例较低。这一方面与日本政府推动金融控股公司发展有关，以此方式加强金融机构之间的相互控制，最终实现国家对其的控制；另一方面，互相持股能实现信息共享、客户共享、资源共享等，绑定为利益综合体。

(2) 治理结构。瑞穗金融控股公司治理结构主要包括股东大会、董事会、监查会和经营委员会：董事分为专务董事、常务董事和董事；监查会分为监事会和业务监事会，前者监督董事和经营层履职情况，后者监督各业务具体执行情况；经营委员会负责具体的战略计划实施和管理工作，成员多是内部提拔的老员工，对公司较为熟悉，且有较多忠诚的追随者，所以经营委员会对公司的影响力最大。

瑞穗金融控股公司"集中交叉持股模式"的优点在于政府能较好管控金融机构，维持金融体系和资本市场的稳定性；各金融机构能结为一个整体的利益综合体，实现资源共享，以大财团身份参与国际市场的竞争。其缺点在于股权高度集中，不利于激活市场参与主体的积极性，无法引入优秀社会资本参与公司治理；对关联交易的管理趋于复杂化，极易滋生利益输送等腐败现象。

三、国有金融企业机制改革的几个关键问题的思考

2018年全国人大发布《关于金融企业国有资产管理情况的调研报告》指出，近年来我国国有金融企业在管理制度、管理行为、公司治理、服务实体经济和资产保值增值等方面取得重大成效，但仍面临着资产管理布局不优、职责分散、权责不明、机制不科学、经营收益预算管理不规范和法制建设滞后等问题，需要进一步推进金融企业国有资产管理机制改革。结合前述国有企业改革的几个突出问题，国有金融企业机制改革应重要厘清以下几个关键问题。

（一）授权机制失效和治理机制形式化，需要改革产权制度和企业治理机制，坚持"党组织为第一代理人"的授权经营机制

目前，我国大多数国有金融企业股权高度集中，多借鉴"淡马锡"模式为主，通过设置股东会、董事会与监事会，试图形成彼此制约关系；同时，设置外部董事，形成董事会内部的互相制衡。《中华人民共和国公司法》第六十六条规定："国有独资公司不设股东会，由国有资产监督管理机构行使股东会职权。"然而，国有金融企业属全民所有，但却没有一个"人格化"的股东，且不少是通过层层委托—代理来行使所有权的监督，极易造成股东和剩余索取权的缺位，导致受托人权限不明确，无法决定董事会和经营层。

目前国有金融企业大多采取"管人管资产管事"的"全管型"授权机制，政府直接垂直管理，董事会对出资人和监管机构负责，经营层对董事会负责，监事会对出资人负责，其实质是政府监管"一插到底"，影响所有管理层级；《国务院国资委以管资本为主推进职能转变方案》鼓励组建国有资

本投资、运营公司，要求从"管资产"向"管资本"转变，一个普遍做法是在政府与企业之间再成立一家资本运营公司，代替政府履行出资人职责，避免政府直接干预企业的运营，与淡马锡模式较为相似。《中共中央 国务院关于完善国有金融资本管理的指导意见》明确中央财政部履行中央国有金融企业出资人职责，地方财政部门履行地方国有金融企业的出资人职责，目前中央金融企业与中央财政部之间暂未成立资本运营公司，但地方政府有不少已按照从"管资产"向"管资本"转变的要求成立资本运营公司，履行出资人职责，这在增加一层"委托—代理"关系的同时，似乎也与《中共中央 国务院关于完善国有金融资本管理的指导意见》的要求相矛盾。从授权经营机制角度而言，多一层"委托—代理"关系，势必会增加沟通、代理等成本，授权经营机制不解决好，企业的人才管理机制、激励考核机制等均难以落实；同样会导致董事会、经营层授权"行政化"、外部董事"职能虚化"、监事会"内部化"，董、监、高无法相互制衡。经过多年的探索改革，部分国有金融企业已向"管资本"授权机制转换，但出资人或法律未明确受托人的定位，及其权、责、利，使"管资本"的效果大打折扣。

通过上市国企公开数据可知，国企董事会规模平均约 11 人，主要由内部执行董事、外部非独立董事和独立董事组成，内部执行董事通常由董事长、总经理、副总经理、总会计师（或财务总监）等组成；外部非独立董事和独立董事一般由股东委派，不在企业任职。内部执行董事和外部董事（独立董事和外部非独立董事）基本是 2：1 的比例，2/3 的执行董事意味着董事会中绝大部分都是经营者，董事会和经营层的职能高度重合，容易导致内部人控制，内外部董事信息的不对称更加剧了这种内部人控制。2017 年国有上市企业独董比例为 36.35%，处于政策法规要求 1/3 的边缘，在一定程度反映出多数企业仅为满足政策法规的要求而不是为了科学决策和有效监督聘请独立董事。按照 2/3 投票通过的原则，独董比例过低无法对决策形成影响。对于非上市国企，绝大部分没有设置独立董事，而是设置外部董事，且多来自国资系统。2017 年 88.24% 的上市国企设立审计委员会，委员全部由独董组成的仅为 3.61%；91.65% 设立薪酬委员会，委员独董人数达到一半的仅为 19.57%；74.67% 设立提名委员会，委员独董达到一半的仅为 20.97%。大部分上市国企设立了这三个委员会，但独董占比远未达到国际通行的标准，它们的中立性、客观性和严肃性难以保证。国有企业治理机制形式化严重。

（二）职业经理人制度缺失和用人机制行政职级化，需要建立国企职业经理人制度，用活"党管干部＋市场化"的用人机制

国有金融企业管理者多具有相应的行政职级，这与建国初期，为更好的发动国有资本、集中力量，大力恢复国家建设等历史国情有关。然而，随着改革开放的深入推进和市场经济体制的完善，许多国有金融企业用人机制已不再适应新时代新任务提出的新要求，有些还成为阻碍企业发展的因素之一。金融业是人力资本密集型的竞争性行业，对高学历、高技术等创新型人才需求较大，人才的流动性也较大。目前国有金融企业董事会成员基本由政府任命，以董、监、高为代表的企业高管成员通常由政府选派、公司内部提拔、其他国企高管人员调任，具有一定的行政职级；经营层关键岗位多由董事会成员兼任，市场化选聘程度低，且尚未建立良好的退出机制，容易导致经营层过度追求行政职级，市场化商业竞争意识不强；监事会成员无任何市场化选聘，基本由出资人任命。董事会和经营层成员在职和退休职级或待遇不匹配，严重影响其积极性，容易导致"短视"或"谋利"等行为的出现。用人机制行政职级化的另一个后果是导致国企职业经理人制度的缺失，而我国职业经理人市场的不成熟更加剧了这种后果的严重性。用人机制职级化导向往往导致选聘不到优秀的金融专业性强、复合型人才，即使通过市场机制引入的人才，由于无法适应国有机制或受其决策机制的限制，无法发挥应有的作用，常会出现"引进来，拳脚束"或"引进来，留不住"的尴尬局面。即使留下来，往往也会被用人机制的"威力"所同化，以追求行政职级为目标，失去"引才治企"的意义。

（三）薪酬机制僵化和薪酬激励市场化不足，需要建立市场化薪酬激励机制，推行"总额预算＋按贡献分配"的薪酬机制

由于上述用人机制的设计，国有金融企业对董事会和经营层的激励机制往往以解决行政级别或待遇为主，经济激励为辅，且有上限的硬性规定，与企业经营效益关联度不高，极易造成其积极性低，企业无活力。2014年8月，《中央管理企业负责人薪酬制度改革方案》出台，明确央企负责人薪酬由基本年薪、绩效年薪、任期激励收入三部分组成，且最高不超央企在职职工平均工资的 12 倍。随后，各地方相继出台地方国有企业负责人的薪酬改革方案，均明确规定其薪酬最高不超国有企业在职职工平均工资的 12 倍。国有央企和地方企业数量不少，类型差异大，效益各有好坏，员工有多有少，直接"一刀切"将负责人薪酬上限规定为职工平均工资的 12 倍，完全背离市场规则，有失公平，无法起到激励作用。2015 年 9 月，《关于深化国有企业改革的指导意见（以下简称：指导意见）》印发，明确企业拥有法定的内部薪酬分配权，由企业依法依规自主决定，但《指导意见》未明确很多问题，多数出现无法落实的尴尬局面。2018 年 5 月，《关于改革国有企业工资决定机制的意见》印发，决定对国有企业实行工资总额预算管理，但诸多细节问题仍待配套政策进一步明确。目前的薪酬机制，较多参照"大一统"的各类"指导意见"建立，脱离市场机制和企业实际，对于主业处于充分竞争行业和领域的商业类国有金融企业而言，造成董事会和经营层的薪酬与行业对标企业相差过于悬殊，无法体现按贡献分配的原则，严重挫伤其积极性。

（四）激励考核机制缺失和考核机制差异化不足，需要创新考核机制，推行内外部结合的考核机制

2017 年，上市国企的董事会有明确的高管考评和激励制度的比例不到 60%；有明确的董事考评和薪酬制度的略超 30%；在内部董事与外部董事之间建立了明确的沟通制度的不到 3%；建立了董事会备忘录的不到 5%；公布董事考评/考核结果的比例和有董事行为准则相关的规章制度的公司比例都未超过 1%，非上市国企更是缺失相应的制度和机制。

2015 年 11 月，《国务院关于改革和完善国有资产管理体制的若干意见》明确提出，按照国有企业的功能界定和类别实行分类监管，综合考核资本运营质量、效率和收益，以经济增加值为主，并将转型升级、创新驱动、合规经营、履行社会责任等纳入考核指标体系。2016 年 8 月，国资委印发的《关于完善中央企业功能分类考核的实施方案》仅对央企的考核机制进行明确。2018 年 5 月，《国务院关于改革国有企业工资决定机制的意见》明确指出，应根据企业功能性质定位、行业特点，科学设置联动指标，合理确定考核目标，突出不同考核重点。然而，国有金融企业与其他类型国有企业有许多不同之处，担负支持实体经济发展、支持产业转型升级、培育新兴产业、维护国家金融系统的稳定、防范系统性金融风险等重任。2018年3月,《国务院机构改革方案》将国资委的国有企业领导干部经济责任审计和国有重点大型企业监事会的职责划入国家审计署,对经营管理者的考核进行分部门专业考核;同年7月还印发了《中央企业违规经营投资责任追究实施办法(试行)》,对经营管理者违规经营的考核涉及的追究范围、标准、责任认定、追究处理、职责和工作程序等进行明确。但这些文件及政策仍无法明确国有金融企业差异化考核问题,仍然缺乏在国家层面针对国有金融企业考核机制的明确要求,及差异化考核机制的具体管理办法和操作指引,容易导致地方国有金融企业生搬硬套央企考核机制,脱离地方实际和企业实际,"一刀切""千人一面"等现象较为严重。

利器善事，行稳致远

——金融风险管理篇

不论相对二十年前我国刚刚加入 WTO 的情况而言，还是与十多年前全球金融危机爆发时相比，我国金融机构自身的金融风险管理能力和监管部门的宏观审慎监管能力都有了长足的进步，金融市场的参与者对风险的认识和管理水平也已不可同日而语。但面对疫情冲击带来的经济下行、资产质量承压挑战，以及金融业扩大开放格局下的全球化竞争，我国的金融风险管理事业依然任重道远，主要表现在：

一是中小金融机构的风险管理短板较为突出。进入 21 世纪以来，我国少数大型商业银行和保险公司通过实施巴塞尔协议、引进国际领先咨询机构等方式，在包括风险管理在内的诸多领域探索与国际接轨的路径。相比之下，大量中小型金融机构在这方面的历史欠账较多，突出表现在风险治理扭曲、风险偏好激进以及风险政策随意性较大等方面，有的甚至缺少对全面风险管理的系统规划。中小型金融机构风险管理的能力不足，造成其难以很好地应对外部环境冲击，容易成为金融领域系统性风险的隐患，需要特别加以重视。

二是许多金融机构风险管理的精细程度不高。现代风险管理在我国的理念传播和实践探索历史不长，无论认识的深化还是行动的转化都需要时间打磨。一个较为普遍的现象是，一些机构在谈到金融风险管理时都表示"高度重视"，但在谈到具体的工具、方法时又过于泛泛。一个可能的原因是，受信息化水平、数据管理水平等方面的制约，许多金融机构还没有条件广泛推广使用高度流程化、模型化、数字化的精细风险管理手段。解决这一问题的前提是在金融机构不断加大金融科技建设投入，但仍然需要配套全方位的变革提升才能确保良好的投入产出效率。

三是高层次金融风险管理专业人才缺口较大。无论从高校人才培养结构和行业人才存量结构来看，专注金融风险管理专业领域的人才比例仍然相对不足。这种不足一方面导致金融机构在文化层面对风险的认识局限，造成过度创新和过度投机等的高风险偏好行为；另一方面则导致金融机构对风险的事前预防和事后应对投入不足，进而难以实现良好的专业风险管控效果。

在近年来经济下行压力加大、风险暴露增加、金融监管趋严的背景下，部分金融机构在风险管理领域欠账过多的问题也随之暴露。由此导致的一个直接结果是，这些金融机构难以很好地识别和应对外部环境变化带来的风险挑战，甚至可能由于较大的风险爆发出现倒闭。为了避免这种极端情况的出现，金融机构的风险管理工作无论是未雨绸缪，还是亡羊补牢，都应有久久为功、行稳致远的基本态度。具体而言，有三个方面的工作需要特别重视：

一是吸收国际金融危机和金融监管经验，全面提升金融机构风险管理整体水平。应该承认，过去十多年中对 2008 年全球金融危机和金融监管改革的反思研究可谓汗牛充栋，相当多的成果也得到了理论界、政策制定者和金融机构的一致认同，包括金融危机的危机应对、恢复和处置框架，宏观审慎监管的政策框架和工具，以及巴塞尔协议的迭代性变革等。另一方面也要看到，还有一些反思的成果仍然停留在理念原则层面，距离真正落到金融机构风险管理的细微之处仍然需要克服许多困难。此外，还有一些危机之后取得的共识出现了动摇和反复。基于这些现实情况，我国的众多金融机构在"以史为鉴"，全面提升风险管理能力方面还需继续努力。

二是提升对金融风险重点领域的管控能力，应对金融创新带来的风险挑战。金融机构需要顺应金融回归服务实体经济本源、金融领域反腐力度加大等现实要求，进一步夯实包括信用风险、市场风险、合规风险等基础风险类型的管理能力。要适应金融领域快速变化的市场环境，进一步强化与业务和产品紧密结合的风险管理工作，提升金融创新中的风险防范能力。

三是增强金融科技赋能风险管理和金融监管的能力，同时防范金融科技创新带来的新型风险。一方面应看到，大数据和人工智能在金融领域的应用场景日渐丰富，对于新型风险管控工具的开发应用、风险管控流程的效率提升和成本降低具有显著的效果。另一方面也应看到,金融科技在业务创新中的广泛应用带来了数据与技术合规、信息安全等方面新的风险挑战,需要通过宏观、中观和微观多层面的监管和管控加以应对。

金融是经营风险的行业,对风险的认识水平和管控能力直接决定了金融行业参与者的盈利能力,以及在市场竞争中的生存能力。工欲善其事,必先利其器。唯有具备了经营风险的专业能力,方能行稳致远,基业长青。

金融危机十年：回望与前瞻[①]

在2008年全球金融危机爆发十周年来临之际，许多亲历者还对当时的一幕幕场景记忆犹新，甚至刻骨铭心。过去十年中，对那场危机的研究成果可谓汗牛充栋，其中许多研究都将次级贷款及其衍生品作为金融危机的罪魁祸首。但实际上，金融危机的爆发和蔓延绝非简单的"千里之堤，溃于蚁穴"，而是存在深刻的必然性逻辑。在对"下一次危机"的敬畏中，我们更需要从根本性和系统性的角度出发，在不断变化的全球化金融格局中进行跨越历史的再次反思。

同时，党的十九大报告明确要求，深化金融体制改革，增强金融服务实体经济能力，提高直接融资比重，促进多层次资本市场健康发展；健全货币政策和宏观审慎政策双支柱调控框架，健全金融监管体系，守住不发生系统性金融风险的底线。读懂十九大报告，迎接新时代中国特色社会主义的要求为这样的反思提供了绝佳的机会。

一、金融危机背后隐藏的两个基本特征

从反思的过程来说，将国外先进观念与历史经验教训相结合，应用到对中国情境和实际工作场景的分析中，则不失为一个有效率的方法。顺着这一思路，通过对金融危机爆发原因、传导路径等方面的回顾和剖析，不难发现两个基本特征：

一是从金融危机发生的根源来看，危机意识淡薄和监管体系脆弱成为短期内难以弥补的致命缺陷。美国在千禧年前后互联网泡沫破裂之后，为刺激经济采取了长期的低利率政策和极为宽松的贷款政策，这就导致购房意愿和抵押品价值出现交替上升的趋势。在房地产泡沫逐渐吹大的同时，华尔街的

[①] 原文发表于2017年第12期《当代金融家》，收录时略有改动。

银行家打着"金融创新"的幌子制造出大量以垃圾资产为基础、交易结构极度复杂的金融衍生产品。而美国金融当局在自由市场经济理论"最少的监管就是最好的监管"理念的指引下，对不断吹大的房地产泡沫和疯狂迭代的金融衍生品采取了近乎自由放任的态度。面对这些乱象，美国原本较为完善的监管体系根本无法适应日新月异的所谓"金融创新"，从而暴露出诸多显而易见的致命漏洞。上帝欲使之灭亡，必先使之疯狂。此时已经没有人愿意相信"皇帝没穿衣服"的逆耳之言，20世纪初大危机的教训已经没有人愿意回顾。面对如此淡薄的危机意识和不堪一击的金融监管体系，危机的爆发就成为一种历史的必然。

二是从"蝴蝶效应"的传导路径来看，金融危机的传导更为迅速而且影响广泛。一方面，随着紧密世界主要金融市场关联度的提高，危机爆发导致的"金融溢出效应"也日益明显。一旦某个国家的金融市场出现流动性不足或其他危机征兆，就极易导致其他国家金融市场上的大规模国际资本抽逃，从而引发连锁反应。另一方面，随着世界各国贸易开放度的不断提高和跨境电子商务等新兴贸易形式的出现，国际双边和多边贸易关系日益密切。这就导致"贸易溢出效应"也更为显著，典型的如一国的货币贬值会通过价格和收入等渠道蔓延到其贸易对象国，从而引起竞争性贬值、贸易波动和产业衰退等深度危机。此外，在信息技术高度发达的全球化时代，市场信心的崩溃和悲观情绪的蔓延远比通过金融市场和贸易关系的危机传播更快，也最难阻止和恢复。

二、先其未然，主动防范化解主要风险

以史为鉴，可以知兴替。在金融危机爆发十年后的今天，深入分析当前面临的各种风险，妥善制定防范和应对策略。这才是对上一次危机最好的纪念，也是我们进行反思的最大价值所在。

从国际上看，上一轮危机后十年的重建期也是风险的再次积累期，这也是"金融危机十年周期论"的主要依据之一，主要表现在货币政策转向、债务密集度上升和衍生品交易增加三个方面。

一是美联储"缩表"和加息带来的风险积累。美联储近半个世纪以来每一轮危机重建后的连续"加息"几乎都以刺破泡沫告终，2007年前的加息刺破房地产泡沫，进而引发次贷危机就是最近的例子。美联储自2014年10月宣布退出"量化宽松"政策以后，转而进入了加息通道和以"缩表"为主题的货币政策周期。由此带来的不仅是美国国内金融市场波动和经济复苏进程的反复，也会诱发国际金融资本从新兴经济体的抽离，主要表现为非正常的跨境资本流动。

无独有偶，在十九大中央金融系统代表团讨论会上，周小川行长在回答记者提问时谈及"明斯基时刻"。他指出："如果经济中的顺周期因素太多，使这个周期波动被巨大地放大，在繁荣的时期过于乐观，也会造成矛盾的积累，到一定时候就会出现所谓明斯基时刻，这种瞬间的剧烈调整，是我们要重点防止的。"

二是政府债务增加带来的风险积累。奥巴马政府在金融危机后大规模举债刺激经济，导致在2008年到2016年美国名义GDP仅增加25%的情况下，政府债务却翻番增长，且一度出现政府停摆的危机。日本、希腊、意大利、葡萄牙等国的债务均大幅超过100%的技术性破产线，全球范围内爆发债务危机的风险居高不下。国际金融协会（IIF）在其最近的年报中指出，全球的名义债务规模已经上升至历史新高217万亿美元，相当于全球GDP的327%。国际货币基金组织（IMF）在《全球财政监测》报告显示，最新预测的今明两年全球政府财政赤字比率分别为3.4%和3.1%，比去年同期的预测分别恶化0.2个和0.4个百分点。债务密集度的上升除了引发债务危机以外，还有可能造成资产价格泡沫，并最终成为金融危机的导火索。

三是全球衍生品交易复苏带来的风险积累。激进的金融创新和泛滥的衍生品交易一直被认为是十年前金融危机的罪魁祸首之一，并在危机爆发后的治理中受到各国监管当局的强力清理和监控。但随着近年来全球经济的逐渐复苏，金融衍生品市场又开始呈现出一派"繁荣兴旺"的景象。就连一向以倡导坚守制造业和实体经济的德国，却被发现德意志银行衍生品规模在2013年底曾高达42万亿欧元，超过全球衍生品市场规模的10%，而当年德国的GDP总量仅为3万亿欧元。对衍生品交易的热衷最终导致德意志银行在2015年第4季度巨亏21亿欧元，并面临大量的衍生品相关诉讼。从全球衍生品规模来看，2016年全球衍生品规模超过1500万亿美元，高达全球GDP总量的30倍。巨额的衍生品背后是巨额的风险敞口，成为可能引爆下一轮金融危机又一个定时炸弹。

从国内来看,近年来我国经济"脱实向虚"的风险日益显现,金融领域也出现了诸多亟待治理的乱象,其中蕴含着发生系统性金融风险的可能。

一是"高杠杆"治理存在"两难"。在近几年我国经济增长率换挡到中高速水平的同时,企业部门的杠杆率却持续高居全球前列。这导致了"去杠杆"问题上的"两难"处境:任由杠杆率上升意味着风险的不断加大,而推动"去杠杆"的节奏把握不当则容易导致银行不良率的飙升。从居民部门来看,2015年股市暴跌已经导致高杠杆的股票投资者损失惨重。而未来房地产大类资产一旦出现加大价格波动,也将给大量存在高杠杆投资者带来难以承受的风险,并可能诱发系统性金融风险。

二是互联网金融领域乱象频发。以P2P为代表的一些互联网金融机构打着"金融创新"的幌子,大量开展以高利贷、非法集资、网络洗钱、违规互融、自保互保等为代表的违法违规行为,成为我国近年来金融乱象最为集中的领域之一。特别值得注意的是,多数互联网金融机构存在风险意识淡薄、风险管理制度缺失等突出问题,是我国金融体系中风险最为集中的领域之一。

三是地方政府债务风险积累。我国地方政府债务风险总体可控,近年来国家也先后出台了"43号文""50号文"等一系列监管文件,不断清理地方政府投融资平台、"名股实债"等融资方式。但许多地方政府在过度依赖投资驱动增长的扭曲增长模式下,始终存在规避监管、变相举债的内在冲动。特别是一些地方政府通过与"影子银行"对接获得资金供给从而形成隐性负债。而这些隐性负债既不直接体现在政府债务中,也不体现在银行资产负债表中,难以估算具体的风险敞口,极易导致地方政府和金融机构的双向风险。

近年来,国内金融业主动把握新时代中国特色社会主义建设的战略机遇,根据监管机构公布的数据,金融业资产增速和结构渐趋合理。当前我们应该以落实党的十九大报告和全国金融工作会议精神为契机,强化风险意识,主动防范化解金融风险,坚决守住不发生区域性系统性金融风险的底线。总体来看,金融业发展水平和风险防控能力均可,金融风险总体可控,但仍需对一些重点领域加以关注,防止潜在的风险积累。

一是关注虚假互联网普惠金融中的高利贷风险。广东、江苏、浙江、山东等沿海发达省份是民间借贷较为流行的地区，也是高利贷案件频发和较为集中的地区。回顾2011年爆发的温州民间借贷危机，其根源之一在于大量中小微企业长期难以在正规金融体系内获得资金支持。近年来我省通过大力发展普惠金融，有力改善了中小微企业的融资环境，但也伴生出一些打着普惠金融幌子的违法违规金融行为。典型的诸如一些非法民间借贷组织通过互联网金融借尸还魂，以P2P等名义提供虚假理财产品，甚至出现了"裸贷门"等事件。这些事件的出现，不但扰乱了互联网金融和普惠金融服务小微企业的功能，加大了金融领域潜在风险，而且影响了法律秩序和社会风气。

二是关注虚假新型城镇化中的房地产泡沫风险。房地产业在一些地市经济结构中占有较大比重，近年来一些房地产开发企业以"新型城镇化"为名，在一些产业集聚度较低、人口净流出的地区跑马圈地，进行大规模的房地产固定资产投资。在国家房地产行业政策调整和行业周期变化的背景下，一旦局部房地产市场出现向下调整的风向，这些房地产项目和企业将面临较大的资金链紧张甚至断裂风险，并将通过银行等金融机构传导的金融体系。

三是强化对类金融机构的监管，提前防范行业风险。融资租赁、保理、典当等类金融机构是完整金融生态不可或缺的参与者，在服务实体经济方面发挥了独特功能。在国内类金融机构数量较多的地区，由于进入门槛低，政策环境宽松，现成为金融乱象比较集中、未来行业洗牌趋势明显的金融领域之一。当前存在金融监管分类覆盖不足，行业风险存量难以估计，机构内部风险防控体系缺失等突出问题。

三、行稳致远，赢得未来：牢固树立风险思维和危机应对意识

从根本上说，金融风险的积累和金融危机的爆发源于人类非理性决策的"动物精神"，而防范和应对危机发生的基本途径也正是立全方位的现代风险观念并将其有效付诸落实。在金融危机面前，从来就没有"这次不一样"或者"我们不一样"的经验逻辑。美联储主席伯南克最近在总结金融危机的教训时引用了一句马克·吐温的名言："历史不会重复自己，但会押着同样的韵脚。"面对当前复杂多变的国内外经济金融形势，我们更应该本着未

雨绸缪的谨慎态度，全面落实全国金融工作会议关于防范和化解金融风险的要求，树立现代风险观念，通过多种途径提高各个领域的风险管理水平：

一是按照供给侧改革的总体要求，积极稳妥推进"去杠杆"，逐步实现风险平稳释放。一方面，要强化政府举债监管，严防地方政府通过明股实债、虚假PPP等方式变相增加政府债务，以此来防范财政风险。另一方面可以通过债转股、债务置换等方式实现企业债务结构优化和逐步消化，但在这一过程中应防范企业假借债转股逃废债务造成的风险。

二是继续大力发展直接融资，积极规范发展多层次资本市场。面对直接融资和间接融资市场的失衡状态和中小微企业"融资难融资贵"现象，首先需要通过继续大力发展战略新兴板各类直接融资途径，为越来越多的企业和新兴业态提供适应性的融资市场，建立全方位的市场体系。其次需要丰富直接融资工具，积极发展项目收益债及可转换债券、永续票据等股债结合产品，推进基础设施资产证券化试点，简化境内企业境外融资核准，为企业提供多样化的融资工具。

三是适度规范发展衍生品市场，稳步提高金融风险对冲能力。鉴于我国衍生品市场起步较晚的现实和国外衍生品危机频发的经验，应遵循发展速度和监管能力协调的基本原则，适度规范发展衍生品市场，确保发挥其对冲风险的本质功能，防止其成为金融风险的聚集区。在具体的发展顺序上，应优先发展诸如股票利率期货和期权、汇率期货和期权等较为简单的场内产品，规避链条过长的高度复杂金融产品。要逐步提高金融机构在衍生品设计、定价和风险管理等方面的综合能力，避免出现衍生品业务失控。此外，在发展衍生品的同时要加强法律、会计等配套领域的研究和改进，为衍生品健康发展创造稳定环境。

读懂党的十九大报告，迎接新时代，中国金融改革进入深水区。面对灰犀牛和黑天鹅并存的复杂国际环境，要在未来守住国家金融安全的底线，需要推进金融改革，更需要做好顶层设计，改革经济中结构性失衡问题。

构建有效的危机应对、恢复与处置框架[①]

在 2008 年全球性金融危机当中,金融业特别是银行业经历了巨大的风险考验。此次危机给我们的一个重要启示是,商业银行的设立和经营需要突出风险和收益自担的商业原则,要制定"生前遗嘱"。如何构建有效的危机应对、恢复与处置框架已成为中国银行业的当务之急。

一、"大而不能倒"的启示

1998 年,俄罗斯债券违约事件使得美国四大对冲基金之一——美国长期资本管理公司(Long - Term Capital Management,简称 LTCM)濒临破产。由于 LTCM 在衍生品市场中扮演的关键角色,美联储组织以美林、摩根士丹利为首的 15 家国际金融机构联合出资接管了 LTCM。此次"大而不能倒"(Too Big To Fail)事件被视为第二次世界大战后美国监管机构救助大型金融机构的开端。2008 年,美国次贷危机波及全球,华尔街各大金融机构均受到牵连,雷曼兄弟的倒闭对美国乃至全球金融体系与经济活动造成了严重的损失。随后,美国国际集团(American International Group,简称 AIG)陷入危机,美联储出于避免金融体系系统性崩溃的考虑出巨资拯救了 AIG。

在历次金融危机中,大型金融机构问题使政府面临两种选择:一种是通过注资和流动性支持等方式进行救助,遏制系统性风险;另一种是允许其破产倒闭,但却面临体系性危机爆发的可能。这迫使政府往往选择救助。这种可预见的选择向纳税人施加了巨大负担,催生潜在的严重道德风险。

金融稳定理事会(Financial Stability Board,简称 FSB)认为,系统重要性金融机构(System Important Financial Institution,简称 SIFI)是指由于规模、复杂度与系统相关度,其无序破产将对更广范围内金融体系与经济活动

[①] 原文发表于 2014 年 4 月 14 日《金融时报》,收录时略有改动。

造成严重干扰的公司。系统重要性金融机构巨大的负外部性与道德风险引起了国际社会广泛关注，随着次贷危机逐步趋于平息，巴塞尔委员会和各国中央银行率先出台一些新的监管思路。目前的监管方向，已逐步转移到金融监管范围的扩大和系统性金融风险的防范、"大而不能倒"的再思考、恢复与处置计划的重要性以及全球监管合作和信息共享等。

二、对系统重要性金融机构的监管要求

2009年9月，G20匹兹堡峰会要求金融稳定理事会就与系统重要性金融机构关联的"大而不能倒"问题提出政策建议。随后，金融稳定理事会积极开展了系统重要性金融机构监管政策的研究。目前，国际上负责全球系统重要性金融机构监管的监管主体包括金融稳定理事会、巴塞尔委员会、国际保险监督官协会（IAIS）等。其中金融稳定理事会负责全球系统重要性金融机构（G-SIFIs）总体层面监管措施/要求的颁布；巴塞尔委员会和国际保险监督官协会分别负责银行业和保险业的监管政策的制定；各国监管当局负责具体监管行动的落实。与此同时，金融稳定理事会正在研究非银行非保险全球系统重要性金融机构评估与监管要求。

截至2013年11月，金融稳定理事会、巴塞尔银行监管委员会（BCBS）、国际保险监督官协会等国际监管机构先后出台多项有关系统重要性金融机构评估、恢复与处置计划、额外吸损要求等的监管文件与监管指引（见图1）。此外，各国监管当局也纷纷制定符合本国特色的系统重要性金融机构监管要求。其中，英国、美国及瑞士的监管机构在制定恢复与处置计划的监管要求中最为活跃，它们的提议与金融稳定理事会政策基本一致。

三、系统重要性金融机构监管框架解读

2010年11月12日，在G20首尔峰会上，G20国家领导人批准了金融稳定理事会提出的旨在降低系统重要性金融机构道德风险的初步政策框架建议，确定了系统重要性金融机构监管的基础框架。根据金融稳定理事会对系统重要性金融机构的监管要求，所有G-SIFIs均需要密切与国际和本国监管机构进行沟通协作，遵照其制定的系列监管要求与监管指引，展开与G-SIFIs相关的各项工作，具体包括：制定并提交恢复与处置计划（RRPs）、

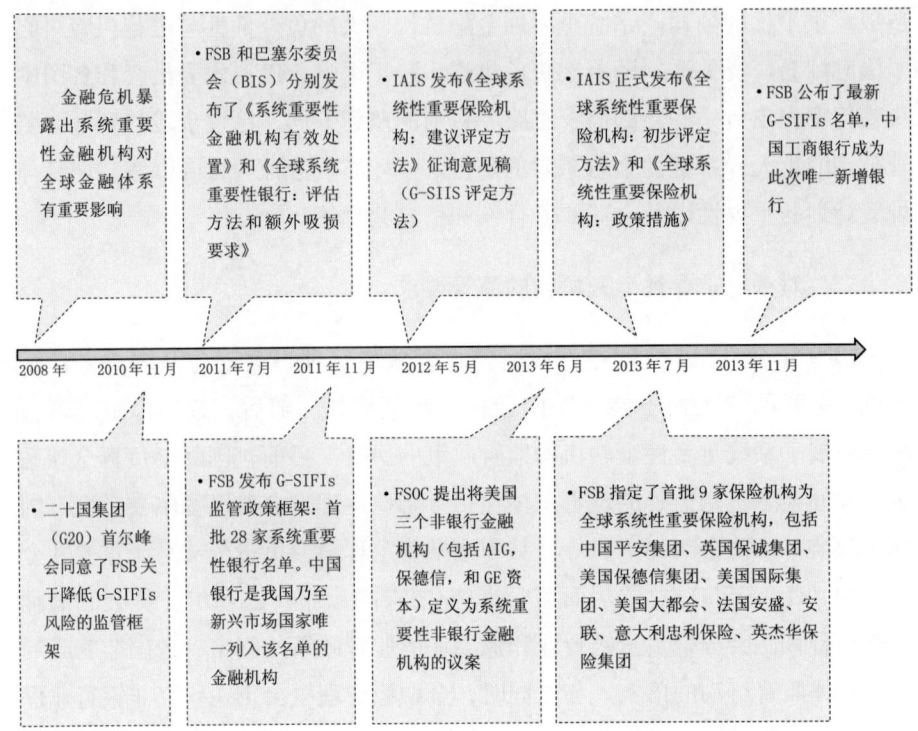

图 1 全球系统重要性金融机构监管进程

G–SIFIs 报表报送、公开信息披露等。由于 G–SIFIs 监管涉及银行/集团内部大量数据的梳理与整合，因此，全球系统重要性金融机构往往还需要开展数据治理与信息系统优化等工作。

2013 年 7 月 19 日，金融稳定委员会公布了全球系统重要性保险机构名单，共 9 家保险集团入选首批全球系统重要性保险机构。认定系统重要性保险机构的方法论是由国际保险监督官协会制定的，包含有规模、全球业务、相互关联性、可持续性以及非传统非保险业务的规模五项参数，各项参数具有不同的权重。国际保险监督官协会在与金融稳定委员会制定的全球系统重要性金融机构框架保持一致的基础上，制定出了适用于 G–SIIs 的政策措施框架，其中的政策措施包括升级的全面监管、有效的处置方案以及更高的吸损能力（HLA）。

四、恢复与处置计划是系统重要性金融机构监管中的重要一环

根据金融稳定理事会的政策措施,系统重要性金融机构面临的监管政策包括更有效的监管要求、监管对金融机构的有效处置框架、强制的处置性评估/恢复与处置计划、更高的资本要求等四项;而金融机构制定恢复与处置计划是其中的重要一环。

鉴于系统重要性金融机构的倒闭具有强烈的负外部性,政府往往采取所谓的"监管宽容"政策,帮助金融机构渡过危机,从而引发市场主体的道德风险和逆向选择,巨额损失最终由一般纳税人埋单,因此加快推出健全有效处置系统重要性金融机构的政策和法律框架迫在眉睫。对此,金融稳定理事会、巴塞尔委员会等国际金融组织以及美英等主要市场经济国家的金融监管当局进行了深入探索,研究出台了一系列监管措施,其中被广泛认可的"生前预嘱(Living Wills)"设想在 G20 伦敦峰会上得到了正面评价,其主旨是要求系统重要性金融机构必须预先制定有效的恢复与处置计划,明确其危机处置的损失分摊机制,确保所有金融机构均可被处置,破产成本由金融机构而非一般纳税人承担;并且在处置过程中,建立起股东和债权人之间有序的损失吸收机制,将其破产影响降低到最小,避免由于金融机构破产影响到宏观金融稳定。

恢复与处置计划分为恢复计划与处置计划,其中:恢复计划(RCP)是指对于一家出现破产问题的金融机构,可以作为其开展恢复工作的计划;主要内容包括降低公司风险暴露、留存资本的措施,以及分离业务线、进行债务重组等战略处置方案。处置计划(RSP)是用于在恢复计划不可行,或已证明无效的情况下,处置机构有效行使其处置权力的工作计划;旨在使处置机构能够在不对金融体系造成严重负面影响、不给有风险暴露的纳税人增加额外损失、维持系统重要性职能继续运作的基础上,以可行的方式对一家金融机构进行处置。

五、恢复与处置计划的监管要求与考虑因素

金融稳定理事会在其《系统重要性金融机构有效处置框架》文件中提供了恢复与处置计划的概览。恢复与处置计划的架构包括行动纲要、战略分

析、引发恢复与处置行动的充要条件、具体的恢复与处置措施、确保相关措施得到有效落实的准备机制以及各阶段的权责安排。恢复计划的要素包括极端损失后的债务重组，资本缓冲工具（如暂缓股利发放，融资机制等）；识别业务运营和债务架构的重组可能性（如营销补贴和业务部门的拆分，通过债转股达到债务重组的目的等）；保证足够的资金并衡量流动性（有多样性的资金来源；抵押品在数量、可获得性和质量上都有充足的准备）；确保组织和运行的设置（可运作的内部程序、IT系统、不间断的结算和清算设施、外汇和交易平台等）。处置计划的要素包括处置措施对其他业务线、公司财务合约、金融市场中其他业务类型相似的公司的影响，处置机制可用的资金来源，维持存款保险基金有效运作的机制，维持清算和结算系统、外汇和交易平台可用的机制，维持（有限的）内部职能和市场占有率，跨国沟通模式。恢复与处置计划的信息要求包括集团内部不同经营业务、法人实体之间的相互联系，集团内部风险暴露情况等；经营数据，包括资产负担程度，流动性资产数额，资产负债表外经营活动等；保障恢复与处置计划的业务设置信息，包括交易室操作信息、信息管理系统等；危机管理的权责分配，包括联络信息、危机情况下的沟通部门、与母国和东道国当局之间的沟通机制；公司运营的法制和监管环境，包括母国和东道国当局的权责分配，处置机制，流动性来源等。

除了已被列入以及将来有可能被列入系统重要性金融机构的大型金融机构需开展恢复与处置计划的制定工作，其他大型的金融机构也开始重视恢复与处置计划，因为金融机构通过制定恢复与处置计划将获得多项收益，包括满足监管要求并增进与监管机构的关系；缓释潜在的因不能清楚说明业务间依赖关系及表明业务能够有效处置而导致的较高监管资本要求；在制定这些计划的过程中将体现额外的效益，例如由于业务结构改变而产生的职能机构的更合理的设置及效率提高；通过清晰的组织架构并表明集团是能够恢复及处置的，避免强制性的结构重组及破产；为其他可能发生的尚未可知的危机做好准备；能够承担风险及社会责任，从而提升自身的市场信誉。

恢复与处置计划不是一劳永逸的工作。通过实施恢复与处置计划的项目，金融机构应思考不同的方式使恢复与处置计划项目成为日常风险管理的程序和实践，在制定恢复与处置计划过程中，应考虑以下因素：

监管领域：监管者对于应该继续的服务及需要保护的机构的观点是什么？监管者是否对金融机构提出的处置性措施方案满意？哪些监管机构将参与监管？涉及海外监管机构吗？

风险领域：制定并落实恢复与处置计划需要金融机构具备怎样的风险管理基础？如何将恢复与处置计划与银行正在实施的新资本协议密切结合？如何区分恢复与处置计划与新资本协议要求的差异？

资产负债与财务领域：是否有新的资本要求和资本结构的要求？对于并表有什么意义？转移支付的收费以及公司内融资成本是什么？对于法定报告、监管报告、管理报告的影响是什么？是否有任何增值税/消费税和债务问题需要考虑？

运营与IT领域：在进行处置后哪些服务仍需要继续？定义这些服务的难度如何？公平服务协议的要求及对现有服务条线协议的意义是什么？员工将如何安置，以及对未来他们的职责分工、合同及业务单元将会产生何种影响？IT架构需要如何搭建以确保可处置性？哪些系统需要在逻辑上及物理上被隔离？哪些主要协议需要重新明确，例如供应商协议或者物业租赁协议？

法律领域：是否有法律实体结构变更的可能？是否有任何与雇佣相关的法律问题，例如养老金协议？是否有任何与第三方合同的更新？

六、恢复与处置计划与新资本协议及全面风险管理的关系

恢复与处置计划与新资本协议实施具有完全不同的目的：恢复与处置计划旨在建立有效的金融机构危机应对、恢复与处置框架；新资本协议实施则旨在持续经营的过程中，提升商业银行风险与资本管理水平。然而，商业银行在制定恢复与处置计划的过程中可以充分利用新资本协议实施的成果。一方面，商业银行可以基于新协议实施成果获取制定恢复与处置计划所需的相关数据与信息。制定恢复与处置计划需要商业银行充分获取并梳理整体层面、关键组织机构与重要业务部门层面的业务发展、资产管理、风险管理等一系列数据，利用分析结果制定恢复计划与处置策略。金融机构可以利用新协议实施过程中搭建的风险数据平台，获取相关数据，如：资本项信息、资产项信息、RWA信息、风险暴露信息、资金依赖信息、交易对手信息、贷

款拨备信息等。另一方面，新资本协议实施中建立的风险与资本管理工具可以用于恢复与处置计划的制定与实施，尤其是第二支柱内部资本充足评估程序中的压力测试、流动性风险管理、资本规划、业务连续性管理、风险偏好、重大风险识别等，均是制定恢复与处置计划中的重要工具。

七、我国系统重要性金融机构监管进展

十八届三中全会通过的《中共中央关于全面深化改革若干重大问题的决定》指出"落实金融监管改革措施和稳健标准，完善监管协调机制，界定中央和地方金融监管职责和风险处置责任。建立存款保险制度，完善金融机构市场化退出机制。加强金融基础设施建设，保障金融市场安全高效运行和整体稳定。"首次提出界定金融监管的风险处置责任与完善金融机构市场化退出机制。同时，随着中国银行、平安集团及工商银行陆续入选全球系统重要性金融机构，中国监管机构正在酝酿出台中国系统重要性金融机构评估与监管办法，并拟将恢复与处置计划的制定情况作为评估中国系统重要性金融机构差异化额外资本要求与其他监管要求的条件之一。

根据央行和银监会发布的关于系统重要性机构的征求意见稿，监管机构有意将并表资产达到1.6万亿元人民币的银行，以及资产规模行业排名前十的证券公司、保险公司与金融控股公司纳入进行系统重要性评估的金融机构范围，并以规模、关联度、不可替代性、复杂性四个指标对进入评估范围的金融机构进行衡量，其中每个指标的权重设为25%。进入评估范围的金融机构将被要求提供用于评估系统重要性的相关数据与信息，其中：规模指标包括表内资产余额、表内负债余额、总收入等子指标；关联性指标包括金融机构间资产、金融机构间负债、批发融资比率等子指标；可替代性指标包括通过支付系统结算的余额、托管资产总额等子指标；复杂性指标包括境外场外衍生品名义本金等子指标。监管机构将通过评估指标体系与评估权重的设置，根据收集的数据与信息，采取定量评估与定性评估相结合的方法，确定最终的系统重要性金融机构名单。

对于最终进入名单的系统重要性金融机构，监管机构将进行各类风险、风险管理能力及监管程度的评估，以判断各金融机构当前及潜在的风险状况，并对各金融机构进行风险处置的影响进行评估，评估的内容包括：对宏

观经济的影响，对金融市场的影响，对金融基础设施的影响，对其他金融机构的影响。根据风险状况评估和可处置性评估的结果，监管机构将对风险程度不同的系统重要性金融机构进行差异化监管，包括差异化的额外资本要求，限制并购投资与业务扩张，要求制定恢复与处置计划，对系统重要性相关的信息进行披露等。

八、系统重要性金融机构：机遇与挑战

截至 2013 年 11 月，金融稳定理事会共公布了 38 家全球系统重要性金融机构，其中包括 29 家全球系统重要性银行和 9 家全球系统重要性保险机构。中国银行和中国工商银行由于其规模和国际化程度而入选全球系统重要性金融机构；中国平安集团由于其金融控股集团下跨行业带来的复杂性，提供多元化金融产品，整体规模在国内保险集团中排名第一，且非传统非保险业务（NTNI）占比较大，评分较高，特别 NI（非保险业务）占比高且银行业务（平安银行）在 NI 中占比大是入选的最主要原因，成为新兴保险市场和亚洲唯一入选全球系统重要性保险机构（G-SII）的保险集团。就中国银行业而言，在业务转型的战略实施期，入选系统重要性金融机构，既有重要的战略意义和现实意义，也是机遇与挑战并存的一件大事。

（一）金融机构入选全球系统重要性机构将带来的新机遇

引领同业：可以把握与全球同行进行交流的机会，全面提高金融机构整体形象，引导系统重要性金融机构相关监管规则的制定，提升在监管领域的话语权。

增强投资者信心：通过满足监管要求，减轻可能更高的资本要求，防止可能发生的强制性重组或拆分；通过信息披露，加强投资者的信心。

加强数据管理：优化数据结构，为金融机构提供更优质的信息；通过对所有关键业务及数据的梳理和分析，加深金融机构对自身的了解。

提升风险与资本管理水平：制定恢复与处置计划需要对公司治理架构，尤其是风险与资本管理的组织架构进行进一步梳理和完善；以此为契机，通过对风险与资本管理工具的建立与完善，提升金融机构风险与资本管理水平。

促进业务转型：在恢复与处置计划的制定过程中，明确核心业务以及业务之间的关联性,协助业务转型;在业务与产品模式、渠道等方面大力创新的过程中,加强对创新导致的潜在风险的理解,并对风险在不同业务之间的传染及早采取防范措施。

(二)金融机构入选全球系统重要性机构将带来的新挑战

额外的资本要求:随着对于全球系统重要性机构的额外资本要求的逐步明确,金融机构也将需要满足相应的额外资本要求,面临更加严格的资本约束;

数据管理:金融机构恢复与处置计划的制定需要对所有关键业务及数据进行梳理和分析,将对数据管理提出挑战;

风险管理工具:对于金融机构而言,制定恢复与处置计划所需的部分风险与资本管理工具与手段尚未完全建立,处于建设的过程中;

业务转型期:国内金融机构目前正处于业务转型与改革时期,组织架构正在经历变革;业务转型期制定恢复与处置计划,应充分前瞻性地考虑未来转型后的业务发展,并在后续期对恢复与处置计划进行相应的更新。

宏观审慎监管的政策框架[①]

早在20世纪70年代末,"宏观审慎"的概念就已经出现在国际清算银行的非公开文件中,但自1988年巴塞尔协议推出至2007年次贷危机爆发期间,微观审慎监管却一直是各国银行监管实践的主流。受限于监管当局对金融稳定这一目标理解上的"合成谬误"以及对系统性金融风险本质的认识不足,宏观审慎监管并未引起广泛关注,其理论研究大多局限于概念的界定及理念的阐释,而具体实施方案本质上也未有较大进展。

随着金融自由化的不断深入,微观审慎监管在理念和监管实践层面均已滞后于金融体系的发展。因此,2008年金融危机爆发后,对现有监管体系进行改革,推行宏观审慎监管迅速成为各方共识。2010年11月,G20峰会正式审定通过了巴塞尔银行监管委员会制定的第三版巴塞尔资本协议(Basel Ⅲ)。与第二版新资本协议(Basel Ⅱ)相比,其最为明显的改进便是在资本充足率标准中加入了逆周期资本缓冲、资本留存缓冲以及对系统重要性金融机构的附加资本要求等一系列具备鲜明宏观审慎特征的新规定。作为全球银行业监管的新的基准性协议,Basel Ⅲ对于宏观审慎监管的关注进一步凸显了银行监管的变革方向。与此同时,2011年5月,中国银监会也在对外发布的《中国银行业实施新监管标准指导意见》中提出了将宏观审慎监管与微观审慎监管相结合的监管改革思路,并在参照Basel Ⅲ的基础上初步明确了资本充足率、杠杆率、流动性、贷款损失准备等监管标准。当前,尽管宏观审慎监管已经成为政策圈和学术界关注的热点,但在宏观审慎监管协调机制的设定、政策工具的选择及实施细则等方面仍有待深入探讨和论证。本文仅从宏观审慎监管的目标、政策工具及政策协调等方面对其总体实施框架进行阐释。

[①] 原文发表于2011年第7期《当代金融家》,收录时略有改动。

一、宏观审慎监管目标

与货币政策将价格稳定作为政策目标不同，宏观审慎监管的目标是金融稳定。尽管目前就如何定义"金融稳定"，并未形成一致意见，但概括各方观点，可将金融稳定理解为：防范来自金融系统内部的内生性风险冲击，以保持金融体系的稳健运行。与微观审慎监管相比，宏观审慎监管在中间目标和最终目标与前者均有明显的区别。中间目标方面，宏观审慎监管关注防范金融体系的整体失败，而微观审慎监管则重在防止单个金融机构的破产。在最终目标层面，宏观审慎监管意在避免或降低因金融不稳定而引致的宏观经济成本，而微观审慎监管则旨在保护存款者的利益。

二、宏观审慎监管政策工具

宏观审慎监管关注同一时点上风险的跨机构分布及整个系统的风险的跨时间分布，即跨机构与跨时间两维度。其中，跨机构维度主要防范由金融机构间的相关性与同质性而产生的共同风险敞口问题，而共同风险敞口被认为是危机时期大量金融机构相继破产的重要原因；跨时间维度则关注如何抑制金融体系内在的顺周期特征。宏观审慎监管的政策工具也可依据其两维度含义进行划分。

首先，在跨机构维度层面，金融机构间资产负债表较高程度的关联性以及其相似的经营结构和交易行为，容易使得各机构的流动性不足在同一时期出现，影响其持续经营。个体金融机构拥有较大比例的短期债务以及过度依赖市场融资是其流动性不足的主要原因。因此，跨机构维度宏观审慎监管应主要防范金融机构资产负债表中的到期日错配问题，通过提升金融机构的流动性水平，以保障金融体系的稳定。在政策工具方面，Basel Ⅲ 资本协议引入流动性覆盖率（LCR）及净稳定资金比率（NSFR）来应对流动性风险。

流动性覆盖率是银行优质流动性资产与其自身 30 天期限的流动性需求的比值。指标的测算基于监管当局设定的压力测试场景，而该场景通常假设银行遭遇严重的流动性问题。巴塞尔委员会认为流动性覆盖率的值应超过 100%，以此来保证银行在不利的市场条件下，通过变现其流动性资产来满足其短期资金需求。

作为流动性覆盖率的一个有益补充，净稳定资金比率是银行稳定资金与其业务所需稳定资金的比率。监管机构通过将该比率最低值设定为100%，以敦促银行根据一个年度内的资产与业务的流动性特征，持有适当数量的稳定资金。净稳定资金比率旨在促使银行将融资结构的偏好由短期转向长期，同时，还将表外资产潜在的流动性风险也一并纳入监管。

其次，在跨时间维度层面，宏观经济的周期性特征，使金融系统的运行具有明显的亲周期性，且在微观审慎监管体系下，衡量市场风险中普遍采用的 VaR 方法和衡量信用风险的内部评级法进一步增强了金融机构监管资本要求的顺周期性，使得金融体系的系统性风险不断累积，从而在宏观经济下行期间引发金融危机。因此，为抵御金融体系内在的顺周期性所引致的系统性风险，宏观审慎监管主要使用以逆周期资本缓冲、留存资本缓冲为代表的逆周期工具。

逆周期资本缓冲是一种动态调整的资本充足率要求机制，它将资本充足率要求与宏观经济运行的周期性特征挂钩，即：在经济上行期间增加逆周期缓冲资本要求，而在经济下行期间降低资本要求，从而通过影响最低资本充足率要求来减弱银行信贷对宏观经济周期性波动的放大作用，从而降低金融体系的风险。根据 Basel Ⅲ 的框架性意见，逆周期资本缓冲的比率设定为 $0 \sim 2.5\%$。在逆周期资本缓冲工具的实施中，采用何种方式校准宏观经济运行状况是关键。巴塞尔委员会利用计量模型测算并兼顾易用性后提出了以信贷余额/GDP 比率为操作指标的建议，但具体到监管政策的制定，各国还应根据本国特点，设定合适的操作规则。在我国宏观审慎监管的实践中使用逆周期资本缓冲工具，需结合我国金融体系以银行为主的构成特征，并综合考虑 GDP 增长率、信贷增速、资产价格上涨幅度等指标，以构建反映宏观经济真实状况的逆周期资本缓冲的操作参数。另外，Basel Ⅲ 新资本协议同时还设定了 2.5% 的留存资本缓冲，其目的在于使银行预留资本以应对宏观经济下行期间的冲击，具有明显的逆周期特征。同时，在相关研究中，前瞻性贷款损失准备、贷款成数（LTV）限制等作为可供选择的逆周期政策工具，也得到相当的支持。

除上述两维度监管工具外，杠杆率限制也是可选的重要工具之一。杠杆率指标计算简单，不易人为操纵且不具备风险敏感性，可以与微观审慎监管工具形成良好的互补。而且，历次危机爆发前，高杠杆率是金融机构最鲜明的特征之一，限制杠杆率可以防止金融机构的非理性扩张以及由此引发的系统性风险累积。另外，从金融危机对各国金融体系冲击的影响结果看，由于以加拿大为代表的一些国家在金融体系中更注重对杠杆率指标的监控与限制，在相当程度上缓解了金融危机带来的冲击。但是，杠杆率限制的应用也存在着一定困难。首先，金融机构拥有越来越多复杂的表外结构，更加复杂的衍生产品的交易等使杠杆率的准确计算存在较大困难。其次，杠杆率限额的设定对金融机构的业务与经营选择也有较大的影响，这将会涉及监管边界的争论。

同时，宏观审慎监管还应关注系统重要性金融机构（SIFI），并通过附加额外资本要求将其纳入监管。系统重要性金融机构的资产规模庞大并与其他金融机构关联程度高，在金融体系中的地位举足轻重，以至于对此类机构往往产生"大而不倒"的问题。系统重要机构的倒闭不仅产生高昂的成本，而且容易引发连锁反应，威胁整个金融系统的稳定。在学术研究中，通常使用 CoVaR、"系统重要性指数"乃至应用"复杂性系统"的方法来衡量金融机构的系统重要性。因此，在监管实践中，宏观审慎监管当局应结合上述方法，并综合考虑金融机构的规模、全球活跃程度、可替代性、与其他机构的关联性和风险暴露的特征等来确定系统重要性机构，并在此基础上对其附加额外的资本要求，增强其应对风险的能力。

三、宏观审慎监管协调机制

尽管代表了金融监管改革的未来发展方向，但仅仅依靠宏观审慎监管的政策安排往往无法实现维护金融稳定的目标。事实上，以货币政策、财政政策为代表的宏观经济政策在一定程度上同样具有维护金融稳定的属性。在现实或未来可行的政策工具箱中，货币政策中与流动性管理及防范金融失衡相关的措施、财政政策通过对金融体系征税以建立应对金融失衡的财政资金缓冲的设想以及新兴市场国家利用对资本账户的管理限制金融体系的外汇错配等都能与宏观审慎监管政策相结合以发挥更好的效果。当务之急是如何在维护金融稳定的目标下协调应用上述政策手段，尤其是协调宏观审慎监管与货币政策。

由于宏观审慎监管与货币政策都将影响真实经济变量并将宏观经济稳定视为最终目标，两者在一定程度上具有替代性。尤其是近年来，以美联储为代表的各国央行往往不再仅仅盯住价格稳定，而是越来越关注资产价格波动，防范金融系统的失衡逐渐成为其实施货币政策所考虑的重要因素之一。但是，货币政策对信贷及宏观经济运行的影响较大，而宏观审慎监管也仍是一种主要通过资本金、杠杆率等方式并针对机构层面的监管。两者在功能与政策协调中并不能相互完全取代，而应建立一套完善的协调机制。在宏观审慎监管体系中，不仅应合理划分央行与金融监管机构的职责分工，更应加强央行、金融监管当局、财政部以及其他相关机构之间的相互合作。

目前，在宏观审慎监管的协调机制设定方面，很多国家已经建立了跨部门的金融稳定委员会。其中，美国设立了由美联储、财政部及监管部门构成的金融服务监督理事会，而欧盟也成立了由泛欧层面的央行与监管当局参加的欧盟系统性风险理事会。在我国，由于金融体系实行分业监管的架构，按照宏观审慎监管的目标与理念，应建立协调银行、证券、保险等监管机构与央行、财政部的宏观审慎协调机制。对于该机制的设立应考虑以下前提：首先，该机制应有助于宏观审慎监管与宏观经济政策协调配合，并切实有利于维护金融稳定；其次，以明确监管职责、扩大监管覆盖、完善监管工具而非仅为设立新的宏观审慎监管机构为目的；最后，应考虑当前我国金融体系的结构与特征，不盲目照搬他国模式。基于上述考虑，普遍认为在我国现有的国务院金融句会制度基础上，完善宏观审慎的协调框架是较为可行的选择。另外，由于金融全球化的影响，系统重要性金融机构往往跨境经营，跨境关联性往往较强，因此，完整的宏观审慎监管体系的构建还应同时考虑设立跨境协调机制。

四、我国实施宏观审慎监管设想

为进一步将宏观审慎监管的理念与方法应用于我国金融监管的实践，并真正发挥宏观审慎监管的作用，监管当局更加关注宏观审慎的理论研究和监管实践两个方面。

在理论研究方面，应主要对两类问题进行较为深入的研究。一是我国宏观审慎监管政策与宏观经济政策协调的问题，而这其中，宏观审慎监管政策与货币政策的相互影响关系是关键。另外一个是对宏观审慎监管政策工具的效果，尤其是其对信贷增长、杠杆率、资产价格等方面的影响效果运用各种方法（如模拟）进行评估。

在监管实践方面，首先，要尽快研究并实施对我国系统性风险的识别、监测、计量和评估，这是利用宏观审慎监管政策工具的基础与前提。其次，应该在 Basel Ⅲ 资本协议与宏观审慎监管相关研究的基础上，结合我国现实，进一步细化和完善资本充足率、杠杆率、流动性、贷款损失准备等方面的监管准则。再次，由于银行系统在我国金融体系中具有特殊重要性，对其实施监管将通过信贷规模等渠道影响整个宏观经济的运行。因此，宏观审慎监管与宏观调控联系紧密，应将宏观审慎监管纳入宏观调控，与货币政策、财政政策及其他宏观经济政策相互配合；同时，应尽快评估并确定国内系统重要性金融机构（D–SIFI）的名单，并在此基础上利用附加资本要求或其他政策对此类机构进行重点监管，以增强其应对系统性风险冲击的能力；最后，应尽早明确合理的宏观审慎监管协调机制和各部门在该体系中的职责分工，形成明晰的制度，完善我国宏观审慎监管的整体框架。

宏观审慎监管：概念、框架与逆周期政策[①]

当前的金融监管在理念和实践方面明显滞后于金融体系的发展，亟须变革。本次危机后，加强宏观审慎监管已经迅速成为各方共识。作者认为，自上而下的宏观审慎监管框架和以逆周期资本要求、杠杆率限制、动态拨备制度为代表的逆周期政策能更好地保障金融体系的稳定。但是，宏观审慎监管体系在政策工具、监管协调等方面仍存在挑战。因此，明确金融监管各方的职责，加强其政策协调，进一步研究和实践以完善监管政策工具是构建未来宏观审慎监管体系的关键。从历史的视角回溯，金融监管的发展兼具渐进式与变革式特征。渐进式特征体现在金融监管通过修补金融体系中的制度漏洞，应对非系统性风险的冲击而逐渐得到完善。而金融监管的变革式发展则大多出现在灾难性的金融危机之后，通过监管理念与方法的革新，提升金融监管应对系统性冲击、防范金融危机的能力。

始于2007年的次贷危机是自1929—1933年大萧条之后最严重的金融危机。危机重创全球经济，造成大量金融机构破产。时至今日，世界经济仍未走出衰退的阴影。除了触目惊心的巨额损失，危机也凸显现有金融监管体系的脆弱性，其缺乏防范抵御金融危机的能力。自20世纪80年代起，建立在最低资本要求基础上的微观审慎监管逐渐成为各国银行业监管实践的主流，但对以微观审慎监管为核心的金融监管体系的诟病也随之而来。而只有经历真正的危机后，要求变革监管体系的呼声才能压倒无休止的争论。事实上，危机爆发之后，加强宏观审慎监管以保障金融体系的稳定迅速成为各国政府、国际组织及学术界的共识。

[①] 原文发表于2011年第2期《当代金融家》，收录时略有改动。

一、宏观审慎监管的概念与目标

由于意识到金融监管过分关注个体金融机构的安全从而忽视了保障整个金融系统的稳定这一更为重要的目标,早在20世纪70年代末,国际清算银行(BIS)就提出了"宏观审慎"的概念,以此概括一种关注防范系统性金融风险的监管理念。20世纪80年代,宏观审慎监管的概念正式出现在 BIS 的报告中,但由于微观审慎监管仍然是理论研究与政策实践中的焦点,直到21世纪初,宏观审慎监管的定义才得到较为清晰的界定。

宏观审慎监管是为了维护金融体系的稳定,防止金融系统对经济体系的负外部溢出而采取的一种自上而下的监管模式。与微观审慎监管不同,宏观审慎监管以防范金融危机为目的,关注金融系统风险的部分内生性特征而不仅仅重视外生性风险。同时,宏观审慎监管关注"给定时点上风险跨机构之间的分布及整个系统中风险的跨时间分布",即横向与时间两个维度。其中,横向维度关注因金融机构之间的相关性与同质性而产生的共同风险敞口问题,而共同风险敞口被认为是危机时期大量金融机构相继破产的重要原因;时间维度方面则关注如何抑制金融体系内在的顺周期特征。

金融体系的外部性特征是金融监管合理性存在的理论基础。监管通过内部化潜在的因金融机构破产而导致的社会成本,最小化社会福利的损失。降低社会承担的因金融机构破产而引致的成本,提高经济总体产出水平与社会福利水平是金融监管目标的共有之义。因此,宏观审慎监管的根本目的是最小化整个社会因金融体系的危机而导致的产出损失,其最直接的目标则是维护金融体系的稳定。

二、框架与逆周期政策

按照宏观审慎监管的两维度概念,在横截面维度上,宏观审慎监管应通过自上而下的监管框架,根据系统总体风险水平计算总的资本金要求,然后按照各金融机构对系统风险的贡献度分配资本金要求来实施监管;在时间维度上,为抑制金融体系的顺周期特征,监管当局应主要以逆周期政策实施监管。尽管实践中自上而下的宏观审慎监管框架应该与逆周期政策互相配合,并非各自单独发挥作用。

（一）自上而下的宏观审慎监管框架

自上而下的宏观审慎监管框架需要央行与金融监管当局都参与到监管体系之中，并加强两者间的协调。

在央行层面，其政策目标应该从单一的价格稳定转为兼顾价格稳定与金融稳定双重目标。央行以价格稳定作为唯一目标的理论基础是金融市场的有效性。理论上，央行只要保证价格水平的稳定，金融体系可以如其他市场一样通过自我调节实现稳定；但现实中一再发生金融危机否定了这种理论推理，其原因是金融系统并非有效。因而，价格稳定不是金融稳定的充分条件。相反，价格水平稳定的经济体常常具有长期低利率、金融体系的高杠杆比率以及资产价格泡沫等特征，这些都会引发金融体系的不稳定。因此，金融稳定也是央行应关注的政策目标。由于信贷的过度扩张是系统性风险累积和金融不稳定的根源，因而防止信贷的过度扩张是缓解金融失衡和系统性风险的关键。从央行的职能角度出发，在维护金融稳定方面，央行的主要责任在于监控并维持信贷的适度增长。在具体的实践中，央行应根据信贷扩张的程度确定系统总资本要求。同时，针对影子银行体系的不断膨胀，央行应该加强流动性方面的监管，防范因此而产生的金融体系的动荡。

尽管央行掌控货币发行权并可以监测诸如信贷扩张等宏观经济指标，但并不适合采用审慎工具直接管理金融机构。因此，在宏观审慎监管框架中，金融监管当局仍然应该主导对金融机构的直接管理职能。同时，由于金融监管当局对个体的金融机构的状况有更详尽的信息，可以更好地量化系统重要的金融机构对系统风险的贡献度，并利用央行提供的对应于总体风险的资本要求总量，完成在各金融机构之间的相应资本要求的分配。同样，为了更好地进行流动性管理，金融监管机构可以通过对金融机构中的非流动性资产池按照其融资来源的不同设置有差异的准备金要求。

具体而言，在央行与金融监管机构相互协调、自上而下的宏观审慎监管框架下，央行设定一个通胀调整后的信贷扩张基准值，该基准值与长期真实GDP的增速相一致。同时，央行通过测算真实信贷扩张的数量，并计算真实值与基准值之间的差额，以此确定超额信贷扩张总量。以超额信贷为基础，将金融体系中的资产按其相对应的融资来源不同分类，对来源于储蓄存款的盯住账面价值的组合资产计算总的逆周期资本，而对来源于市场融资的盯市交易组合资产计算相应的加总资本要求。后者主要针对影子银行体系的流动性风险，其监管方法是通过资本金要求使影子银行体系的资产与杠杆相关性为负。其原因在于，影子银行系统杠杆比率与总资产存在显著的正相关性是金融危机发生前的普遍特征。正相关性反映了影子银行体系过高的杠杆比率源于其持有资产价格的上涨，且由于影子银行体系多依赖短期的金融市场融资，资产价格的下跌带来的去杠杆化，继而引致的流动性危机是导致该类机构破产的主要原因。因此，抑制影子银行体系在资产价格上行周期过度的杠杆化经营是流动性监管的关键。最终，央行将上述两类总资本金要求的信息传递给金融监管当局，由金融监管当局实施直接监管。

在金融监管当局层面，其主要责任是量化系统重要的机构对于整个金融体系系统性风险的贡献度，并据此将央行测算的总资本要求分配给上述各金融机构。同时，通过设定有差异的准备金要求管理流动性风险。实践中，确定个体金融机构的系统重要性可以通过结构法或宏观压力测试的方法。其中结构法主要通过对金融机构间资产负债表的相关性进行建模以确定其间的关联性和共同风险敞口，并以此计算其各自对系统性风险的贡献度。宏观压力测试则是首先由金融监管当局设定压力测试场景，由金融机构自行采用压力测试的方法估算风险，然后与金融监管当局的独立评估相比较，当两者之间的结果不相匹配时再进行下一轮的压力测试，利用这种方式通过多轮次的重复压力测试，直至其最终趋于一致，从而在尽可能兼顾潜在的风险及机构之间相互关系的情况下，衡量金融机构对系统风险的贡献度。在流动性管理方面，监管当局对金融机构中最容易产生流动性风险的非流动资产池采用盯住融资会计方法，即按照资产的融资来源确定其计价方法，对来源于短期融资的，采用盯市价格计价；对于来源于长期融资的按照融资期限，采用折现的方法确定价值。对于每一类资产按上述方法计算盯市会计计价和盯住融资会计计价的差值，并以差值作为衡量有效到期日的指标。该指标越大则说明资产的流动性风险越大。同时，金融监管根据该指标确定该类资产的边际准备金率来管理个体机构的流动性风险。

（二）宏观审慎监管的逆周期政策

如何抑制金融体系的顺周期特征是宏观审慎监管的关键。金融体系的顺周期特征与当前资本金监管方法、金融机构高杠杆的经营策略及盯市会计准则等密切相关。监管机构可以采用逆周期资本要求、杠杆率限制、动态拨备制度等政策工具来缓解金融体系的顺周期性。

逆周期资本要求是指针对宏观系统性风险，通过资本监管规则的设计促使银行在经济上行时期增加资本金，以缓冲经济下行期资本金要求的大幅提升给银行带来的风险。它通过资本金监管抑制银行信贷对宏观经济周期性波动的放大作用，缓解金融体系的系统性风险。逆周期资本监管至今并没有统一的方法，研究集中于如何通过修正新巴塞尔协议中相关方法来确定逆周期资本要求。现有的结论认为，与直接对内部评级法的风险权重进行修正的"输入端"修正方法相比，在利用内部评级法得到的资本金要求基础上，通过逆周期资本乘数来计算逆周期资本金要求的方法对经济的顺周期特征有更强的纠偏作用。但是，逆周期乘数的计算方法尚无一致的结论。一般认为，可以将 GDP 增长率、信贷增速、资产价格上涨幅度等宏观经济指标中的一种或几种通过技术方法转化为反映宏观经济状况的逆周期乘数，但如何使其更全面反映宏观经济周期特性，同时更具逆周期性还需要进一步研究。

杠杆率限制也是危机后各国际组织及各国监管机构所提出的宏观审慎监管体系中重要的政策工具之一。与新巴塞尔协议中的内部评级法及其他内部评级模型相比，杠杆率指标不易被人为操纵，且不具备风险敏感性。因而与具有较强风险敏感性特征的微观审慎监管工具有很好的互补性，能更好地缓解其周期性特征。同时，历次危机爆发前，高杠杆率是金融机构最重要的指标特征之一。限制杠杆率可以防止金融机构的非理性扩张以及由此引发的系统性风险累积。另外，从危机对各国金融体系的冲击影响的结果看，由于加拿大等一些国家在其金融体系中更广泛地采用了杠杆率指标方面的监控与限制，缓解了其银行体系的顺周期特征，在相当程度上减轻了金融危机的冲击。杠杆率指标计算简单，但其有效性也依赖于其在金融体系中应用的广泛性。由于银行混业经营的趋势不断深入，金融机构拥有越来越多复杂的表外结构，更加复杂的衍生产品交易等使杠杆率的准确计算存在相当的困难。除此之外，杠杆率限额的设定对金融机构的业务与经营选择有很大的影响并涉及监管边界的争议。这些都是杠杆率限制监管需要更深入探讨的问题。

动态拨备制度作为一种缓解贷款损失准备顺周期特征的宏观审慎监管政策工具，其原理与逆周期资本在原理上是相同，即在经济上行时期提高拨备计提，以抵消经济下行期内急速上升的信用损失及拨备要求。按照会计准则的真实性原则，当前银行及金融机构的拨备计提规则必须基于实际发生的交易或事项，因而具有明显的滞后特征，导致了贷款损失准备的计提具有较强的顺周期性。在经济状况加速恶化的时期，金融机构由于剧增的拨备计提要求不得不缩减信贷从而进一步加剧经济的下滑。建立动态拨备制度的指导原则是提高拨备计提的前瞻性，尽管目前还没有各方一致认可的具体实施方法，但西班牙中央银行早在2000年就已经实施了一种动态拨备制度。在这种动态拨备制度下，动态拨备与过去传统的一般准备、专项准备共同构成银行的总拨备。其中，动态拨备主要通过测算长期平均贷款损失率，对资产组合中的潜在风险进行估算后计提。由于在经济的上行（下行）期，会计准则计提的专项准备则相应的较少（较多），而根据上述动态拨备计算公式得出的结果为正（负），表明银行需要增加（减少）动态拨备。通过这种方法，银行可以在经济上行期为未来可能的经济下行期预先提取准备，同时抑制了银行自身信贷顺周期的过度扩张。尽管动态拨备制度已经能够在政策实践中得到一定程度的应用，但由于该方法有悖于会计准则的基本原则，其计提准备方面的主观性可能会带来会计操纵等后果，因此平衡前瞻性和真实性是该制度设计未来需要解决的问题。

三、宏观审慎监管的难点与未来

尽管宏观审慎监管作为金融监管体系改革的方向已经达成了共识，但其全面有效的实施仍面临着相当的挑战。

首先，在宏观审慎监管框架层面，尽管央行参与宏观审慎监管的必要性得到广泛认可，但就其参与的程度与监管边界仍没有统一的意见。同时，央行如何平衡价格稳定与金融稳定的目标，并保证客观地衡量金融体系的风险并向金融监管当局有效传递，以及更好协调其货币政策与监管当局的监管措施、逆周期监管工具都是需要进一步研究的论题。另外，对于依照何种标准确定系统重要性金融机构、如何更好计算系统风险的贡献度以及如何实施更有效的流动性管理也有赖于更深入的研究。

其次，如何平衡有关逆周期监管政策的自动稳定机制和相机抉择之间的选择也是实施宏观审慎监管面临的主要挑战之一。逆周期监管的自动稳定机制可以避免相机抉择的主观性造成的决策风险,同时也能减轻监管当局所承受的来自金融机构的游说与政府外部压力的干预。但监管的自动稳定机制却会导致"监管套利"。同样,与自动稳定机制相比,相机抉择机制可以根据宏观经济的状况与金融体系失衡的特征进行更有针对性的监管与调整,并有可能获得更好的效果,但相机抉择的监管缺乏一致性和稳定性,且对于金融监管体系的预警与判断能力要求很高,由于宏观经济的运行具有较强的不确定性,经济运行的转折点难以准确判断,相应监管当局必然会担负较大的决策风险。同时,来自政府与金融机构的压力也会损害政策的独立性。

基于此,展望宏观审慎监管的未来,各国应该在制度上明确宏观审慎监管的职能及实施框架。根据本国现有的监管机构设置,或通过设立专门的金融稳定部门,或通过完善央行与金融监管当局的协调配合,构建较为完善的宏观审慎监管体系。通过理论研究的深入和政策实践的积累,完善央行和金融监管当局在金融系统风险预警、信贷过度扩张管理、系统性风险的衡量以及系统重要的金融机构风险贡献度的测算、流动性风险的监控与管理等方面的职能,协调配合使用自动稳定机制和相机抉择机制的逆周期监管。除此之外,由于经济全球化趋势的发展,当今的金融危机具有明显的全球特征,因此,与其他国家及各国际组织之间在宏观审慎方面的协调合作也变得尤为必要。

四、国内实施宏观审慎监管的建议

本次危机后,一方面,国内的金融体系虽遭受一定程度的冲击,但在整体上保持了稳健的运行。这主要归功于国内不断完善的金融监管机制和金融机构内部的风险管理体系。另一方面,国内金融机构较为传统的经营模式,处于发展初期的金融市场和金融创新也客观上降低了全球金融危机给国内金融体系带来的风险。基于国内金融发展的现状,作为未来宏观审慎监管体系实施的基础,国内金融监管的当务之急仍然是完善微观审慎监管,并以此督促各金融机构进一步完善自身风险管理系统的建设。同时,随着经济的高速增长以及国内经济与世界经济相关性进一步增强,我国的金融市场、金融创新与金融机构的跨越式发展已是必然的趋势。因此,宏观审慎监管也必将成为国内金融监管发展的趋势和方向。本文仅就国内实施宏观审慎监管的发展谈几点看法。

首先，我国的宏观审慎监管应以维护金融稳定为主要目标。但是，由于国内金融机构尤其是大型国有银行自身的所有权特征，目标中的金融稳定应更大程度上以产出和福利的损失来衡量和定义。这与大多数国家将金融稳定等同于防范金融体系的动荡和金融机构的大量破产等目标存在一定差异。

其次，国内的金融机构尤其是大型国有银行所面临的系统性风险主要来自于其经营的同质程度较高和国内经济中存在的资产价格过快上涨。这给整个金融尤其是银行体系带来了潜在的顺周期性风险。因此，央行应更好利用其全局视角的优势，监控信贷的过度扩张，预警资产价格的过快上涨。另外，长期以来，我国央行的政策目标并非单一的价格稳定，相当程度上经济增长也是央行的政策目标，而宏观审慎监管要求央行承担部分金融稳定职能，这必然使得央行面临更复杂的政策目标选择。因此，亟须在制度上明确央行的政策目标。理论上讲，我国央行应确立价格稳定和金融稳定的双重目标。

再次，我国的金融监管当局应保持其与被监管金融机构之间的独立性，并承担大部分直接监督管理的职责。同时，银行监管当局应着重关注国内的系统重要金融机构，并将具备影子银行特征的机构纳入监管范畴之内。同时，由于我国采用的是专业性金融监管当局的模式，央行与金融监管当局之间的协调应该超越以往实践中所采用的季度联席会议等方式，设立永久性的宏观审慎监管协调机制。另外，我国金融体系的系统性风险往往呈现出相当程度的政策性风险特征，因此在宏观审慎监管过程中加强与财政部等其他宏观经济管理部门的协调和联系变得尤为重要。

除此之外，通过客观细致的研究后，在实践中适度引入逆周期监管政策工具，在宏观压力测试场景中更多考虑内生性风险因素，重视宏观经济与金融预警体系建设并加强与相关方面的国际协作都将是未来构建我国有效宏观审慎监管的有益实践。

巴塞尔资本协议Ⅳ：从迷雾中走来？[①]

一、通往巴塞尔资本协议Ⅳ的路径

目前，巴Ⅲ（巴塞尔资本协议Ⅲ）还没有完全实施，而巴Ⅳ已从迷雾中渐行渐近。近期有以下两个方面的国际金融监管改革进展给巴Ⅳ的到来奠定了基础。一方面，部分国家开始提出超越巴Ⅲ的要求。例如，美国和欧洲要求银行能够在严重压力的情况下满足资本充足率；瑞士、美国和英国设置了高于3%的最低杠杆率，而且正在推动更严格的流动性标准；其他国家（如澳大利亚）坚持使用最高质量的资本来满足第二支柱资本附加要求。另一方面，监管机构和市场普遍担忧银行内部模型以及风险加权资产的准确性，一些重量级的监管人员呼吁大幅简化监管要求，以支持更高的最低杠杆率并降低对模型的依赖。同时，巴塞尔委员会发布了一系列相应的文件，包括对银行交易账户的监管方式；不同银行不同内部模型产生的风险权重差异；风险敏感性、简单性和可比性之间的平衡等等，且这些文件的范围均已超越了巴Ⅲ。此外，对欧元区的银行来说，未来欧洲中央银行（ECB）作为监督、管理和宏观审慎的机构，其预期动作已有所显现。

这两方面的进展可能会导致三个变化，进而形成未来巴Ⅳ的基础。首先，限制银行使用内部模型计算资本要求。这一点可以通过两种方法实现：限制内部模型与标准化模型结果对比的偏离程度和降低内部模型的复杂度（仅允许在评估第二支柱资本要求时使用复杂模型）。其次，要求银行满足更高的最低杠杆率。与其在巴Ⅲ中"后盾"的角色相比，一个远高于3%的最低杠杆率在第一支柱资本要求中可以扮演"前锋"的角色。最后，加大银行的披露力度。如果允许使用复杂模型，银行需要解释并证实模型与标准

[①] 原文发表于2014年第4期《西部金融》，收录时略有改动。

化模型得到的风险权重之间的差异；如果要依赖一个简单的杠杆率，银行需要解释与使用对风险更为敏感的方法的差别。

这些变化对银行的资本要求有什么影响？虽然我们容易理解改革的压力，但是过度追求简单性，过度依赖标准化风险权重或非风险敏感的杠杆率可能会产生意想不到的后果。这一方面会鼓励银行持有风险较高的资产，另一方面会显著增加低风险加权资产投资组合（包括抵押贷款和高质量的流动资产）的融资成本。此外，银行若要使用内部模型需要满足一定的条件，而这些条件的设置是为了加强而不是削弱银行改善风险管理的能力。同时，不断的引进越来越多的监管可能已经使许多国家，尤其是欧洲国家，超过了监管成本高于收益的临界点。过度监管向下拖累经济增长造成的损失可能已超过其避免未来金融不稳定所带来的好处。我们认为，监管机构还需要注意理顺巴Ⅲ的最低资本与流动性要求与其他并列监管改革计划中的关于资本与流动性要求二者之间的联系，并尽量保持一致，主要包括压力测试、系统重要性银行的资本附加要求、第二支柱资本附加要求、宏观审慎性政策工具以及负债自救机制提供的损失吸收能力等。不过，事实上感觉是，监管机构之所以建立层层不协调的保守政策，是因为要解决其所认为的导致金融危机的多个原因，而不是从头开始就找到一个更为一致的方法。我们支持银行披露更多信息，但银行证明自身会受益于其内部模型对自身风险暴露评估的准确性。

这些变化对资本又意味着什么？以英国银行业整体为例，2012年底，普通股风险加权资本比率是8.5%，普通股资本的杠杆率是3.6%，这完全满足巴Ⅲ的要求。然而，根据欧盟版巴Ⅲ的实施要求，这些银行未来必须满足10%的普通股资本充足率（包括3%的系统性风险储备），普通股资本须从2200亿欧元增加到2600亿欧元，净增400亿欧元。为满足将来巴Ⅳ中的核心要素，这些银行不得不增加500亿欧元的普通股资本，或将其资产负债表缩减20%左右。此外，巴Ⅳ的核心要素还包括5%的最低普通股杠杆率和由于对银行内部模型的限制而产生的20%风险加权资产的增长，对这两个要素中任何一个进行更为严苛的要求则会进一步增加所需资本。除了这些定量的影响，银行还需要确保完全理解自身对资本和流动性的需求，需要根据明确的战略和风险偏好规划进行业务管理、内部资本和流动性的评估。

二、从超越巴Ⅲ到巴Ⅳ

不同国家对于巴Ⅲ的设计、解释、实施时间等方面存在差异,从而产生一些国家间不一致的情况。虽然这些不一致情况正在协调解决,但我们在此关注的是一些国家以及巴塞尔委员会,正在采取的超越巴Ⅲ的重要步骤,我们认为这些步骤将通向巴Ⅳ。这些步骤的特点是:在第一支柱最低资本要求中,更高的最低杠杆率扮演更重要的角色;对于使用内部模型计算其资本需求的银行,设置更为严格的限制;对压力测试、第二支柱资本附加和流动性要求采取更严苛的测算方式;银行披露更多的信息。

(一)杠杆率

根据巴Ⅲ标准,一些国家正在实施3%的最低杠杆率。在美国,联邦储备委员会提议到2018年,系统重要性银行的最低杠杆率达到5%,所有的系统重要性商业银行达到6%(尚不确定该要求是否适用于在美外国银行);在瑞士,到2019年大型银行相对于总资本的最低杠杆率需要达到4.3%左右;在英国,审慎监管局(PRA)在假设存在严重压力场景的基础上,正在评估大型银行基于核心一级资本(CET1,而不是巴Ⅲ中使用的更广泛的一级总资本)定义的3%的杠杆率。相比之下,巴塞尔委员会采取的方法并不那么激进,在其最近的一个咨询文件中关于杠杆率有如下阐述:平行运行时期(2013—2017年)将测试3%的最低杠杆率,并跟踪使用不同资本度量(包括总监管资本和CET1资本)的影响。该咨询文件还提供了更多关于如何测量风险暴露,以及2015年后对银行信息披露的要求等相关细节。

许多监管者和业界专家主张把重点更多地放在更高的最低杠杆率上,他们的依据是:首先,世界不仅存在风险,还存在不确定性,很多时候无法准确预测各种结果出现的概率。对于决策者来说,更好的选择可能是遵循简单的规则,而不是一味追求与复杂的世界相吻合。事实上,如果为了应对复杂性而制定更为复杂的规则,一旦规则的假设被打破,其结果将会是灾难性的。其次,简单的杠杆率可以比风险加权方法更好地预测银行倒闭,如果使用了简单的规则(杠杆率和市场资本化),金融危机期间就会更好的预测哪些银行会遇到困难。最后,巴Ⅲ中3%的最低杠杆率标准可能太低。一些监管者和业界专家认为一个更高的最低杠杆率可能会更好,如在6%~8%区间，美国官员甚至提出了针对美国大银行15%的杠杆率。

更高的最低杠杆率会立即增加其在一系列监管资本比率参数中的重要性，因为它会成为更多银行的束缚参数，因此是一个前锋而不是一个后盾要求。然而，过度依赖于杠杆率可能会产生不利后果：它可能会鼓励银行持有高风险资产，显著增加低风险加权资产投资组合（包括抵押贷款和主权债务）的融资成本；使银行失去改善风险管理的动力（如来自监管授权的使用内部模型计算风险加权的动力）。

（二）简单性

巴塞尔委员会最近发布了一份讨论如何平衡风险敏感性、简单性和可比性的咨询文件，描述了如何以及为什么会要求通过追求风险敏感的资本达到当前的高度复杂性和不可比性，并阐述了过于简单的资本要求的潜在缺点，提出一些关于改进简单性和可比性的意见。

（1）把简单性作为今后评判巴塞尔委员会新提议的一个额外标准。

（2）减轻复杂性带来的后果，为资本模型结果增加约束；引入更细化的使用测试；在内部模型领域限制各国的自由度。

（3）通过复制基于风险的资本要求加强杠杆率，为杠杆率添加缓冲并对系统重要性银行施加更为严格的杠杆要求。

（4）加强信息披露，鼓励银行实施强化信息披露工作组（EDTF）的建议，要求银行披露模型应用于假设的投资组合所得到的结果，或同时披露应用模型与应用标准化计算得到的结果；要求银行在一致的基础上公布可能对投资者有用的额外指标，比如，基于股票市场价值的资本充足率、基于股票波动率的风险度量、基于收益的杠杆率、历史利润波动率、不良资产占总资产比率。

（5）调整三大支柱，把重点更多地放在第二、三支柱上，通过将第一支柱中的一些复杂的方法（包括风险敏感性权重和内部模型方法）转移至第二支柱，使股东、债权人和市场分析人员基于广泛的信息披露对银行更加全面了解。

（6）更根本的长期改革包括：使用有形股本杠杆率（英国和其他一些国家已经在使用）；放弃使用内部模型；实施针对收入波动率的资本要求；通过限制使用复杂的和创新性的金融工具、非传统银行业务等方式来降低风险和复杂性。

(三) 内部建模

巴塞尔委员会和其他监管当局越来越关注银行使用其自己的内部模型生成的风险权重。当监管当局对这些内部模型降低风险权重的程度采取限制时，由于模型的复杂性和不透明性，银行显得非常被动。针对这个问题，巴塞尔委员会提出了审查交易账户的建议，这主要针对金融危机时，由于交易账户体制而导致的一些破产，包括应对市场风险的资本金不足，以及过度自由的将资产放入交易账户的决定权。该建议包括以下内容。

(1) 改变可交易资产的定义从而限制银行交易账簿中的可交易资产；

(2) 将模型方法论中的"风险价值"改为"预期缺口"，这一根本性的改变会增加建模的复杂性，并将提高对许多资产的资本要求；

(3) 对流动性不足风险进行更详细的评估，包括在压力条件下具有更大流动性风险产品的额外资本附加；

(4) 缩小内部模型和标准化方法之间的差异。

最近，巴塞尔委员会和欧洲银行管理局（EBA）公布了针对各银行风险权重差异的初步调查分析结果。关于银行的银行账簿与交易账簿资产的风险权重报告显示，各银行得到的风险权重存在很大的不一致。对于银行账簿资产，银行资产风险的本质差异虽然可以解释银行间风险权重不一致的3/4，但整体上很难决定这种不一致在多大程度上反映现实中银行间的风险水平差异。剩下的不一致是由两个主要因素驱动：银行间模型的多样性以及监管指引和实践的多样性，而隔离这两个因素的一个方法是，让不同银行针对一个共同的假设投资组合计算风险权重。巴塞尔委员会发现，对于银行账户信用风险，这些因素在均值两侧可以产生高达20%的差异，其中主要的差异为违约概率（对公风险暴露）以及违约损失率（零售风险暴露）。尽管该报告淡化区域性差异，但值得注意的是根据假设的投资组合，三家使用最激进（最低）风险权重的银行都来自欧洲。而对于市场风险头寸，不同银行得到的最高和最低加权风险暴露相差近三倍。除了巴塞尔委员会报告中的数据体现的问题外，监管机构还注意以下几个问题。

(1) 银行在多大程度上通过"优化风险加权资产"的手段减少其资本要求，即使这其中的大部分不过是反映数据清理和针对更广泛的一系列风险敞口计划推出的建模而已；

（2）长时间的低利率多大程度上使借款人免于违约，从而产生误导性的低违约概率估计；

（3）未考虑固有的系统性风险和内在联系，从而低估对其他金融机构敞口的风险权重；

（4）由于透明度不足，难以依靠有效的市场纪律。

针对数据中发现的问题，巴塞尔委员会提出了三个政策建议。首先，建议加强公开披露第三支柱中银行和监管机构数据收集的程度，以提高对银行使用内部模型计算风险权重的理解；其次，建议提出额外的政策指导以限制银行和监管实践的差异；最后，建议限制高级方法的灵活性，比如为风险参数设置基准（监管可以用作评估银行内部模型的参考点），或者对某些参数进行直接限制，如最低值（甚至固定值）。这些政策建议作为巴塞尔3.5修正案的内容，在一定程度上限制银行通过计算其内部风险权重得到好处。同时，由于监管机构和其他利益相关者要求银行解释和论证其内部模型得到的权重与标准风险权重之间的差异，这会给银行增添额外的压力。

（四）压力测试

诸如美国、EBA、爱尔兰和英国的许多政府和机构，基于定期压力测试结果要求银行能够在严重压力下满足资本充足率，这就要求银行持有大量储备资本，将巴Ⅲ资本充足率作为上述定期压力测试的基础和最低要求，利用额外资本吸收主要冲击。这等同于创建了储备之上的储备，而巴Ⅲ中的一个意图——将资本保留储备和任何逆周期资本储备作为吸收冲击的缓冲机制——被否定。

各国监管机构在无须考虑内部模型最低资本标准的国际一致性的情况下，还可以通过压力测试制定合适的全国性政策，对银行提出持有资本的要求。EBA近期建议各国监管机构应该确保欧洲主要银行持有以货币量（而不是对资产的比率）计算的最低资本，这延续了EBA 2011年12月的提议（基于EBA更早的压力测试），却尚不清楚这将如何阻止欧洲银行进一步去杠杆化。不过，在完全履行欧盟监管资本要求（CRR）和资本要求指引（CRD）规则的框架下，如果银行持有足够的资本以满足最低CET1资本要求，各国监管机构可以免除这个要求。

（五）第二支柱资本附加

虽然巴Ⅲ在质量和数量上对第一支柱最低资本都有更严格要求，但第一支柱最低要求无法充分捕捉风险，这意味着银行需要满足更低的第二支柱资本要求。然而，监管机构在何种程度上采取这条路线还完全不清楚。一些迹象表明资本保留储备与逆周期资本储备被一些监管机构认为能部分替代第二支柱资本，但澳大利亚和英国主要或完全通过 CET1 资本来满足第二支柱资本要求，而不是通过一级资本和二级资本的结合。

（六）流动性

尽管巴塞尔委员会在 2013 年 1 月发布了一个流动性覆盖率（LCR）的修正方案，但在欧盟区，EBA 仍然致力于定义高质量流动资产和不同类型存款的合适假定。与此同时，英国显然不愿意以 LCR 替换当前的严格制度，而要求 PRA 考虑是否需要要求额外的流动性用以系统性补充 LCR。而美联储提出，大幅依赖批发融资的银行应持有额外的资本，这可能成为修订（甚至替换）巴塞尔委员会提出的净稳定融资率（NSFR）的基础。

三、对银行的影响与并行路线

巴Ⅲ向巴Ⅳ的过渡对银行有三个重要的影响。第一，银行可能会面临显著提高的资本要求，这由以下几点的共同作用形成：更高的最低杠杆率、基于内部模型的敞口计算在一定程度上被限制、对最低资本要求的压力测试和第二支柱储备施加更严格的监管方式。这将要求银行持有更多资本或减少表内外活动，从而提高成本，并降低银行为个人、企业及其他银行客户的可用融资。第二，银行可能需要改善资本管理，尤其是要完全清楚支持各项业务所需的资本，并与战略、风险偏好和商业模式联系起来。第三，由于资本比率和内部建模将采用更低的风险敏感方法，迫使银行重新评估低风险与高风险业务之间的平衡。一旦流动性需求得到满足，银行会有很强的动机减少其低风险资产（包括主权债务、其他高评级证券、优质抵押贷款、高质量企业贷款和完全担保敞口）的持有，这可能导致一些银行的商业模式发生重大转变，从而使融资的价格和可获得性发生重大变化。

银行还面临许多其他关于资本和流动性的监管改革计划。巴Ⅲ只是监管模式改革多样性中的一个元素，并行路线虽然在某些情况下可能为监管机构提供一种绕过和边缘化巴Ⅲ的方法，但仍可以看作是对巴Ⅲ的补充。不过，无论哪种方式都会显著增加监管负担。除了巴Ⅲ和形成中的巴Ⅳ，银行还要考虑前面所提到的因素对其策略和商业模式的综合影响；政策制定者们也需要充分考虑这些因素对银行和经济的综合影响，层层添加的审慎性可能会降低未来发生金融危机的风险，但与之伴随的年增长率的永久性降低是一个高额的成本。

巴塞尔新资本协议时代的金融机构信贷管理[①]

一、新资本协议时代的金融机构信贷管理思考

新资本协议对信贷风险不是简单的指标约束和关注,而是实现一种更为敏感的过程管理,从风险量化方法上给予新的理念和方法指导,并做到差异化指导。新资本协议的实施对银行信用风险管理提出了更高的要求,也将对商业银行的信贷管理产生重要影响,主要体现在:

(一)运用更加全面的方法对信贷风险进行计量

新资本协议核心内容是内部评级法(IRB),批准管理水平高的银行采用IRB法计算资本充足率,从而把资本充足率与信用风险大小紧密结合起来。

IRB法是银行资产质量管理体系的有机组成部分,主要用途包括:(1)监测信用风险构成,计量并监测各档评级总体风险水平和信贷限额;(2)监测借款人评级结果变化情况;(3)确定贷款准备金规模、贷款定价及分析利润水平;(4)分配经济资本;(5)作为组合风险模型的主要组成部分。同主观判断为特征的贷款五级分类不同的是,IRB法以历史数据为基础,运用数理统计分析等方法,计算出借款人和债项风险数量指标,以此为基础进行信用风险管理。

(二)推行更加科学合理的贷款分类制度

在新资本协议的背景下,为满足巴塞尔委员会对内部评级制度的要求,向IRB法过渡,监管机构加快修订现有贷款分类制度,推动银行改进信用风险管理,提供更多有用的资产质量信息和违约数据基准,以增强对金融机构资产质量的监控。

[①] 原文发表于2013年第5期《中国征信》,收录时略有改动。

比如，香港金管局新的分类方法将银行资产分六大类，即公司贷款、银行同业、国家贷款、零售贷款、项目融资和股本投资；分类的重点放在信用风险暴露上，使监管机构要求的贷款分类接近银行内部信用风险管理方式。新分类方法将贷款分为 11 级，把正常贷款细化为 7 级，不良贷款分为 4 级（包括特别关注类贷款）。每一级与标准普尔评级体系相对应，如 AAA，BBB 等，与违约概率（PD）挂钩。能计算违约概率的银行可采用自己的计算指标，不能计算违约概率的银行，采用监管机构规定的指标。这种新贷款分类制度有以下几方面优势：与新资本协议的要求和大型国际银行采用的评级方法基本一致；PD/EL 进行的评级标准比现有贷款分类更客观和具有可比性；不完全满足各项要求的小型银行可采用简化框架；便于监管机构检查资产质量和资本充足率（新资本协议第二支柱），银行能够将风险程度与整个行业标准进行比较；通过提供行业资产质量趋势的前瞻性信息，帮助金融机构信贷策划和分析；推动银行完善信用风险管理内部评级制度；为行业汇集违约数据提供指标；使银行能以行业违约数据为基础审查违约概率。

（三）推进银行信贷组合管理，加强精细化管理能力

通过推进新协议，运用现代风险管理手段，有助于商业银行优化信贷组合管理。新协议下对不同风险的信贷产品有不同的资本充足率要求，因此需要提高信贷资产质量或调整信贷结构，发展更多占用资本少、盈利性高的信贷产品，如中小企业、零售等。

新协议的实施，也有利于进一步优化定价能力，在风险偏好的指导下，对高风险的产品进行有效定价，提升风险回报能力。同时，提升对信用风险管理识别的精细化管理能力，有效评估客户风险、债项风险，并通过客户准入、授权、预警、管控等提升管理能力。通过风险量化工具的应用，提升批量处理及集约化处理的能力，降低经营成本，提升效率（如小微企业及零售）。

（四）为金融机构风险限额提供技术保证

风险限额是在内部评级基础上，根据风险调整后资本收益率的最大化原则，通过资产组合分析模型确定的风险敞口上限。风险限额管理是一种先进的风险控制技术，近年来在国际银行业得到广泛应用。限额管理是建立在风险计量分析基础上的动态化、系统化的风险管理工作，不仅能够包含银行的

各种政策导向，还可根据风险的最新变化及时做出调整。

比如，2009年国内信贷规模高速扩张，各家银行年初制定的信贷计划几乎全部突破，助长了新一轮经济过热的形成。2010年，国家实行宏观调控后，银行信贷风险明显增加，有的已形成新的不良贷款。这在很大程度上反映出银行在风险限额管理上的薄弱环节。商业银行引入IRB法后，加快完善风险敞口总量的约束机制，实施以行业、区域、产品、客户为多维度的限额管理，各敞口业务规模一旦接近或突破风险限额，立即采取控制措施，就能够有效减少经济过热，宏观环境变化带来的信用风险。

二、新资本协议的实施对中国信贷市场的影响

从信贷市场来看，新协议的实施产生的影响主要体现在两个方面，一方面是对信贷扩张产生的影响，另一方面是对信贷结构产生的影响。

（一）新资本协议实施对商业银行信贷扩张产生的影响

在现代银行体系中，商业银行的信贷扩张能力不仅取决于其负债能力，而且直接受制于资本充足率水平高低。若商业银行资本充足率低于8%或快速下降，监管当局会采取干预措施，限制商业银行资产扩张或责令商业银行压缩资产规模。新协议对贷款扩张的影响程度取决于其对商业银行资本充足水平的影响。

比如，1988年资本协议出台后，为确保在1992年底前达到8%的最低资本要求，美国商业银行特别是大型商业银行不得不降低贷款扩张速度，在一定程度上造成了20世纪90年代初期的信贷紧缩（credit crunch），影响了美国经济的复苏。在日本，由于股市的持续下跌导致商业银行附属资本下降，资本短缺严重制约商业银行的贷款增长，使得日本经济雪上加霜，陷入长期停滞状况。

1. 新资本协议标准法的影响

标准法是一种相对简单的计量方法，与1988年资本协议只有细微的差别。标准法取消了对所有企业按100%风险权重的处理方式，按企业的外部评级给予不同的风险权重。有分析表明，在考虑了操作风险以后，标准法对商业银行整体资本要求的影响是中性的，对银行体系贷款供给能力的影响非常有限。但这种分析忽视了局部的特殊性，由于区域分布、客户群体和贷款

结构的差异，标准法对商业银行资本充足水平影响是不同的。我国参与 QIS3 的 5 家商业银行测算结果表明，按照标准法计算的资本充足率比现行资本充足率管理办法计算的资本充足率下降 1.86 个百分点。若将操作风险资本要求考虑在内，资本充足率将进一步降低。对于不良资产比例高的银行而言，资本要求将大幅度提高，资本短缺的程度进一步加重，对商业银行的信用扩张造成负面影响。

2. 新资本协议内部评级法（IRB）的影响

IRB 法允许商业银行使用内部计量的违约概率（PD）、违约损失率（LGD）、违约风险暴露（EAD）和期限（M）等风险参数并按照统一的风险权重函数计算风险加权资产，其中初级内部评级法（FIRB），商业银行计算 PD，其他风险参数由监管当局确定；高级内部评级法（AIRB），所有风险参数都由商业银行计量。为鼓励商业银行改进风险计量技术、逐步向高级方法过渡，新资本协议对实施 IRB 法提供了资本优惠，因此新资本协议的每一轮改进都下调了 IRB 法下的公司贷款风险权重，以降低实施 IRB 法银行的资本成本。

许多分析都表明，实施 IRB 法将大幅度降低信用风险的资本要求，支持商业银行的信贷扩张，这也正是许多大银行将目标定位在 IRB 法的主要原因。但真实情况并非如此简单，实施 IRB 法能否降低或在多大程度上降低商业银行的资本要求还受制于一系列因素。一是借款人信用评级的分布状况，对于一般公司贷款，如果借款人级别在 BB - 以下，实施 FIRB 法的资本要求比 1988 年协议高。二是违约损失率的高低。在 AIRB 法下，违约损失率对信用风险资本要求的高低起关键作用，若严格选取违约损失率 90%，商业银行的借款人评级为 BBB 的工商业贷款的风险权重将达到 90%，接近 1998 年协议规定的 100%。商业银行实施 FIRB 法时，对于高级无担保贷款适用 45% 的违约损失率（新资本协议的统一规定）也低估了贷款损失率，商业银行和监管当局应审慎行事。三是操作风险的大小，如操作风险比较高，实施 IRB 法节约的资本大部分将被操作风险的资本要求所吸收。四是监管当局的例外要求。新资本协议第二支柱规定，监管当局可以根据风险状况对单个商业银行提出高于 8% 的最低资本要求；若商业银行不能达到最低标准，监管当局可以采取必要的干预措施。五是外部评级机构的压力。如果商业银行的风险没有下降,纯粹是由于资本充足率计算方法的改变导致资本要求的大幅度减少,外部评级机构将重新审定其评级,并可能降低其评级。因此,实施 IRB 法对单个商业银行的影响还存在着很大的不确定性。对于我国商业银行来说,由于借款人信用评级低,不良贷款占比高且损失率高,实施 IRB 法可能不仅不能降低资本要求,反而大幅度提高资本要求,将进一步强化信贷扩张的资本约束效应。

(二) 资本协议实施对商业银行信贷结构产生的影响

新资本协议细化了资产分类,对各类资产规定了不同的风险权重或风险权重函数,并全面引入了信用评级的概念和技术,根据评级结果计算各类贷款的风险权重,因此对不同贷款组合的影响存在着显著的区别,促使了商业银行信贷结构的调整。

1. 商业银行将从公司业务转向零售业务,零售贷款的竞争将进一步加剧

1988 年资本协议仅对住房抵押贷款给予了 50% 的优惠风险权重,其他零售贷款的风险权重都为 100%。依据新资本协议标准法,住房抵押贷款的风险权重由 50% 下降到 35%,其他零售贷款(即向个人和小工商业者提供在一定额度以下且高度分散化的贷款)风险权重从 100% 下降到 75%。按照 IRB 法,零售贷款分为住房抵押贷款、合格循环零售贷款(qualifying revolving retail exposure)和其他零售贷款三类,三类零售贷款资本要求的区别来自于相关性假设的不同,相关性越低,相应的资本要求就越小,住房抵押贷款的相关性为 0.15,合格循环零售贷款为 0.04,其他零售贷款的相关性取决于借款人的违约概率为 0.03 ~ 0.16 不等;同时各类零售贷款的资本要求还取决于各自的违约损失率,一般而言住房抵押贷款的损失率比合格循环零售贷款要低得多,新资本协议建议合格循环零售贷款(信用卡贷款)的违约损失率为 85%,而住房抵押贷款却低于 25%。与公司贷款相比,IRB 法下各类零售贷款的资本要求都明显下降。因此,新资本协议实施后,为降低资本成本,商业银行将逐步由公司贷款转向零售贷款。事实上,在过去的 20 年里,由于零售贷款风险的可预测强且易于管理,商业银行已广泛介入零售业务。新资本协议只是顺应并强化了商业银行业务转型的这种趋势。

2. 公司贷款向低风险客户集中

1988年协议对所有公司贷款采取了"一刀切"的做法,都给予100%的风险权重。这在一定程度上鼓励了商业银行的逆向选择行为,商业银行根据"对己有利"(cherry - picking)的原则,更愿意将贷款发放给高风险客户,在不增加资本要求的同时提高股本回报率。新资本协议将贷款的资本要求与其面临风险的大小密切联系在一起,降低了低风险贷款的资本成本,对高风险贷款给予了惩罚性的风险权重,从制度上促使商业银行贷款向低风险客户倾斜。随着实施IRB法的银行不断增加,整个银行体系的风险识别、计量、定价能力将明显提高,为商业银行制定信贷政策、调整信贷结构、增强风险补偿能力以及有效实施信贷管理奠定了基础。与此相适应,能够被精确计量和风险定价的公司贷款和专业贷款的吸引力增强,对新兴市场的贷款将变得更有选择性。

3. 对中小企业贷款的影响存在着不确定性

鉴于中小企业在经济增长、创造就业中的特殊作用,各国政府和实业界一致要求巴塞尔委员会对中小企业贷款给予优惠的风险权重,以降低中小企业的融资门槛,促进中小企业的发展。为此,新资本协议降低了对中小企业贷款的资本要求。在标准法下,满足对象标准、产品标准、分散化标准和单个风险暴露要求的中小企业贷款可以按照零售贷款处理,给予75%的风险权重。按照IRB法,对年度销售额低于5000万欧元(各国可根据实际对此规模进行调整)的中小企业,计算相关性时引入了规模调整因素,规模越小,相关性越低,相应的资本要求也越少。在相同违约概率和违约损失率的情况下,中小企业贷款的资本要求明显低于一般公司贷款。但事实上,与获得相同评级的大公司相比,中小企业的违约风险明显要高一些。银行应慎重评估中小企业的信用风险,并持有足够的资本以抵御风险,如果监管当局希望商业银行为中小企业贷款提供额外的资本,应根据第二支柱的要求调高对单个银行的最低资本要求。因此,给予中小企业贷款优惠资本待遇能否实现其预期目标仍不得而知。

三、新资本协议加强信用风险管理的手段

在信用风险管理方面,新资本协议更多的是从公众公司的角度来对待金融机构,强调市场力量约束,把市场看作是推动机构合理、有效配置资源并

全面控制经营风险的外在力量，具有改善内部经营、加强外部监管发挥不了的作用。作为公众公司的金融机构，只有建立了现代公司治理结构、理顺了委托代理关系、搭建了内部制衡和约束机制，才能真正建立风险资产良性匹配关系，在接受市场约束的同时赢得市场。在新资本协议实施背景下，金融机构应该通过以下三个方面提升风险管理水平：

（一）资本充足率状况监测

对最低标准和资格条件的检查是第二支柱下的有机组成部分，要确保满足监管机构要求，可以分三个步骤进行：首先判断银行是否达到充足率的要求，可以根据所处市场性质、收益可靠性和有效性、风险管理水平及风险化解记录来判断；其次根据风险状况和外部经营环境变化，提出高于最低限度的资本金要求；最后在资本规模低于最低要求时，采取必要干预。

（二）内部信用评估体系搭建

新资本协议鼓励银行使用基于内部信用评级的风险计量方法。对于银行，都有基础法向高级法过渡的阶段，监管机构的职责是给出四个主要输入变量，即 LGD、EAD、PD 以及 M 中的前三个，促成这一阶段尽早结束。同时，要及时检查银行内部评估程序和资本战略，使资本水平与风险程度合理匹配。

（三）制度化进程推进

金融机构除了遵照新资本协议的规定，还须向监管机构提交完备的资产分类制度安排、内部风险评估制度安排等，确保与新形势相适应的新方法得到有力的制度保证。同业领先实践表明，有效的信用风险管理是金融机构快速发展的必备条件。金融危机发生以来，在新资本协议不断推进的背景下，国内外银行积极推进风险管理工作，提升风险管理水平。从风险管理领域具有领先实践的代表性银行看，在新资本协议背景下，金融机构应从以下几个方面加强信用风险建设：

1. 风险管理部门独立性加强

风险管理部门的独立性是有效风险管理的前提。国际银行大多具备独立的内部监督机制，直接对董事会负责并实行垂直管理。分支机构的内部监督部门多与本级机构相互独立，有的分支机构不设内部监督部门，其职责直接由总行内部监督部门实施。比如，汇丰银行的风险管理系统结构清晰，权责明确,独立评审等制度,是外资银行成熟风险管理系统的典型。

2. 风险管理规范制度完善

完善操作规范制度是有效风险管理的保证。业务人员会受自身素质和外界条件影响,没有相应的制度和规范约束,风险评价会有个人倾向,结果有失公正。严格的操作规范和规章制度使银行员工避免主观主义和随意性,做到公正、合理地评价风险。

3. 信用评级体系建设健全

健全与完善信用评级体系是银行防范风险的重要举措。信用评级体系多独立于信贷审批的管理部门,负有对客户的信用调查、征信、信用档案管理、信用记录监控等职能。信用管理部门在授信前做出的客户信用分析报告,是银行能否给予授信的依据之一;授信后定期向信贷部门和风险管理部门做出的信用监控报告,更是衡量信用风险大小的重要指标。比如,巴克莱银行作为一家拥有三百多年历史的老牌银行,内部信用评级体系较为成熟,拥有充分的历史数据,为量化与防范信用风险提供了保障。国内银行信用评级体系与发达国家尚存在一定差距,正在不断发展与完善,为将来业务拓展与风险管理奠定基础。

4. 全面风险管理理念树立

我们无法回避客观存在的风险,只能管理风险。先进的风险管理文化是风险管理体系的灵魂,只有将风险管理从高深的理论变为从业人员自觉意识和行为,风险管理体系才能真正发挥作用。风险管理意识和理念要贯彻到全员和业务全过程。每位员工做每笔业务时都要考虑风险因素,风险要与收益匹配,把控制风险与创造利润放到同等重要位置。

四、加强征信系统建设的作用和建议

(一) 加强征信系统建设的作用

目前,企业和个人两大征信系统已经成为我国重要的金融基础设施,在经济社会生活中发挥着重要作用,促进了商业银行经营理念、管理方式和业务流程的转变;同时,在防范信用风险、提高信贷市场效率、推动解决中小企业融资难问题、促进经济金融健康发展和改善社会信用环境方面,它们也发挥了积极作用。两大系统提供的信用报告,逐渐成为以信贷交易信息为核心，全面反映企业和个人借债还钱和遵守合同状况的身份证。

随着征信系统建设的不断深化，我国征信系统发展的定位也越来越清晰，主要体现在以下方面：征信系统是我国一项重要的金融基础设施，在经济金融领域发挥着重要作用；金融机构依托这一信息共享平台，本着互惠原则，进行信息共享；征信系统由专业机构即征信中心负责建设、运行和管理，对外提供征信服务；征信系统在对外提供征信服务中坚持保本原则，不以营利为目的；在征信系统建设过程中要加强对信息主体权益的保护。具体来说，建立健全我国征信系统的建设有以下几点作用：

1. 增加主体覆盖

可以在最大范围内实现对机构的覆盖和对信息主体的覆盖，有利于新资本协议内评法成功实施。目前，企业和个人征信系统基本上覆盖了国内每一个有信用活动的企业和个人，以及所有从事信贷业务的机构，连接了所有商业银行、政策性银行、合作金融机构，接入了包括财务公司、金融租赁公司、汽车金融公司等在内的多家其他金融机构，一些小额贷款公司、融资性担保公司、资产管理公司和保险公司（如平安集团）等也正在陆续接入。

2. 获得相关部门支持

可以更好地得到各个部门的大力支持，为新资本协议实施打下良好的社会基础。央行已经与公安部、人力资源与社会保障部、住房和城乡建设部、银监会等部门实现了部分信用信息的互联互通，应该继续与其他部门如教育部、工业和信息化部、海关总署、税务总局、工商总局、最高人民法院等加强合作，依托征信系统，建成全面记录企业和个人在银行、证券、保险、外汇以及其他领域信用信息的交流平台，实现信息在更大范围内的共享，更好地服务于全社会。

3. 强化信息共享

强化征信系统作为金融机构的信息共享平台的作用，为新资本协议实施提供便利。征信具有很强的网络经济特征，区域覆盖范围越广、接入信息源越多、使用范围越大，则征信活动的效率越高、功能越强、成本越低，越具有规模经济效应。将征信系统作为一项重要的金融基础设施来建设，推动从事信用交易活动的金融机构全部参与到这一体系的建设中来，也是充分考虑到了征信业这一特点。因此，建设全国集中统一的企业和个人征信系统，有利于促进金融体系稳定和帮助更多的社会群体分享正规的金融服务。

（二）相关建议

从目前我国征信系统的发展及信贷市场的发展状况来看，加强征信系统建设需要做到以下几点：

1. 广泛的机构参与

征信系统建设的参与机构越广泛、覆盖信息主体越全面，其经济效益和社会效益就越明显。任何从事信用交易活动的金融机构都不应游离于这一设施之外，应积极参与到这一设施的建设中来。金融机构参与征信系统建设的一项重要任务，就是将自身拥有的客户信息、信贷交易信息和其他与信用相关的信息，纳入全国集中统一的企业和个人征信系统进行共享，只有这样，征信系统作为一项重要金融设施的作用才能得到最大程度的发挥，征信系统"立足金融、服务社会"的目标才能最终实现。

2. 专业机构管理

首先，引入专业机构进行管理是由征信系统的重要作用所决定的。随着我国信贷市场的进一步发展，征信系统的规模和影响将进一步扩大。目前，在线实时查询征信系统已经嵌入金融机构的信贷风险管理流程，成为信用管理中不可或缺的工具。一旦征信系统运行出现故障或服务效率低下，商业银行的贷款业务也将停滞或受到影响，将会影响我国信贷市场稳定。其次，引入专业机构进行管理是由服务对象的性质所决定的。征信系统主要是为信贷市场提供服务的，系统的产品和服务必须与信贷市场的要求相匹配，具备高效率、低成本和安全性。作为征信系统的建设、运行和管理机构，央行征信中心在产品开发和服务上要迅速适应信贷市场的运行节奏和业务发展步伐，具备相对灵活的用人机制来吸引人才，保证服务效率，更好地进行信息化项目。再次，引入专业机构进行管理是技术创新的需要。随着我国信贷市场的快速发展，信贷风险管理理念和技术不断提升，领先的信用风险管理工具被逐步引入。在信用风险管理工具的开发和验证方面，征信系统的全样本数据发挥着不可替代的作用。基于征信系统开发的多样化工具也将成为信用风险管理中的有效工具，信贷市场的发展和创新离不开征信系统的支持。

3. 需要切实保护信息主体权益

首先，要更充分地保护信息主体的知情权，这是信息主体行使其他权利的基础。在征信系统对外提供服务时，要让信息主体知悉自身信用信息被采集和处理的具体情况；要使信息主体有权要求查阅自身信用信息的真实情况和信用信息的使用情况，比如自身的信用报告、信用评价情况及评价标准。其次，要确保信息主体的异议权、更正权。如果信息主体认为自身的信用信息不全面、不正确，有权要求更正自身的信息，比如对遗漏或新发生的信息进行补充，对已经过时的信息进行及时更新。确保信息主体的异议权和更正权，对于提高征信系统信息的全面性、准确性和及时性意义重大。再次，要为信息主体提供救济的渠道，确保信息主体的救济权得到切实保障。当信息主体认为自身的合法权益受到征信系统、信息提供机构或信息使用机构的侵犯时，要有畅通的渠道向执法主体或向法院提起诉讼并请求赔偿损失。从法律层面增加对征信系统、信息提供机构和信息使用机构的约束力，确保其依法从事征信活动，合法使用信用信息，真正保护信息主体权益。

4. 推动标准化信用评价体系的普及

建立我国个人征信体系的一个重点是推动标准化信用评价体系的普及。信用评价体系作为个人征信体系的关键一环，其完善程度直接决定了个人征信体系的运作效率。应将与个人偿贷意愿及偿贷能力的相关变量纳入信用评分体系中，对于一些不大容易取得准确数据的变量如个人收入等，可以参考个人的其他记录，如纳税记录，社保记录等，购房记录等。央行应在广泛听取信用报告主要提供者及信用报告主要使用者意见的基础上，牵头推进我国标准化信用评分体系的研究与建设，以消费者信用评分为主体逐步建立全国统一的信用评分体系，以提高由不同征信机构出示的个人信用报告的可比较性以及公正性。

新常态下的金融机构资产风险管理①

在供给侧结构性改革形势下，持续提升金融机构服务实体经济的能力，防范化解风险，作为资产重构时代的稳定器，金融机构资产风险管理是重要立足点。如何加强金融机构资产风险管理，借鉴国际金融经验，紧密结合我国现时实际，形成了稳健的资产风险管理的规则和体系，提高风险管理水平，我们结合工作谈谈思考。本文分为两个部分，第一部分介绍一下我国经济新常态的表现，并分析新常态下资产管理的现状和趋势，以及资产风险管理所面临的新挑战。第二部分则具体讲解新常态下的资产风险管理。

一、新常态下的资产风险管理的变化和挑战

（一）新常态下的资产风险管理的新变化

目前，我国经济发展已经进入新常态，面临着经济的强力转型，具体表现为增速放缓、结构调整和动力转变。经济发展正从高速增长转向中高速增长，经济发展方式正从规模速度型粗放增长转向质量效率型集约增长，经济结构正从增量扩能为主转向调整存量、做优增量并存的深度调整，经济发展动力正从传统增长点转向新的增长点。金融机构的资产风险管理正从事着前所未有的金融业务和运作方式，金融资产管理在尝试市场化运作的过程中，都不可避免地会出现制度和管理的空白，也即风险的关键之处。新常态下资产管理正面临五点变化。

第一，监管之变，即市场化监管规则正逐步推进。伴随各类牌照放开，各类投资业务市场化竞争的趋势不可逆转。这一方面提高了新常态时期金融监管的有效性，另一方面进一步激发了市场活力，在新格局下资产管理进入了快速运转期。

---

① 原文发表于 2016 年第 9 期《当代金融家》，收录时略有改动。

第二，格局之变，即资产结构多元化配置影响了资产价格和资产管理格局。对内而言，利率市场化浪潮下资产管理模式和工具经历了再次改革；对外而言，离岸人民币市场的设立和发展，为资产管理创新提供了新的活力之源。

第三，模式之变，即构建创新资管模式寻找核心竞争力。"投行＋资管"模式成为资产管理的主流，也在资产管理展开了全产业链布局。同时，互联网金融重塑资产管理渠道模式，使得产业链竞争日趋激烈，对机构投资能力及资产管理的客户体验提出新的要求。

第四，市场之变，即境内外资产管理联动，拓展了资产管理的广度和深度。投资主体多元化和分散化是资产配置的又一新动向，同时中国具有境外投资能力和国际化视野的投资管理机构促使资产管理全球化的趋势日渐突出。

第五，技术之变，即技术与资产管理正面临跨界与创新。技术工具与传统金融的创新碰撞，打破了二者界限，互联网、云计算、大数据、移动互联等蓬勃发展，推动了资产管理的产品创新、量化投资、数据管理及市场预测的变革。

（二）新常态下的资产风险管理的新挑战

第一，信用风险暴露加速。信用风险暴露于金融创新加速并存的信资管市场环境，违约风险加大将是 2016 年信用市场主线，信用违约潮是资产风险管理的新挑战，同时潮水退去后更凸显真正的风险管理能力和创新能力的重要性。

第二，资产配置类型转变。资产配置的形态再次转变，从单一资产拓展为次级资产、高杠杆产品、结构化产品以及低透明度的销售方式。一场伴随杠杆化和立体化特征的"高风险盛宴"潜藏在整体资产管理环节。

第三，低利率市场环境。金融管制的放松和利率市场化的条件下，风险无时无刻不在；低利率环境引发资产荒和配置荒，对风险管理的底线带来挑战。

第四，衍生品管理。随着证券化的进一步推进以及衍生品种类的丰富，标准化融资需求增大，金融行业基础产品市场亦是日渐丰富，因此机构在参与金融活动的方式越加立体和多元，资产风险管理措施的升级势在必行。

第五,海外投资扩张。海外投资规模呈几何级数增加,步伐的加快伴随着主权、汇率、政治、法律监管等诸多风险因素,海外资产安全及其风险管理存在较大的难度和挑战。

第六,"互联网+"。互联网金融推动了行业渠道模式的升级,将持续冲击传统资产管理模式,其"鲶鱼效应"会促进传统资管行业的变迁,其中缺乏风险控制能力的野蛮生长部分也必然会经历残酷的市场洗礼。

二、新常态下如何完善资产风险管理

新常态下的资产风险管理需要专业化、差异化管理的新视角,使金融机构能够通过成熟的风险管理工具积极应对市场的变化。要做好金融机构的资产风险管理,需秉承全面风险管理原则,人人有责;要建立健全的公司治理和健康的内控环境这两个基础;同时,需要健全有效的内控风险管理架构、完整清晰的内控管理流程、全面有效的风险识别预警及化解机制、完善强大的"互联网+"风险管理工具和防范风险传染等机制,提升综合金融风险管理能力。

在目前的宏观经济形势下,需牢守合规底线,严防投融资业务风险、确保资产及资金安全,资产风险管理关注点主要有以下几方面:搭建全流程立体化风险管控架构;落实风险动态监控策略;推广信用评级标准化体系;优化准备金管理方案;市场和操作风险管理系统升级;完善互联网金融类业务风险管理体系;建设系统性和综合风险管理框架;加强风险管理系统建设及信息安全控制。具体来讲:

第一,在建立全流程立体化风险管控体系方面,使合法合规作为前提,强化资产端全流程立体化风险管控体系,将风险控制贯穿于整个资产管理运作全过程。全流程风险管控体系主要包括信用评级、风险政策、风险监控、风险管理评价、风险管理系统、信息披露等。

第二,落实风险动态监控策略。资产管理的风险问题存在于完整的业务链条,落实风险动态监控策略是确保资产安全的有效措施。风险管理包含公司治理和资本管理,主要面临的风险包括战略风险、声誉风险、操作风险、市场风险、信用风险和流动性风险等。银行、保险、投资和互联网金融业务等是当前经济环境及资产安全现状的管理重点,因此此类业务的各环节/模块风险控制需要再度加强和升级，应从各业务线特点出发，实现各关键节点的风险动态监控。比如，在保险业务方面，主要环节包括险资配置、险资投资、投后管理和资金安全。在投资业务方面，主要环节包括立项、尽职调查、项目评审、投资决策、合同审核用印、投后管理、项目退出等。在互联网金融方面，其特点在线上获客，主要环节包括数据应用与分析、资金账户安全和信息安全管理。

第三，应推广标准化、统一的信用评级体系，既是支持公司信用风险评级机制的优化，亦是在大资管时代下优化产品定价，支持资产盘活的有效工具。具体来讲，客户数据包括财务数据和非财务数据，应据此建立债务人评级模型，债项数据包括业务数据和押品数据，应据此建立债项评级模型。建立模型后，要进行风险量化计量，算出违约概率和违约损失率，并进行贷（投）前、贷（投）中、贷（投）后各个环节的制度保障。贷（投）前环节主要包括信贷准入和风险偏好，贷（投）中环节主要包括风险定价、审批授权和风险限额，贷（投）后环节主要包括风险预警、损失拨备、资本计量、绩效考核和报表监测。

第四，优化准备金管理方案。对投资风险的资产管理建立的准备金管理方案，可以为平衡风险和收益、动态管理资产、建立资产安全垫打下基础。针对银行、保险、投资等固定收益类、非资权益类和非资不动产类业务，应优化资产风险分类方案、风险准备计量方案和三方资金风险承担量化。投前应平衡风险和收益，投后应动态管理资产、建立资产安全垫。针对集团，应建设好资产安全考核、准备金管理体系、会计拨备支持、资产质量监控和预警信息，针对专业公司，应做好风险管理前置和动态监控。

第五，实现市场风险和操作风险管理升级。建立以估值和量化为基础的核心决策机制及覆盖个体/组合维度及股权物权债权的风险绩效评价体系，提升市场风险全方位管理能力。在应对货币市场波动、复杂衍生产品交易、资产配置、海外投资等方面，应做到组合基础分析、组合情景分析、多情景绩效目标分析、绩效考核管理。还应注重投前定价和投后减值分析及价值重估。具体而言，要以单笔资产风险度量为基础，以定价模型对组合资产估值，以信用迁徙模型评估风险，以相关性模型度量资产价值，针对组合风险，分析交易对手、资产类型等。同时，充分利用操作风险管理三大工具，实现操作风险和合规及审计系统三位一体。

第六，完善互联网金融类风险管理体系。风控是互联网金融的核心竞争力之一，应运用线上+线下、数据+系统、日常+应急的模式，形成"互联网+"交叉监控管理体系。具体而言，在异常交易方面，应推动建立线上异常交易与异常客户行为监控机制；在信息安全方面，应促进建立信息安全管控标准与规范；在客户适配性方面，应强化客户KYC（Know You Customers 了解你的客户）及风控措施；在信息系统方面，应推动建立信息系统突发事件应急管理体系；在监督制衡方面，应强化完善系统控制流程中必要的监督与制衡机制；在合规文化方面，应助力树立廉洁自律合规文化氛围。

第七，建设系统性和综合性风险管理框架。应全面梳理业务及其系统性影响，对潜在风险建立前瞻性的管理计划支持综合金融业务发展，建立防范系统性风险管理措施。具体而言，应建立系统性风险管理计划和流动性管理计划，全面梳理公司业务及其系统性影响，建全流动性管理体系；同时，从可操作性角度出发，建立恢复措施和处置计划（RRP, Recovery and Resolution Plan）。

第八，加强风险管理系统建设及信息安全控制。应以增加投资风险透明度为出发点，强化事前及事中风险管理，打造贯穿业务全流程的风险管理信息系统，助力业务发展的跨越。通过资产/风险分布图及非资管理系统和透视、管控和分析的数据平台等配合，建立覆盖整体的投资与资产安全风险管理平台，利用新科技，打造强大的、开放式互联网金融服务时代。

总之，金融机构资产风险管理关键就是解决信息不对称问题。由于我国市场经济基础较弱，作为市场主体的金融机构和企业行为不够规范，没有建立较为完善的市场主体公共信息系统，因此，无法较快地完全了解债务人信息，也就不可能合理确定债权的市场价值，使金融机构对债务人信息掌握先天不足。欲流之远，必浚其源，做好金融机构资产风险管理，迎接经济新常态挑战，就要提高风险管理人员综合素质，加大激励约束力度，进一步完善内控制度，降低风险成本和防范风险。

商业银行支持实体经济风险管控重点[1]

2017年以来，中央在继续大力推动供给侧改革的同时，更加注重通过深化金融改革、提高金融开放度推动实现金融业"回归服务实体经济本源"和"防范化解系统性风险"的双重目标。银监会近期密集出台的一系列新规至少释放了两方面的强烈信号：

一是监管部门的政策方向直指执行宏观调控政策不力和资金流向违规。商业银行今后将很难继续以房地产和同业业务支撑规模和利润扩张，总体业务结构将面临巨大转型压力。只有不断增强服务制造业等实体经济客户的能力，才能使商业银行的金融资本从产业资本的不断增殖获得持续稳定的回报。

二是监管部门将以清晰的问题导向重点整治商业银行同业、理财和表外等业务领域的违规行为，影子银行和交叉金融产品等风险隐患突出的领域将受到重点监控。随着监管部门对商业银行的风险管控日益精准和细化，"打擦边球"、监管套利甚至违规操作的空间将被大大压缩，合规风险将成为2018年商业银行风险管控的重中之重。

在上述金融"强监管"的新时期，为有效支撑自身业务结构转型和服务制造业等实体经济部门的需要，商业银行迫切需要在提升风险管控能力、突出风险管控重点方面有所作为，主要应从宏观的调控政策层面、中观的制造业细分行业层面和微观的制造业客户层面对各类风险加以识别和管控。

一、保持对宏观调控政策风险的敏感性

银监会在《进一步深化整治银行业市场乱象的意见》中明确提出，要把"违反宏观调控政策"作为2018年银行业市场乱象整治工作的要点之一。商业银行要从银行业整体业务结构转型方向的角度理解和把握这一重要

---

[1] 原文发表于2018年第2期《新理财》，收录时略有改动。

政策信息，实现对业务重心的逐步调整和风险的有效管控。

（一）全面准确理解宏观调控政策意图

商业银行与制造业的金融合作要从支持推进供给侧改革和服务实体经济的高度出发，密切关注宏观调控政策的方向和重点。其中既要理解主要对制造业等实体经济调控的财政政策和产业政策，又要把握主要对金融业等虚拟经济进行调控的货币政策和金融监管政策。务必确保即使准确理解国家宏观调控政策意图，防止出现研判不足甚至失误等方向性风险。

（二）确保资金投向符合宏观政策要求

要确保新增合作项目符合国家政策导向，严防商业银行表内外资金直接或间接、借道或绕道投向"两高一剩"等国家宏观政策限制或禁止的领域，严格避免银行资金投向失去清偿能力的"僵尸企业"。应排查存量项目风险，做好信贷资金流向监控，及早识别存量项目由于宏观调控政策变动导致的风险。

二、加强行业信用风险管理

商业银行应密切关注制造业客户的多维度风险来源，除宏观层面的经济周期风险和微观层面的企业客户风险外，还应重点关注中观层面对制造业细分行业风险的全方位管理。

（一）跟踪行业经营风险

要通过分析目标行业的供求基本面、主要产品的可替代性、重大兼并重组事项导致的竞争格局变化等把握行业整体增长和结构变化蕴含的风险。要通过对行业整体和代表性企业财务数据的变化把握行业盈利能力，进而深入剖析行业潜在风险。以便于在行业出现经营情况恶化苗头时，及时进行风险预警并做出授信政策调整。

（二）把控行业周期风险

要注重甄别行业盈利模式中起主导作用的运行规律，认清行业发展的生命周期和发展阶段，尽最大可能避免因误判行业趋势丧失业务机会或承担行业波动导致的风险传递。要注重区分行业的内生性周期与外生性波动，准确把握行业周期与宏观经济周期的相关性，对产能过剩等行业共性问题导致的价格下行、利润率下降等风险及时预警和应对。此外，还应特别关注影响行业周期性波动的国家宏观调控和产业政策，防止银行资金流向国家禁止的领域和用途。

三、完善客户贷后风险管理

商业银行信贷资产质量的恶化可能是一个渐进的过程，而这一过程又往往与制造业客户经营状况和财务状况的恶化密切相关。因此，完善对制造业客户贷后管理就成为防范风险、减少不良的重要手段。

（一）持续关注客户企业经营状况

商业银行应避免因为客户信用等级高、担保条件好、能够正常付息就放松甚至忽略贷后管理。应切实贯彻"了解你的客户"原则，密切关注企业出现的早期财务和非财务警示信号，对客户经营管理中存在的重大问题及时发现和预警。对客户现金流的监控应穿透到现金流来源层面加以分析，确认现金流充足的背后是否存在产品低价预售等情形，防止后续现金流不可持续导致的还款能力不足。

（二）提前介入化解潜在不良风险

商业银行一旦发现客户出现还款来源不稳定、偿债能力弱化等问题，不应简单抽贷、断贷了事。而是应在前期已经制定的预案基础上，抓住处置和化解风险的最佳时机，准确评估、分类施策、及时处置。对于内部管理没有重大问题、主要因外部条件变化导致的暂时性还款困难，商业银行可考虑采取债务重组等可能的措施帮助客户改善财务状况，防止不良风险上升。

四、强化全口径信用风险管理

在商业银行授信方式日益多元化，监管对全口径信用风险集中度量化要求缺失的情况下，《商业银行大额风险暴露管理办法（征求意见稿）》提出了对商业银行不同类型客户的大额风险暴露监管要求。对此应从以下两个方面重点关注：

（一）全面监测表内表外授信

商业银行应切实按照"实质重于形式"的原则，加强客户全口径信用风险管理。对特定客户信用风险的监测范围应在包含贷款等表内业务的基础上，全面涵盖承诺、保函等表外业务，还应关注对存量授信客户委托贷款导致的信用风险暴露增加。在表外业务中，要特别防止客户在资金紧张的情况下,通过开立银行承兑汇票或信用证完成进货和销售,而将本应支付货款的信贷资金挪用进行循环开票或开证,从而放大融资杠杆,导致风险成倍增加。

(二)强化分支机构统一授信

商业银行分支机构在对客户进行贷前调查时,应完整准确分析客户存量负债资金来源等信息,全面掌握客户资产负债结构,防止出现重复授信。商业银行应强化总行对各分支机构的统一授信管理,通过明确规范业务授权制度流程、完善业务信息系统对接等确保客户授信信息汇总及时、完整和准确,防止出现多头授信或过度授信。

五、提升关联客户动态识别能力

提高关联客户识别能力是有效防范客户集中度风险的基础性工作,《商业银行大额风险暴露管理办法(征求意见稿)》也明确规定了关联客户的识别方法,应主要从以下两个方面理解执行:

(一)集团法人客户控制关系识别

对存在控制关系的集团法人客户,要通过内外部信息系统全面了解其股权结构、准确识别最终控制人和关联方。要充分梳理各类关联交易并判断其正当性,防止成员企业依托关联交易套取银行资金。要及时准确掌握集团内部关联方以连环担保等形式发生的关联交易,防止信用风险循环传递导致的贷款担保不足。还要通过定期识别及时发现集团抽空成员企业利润甚至净资产、进而变相悬空银行债权的行为。对在其他关联关系形式下可能存在的不按公允价值转移资产和利润的,应视为集团客户控制关系处理。

(二)经济依存客户关联关系识别

在授信调查等环节,应充分考虑产业链结构等制造业细分行业特点,全面准确识别与客户没有控制关系但存在较强经济依存关系的利益相关方。对通过产品销售、原材料采购、担保代偿责任、共同融资来源等方式形成的经济依存关系,应合理评估其依存度及相关方在经营、财务等方面的稳健性,防止由于上下游经济依存企业供给或需求下滑、财务状况恶化造成的风险传染和债务链条断裂。对与客户存在经济依存关系的企业出现的重大风险事件、应及时进行风险识别和评估,及时采取风险控制措施。

商业银行重大风险的识别与评估[①]

新资本协议提出了以风险量化和资本管理为核心的三大支柱，对以三大风险为主的重要风险类型提出了详细的管理要求，为全面风险管理框架奠定了一个开放式的平台、实现路径和具体的方法。后金融危机时代，严格资本监管要求，实施新资本协议是全球银行业的大势所趋。然而，对任何银行来说，实施新资本协议都是一项庞大的系统工程和巨大挑战。

作为新资本协议的核心内容，重大风险识别与评估工作是新资本协议第二支柱内部资本充足评估程序（ICAAP）的重要组成部分，是新资本协议实施建设工作的重点内容之一。银行建立重大风险识别与评估机制一方面可以作为内部完善风险管理体系和控制机制，实现资本管理与风险管理密切结合；另一方面，监管机构可以基于银行自行评估的内部资本水平来确定监管资本要求，能实现新资本协议监管达标和提升核心竞争力的双重目标。

金融大师彼德·伯恩斯坦在其风险管理经典著作《与天为敌：风险探索传奇》中提到"风险（Risk）"是源于古意大利语 RISICARE，意为"害怕"；而银行就是经营风险的，风险需要主动管理，不能逃避。本文就重大风险如何识别，参考银监会相关监管指引与银行采用的风险分类与定义，结合同业实践，给出基本方法；就重大风险如何评估，基于同业领先实践，结合银行目前的实际业务开展情况，介绍基本的风险评估模板和重大风险的评估方法，即以推动商业银行建立动态的、全程的、计量的、立体的风险控制体系来应对重大风险的来临而不"害怕"。

一、重大风险识别与评估的意义与范围

实施新资本协议的商业银行不仅要对信用风险、市场风险和操作风险计

[①] 原文发表于 2014 年第 9 期《当代金融家》，收录时略有改动。

提资本，而且应对其他主要风险和剩余风险计提资本。监管机构要求商业银行应根据自身风险特征和运营复杂程度建立适合自身需要的资本充足评估程序，定期监测和报告银行资本水平和主要影响因素的变化趋势。内部资本充足评估报告应至少包括以下内容：评估主要风险状况及发展趋势、战略目标和外部环境对资本水平的影响；评估实际持有的资本是否足以抵御主要风险；提出确保资本能够充分覆盖主要风险的建议。

重大风险识别与评估工作在满足内部资本充足评估程序（ICAAP）监管要求的同时，能够进一步提升银行内部管理水平。在监管合规方面，重大风险识别与评估是商业银行内部资本充足评估程序（ICAAP）的重要组成部分，银行通过建立重大风险识别与评估机制，能为后续满足 ICAAP 监管合规打下坚实基础，完成向监管提交的 ICAAP 报告中"重大风险识别与评估"部分内容。此外，通过建立重大风险识别与评估的机制，能有效提升银行内部管理水平。

重大风险识别与评估工作涵盖三部分内容：风险的分类、定义与识别，第二支柱风险的评估，以及分析风险评估结果：（1）风险的分类、定义与识别主要包含两类风险，第一支柱风险如信用风险、市场风险、操作风险等；第二支柱风险包括集中度风险、战略风险、银行账户利率风险、资产证券化风险、流动性风险、估值风险和声誉风险。（2）第二支柱风险评估，包括集中度等风险评估模板的设计和评估，以及其他风险评估机制的建立。（3）分析风险评估结果。

二、重大风险识别方法

重大风险识别的管理流程包括风险分类与定义、风险全面识别、重大风险认定、持续重检更新四个步骤：（1）风险分类与定义根据相关监管指引文件与行业实践进行，同时结合银行的风险轮廓进一步明确。（2）风险全面识别由风险管理部门统筹组织并与各业务条线的专家完成，采用自下而上和组合层面两种方式对不同风险进行识别。（3）重大风险认定需要建立重大风险认定标准，从风险事件发生可能性和影响程度两个角度判断哪些风险是重大风险。（4）持续重检更新每年由风险团队和业务专家完成，基于内外部环境的变化对新的风险因素进行识别，并对已识别的风险进行再评价。

重大风险识别具体方案的确立包括两个步骤：首先分析监管当局的相关指引，参考专业机构的文件，建立对各类风险的明确定义；其次设定重大风险的判断标准，对银行的重大风险进行识别。方法上可以采取自下而上的识别方法，即基于对各类风险内涵的理解，形成针对不同类别的风险的封闭式问题，业务专家通过回答这些问题来完成对本业务领域所存在风险的识别。亦可采取组合层面的识别方法，即对某一类无法通过银行产品及非产品业务活动进行逐一判断的风险（如集中度风险），风险管理部门统筹组织相关主管部门专家在组合层面上对该类风险进行识别。

参考相关监管指引以及银行目前所采用的风险分类，并结合行业实践，可以对风险进行如下分类：第一支柱风险，包括信用风险、市场风险、操作风险；第二支柱风险，包括集中度风险、银行账户利率风险、流动性风险、声誉风险、战略风险、资产证券化风险和估值风险；其他风险，包括合规风险、国别风险、模型风险和结算风险等。

三、重大风险评估方法

（一）重大风险评估方法论

国际先进银行的经验表明，银行应使用"4M"方法论对识别出的重大风险进行评估。所谓"4M（Materiality – Measurement – Management – Mitigation）"方法论，包含风险水平评估和风险管理水平评估两大方面，其中风险水平评估包括衡量风险是否重大（Materiality）和如果是重大风险应该如何计量（Measurement）两部分，风险管理水平评估包括重大风险应如何管理（Management）以及重大风险应如何用资本来缓冲（Mitigation）两部分。

重大风险评估框架首先应区分风险是否可以量化，若可量化，应进行风险状况定量计量和管理情况定性评估，从而得出评估结论；若不可量化，应进行风险状况定性计量和管理情况定性评估，得出评估结论。其中管理情况定性评估又包括管理机制健全性和执行有效性评估两方面。

对各重大风险的评估需要基于重大风险评估框架，结合成熟的风险评估模板，最终形成评估结果。以集中度风险为例，在风险评估模板的评估指标设计上，集中度风险状况评估维度包括借款人集中度、地区集中度、行业集中度、信用风险缓释工具集中度、资产集中度、表外项目集中度、贷款期限集中度和集中度风险状况等;风险管理情况评估维度包括政策制度、风险识别、风险计量、风险控制、压力测试、风险报告、资本配置、集中度管理情况等。

综合风险状况和管理情况,最终得到三级分类的风险评估结果矩阵(见表1)。该矩阵横轴维度为风险管理情况,从左到右分为强(管理情况好)、中、弱(管理情况差)三个等级;纵轴维度为风险状况维度,从低到高分为低、中、高三个维度。由矩阵的左下角到右上角,风险评估结果由好变差。

表1　　　　　　　　三级分类的风险评估结果矩阵

风险状 况维度	高			差
	中			
	低	好		
		强	中	弱
	风险管理情况维度			

(二) 重大风险评估步骤和维度

重大风险评估工作步骤包括:一、设计风险评估模板;二、讨论确定模板指标及权重;三、收集相关数据、信息及资料;四、根据相关信息填写评估模板;五、讨论确定风险评估结果;六、撰写重大风险评估报告;七、审阅重大风险评估报告;八、确认重大风险评估报告。重大风险评估主要从风险状况和风险管理状况两个维度进行,其中,在两个大维度下又根据监管要求以及具体管理情况进行细分。以集中度风险为例说明如下:

1. 风险状况定量评估细分维度

(1) 借款人:单一集团客户授信集中度、单一客户贷款集中度、最大十家客户集中度、政府融资平台贷款余额及比例等;

(2) 地区:东北地区、华北地区、华东地区、华中地区、华南地区、西南地区、西北地区;

(3) 行业:房地产、批发和零售业、租赁和商务服务业、采矿业、交通运输、仓储和邮政业、建筑业等;

（4）信用风险缓释工具：保证、信用、抵押、质押等；

（5）资产：贷款集中度、债券投资集中度、衍生工具类型集中度等；

（6）表外项目：不可撤销保函、不可撤销信用证、承兑汇票、未使用信用卡额度等；

（7）其他：贷款剩余期限等。

2. 风险管理状况定性评估细分维度

（1）风险管理政策制度：是否建立了书面的集中度风险管理制度，对面临的集中度风险做出明确定义并规定相关的管理措施；

（2）风险识别：是否在清楚理解不同业务条线的类似暴露所导致的整体集中度风险基础上有效识别各类集中度风险；

（3）风险计量：采用了哪些技术手段计量自身面临的主要集中度风险；

（4）风险控制：是否根据经营规模和业务复杂程度对集中度风险确定了适当的限额；

（5）风险压力测试：是否定期对面临的主要集中度风险进行压力测试，充分考虑、评估在经济下行和市场不具备流动性等压力市场条件下可能产生的风险集中情况，识别可能对经营带来不利影响的潜在因素，并根据压力测试结果采取相应的处置措施；

（6）风险报告：是否定期向董事会和高管层报告集中度风险状况，供其审查以确保相关风险得到有效的管理和控制；

（7）风险资本配置：是否根据自身集中度风险的计量评估结果，配置相应的资本以有效抵御集中度风险可能带来的损失。

（三）对可量化的重大风险的评估

依然以集中度风险为例说明如下：

1. 对风险状况的量化评估

选取关键风险指标，从指标阈值、与往年比较、与同业比较等方面进行分析，赋予相应的权重及分数，得出风险状况评估结果。例如，选取行业贷款额集中度作为集中度风险的关键风险指标，在银行维度可以制作表2所示的模板。

表 2　　　　　　　　　银行维度集中度量化评估表

行业贷款集中度（银行维度）							
行业	本期	风险状况	分数	权重	风险状况阈值		
					低	中	高
建筑行业（不含房地产业）						−	
房地产业						−	≥
限制性行业							
黑色金属冶炼及压延加工业						−	≥
纺织服装化纤行业						−	≥
水泥行业						−	≥
钢铁贸易制造业						−	≥
制造业							
通信设备、计算机及其他电子设备制造业						−	≥
专用设备制造业							
工艺品及其他制造业							
农副食品加工业							
仪器仪表及文化、办公用品机械制造业							
皮革、毛皮、羽毛（绒）及其制品业							
塑料制品业							
文教体育用品制造业							

在衡量贷款的行业集中度风险时，先赋予不同行业不同的分数和权重，并确定风险状况阈值（分低、中、高三档），分数与权重的乘积落在哪个阈值内，就确定风险状况在哪一档，由此来衡量不同行业的风险状况。

在同业维度可以制作表 3 所示的模板。

表 3　　　　　　　　　同业维度集中度量化评估表

行业贷款总额集中度（同业维度）										
行业	银行 A		银行 B		银行 C		银行 D		银行 E	
	余额	占比	余额	占比	余额	占比	余额	占比	余额	占比
制造业										
房地产业										
批发和零售业										
租赁和商务服务业										
采矿业										
交通运输、仓储和邮政业										

续表

行业	行业贷款总额集中度（同业维度）									
	银行A		银行B		银行C		银行D		银行E	
	余额	占比	余额	占比	余额	占比	余额	占比	余额	占比
建筑业										
水利、环境和公共设施管理业										
公共管理、社会保障和社会组织										
教育和社会服务业										
电力、热力、燃气及水生产和供应业										
金融业										
信息传输、软件和信息技术服务业										
公共及社会机构										
教育/文化及广播电影电视业										
农、林、牧、渔业										

通过横向比较，可以衡量各个银行在不同行业的贷款占比，从而分析贷款的行业集中度。

2. 对风险管理情况的定性评估

从风险的风险管理策略、组织架构、政策制度与流程、识别、计量、监测和控制程序、信息系统、报告与信息披露等维度，选取管理的重要环节，赋予相应的权重及分数，进行管理情况评估。

表4　　　　　　　　　　风险定性评估表

评估维度	评估原则指标	机制健全性	执行有效性	自评说明	支持文档/事实	管理水平综合评估	分数	权重
政策制度	是否建立了书面的风险管理制度，对银行面临的风险做出明确定义并规定相关的管理措施？							
风险识别	是否在清楚理解不同业务条线的类似暴露所导致的整体风险的基础上有效识别各类集中度风险，如交易对手或借款人集中风险、地区集中风险、行业集中风险、信用风险缓释工具集中风险、资产集中风险、表外项目集中风险以及其他集中风险等？							

续表

评估维度	评估原则指标	机制健全性	执行有效性	自评说明	支持文档/事实	管理水平综合评估	分数	权重
风险计量	采用了哪些技术手段计量自身面临的主要风险？							
风险控制	是否根据银行经营规模和业务复杂程度对风险确定了适当的限额，并采取有效措置确保限额在经营管理中得到遵循？							
压力测试	是否定期对面临的主要风险进行压力测试，充分考虑、评估在经济下行和市场不具备流动性等压力市场条件下可能产生的风险集中情况，识别可能对银行经营带来不利影响的潜在因素，并根据压力测试结果采取相应的处置措施？							
风险报告	是否定期向董事会和高管层报告风险状况，供其审查以确保相关风险得到有效的管理和控制？							
资本配置	是否根据自身风险的计量评估结果，配置相应的资本以有效抵御风险可能带来的损失？对于不同类别不同特征的风险，是否采用了不同的资本计量方法？							
总计								

如表4所示，赋予每个维度不同的权重，分数乘以权重可以得到管理水平的综合评估结果；此外，还从机制健全性、执行有效性、自评说明、支持文档/事实等方面进行综合评估。

3. 风险图

通过对报告期内风险状况和风险管理情况评估，可以制作风险图来展示总体评估结果。风险状况评估和风险管理情况评估模板如表5所示。风险状况的评估级别分为低、中、高三个程度；管理情况的评估级别分为强、中度、弱三个级别。

表 5　　　　　　　风险状况评估和风险管理情况评估表

评估指标	
报告期内风险状况评估：	
风险状况评估维度	风险状况
借款人	
地区	
行业	
信用风险	
资产	
表外项目	
贷款期限	
集中度风险状况	
报告期内风险管理情况评估：	
管理情况评估维度	管理情况
政策制度	
风险识别	
风险计量	
风险控制	
压力测试	
风险报告	
资本配置	
管理情况	

通过两个维度的组合，可以得到集中度风险管理的总体评估结果，结果可划分表 1 中所示的三个级别，一级评估结果好，三级差。

（四）对不可量化的重大风险评估

与评估可量化的重大风险相比，评估不可量化重大风险对风险状况的评估无法根据量化指标进行，改进方案之一是从风险来源分析入手，评估银行风险发生的可能性及影响大小，并赋予相应的权重及分数。

以声誉风险为例，由于声誉风险不可量化，因此评估时可以从市场及公众对银行形象的认识和看法，以及银行合规情况两大维度进行评估。其中"市场及公众对银行形象的认识和看法"又可分为银行的公众形象、高级管理层的职业操守、银行财务状况、银行履行社会责任的情况四个小维度，"银行合规情况"可分为监管处罚记录、行内发现的合规事件数量及分布、合规事件引发的重大声誉风险事件三个小维度。针对每一个维度，都从自评说明、支持文档/事实、风险程度、分数、权重五个方面进行分析和评估，最终得到综合评估结论。

以表6评估模板给出的一家银行声誉风险评估情况为例：该银行在公众形象包含的四个维度下风险程度都较低，因此得分均为0，综合评估风险程度为"低"；在银行合规情况的三个维度中，监管处罚记录和行内合规事件两个维度风险程度适中，合规事件引发重大声誉风险事件维度风险程度低，整体评估风险程度为"低"。

表6　　　　　　　　　　声誉风险评估表

一级评估维度	二级评估维度	评估原则与指标	自评说明	支持文档/事实	风险程度	分数	权重	综合评估结论
市场及公众对银行形象的认识和看法	银行公众形象	是否得到公众和专业机构普遍认可：近年获得媒体及专业机构奖项记录			低	0	5%	低
	高级管理层的职业操守	董事和高级管理人员是否有不良记录及违反职业操守的行为（如被监管机构约谈、警告等） 董事和高级管理人员的业务水平、学习与工作履历是否存在不符合监管要求及银行经营管理要求的情况			低	0	4%	
	银行财务状况	财务状况评价：从利润、资产规模、不良贷款以及资本充足率等方面评价财务状况 近年是否经历过丑闻或负面影响导致重大财务损失？			低	0	5%	
	银行履行社会责任的情况	是否将履行企业社会责任纳入银行战略和核心价值观体系？ 近年银行履行社会责任的基本情况介绍，是否产生过严重负面社会影响？			低	0	3%	

续表

一级评估维度	二级评估维度	评估原则与指标	自评说明	支持文档/事实	风险程度	分数	权重	综合评估结论
银行合规情况	监管处罚记录	近年银行因操作不合规被监管部门处罚记录，包括警告、罚款等			中	60	4%	低
	行内发现的合规事件数量及分布	近年内部合规管理过程中发现的合规事件数量、业务领域分布（信贷业务、资金业务、风险管理、计划财务、会计、信息系统等）、机构层级分布（总行、分行、支行；前台、中台、后台）等			中	40	2%	
	合规事件引发的重大声誉风险事件	监管部门检查发现的合规事件，是否引发过重大声誉风险事件？			低	0	2%	

总之，商业银行资本充足状况应与其风险状况相适应，要审慎评估银行表内和表外主要风险，实施资本规划管理，并维持与银行风险状况相适应的资本水平。监管机构也会对银行所面临的各类主要风险及其管理能力进行独立评估，根据评估结果、压力测试结果和经济周期等因素，确定监管资本要求，确保银行的资本能够充分覆盖其面临的各类风险。因此，商业银行应加快研究和开发自己的内部资本充足评估程序，在有效实现对风险的识别、计量、监测和管理的基础上，计提相应的资本，确保银行资本充足水平能够有效抵御其所面临的风险。同时，作为我国银行业实施新资本协议制度安排的重要组成部分和第二支柱的具体体现，有效对重大风险识别与评估，将会推动建立全面风险管理框架和内部资本充足评估体系，提高资本管理水平，完善资本监管制度，保持银行业稳健运行和健康发展。

金融机构集中度风险管理[①]

集中度风险作为金融风险管理的重要对象，受到国内外金融机构的高度重视。银保监会发布的《商业银行大额风险暴露管理办法》旨在防范金融机构授信集中度风险，引导业务回归本源。从各国金融业发展经验来看，由于融资主体过度集中导致金融机构遭受损失甚至破产的例子不胜枚举，美国次贷危机就是一个典型案例。在过去几年资金投放力度加大的宏观政策驱动下，我国金融机构在积极支持国家经济增长和结构调整的同时，也开始面临日益凸显的融资集中度上升问题。随着经济的不断扩张，集中度过高的风险日益上升，出现了行业集中、客户集中和期限中长期化的趋势。这把"双刃剑"给金融机构带来了短期利益，却也在不断积聚潜在风险。踏石留印、抓铁有痕。作为金融机构全面风险管理工作的核心内容之一，深入研究集中度风险，厘清和比对监管的国际标准，分析面临的问题，对有效提升金融机构集中度风险管理水平、防范集中度风险有着重要的现实意义。

一、集中度风险的产生

集中度风险已引起了有关方面的注意，央行在近期一份报告中曾提出过这一问题。随着融资规模的不断扩张，集中度过高的现象显现。

（一）与一般金融机构业务战略定位密切相关

为了通过增大业务量来提高自身的市场份额，金融机构往往需要持续发放长期贷款。大量没有审慎考虑信贷风险就发放的无抵押贷款，导致个别经济部门或某些借款人名下的集中度不断提高。在此情况下，一些大客户的信用违约可能直接带来产生巨量的贷款损失，极易引发金融机构破产，在一些国家和地区甚至引发不同程度的金融危机。例如，在 20 世纪 80 年代美国爆

[①] 原文发表于 2018 年第 7-8 期《当代金融家》，收录时略有改动。

发的储蓄和贷款危机中，高度的行业集中性致使个别区域有超过 1000 多家金融机构破产；在 90 年代中期的房地产危机中，斯堪的纳维亚地区（包括瑞典、挪威、丹麦和冰岛等国）大量金融机构倒闭。过去几年里，各国金融机构逐渐改变股东的业务价值导向政策，经营战略从纯粹的数量最大化的定位调整为以收益和价值为发展导向。

（二）与金融机构行为规则相关

对集中度变化的态度从根本上影响着集中度风险爆发的概率，以至于可以作为金融机构商业哲学的一部分来认识。一些国外的抵押贷款金融机构以及贷款协会在日常经营中，对融资集中度上升采取了实际上是放任自由的政策；一些金融机构，原本从办理的金融产品和某些借款人中可以获得充分的信息优势，但往往主观地认为所从事投融资组合业务是高质量的优质资产，即便相当高的融资集中度也只有较低的违约率。经验表明，集中度风险更加容易在这类缺乏审慎态度的机构经营活动中爆发。

（三）与金融机构客户所在区域经济结构特征相关

经验证据表明，区域性金融机构的资产结构很大程度上受到所在地区的经济结构的影响。经济结构单一化的地区的金融机构往往面临较高的行业集中度，公司业务占比较高的金融机构更是可能因"垒大户"行为带来较高的集中度风险。近年来，由于金融机构对客户和当地环境不断加强了解，通过深耕特定区域逐渐增强了信息优势，区域和行业集中度风险正在逐步缓释，但仍应注意在未来货币政策趋紧情况下的反弹可能。

二、集中度风险监管的跨境比较

天下之势，以渐而成；天下之事，因积而固。在融资规模快速膨胀的背景下，集中度过高的问题必须借鉴国际先进实践，采取切实有效的措施加以解决。

（一）巴塞尔委员会集中度风险的监管要求

巴塞尔委员会非常重视集中度风险，并对控制风险集中度持续提出建议。早在 1991 年 1 月，巴塞尔委员会就发布了"衡量与控制大额授信敞口（large credit exposures）"文件，这份文件被认为是总结了当时管理大额授信敞口的最佳做法，强调许多金融机构经营管理陷入困境的主要原因是授信风险过于集中，因而要求金融机构考虑在总量层面和大额敞口层面都应当设立限额以控制风险的过度集中。同年发布的《大额信用风险的计量与管理》提出，一国监管当局对贷款集中和大额风险暴露实施有效监管应包括的七方面内容。《有效银行监管的核心原则》对金融机构风险管理和外部监管提出25条原则，要求建立完善的管理信息系统，控制单一客户和集团户的风险敞口，监管当局必须制定审慎限额。其后的《信用风险管理原则》《信用风险披露的最佳做法》《增强银行透明度》和《贷款会计与披露的稳健做法》等文件，对贷款集中的识别、度量和披露等做出了全面规定。

在巴塞尔协议Ⅲ中，集中度监管体现在第二支柱的要求中，指任何有可能给金融机构造成巨大亏损从而危及其正常经营的单一或集合风险暴露。巴塞尔委员会发布的《有效银行监管核心原则》（修订版）第19条"集中度风险和大额风险暴露限额"以及《大额风险暴露的测度与控制监管框架》规定，监管当局要求金融机构有充足的政策及程序识别、衡量、评价、监测、报告、适时控制或减轻风险集中度。通过规定审慎限额，以限制金融机构承担单一交易对手或一组关联交易对手的风险，资产证券化、集合投资（CIU）等方面的大额风险暴露进行了关注。

（二）集中度风险监管的国际比较

许多国家在不同程度上采用了以巴塞尔委员会为代表的一系列国际组织的风险集中度的管理框架，并且根据本国实际情况进行了调整。

1. 大额敞口的限额设定

大多数国家和地区的金融机构都对大额敞口设定一个限额，设定标准通常与巴塞尔委员会的建议一致，即金融机构对于单一客户或者一个集团的敞口不能超过金融机构监管资本的25%。有的国家设定的限额比较高，例如印度规定对于单一客户的最大敞口不能超过金融机构资本金的25%，但是对于单一集团户的最大敞口则不能超过金融机构资本金的50%，对于一些基础设施行业的集团户的最大敞口则不超过金融机构资本金的60%。美国在区分抵押贷款和无抵押贷款的基础上分别设定了大额敞口的限额水平，即对于单一借款人的无抵押贷款不能超过金融机构资本的15%，如果是抵押贷款，则相关比率调整到25%。有的国家对于总的敞口水平也设定了限额，例如部分欧盟国家和俄罗斯、瑞士等国规定，金融机构的大额敞口总额不能超过金融机构资本金的 8 倍。澳大利亚和新西兰要求金融机构在设定大额敞口限额时需要与监管当局协商,原则上不希望金融机构出现超过金融机构资本金 30% 的大额敞口。在新西兰,金融机构还需要公开发布大额敞口的信息。

2. 敞口的界定

大多数国家和地区都强调敞口应当包括表内外的所有债权,界定的分歧主要在于是否在并表的基础上设定敞口的限额、是否使用风险权重来计算敞口限额等。从是否并表来看,几乎半数的国家和地区在并表的基础上设定敞口的限额。有的国家规定,在计算敞口时可以剔除特定的项目,如加拿大、欧盟等国规定,计算敞口时可以剔除对于政府和金融机构同业的债权等项目。从敞口限额计算来看,大多数国家在计算敞口时并不采用 1988 年巴塞尔协议所运用的风险权重。尽管如此,在规定敞口的剔除项目时,有的欧盟成员国在事实上采用了巴塞尔资本协议中的风险权重来进行调整。例如,金融机构在计算按揭贷款敞口时可以剔除 50%;对于一些中低风险程度的表外项目,也可以剔除 50% 来计算敞口。

3. 集团的界定

不同国家和地区金融机构对集团的界定实质上是从法律方面和财务两个方面的控制权来判断。在界定控制权时,一般是运用一定比率的投票权选择管理层的能力或者施加的主导性影响等多方面来判断,主要是考虑共同的所有权、控制者和共同的担保等。在有的国家和国际组织中,如秘鲁、中非经济和货币联盟等,家族关系也被作为一个独立的重要判断因素列出。

4. 抵押担保的敞口剔除和特定行业限额

有的国家规定,金融机构拥有合格的抵押时,可以扩大对大额敞口设定的限额比率,如秘鲁、美国和菲律宾等国。有的国家在计算敞口时,可以将有特定担保、抵押的敞口部分或者全部剔除。例如,在欧盟一些成员国在计算敞口时可以将有特定抵押(如按照市价计算的、价格稳定的证券)、有特定担保(如特定的政府担保)的敞口扣除。有的国家对于特定行业设定了限额控制。例如,加拿大对于特定的行业和地区的敞口也设定了限额。印度规定对于纺织、黄麻、茶叶等行业的敞口要求控制在一定比率水平之内。

(三) 国内对集中度监管的要求

《商业银行法》和《商业银行集团客户授信业务风险管理指引》是我国集中度监管政策的主要体现。《商业银行法》规定"对统一借款人的贷款余额与商业银行资本余额的比例不得超过10%"。《商业银行集团客户授信业务风险管理指引》明确提出了对集团客户授信应遵循的主要原则，并对集团客户大额授信业务风险管理有具体要求。该《指引》对风险的识别和计量更为全面和准确，表现为两个"扩大"：第一个"扩大"是将风险集中的对象由单一客户扩大到集团客户的范围，并列出了集团客户的四个特征；第二个"扩大"是将"贷款"扩大到"授信"。在此基础上，《指引》认定"一家金融机构对单一集团客户授信总额超过资本余额15%以上或视为其风险承受能力的其他情况"为"超过风险能力的风险集中"。

银保监会发布的《商业银行资本管理办法》和《商业银行并表管理与监管指引》规定：金融机构进行风险加总，应当充分考虑集中度风险及风险之间的相互传染；动态支持集中度风险和潜在风险的识别，建立用于风险和资本的计量和管理的信息管理系统。银保监会有权根据现金流覆盖比例和区域风险差异确定对地方政府融资平台贷款的集中度风险资本要求，并针对贷款行业集中度风险状况，确定部分行业的贷款集中度风险资本要求。金融机构应当在并表基础上管理集中度风险，建立和完善集中度风险管理的政策、制度和流程，定期开展模拟各种极端情况下的集中度风险压力测试，建立并细化一整套集中度风险的防控机制。

银保监会今年5月发布的《商业银行大额风险暴露管理办法》规定，大额风险暴露是指金融机构对单一客户或一组关联客户超过其一级资本净额2.5%的风险暴露。金融机构应将大额风险暴露管理纳入全面风险管理体系，建立完善与业务规模及复杂程度相适应的组织架构、管理制度、信息系统等，有效识别、计量、监测和防控大额风险。金融机构对非同业单一客户的贷款余额不得超过资本净额的10%；对非同业单一客户的风险暴露不得超过一级资本净额的15%；对同业单一客户或集团客户（附件一对集团客户识别做出了描述）的风险暴露不得超过一级资本净额的25%。金融机构对客户的风险暴露包括：（1）因各项贷款、投资债券、存放同业、拆放同业、买入返售资产等表内授信形成的一般风险暴露。（2）因投资资产管理产品或资产证券化产品形成的特定风险暴露。(3)因债券、股票及其衍生工具交易形成的交易账簿风险暴露。(4)因场外衍生工具、证券融资交易形成的交易对手信用风险暴露。(5)因担保、承诺等表外项目形成的潜在风险暴露。(6)其他风险暴露,指按照实质重于形式的原则,除上述风险暴露外,信用风险仍由金融机构承担的风险暴露。金融机构计算客户风险暴露时,应考虑合格质物质押或合格保证主体提供保证的风险缓释作用,从客户风险暴露中扣减被缓释部分;质物或保证的担保期限短于被担保债权期限的,不具备风险缓释作用。金融机构应定期向监督管理机构报告大额风险暴露管理情况,对于违反大额风险暴露监管要求的金融机构,监管机构可以采取不同的监管措施乃至行政处罚。金融机构应于2018年12月31日前达到该办法规定的大额风险暴露监管要求。

三、关于集中度风险的几个重要问题

集中度风险对经济资本有重要影响,其中客户集中度风险对经济资本的影响在规模较小的资产组合中表现较为显著,行业集中度风险对金融机构实际资产组合的经济资本影响也很明显。

(一)测算方法介绍及比较

1. 主要测算方法介绍

非模型方法主要有基尼系数法和赫希曼指数法(HHI)法等,模型方法主要有渐近单因子风险模型(ASRF)和多因素模型等。

基尼系数法。基尼系数是一个进一步测算单一客户集中度的方法。这个比率可以解释为一个集中度指数,即衡量风险分配暴露对均匀分布的背离度。系数接近零,意味着所有风险的暴露对同样的投资组合是相同分布的,然而用基尼系数测算集中度有一个根本的劣势,那就是投资组合的大小并不考虑集中度。此外,如果对于另一个借款人的一个相对较小的贷款被添加到投资组合中,尽管削弱了集中度,却会导致基尼系数会增加。由于这些原因,基尼系数的适用性有比较大的局限性,通常只用于计量单一客户集中度风险。

赫希曼指数法。赫希曼指数(HHI)是用所有借款人的相对投资组合份额的平方和测算单一风险的无模型方法。如果是由数目众多的小企业组成的

多元化的投资组合，那么 HHI 指数值接近于零；相反，高度集中的投资组合造成 HHI 指数非常接近于 1。在行业集中度风险的测算中，HHI 值取自于各信贷投资组合相对份额数。如果投资组合是评级加权后的额度或者风险加权资产被风险暴露额替代，这种方法就可以用于分析个人业务风险暴露。

渐近单因子风险模型（ASRF 模型）。ASRF 模型是一种单因素风险模型，假设前提是有无穷多小额投资组合存在，即资产组合充分分散，同时假设只存在唯一的系统风险因子。该模型广泛运用于单一客户集中度、行业集中度和地区集中度的测算工作。在单一客户集中度风险测算中，由于没有考虑到特定企业风险产生自单一客户集中度风险暴露，资产组合的综合风险可能会被低估，对此的一个解决办法是通过粒度调整来扩充这种模式。

多因素模型法。多因素模型法是一种典型的计量行业集中度的简单模型方法，其特点是以尽可能少的数据进行公式计算。多因素模型考虑到所涉及部门风险因素的行业集中性，风险额的大小因个人因素之间的相关性而变化，可以用来确定个人贷款对整体投资组合经济资本的（边际）风险贡献。在这种情况下，边际风险贡献描述的是当更多的贷款被添加到现有的产品组合时产生的额外风险。在该模型中，行业集中度风险的考虑因素是隐含的边际风险控制。

2. 技术方法在计量不同集中度优劣比较

赫希曼指数法和基尼系数法等非模型方法可以显示不同的信用等级，从而可以运用在具有不同违约概率或提供不同等级抵押品的项目中，具有数据要求低，结果易于理解的优点。其中赫希曼指数法作为一种计量单一客户集中度的相对简单方法，运用于相对较小的资产组合时需要应当通过粒度调整的方法进行测算；而基尼系数一般只用于测量资产分布的均衡情况，无法准确测量集中度风险的资本需求。

模型法计量单一客户集中度风险有两个方面的优点：一是充分考虑了粒度调整等事实；二是允许单一客户集中度风险直接表示为经济资本，这一点能够用于解释一定置信水平上的风险价值和预期损失两者之间的差异。其中，ASRF 模型的粒度调整用于计算覆盖借款人造成的潜在违约所需的经济资本，其优势在于避免相对比较复杂的蒙特卡洛模拟和简化敏感性分析。多因素模型作为只需少量数据的公式化模型法，最适合计量行业集中度，而各种非模型方法和模型方法都可以适用于对国家风险的计量。

(二) 理解集中度风险的"三性"

相关性指的是事物间的对应关系和联结关系，除单个客户集中度和行业、地区集中度外，企业集中度风险通过相联系的商业关系暴露，相关性即为企业之间依存度。在行业集中度分析中，部门、行业间的资产相关性估算对于行业集中度的计量非常重要，相关性的大小、强弱对金融机构资本产生不同的影响。在较小的地区性金融机构中，零售业务比企业贷款业务更重要，因为零售业务与产业部门的相关性较弱，因而这减轻了对整个金融机构资本的影响。在某一主体的集中度风险计量中，相关客户、行业和地区应统一作为考虑范畴。

依赖性指事物之间的依存紧密度，如由于双边贸易关系导致的企业间相互依赖性触发风险出现。从微观层面讲，集中度风险是一种依赖性的加强，介于单一集中度和行业集中度之间。在单一客户集中度下，企业被定义为单一风险实体。如果一个企业失败，其他企业也很可能由于依赖性的存而失败。测算地区集中度中的国家风险时，核心问题是确定国家间的相互依赖性，这种依赖性能从国家间股票指数回报的相关性中发现。

集中度风险延伸出的系统性风险是风险传染性最突出的体现，是相关性、依赖性的必然结果。特别是在行业、部门和国家风险中，传染性的"连锁效应"极易导致危机加剧。这导致当一部分借款人出现违约事件时，容易触发传染性风险，进而危及整个金融机构体系的偿付能力。

(三) 压力测试技术的重要运用

压力测试是信贷集中度风险管理中运用的关键性技术方法，符合改善最低监管要求的风险敏感度目的。可以通过假设贷款损失由于各部门之间的相互依赖而进一步传播建立多种压力影响情景，将企业、客户、地区之间复杂的相互依赖的关系加入对压力测试内容中，使得压力测试能够把隐藏的相互依存关系曝光，充分体现集中度风险固有的"三性"特点。例如，在对某些行业集中度风险进行压力测试时，可以看到汽车行业的危机能够波及附属行业，导致钢铁、石油化工、交通运输等上下游行业产生贷款损失。

四、集中度风险管理面临的挑战

集中度过高影响经济的可持续发展和协调发展，制约实体经济的复苏步伐，特别是中小企业的复苏步伐，造成经济结构的失衡，使经济结构调整和经济运行质量提高的难度加大，金融不良资产随着不断增加；同时，集中度过高给地方政府的发展埋下隐患，造成地区与地区之间、行业与行业之间发展的不平衡。

（一）集中度风险形成具有复杂的原因

1. 历史遗留问题

以往狭隘的经营理念、无序竞争、传统经营方式以及对政府的严重依附，使金融机构潜伏了高度的客户集中度风险和区域集中度风险。即使在完成重组改革后，处于高位的集中度指标也侵蚀着金融机构的资本实力和资产质量。

2. 同质化竞争

在相当长的时间里，我国金融机构在经营行为和风险管理方式上具有趋同性，业务集中在大客户、集团客户和热点行业。在导致信贷风险增大的同时，也造成一些金融机构的盈利能力削弱，生存空间收窄。

3. 经济环境变化和宏观政策调整

历史的经验和教训表明，在复杂多变的国际经济金融形势和宏观调控逐步深入的过程中，集团客户授信业务是一个需要加强风险管控的关键点。美国次贷危机对全球实体经济造成巨大冲击，是形成了经济环境剧变触发集团客户授信业务风险的诸多典型事件，国内集中度风险爆发教训也十分深刻。过去几年，我国信贷及影子金融机构规模高速扩张，信贷资产的集中度风险日益凸现，大规模投资背后的产能过剩、资源错配和金融机构资产质量问题堪忧。金融机构贷款的集中度越大，越容易受到宏观经济波动和企业经营周期的影响，直接导致操作风险加大，严重的情况下甚至可能出现系统性风险。

（二）地方政府融资平台集中度风险日益凸显

我国集中度风险形成的一个突出原因在于金融机构，特别是地方金融机构受到地方政府的干预，造成一些金融机构对地方政府融资平台公司的信贷集中度风险较大。分税制改革以后，地方政府替代中央层面成为区域经济增长的首要推动力和主导力，随之而来的是地方投融资平台的数量和融资规模呈现飞速发展的趋势，2015年和2016年，地方融资平台通过债券市场进行规模达到4.21万亿元，而这些只是通过债券市场举债的规模，还没有包括通过银行贷款、信托、理财等其他方式的融资。作为地方融资平台主要融资手段，银行贷款占融资平台融资规模的约1/2，而债券融资只占到融资规模约1/4，这样推算出，这些融资平台新增债务规模将达到16.8万亿元。这些仅是发行过债券的融资平台举债规模，不包括那些没有发行过债券的融资平台的债务。如果考虑这些，2015年之后融资平台举债规模更多，这些债务都成为未来地方政府的隐性债务。不少投融资公司存在资本不实、抽逃资本金、高额负债、资金链复杂、管理混乱等问题，金融机构以授信业务或理财业务投入到这类公司的资金量上升的同时，风险集聚的压力也日益增加。

（三）集团客户确认困难加大管理难度

集中度风险管理一大现实困难是集团客户的确认问题，主要有三个制约因素：一是信息不透明。客户不配合提供有关资料，致使金融机构不能及时全面掌握集团客户的股权结构、投资子公司的变化情况和关联关系，或者对一些表面所属同一集团的客户难以收集确切证据予以证实，或者故意隐瞒集团客户的信息；二是客观条件的障碍。一些地方政府为支持平台公司融资，出具其不属集团公司的文件，或者本属于集团公司的企业不办理工商登记变更，以手续的不完善为借口不纳入集团客户授信管理；三是特殊情况的认定不规范。如以信托方式持股的企业，如何确认其关联关系在制度上是一个空白，导致认定工作困难。

（四）现有集中度风险监管体系有待进一步完善

目前，我国尚未形成一套较为全面的集中度监管体系。一是集中度监管偏重强调客户集中度的制度约束，缺乏对行业集中度和地区集中度监管的制度设置，尤其对产能过剩行业、热点行业的集中度限额管理规定存在空白。二是尚未建立完备的集中度监管程序，缺乏监管工作的流程化管理，包括集中度风险监测、评估、审查、监管建议等。导致金融机构在出现风险指标恶化趋向时，才跟进监管措施，监管时效性得不到体现。

（五）集中度风险指标化监管方式需要改进

现有的指标达标监管是集中度监管的一项最基本手段，在严峻的集中度风险形势下，监管方式应当随着形势变化向更深层面发展。一方面，指标要体现地区、重点行业等层面的集中度风险管理；另一方面，现有指标侧重对单一客户、单一集团客户定量指标的监管，对集中度风险与资本影响度、三类集中度的相关性的分析研究较少。监测方式主要还是一种单一维度的监测，无法准确反映金融机构集中度风险的全貌。

五、加强集中度风险管理的建议

往者不可谏，来者犹可追。过去的不能挽回弥补，未来的还是能赶得上的。金融机构要强调把功夫下在平时，坚持点滴积累、不懈努力。防范集中度风险，就是要善于见微知著，抓住未来。

（一）确立正确的战略规划和风险政策

集中度风险管理是金融机构公司治理层面中涉及的战略规划的问题，监管部门应当要求金融机构从股东风险偏好、业务价值导向、资本约束力、风险管理体系改进上思考对集中度风险的控制，具体有四个监管导向：一是根据自身风险控制能力确立科学的战略定位，找准业务方向；二是建立科学的薪酬考核机制，对大客户、集团客户贷款、集中性行业贷款的激励要有所削弱，鼓励分散化的信贷组合业务和相关性较弱的零售业务；三是督促金融机构在资本管理办法框架下，确立资本约束下的业务发展规划，积极增强抗风险能力，鼓励通过多渠道补充资本，提高资本实力，持续建立高额的贷款准备来防范集中度风险；四是督促董事会建立集中度风险政策，尤其是信贷风险限额，在监管标准上提出更进一步的预警限额，分区域、行业和客户的限额，形成完善的风险限额体系。

（二）建立良好的集中度风险管理体系

良好的集中度风险管理体系应当是主要包括充分计量、定期监测、风险评估、上报程序、措施缓释等多层次、全方面的体系。充分计量要求运用非模型或模型方法相对准确地计量集中度风险；压力测试是作为定期常规监测的重要手段，也是集中度风险管理更为深入的关键，能够充分暴露复杂隐藏的企业、行业、地区间相关性；风险评估作为对监测结果的深入分析环节，要结合金融机构的风险资产额度、资本消耗、未来外部政策变化、市场环境调整等多因素做出集中度风险的判定，评估技术方法的适用性并做出下一步战略政策变化的建议。按照风险报告制度，董事会要充分了解集中度风险，决定是否采取创新金融产品、信贷结构调整、补充资本等风险防控措施。

（三）形成健全的集中度风险监管制度体系

健全的集中度风险监管制度体系产生自监管部门制度保证上的偏好，应在现有集中度指标限额管理基础上进一步完善最低监管要求，对超过一定限额的大额暴露要求从资本中扣除，对主要行业的信贷集中度实行定期压力测试等。监管机构应对集中度风险模型运用提出分类指导建议，对于风险管理水平尚处于初级阶段的金融机构要求采用赫希曼指数法等非模型方法进行计量，对于风险管理水平较高的金融机构可建议采取模型方法进行计量。应督促金融机构按照新巴塞尔协议第三支柱规定的信息披露要求，承担大额风险管理的责任，提高信息披露的主动性。

（四）建立多方位的集中度风险监管方法

主要方法包括，构建单一客户统一风险视图管理体系，完善集团客户图谱和相关行业图谱，形成比较全面的集中度信息平台；改进监管机构目前主要采取的风险提示、窗口指导等"软约束"的监管方式，根据行业分布，确定不同的相对风险度和限制性比例要求，限定特定行业的比例；多维度计算和监测集中度风险，对未满足相应触发比例的金融机构要求计提资本。

金融机构信用风险参数量化管理[①]

行而知天下。信用风险是金融市场上的主要风险之一,历来是金融机构经营管理的重点。现代金融研究的重要前沿之一就是量化信用风险,信用风险量化与评级已经为西方发达国家的大型商业银行所应用及普及,并逐步发展为信用风险监控的主要工具,同时也是全面风险管理的重要手段之一。随着人民币汇率和利率体制改革的不断深化、金融创新步伐的日益加快以及国际化经营战略的实施,当前我国金融业务日趋多样化,风险来源更加复杂,应用信用风险内部评级体系对风险参数进行量化可以为金融机构的风险管理提供重要的参考数据,同时对信贷决策、风险防范起重要作用。

一、信用风险参数量化管理概要

巴塞尔新协议的实施将商业银行风险管理带入了一套精细严密的数量分析方法中,比如信用风险违约率和违约损失率计量,市场风险价值(一定时间内给定置信区间下的最大可能损失)计量,基于以上量化的分析延伸出一整套对各类风险的资本、限额、定价等的管控方法、政策和程序。风险量化分析的方法被金融业广泛地学习、接纳、吸收和运用于自身的管理活动中,成为金融机构提高经营管理水平、提升品牌形象的重要举措。中国银保监会《商业银行资本管理办法(试行)》等相关监管制度指导和规范金融机构信用风险内部评级体系风险参数量化(简称风险参数量化,下同)管理工作,金融机构应不断完善和提高信用风险内部评级计量的客观性和准确性。

风险参数量化是指金融机构估计内部评级法信用风险参数的过程,包括对违约概率、违约损失率、违约风险暴露及有效期限的估计。金融机构风

[①] 原文发表于 2019 年第 12 期《当代金融家》,收录时略有改动。

参数量化应遵循以下基本原则：

（1）实证性原则。风险参数估值应以历史经验和实证研究为基础，结合专家经验判断。

（2）审慎性原则。应根据所有可获得的数据、信息和方法保守估计风险参数误差，误差可能性越大，估计参数的保守程度应越高。

（3）差异性原则。根据风险参数使用范围不同，审慎确定参数估值方法等方面的差异。如用于内部管理和用于监管资本计算的风险参数出现不完全一致时，应记录差异并解释原因。

基本原则适用于金融机构非零售和零售风险参数量化工作。其中，非零售是指符合银行账户信用风险暴露分类管理办法规定的主权风险暴露、金融机构风险暴露和公司风险暴露；零售是指符合银行账户信用风险暴露分类管理办法规定的个人住房抵押贷款、合格循环零售风险暴露和其他零售风险暴露。

二、信用风险参数量化管理组织架构

作为一个工具，风险的量化分析最终应为业务所用，虽然工具的性能能够随着时代的进步不断提高，但是使用的效果最终取决于使用工具的人。金融机构在运用这些工具的时要努力避免落入专业主义的藩篱，董事会或其授权委员会应听取风险参数量化的方法论、重大修改及特例事项的可能影响、内部评级体系运行情况等报告，确保风险参数量化和内部评级应用等满足监管要求。

高级管理层或其授权委员会或有权审批人负责审批风险参数的定义、量化方法以及量化结果；定期听取风险参数量化管理部门的报告；向董事会或其授权委员会报告风险参数量化重大修改或特例事项的可能影响、内部评级体系运行情况等。

风险参数量化管理部门一般包括风险管理部、授信审批部、资产监控部、信息科技部、稽核监察部等，其中，风险管理部为金融机构信用风险内部评级体系验证管理部门，同时亦是信用风险参数量化的管理部门，负责风险参数量化管理工作：

（1）内部评级体系风险参数量化的设计、开发和系统实施，牵头组织内部评级结果应用工作；

（2）风险参数量化模型投产前的全面验证，向模型有权审批主体、模型管理部门及模型应用部门提交验证报告；

（3）在模型监控维护阶段，根据监控信息出具监控报告，并定期开展投产后全面验证，向风险参数量化管理部门提交验证报告。根据模型监控、验证报告决定是否启动风险参数量化应用范围调整、风险参数量化模型修改或风险参数量化模型优化等工作；

（3）定期向董事会、高管层及其授权委员会提交内部评级体系运作报告，其中包括风险参数量化管理相关内容；

（4）归口管理风险参数量化文档，检查文档记录是否完整、规范；

（5）按内部审计报告，组织落实建议的改进方案。

风险参数量化管理的参与部门协同风险管理部将信用风险参数量化结果应用到实际业务中，在实际业务中观测信用风险参数量化结果表现，提出信用风险参数估计、优化的需求和建议，并协助提供风险参数量化工作所需业务数据。信息科技部门是风险参数量化管理的系统实施部门，根据风险参数量化的业务需求，开发、维护及完善风险参数量化的相关系统，提供数据质量保障服务，确保系统正常运行。

稽核监察部是风险参数量化管理的监督审查部门，主要职责包括：

（1）定期评估参数估计方法和过程的科学性；

（2）评估风险参数量化的适用性、有效性，测试风险参数量化结果的可靠性；

（3）检查信息系统的结构和数据维护的完善程度，检查风险参数量化的数据输入过程；

（4）对风险参数量化管理所产生的建议的落实情况进行跟进工作；

（5）定期向董事会报告审计情况。

金融机构是经营风险的企业，风险决策是好是坏需要等待实践的检验，但是，可能坏到什么程度是相对可控的，这是风险决策的底线。人，是经济活动中最难以预测、最变化多端，也是金融机构经营管理当中最重要的一个变量，而风险量化分析帮助金融机构评估风险和预测未来。

三、信用风险参数量化管理要求

金融机构面临的损失主要包括预期损失（Expected Loss，EL）和非预期损失（Unexpected Loss，UL）两大类。通常情况下，预期损失可以通过计提拨备的方法予以防范，而非预期损失则需要通过持有一定量的资本予以抵御。与预期伴生的是不确定性，虽然预期变动可能很大，波动性变化却是相对稳定的。风险管理的核心是对不确定性的管理，相对稳定的波动性给风险管理提供了一个相对可信赖的对不确定性的度量，而这个度量对设立风险管理的边界提供了良好的参考。正是基于这样的理解，金融机构通过对风险参数进行量化估计，进而计量面临的预期以及非预期损失，使用充足的资本更好的应付可能的风险损失，可以确立自身市场信誉，保持核心竞争力。

（一）风险参数量化流程

风险参数量化是现实世界的抽象和简化，这很大程度源于研究的方法论，提出假设、数据验证、解释因果。金融机构风险参数量化流程包括数据选取、参数估计、映射和参数应用四个阶段。其中，数据选取是指为确保风险参数量化准确性，从相关历史数据中选取合格数据，建立样本数据集；参数估计是指基于样本数据风险特征，运用不同方法分别估算信用风险参数值；映射是指样本数据集与风险计量模型间建立明确映射关系；参数应用指在风险参数应用时，依据映射关系，审慎地将风险参数估值应用于实际资产组合，定期对应用结果进行评估。

（二）数据选取要求

金融机构应把数据分析和实施的能力作为核心经营能力来建设，应从历史数据中选取合格数据，建立样本数据集。选取数据时，应确保样本数据集中数据定义的一致性和样本数据的代表性，其中，数据定义的一致性指用于估计风险因素的数据中，风险暴露数量、生成数据时所使用的授信标准以及其他相关的特征，应与金融机构的风险暴露和授信标准一致，至少应可以相互比较；样本数据的代表性指选取的样本数据应有代表性，能反映金融机构信用风险暴露特征、信贷政策以及当前和未来的经济状况。样本数据的选取数目和选取时间段，应能够确保风险参数估计的准确性。

对于实施内部评级法之前数据收集标准可以有一定的灵活性，但使用时应进行适当调整，并向监管机构证明调整后的数据与其他数据没有实质性差别。建立样本数据集时，数据来源可以包括内部数据、外部数据和内外部集合数据，确保估值基于所有相关和重要的数据。使用内部数据、外部数据、内外部集合数据或综合使用三类数据来源，应保证内部数据与外部数据之间的可比性、相关性和一致性，且至少其中一类数据源的历史观察期不低于数据观察期的要求。

量化管理对于风险决策的作用大小取决于风险决策机制依据的数据。风险参数量化的数据观察期应涵盖一个完整的经济周期。一般而言，用于估计非零售风险暴露债务人违约概率的数据观察期不得低于5年，用于估计非零售风险暴露违约损失率、违约风险暴露的数据观察期不得低于7年；用于估计零售风险暴露风险参数的数据观察期不得低于5年。如能获得更长时期的历史数据，应采用更长的历史观察期。观察期越短，估值就应越保守。不同阶段的历史数据应具有相同重要性，实证经验表明，某阶段历史数据能够更好地反映经济周期的影响，有助于准确估计参数，经监管机构批准，可以对特定阶段数据的使用做特殊处理。

总体数据集进行抽样时，应确保样本数据集的代表性。原则上，应采用分层抽样的抽样方法建立样本数据集，样本数据集应包括所有违约数据，并根据合理配比抽取非违约数据，并设置相应的样本加权权重。

金融机构至少每年对样本数据集进行一次全面的分析和检查，以保证样本数据与现有组合之间的相关性，评估样本数据的质量以及样本数据与违约定义之间的一致性。如果样本数据集或现有的风险暴露组合数据存在重要缺陷或缺少重要信息，应制订书面的处理和调整方法。

（三）风险参数估计要求

风险参数包括违约率（Probability of Default，PD）、违约损失率（Loss Given Default，LGD）、风险暴露（Exposure At Default，EAD）及有效期限（Maturity，M）四大参数。对于非零售风险暴露，金融机构在实施内部评级时分为初级法和高级法，实施初级法时，应估计违约概率；实施高级法时，则应估计违约概率、违约损失率、违约风险暴露和有效期限。对于零售风险暴露，仅存在内部评级高级法，即金融机构实施时应估计违约概率、违约损失率和违约风险暴露。

1. 总体要求

在进行风险参数估计工作时，金融机构应基于样本数据的风险特性及表现估计风险参数，如果样本数据区间未包括经济衰退时期，应调整参数估计，弥补数据缺失的影响。金融机构应运用统计工具对具有不同风险特征的样本数据集进行分析，分别估算风险参数，可使用一种或多种统计方法估计风险参数。在历史违约客户数充足的情况下，金融机构应采用统计模型法估计风险参数。

当产生多种估值结果时，金融机构应对基于外部数据和内部数据的风险参数估计值，以及使用不同模型得到的风险参数估计值进行整合；同时，建立明确一致的政策以整合不同数据基础、不同计量模型的估计结果，并检查不同整合对估值结果的敏感性。

使用内部数据、外部数据或内外部集合数据时，应证明参数估算代表了长期经验；同时，参数估计应反映数据观察期内金融机构贷款发放政策及回收流程的变化。

违约概率的估计值应是某一级别债务人或某一零售资产池一年期实际违约率的长期平均数；违约损失率和违约风险暴露应是长期的、违约加权的平均值。金融机构可以考虑合格保证人的风险缓释作用，对债务人评级或零售资产分池、违约损失率进行调整。

2. 违约概率估计要求

违约概率是指债务人在未来一年时间内发生违约的可能性，估计要求重点在于违约的定义；中国银保监会《商业银行资本管理办法（试行）》对"违约"的规定如下：

债务人出现以下任何一种情况应被视为违约：

（1）债务人对银行集团的实质性信贷债务逾期90天以上。若债务人违反了规定的透支限额或者重新核定的透支限额小于目前的余额，各项透支将被视为逾期。

（2）商业银行认定，除非采取变现抵质押品等追索措施，债务人可能无法全额偿还对银行集团的债务。出现以下任何一种情况，商业银行应将债务人认定为"可能无法全额偿还对商业银行的债务"：第一，商业银行对债务人任何一笔贷款停止计息或应计利息纳入表外核算；第二，发生信贷关系后，由于债务人财务状况恶化，商业银行核销了贷款或已计提一定比例的贷款损失准备；第三，商业银行将贷款出售并承担一定比例的账面损失；第四，由于债务人财务状况恶化，商业银行同意进行消极重组，对借款合同条款做出非商业性调整，具体包括但不限于以下情况：一是合同条款变更导致债务规模下降；二是因债务人无力偿还而借新还旧；三是债务人无力偿还而导致的展期；第五，商业银行将债务人列为破产企业或类似状态；第六，债务人申请破产，或者已经破产，或者处于类似保护状态，由此将不履行或延期履行偿付商业银行债务；第七，商业银行认定的其他可能导致债务人不能全额偿还债务的情况。

在确定违约概率时，主权风险暴露的违约概率为内部估计的1年期违约概率；公司、金融机构和零售风险暴露的违约概率为内部估计的1年期违约概率与0.03%中的较大值。对于非零售风险暴露，在债务人层面认定违约，同一债务人的所有债项的违约概率相同；对于零售风险暴露，在债项层面认定违约定义，同一债务人的不同债项的违约概率可以不同。

金融机构在估计损失特征时，内部数据应作为基础信息来源。采用外部数据量化风险时，需证明内部风险暴露和外部数据之间存在密切联系。在任何情况下，都应使用所有相关重要的数据，以便进行内外部结果的比较：（1）样本数据与违约定义存在差异时，应对样本数据进行调整；（2）样本数据应能反映包括经济衰退在内的整个经济周期的债务人违约风险的变化情况，如未包括经济衰退期，调整违约概率估算方法和估值结果。

估计每个级别平均违约概率时，金融机构应使用合适的信息、方法并适当考虑长期违约经验。采用与数据基础一致的估计技术，确保估计能准确反映违约概率。估计平均违约概率时，可采用内部违约经验、映射外部数据和统计违约模型等技术。可选择一项主要技术，辅以其他技术作比较，并进行可能的调整。针对信息和技术的局限性，金融机构可运用专家判断对估值结果进行调整：

（1）内部违约经验。可使用内部违约经验估计违约概率，但应证明估计的违约概率反映了历史数据对应时期的授信标准以及评级体系和当前的差异。在数据有限或授信标准、评级体系发生变化的情况下，应留出保守的、较大的调整余地。

（2）映射外部数据。可将内部评级映射到外部信用评级机构或类似机构的评级，将外部评级的违约概率作为内部评级的违约概率。评级映射建立在内部评级标准与外部机构评级标准可比，并且对同样的债务人内部评级和外部评级可相互比较的基础上。为避免映射方法或基础数据存在偏差和不一致的情况，所使用的外部评级量化风险数据应针对债务人的违约风险，而不反映债项的特征。金融机构应比较内部和外部评级的违约定义，建立内外部评级映射的文档。

（3）统计违约模型。对任一级别的债务人，可以使用违约概率预测模型得到的每个债务人违约概率的简单平均值作为该级别的违约概率，所采用的违约概率模型应达到有关模型使用要求。

对非零售风险暴露，金融机构可以采用债务人映射方法和评级等级映射方法。债务人映射将每个债务人风险特征映射到样本数据集。评级等级映射就是将同一等级债务人的风险特征平均化，或者对每个等级构建一个典型的或有代表性的债务人，再将这个代表性的债务人与样本数据进行映射。

金融机构通过计量模型估计零售违约概率时，模型的输入参数应包括债务人的风险特征、贷款期限、宏观经济及行业特有变量等因素。零售风险暴露分池及违约概率估值模型没有考虑的重要违约因素，如行业和地区因素等，应在映射时充分考虑并进行适当调整。调整过程应透明，并将上述因素纳入分池模型。

同时，为估计长期贷款的风险水平，金融机构可对长期平均估计对违约概率进行调整。长期平均估计通过对可获取历史数据中的不同观察期和表现期进行分析完成，可使用以下几种方法来计算：

（1）用从不同观察期获得违约概率进行简单平均；

（2）对不同时点的违约概率采用（对最新的数据赋予更大的权重）加权平均；

（3）违约加权平均 PD；

（4）PD 池值的最坏值。

此外，如认定账龄是某类零售风险暴露的重要风险因素，且违约概率具有成熟性效应，金融机构应通过成熟性效应调整反映较长时期内风险暴露的违约概率估计值，适当时可上调违约概率，以确保不低估风险。

3. 违约损失率估计要求

违约损失率指某一债项违约导致的损失金额占该违约债项风险暴露的比例，即损失占风险暴露总额的百分比。违约损失率估计应收成本基于经济损失。在计量经济损失时，应考虑所有相关因素，相关因素包括重要的折扣/折现效应，以及贷款清收过程中较大的直接成本和间接成本。金融机构在根据处置和清收能力调整违约损失率时应遵循审慎的原则，且内部经验数据能够证明处置和清收能力对违约损失率的影响。

金融机构违约损失率估计以历史清偿率为基础，不能仅依据对抵质押品市值的估计。违约损失率估计应考虑到可能没有能力迅速控制和清算抵押品；若违约损失率估计考虑抵质押品因素，抵质押品应是金融机构认可的抵质押品。

金融机构经济损失应考虑回收资金的时间价值，将违约债项的回收金额折现到违约时点，以真实反映经济损失；同时，应考虑实际回收数量和支付的成本。如对债务人的清收尚未最终完成，则应确定一个清收完成时间点；时间点的选择应有充分依据，并记录在文档中。金融机构在确定折现率时，还应考虑以下因素：

（1）如果回收金额是不确定的并且含有无法分散的风险，净现值的计算应反映回收金额的时间价值以及与风险相适应的风险溢价。风险溢价应反映经济衰退的情形。

（2）如果回收金额是确定的，净现值计算只需反映回收金额的时间价值，可以选择无风险折现率。

估计违约损失率的数据应仅包括违约债务人风险暴露。金融机构收集区分违约暴露的关键因素、计算违约风险暴露经济损失的因素应包括但不限于：（1）影响非零售风险暴露违约损失的重要因素包括抵质押、保证、经济环境、债务人的行业因素等。（2）影响零售风险暴露违约损失的重要因素包括信用评分、产品、地区、未保证的信用额度、住房抵押贷款抵押率、风险暴露种类、客户关系的时间、债务人经济状况等。（3）采用不同的经济损失估计方法所需数据不同。金融机构可以使用违约风险暴露或核销资产的市场价值，计算回收率；也可通过违约风险暴露（包括本金和应收未收利息及费用）、抵质押品处置损失、直接清收成本、分摊的间接清收成本、回收时间和回收数量、折现率等因素，计算实际经济损失。

金融机构估计违约损失率时应考虑风险暴露损失严重程度的周期性变化，反映经济衰退时期违约债项的损失严重程度，保证违约损失估计值在所有可预见的经济条件下都保持稳健和可靠。其次，估计违约损失率时，应考虑债务人风险和抵质押品风险或抵质押品提供方风险之间的相关性。相关性较大时，进行保守估计。若债务和抵质押品存在币种错配、期限错配等，也应保守估计。此外，估计违约损失率时，应考虑实际损失可能系统性地超过预期水平，违约损失率应反映清偿期间非预期损失额外上升的可能性。对违约贷款，根据当前经济情况和贷款法律地位，审慎地估计每笔贷款的预期损失。违约损失率超过金融机构预期损失估计值的部分，就是这类贷款的资本要求。若违约贷款预期损失的估计值小于贷款损失准备与对这部分贷款冲销两者之和，应保证其合理性。当债项损失明显高于平均水平时，金融机构可考虑对债项采用高于长期违约加权平均损失率。最后，自行估计某类风险暴露的违约损失率时，金融机构对该类风险暴露应全部自行估计违约损失率。如果基于样本数据估计的违约损失率小于0，应检验损失确认程序，保证已涵盖了所有经济损失。违约损失率小于0的样本按照0处理。

金融机构违约损失率应不低于违约加权长期平均损失率。违约加权长期平均损失率是指在混合经济条件下，债务人在1年内出现违约时违约风险暴露的经济损失率。混合经济条件应包括经济衰退的情形。长期平均损失率应是基于同类贷款数据源中所有违约贷款的平均经济损失。

对于未违约账户，违约损失率是违约加权长期平均损失率，如果有经济衰退的情形的话，建议用衰退调整系数对违约加权长期平均损失率进行调整；对于违约账户，巴塞尔新资本协议要求，所有金融机构对其违约账户的估计应反映出该资产"当前经济情况和贷款状况"的最佳预期损失估计；预期损失的最佳估计将等同于根据可用建模样本得出的最新即开发时点的违约损失率估计。

此外，若估计违约损失率涉及实际资产组合中某些债项数据与外部评级机构的样本数据之间的映射，金融机构应比较样本数据和金融机构资产组合。

4. 违约风险暴露估计要求

违约风险暴露是指债务人违约时预期表内和表外项目的风险暴露总额，包括已使用的授信余额、应收未收利息、未使用授信额度的预期提取数量以及可能发生的相关费用等。金融机构估计违约风险暴露的数据仅包含对违约债务人的风险暴露，包括能区分违约债务人风险暴露的因素。

违约风险暴露估计每笔表内外项目的违约风险暴露。对同类表内表外项目，违约风险暴露估计值是违约加权的长期平均数，并保守确定估计值的误差。由于不同表外项目违约风险暴露的估计方法不同，需清晰地描述表外项目的类别。同时，估计违约风险暴露的标准应合理，标准的选择应基于金融机构内部可靠的分析，应分解违约风险暴露的驱动因素，使用所有相关信息。

金融机构估计违约风险暴露时，应审慎考虑违约概率与违约风险暴露之间的相关性。若整个经济周期内违约风险暴露的估计值不稳定，经济低迷时期的违约风险暴露比长期平均值更保守，应使用经济低迷时期的违约风险暴露。采用计量模型估计违约风险暴露，应通过分析模型驱动因素的周期特征来估计违约风险暴露。目前，金融机构若缺乏充足的行内数据检查过去经济衰退期的影响，应审慎使用外部数据。

对违约风险暴露的估计值应反映违约事件发生时或发生后债务人继续提款的可能性，制定相关政策，确定金融机构对违反合约或发生技术违约债务人继续提款的控制措施，并建立有效的监控程序，监测表内外每个借款人和级别的承诺额度、当前余额和余额变化情况。对未来提取的零售风险暴露，在全面校验损失估计值之前，应考虑历史上的提取状况和预期提取状况；金融机构未来提款的可能性可在违约风险暴露估计中考虑，或在违约损失率的估计中考虑。此外，金融机构对各种表内外项目的违约风险暴露应至少每年检查一次，如果出现新的重要信息，应及时进行检查。

5. 有效期限估计要求

巴塞尔新资本协议在非零售风险暴露的资本要求计算中引入期限参数，认为在其他条件相同的情况下，债项的有效期限越短，信用风险就越小。非零售风险暴露采用初级内部评级法时，除回购类交易有效期限是 0.5 年外，其他非零售风险暴露的有效期限为 2.5 年；采用高级内部评级法时，金融机构应将有效期限视为独立的风险因素，取 1 年和内部估计的有效期限中的较

大值,但最大不超过 5 年。同时,内部估计的有效期限定义如下:

(1) 对于有确定现金流安排的金融工具,有效期限为:

$$M = \sum_t t \times CF_t / \sum_t CF_t$$

其中,CF_t 为在未来 t 时间段内需应支付的现金流最小值。

(2) 不能计算债项的有效期限时,金融机构应保守地估计期限;期限应等于债务人按照贷款协议全部履行合约义务(本金、利息和手续费)的最大剩余时间。

对于某些短期交易,有效期限为内部估计的有效期限与 1 天中的较大值,包括:

(1) 原始期限 1 年以内全额抵押的场外衍生品交易、保证金贷款、回购交易和证券借贷。交易文件中必须包括按日重新估值并调整保证金,且在交易对手违约或未能补足保证金时可以及时平仓或处置抵押品的条款;(2) 原始期限 1 年以内自我清偿性的贸易融资,包括开立的和保兑的信用证;(3) 原始期限 3 个月以内的短期风险暴露,包括不符合上述(1)中标准的场外衍生品交易、保证金贷款、回购交易和证券借贷,证券买卖交易清算而产生的风险暴露,以电汇方式进行现金清算产生的风险暴露,外汇清算而产生的风险暴露,短期贷款和存款等。

金融机构应至少每年审查一次内部风险参数的估计值,并根据业务需要及时更新量化方法和流程,确保技术进步、数据信息和估值方法的变化情况能及时充分地反映在风险参数中。

(四) 映射要求

金融机构风险参数量化应在样本数据和实际风险暴露组合之间建立映射关系,映射应满足如下要求:(1) 应对每个样本数据集和每个估计模型建立映射流程,映射应反映每一个样本数据集及计量模型中使用的风险特征;(2) 为保证映射的有效性,样本数据的评级结构和分类标准应与金融机构实际风险暴露一致。如果金融机构风险暴露分类标准发生改变,应重新建立样本数据集与现行分类标准间的映射关系,并证明映射的正确性;(3) 映射应基于实际风险暴露组合和样本数据集之间最常见和最有意义的风险特征;(4) 若分别使用内部违约经验和统计违约模型估计长期违约概率,应建立各种方法与实际风险暴露的映射关系。

(五) 风险参数的应用

风险量化是对现实世界的简化描述，是市场运行规律的近似的镜像反映。参数量化对于真实市场运行规律的近似程度越高，应用的有效性越强。由于外部变化，金融机构持续的量化能力更重要，只有能够有管理地、持续不断地努力使参数与真实的市场运行规律尽可能接近，才有可能真正地根据量化模型进行管理决策。

金融机构将基于样本数据集估计的风险参数应用于实际资产组合，在风险管理政策制定、信贷审批、风险定价、资本分配和治理等方面发挥重要作用，全面提升金融机构信用风险管理水平。根据监管机构的要求，金融机构内部评级结果应用于核心应用范围，并在高级应用范围有所体现，全面提升信用风险管理水平。其中，核心应用范围包括以下方面：

（1）债务人或债项评级结果是授信审批的重要依据，授信政策明确规定债务人或债项的评级结果是授信决策的主要条件之一；

（2）针对不同评级的债务人或债项采用不同监控手段和频率；

（3）根据债务人或债项的评级结果，设置单一债务人或资产组合限额；

（4）根据债务人和债项的评级以及行业、区域等组合层面评级结果，制定差异化的信贷政策；

（5）明确规定风险报告的内容、频率和对象，至少按季向董事会、高级管理层和其他相关部门或人员报告债务人和债项评级总体概况和变化情况。

高级应用范围包括以下方面：

（1）内部评级结果和风险参数估计值作为构建金融机构经济资本计量模型的重要基础和输入参数的重要来源；

（2）内部评级结果和风险参数估计值作为确定金融机构风险偏好和制定风险战略的基础；

（3）风险参数估计值作为贷款损失准备计提的重要依据；

（4）风险参数估计值作为贷款及投资定价的重要基础；

（5）内部评级结果和风险参数估计值是计算风险调整后资本收益率的重要依据，并将内部评级的结果明确纳入绩效考核政策；

(6) 内部评级体系和风险参数量化模型的开发和运用有助于加强金融机构相关信息系统建设、配置充分的风险管理资源以及审慎风险管理文化的形成。

四、信用风险参数量化文档管理

历史不可能重演，决策必须要面向未来。现代金融业的风险管理理论基本是建立在 backward looking 的预期之上的，完善的风险参数量化文档管理帮助我们评估风险、帮助我们预测未来。

文档管理是指一个项目运行过程中将提交的各类文档进行收集管理控制的过程。首先，要建立项目文档管理服务器以保存所有的项目文档；其次，项目保存的文档要涵盖项目可研、总体设计、基础设计、详细设计等整个项目周期，其中项目系统管理、文档版本控制、文档质量管理等管理内容。在一个大型设计项目的进行中，文档作为以一种日常交流的重要依据和工作成果的总结显得尤为重要。

金融机构风险参数量化管理部门应建立完整的文档并归口管理，文档记录至少包括风险参数量化的过程文档、监控文档、验证文档、重检及所涉及模型的维护文档。风险参数量化过程文档，需确保能被第三方复制，内容应包括风险参数量化的目标、覆盖范围；风险参数量化的方法论；违约定义；所用数据集及数据质量管理，包括数据来源、数据大小、数据长度及数据完整程度；风险参数量化的前提假设、权重及指标的选择和评估；验证的情况；风险参数量化受限制的情形和对应解决方法，应用注意事项等。

其中，风险参数量化的监控文档，应包括风险参数量化在实际应用过程中录入数据及量化结果的准确性、合理性信息、监控报告等；风险参数量化的验证文档，应包括验证报告，详细记录风险参数量化验证的情况、验证结果和验证建议；同时，还应包括风险参数量化的重检及所涉及模型的维护文档。此外，金融机构风险参数量化文档属于商业机密信息，参与人员应签署相关保密协议，严格遵守金融机构机密资料的保密制度。

信用风险量化模型建设和管理技术[①]

强化风险量化管理的理念正在对中国金融业提高识别、计量和控制风险的能力产生重要的影响，中国金融业风险量化管理水平正在迅速提升。大型机构已被监管机构批准使用内部模型来计量风险和监管资本；中小机构的积极性也很高，力求借鉴资本管理高级法，调整资产组合，提高资本使用效率，推进管理流程再造，由"干了再算"向"算了再干"转变，这一趋势令人鼓舞。

为了保证风险量化模型的开发质量和实施效果，金融机构所有的风险量化模型都应该参考模型建设和管理技术行业标准进行开发、评估和文档归档。本文总结了国内外信用风险量化模型建设和管理的先进经验，为模型管理和建设提供全面、系统和科学的指导。全面遵循这些要求有利于模型的建设、使用、监控、审批、上线，符合监管要求，作为信贷管理，财务模型，市场风险数学模型等各业务条线统计模型建设和管理的重要文档，风险管理人员对模型的审批和检视都应参考进行。

模型审批人员主要包括高级风险管理人员（如主管风险的高管、风险总监或同级人员等），应该对模型的以下几个方面进行评估：（1）模型的设计（Design）：模型的设计框架及模型将如何实现业务应用目标；（2）数据处理（Data Exploration）：模型所用的样本数据及数据的处理方法和细节；（3）模型的最终选择（Model Selection）：模型的建模方法、表现指标等；（4）最终审批（Final Signoff）：模型总体评估和规划。

一、模型的设计（Model Design）

模型的设计对模型最终是否能实现其目标起着举足轻重的作用。为了保

[①] 原文发表于2015年第7期《当代金融家》，收录时略有改动。

证模型的设计可以满足模型的目标,审批人员应主要从以下七个方面对模型的设计进行评估。

模型的设计是建模工作的第一阶段,建模工作的后续工作如数据处理、模型的选择应该在得到审批人员对模型设计的认可后再开展,以避免返工和劳动浪费。为了加强指引在实际操作中的可行性,在技术指引实行的初期,模型设计的审批不要求正式报送,可以口头或书面(如邮件)沟通。

(一) 要解决的业务问题(Business Problem Addressed)

建模人员应该用简单易懂的语言对模型要解决的业务问题进行描述。这些描述应该包括一个或多个已达成共识的业务原则或核心价值,如客户的行为、银行员工的参与度、竞争对手的动作、经济形势的变动、合规的需要、公司战略的考虑等。例如,信用卡部门要设计一个申请评分模型来测算新客户出现不良贷款的风险。这个模型在新客户审批过程的应用中,需要审批人员和客户进行沟通,手动输入一些关键的模型变量数值,在很多情况下还需要对模型的评分结果进行覆盖。这种模型在业务中的应用方式就需要在模型设计开发的过程中,考虑如何解决验证客户提供信息的真实性、员工手动输入数据的可靠性、对模型评分结果覆盖的审批案例如何进行表现监控等问题。

(二) 目标变量的定义(Definition of dependent variable)

建模人员应该对目标变量的定义进行如下描述:

(1) 明确描述目标变量的定义,并说明为何这样的定义与要解决的任务问题是相关的。

(2) 明确定义目标变量的表现时间窗(performance window)和观察时间窗(observation window):例如,目标变量可以定义为未来12个月贷款出现至少一次60天或60天以上逾期的概率。在这个定义里,"未来12个月"为表现时间窗,"贷款出现至少一次60天或60天以上逾期"为观察时间窗。

(3) 如果模型需要满足监管部门的要求,此定义是否满足监管部门的要求。

(4) 为何选择这样的定义而不是其他定义。

(5) 对定义可能产生的误解进行澄清,如定义是在客户层面还是账号层面的,定义是在观察期之间的表现还是在观察期结束的时间点的表现等。

(三) 样本的选择 (Sample selection)

建模人员应该对建模样本的选择进行如下描述:

(1) 样本选择的方法,如有随机抽样和非随机抽样(有目的抽样),其中随机抽样方法包括简单随机抽样、等距抽样、分层随机抽样、整群抽样几种常用类型;非随机抽样也称为有目的抽样,包括全面抽样、最大差异抽样、极端个案抽样、典型个案抽样几种常用类型。

(2) 样本的大小,为了增强可测性和检验的准确性,应该尽量增大样本容量,但同时还应考虑可行性和经济成本。

(3) 建模样本 (training sample)、保留样本 (test sample)、验证样本 (validation sample) 的划分。

(4) 样本可能有的偏差,如必须通过审批的条件限制、经过客户自然流失后的样本、外部因素的变化对样本的影响如产品特征、竞争对手的策略、经济周期、季节性因素等。

(四) 分析的方法 (Analytic approach)

分析方法的描述应该包括以下内容:

(1) 数据获取渠道的描述,主要分为直接渠道和间接渠道:直接渠道主要指通过统计调查获得的第一手统计数据,如办理信用卡业务时客户填写的个人信息资料,当下十分流行的大数据方法等;间接渠道通常指通过查阅资料或者通过其他网站、平台获取的二手数据,如通过 WIND 或 Bloomberg 获得数据。

(2) 模型的结构,根据所做的假设分析对象的因果关系,利用对象的内在规律和适当的数学工具,构建各个量间的等式关系或其他的数学结构。同时,在建模过程中还应注意细节问题,如客户的分群、子模型的架构等。

(3) 建模技术,在建模过程中常用到的数学方法和计算机技术,如 logistic 回归、决策树、普通线性回归、分层分析 (Hierarchical analysis)、聚类分析 (clustering)、时间序列等。

(4) 变量的处理,如变量的剔除、转换、最大最小值的设置、缺失值的处理、变量相关性的处理等。

（五）模型验证过程（Model Validation）

验证模型是否有效的描述应包括：

（1）随机保留样本的描述，如选取记录集中的一部分（通常是 2/3）作为训练集，保留剩余的部分用作测试集。选取随机保留样本的标准、比例、特征等方面的描述。

（2）Bootstrap 验证，是非参数统计中的一种重要的统计方法，在执行上常需借助计算机技术得以实现。举例来说，当总体可用正态分布描述时，其 sampling distribution 服从正态分布或服从 t 分布；但当总体不服从正态分布或未知时，我们采用计算机模拟或用渐进分析的方法更加有效。

（3）交叉验证（Cross Validation），基本思想是在某种意义下将原始数据（dataset）进行分组，一部分作为训练集（train set），另一部分作为验证集（validation set），首先用训练集进行测试，再利用验证集来测试得到的模型，以此作为评价模型的性能指标。常见方法有 Hold – Out Method，K – fold Cross Validation，Leave – One – Out Cross Validation。

（4）外来样本的验证，通过外部获取的样本对已有的模型进行检验，判断模型的有效性。

（六）模型的局限性（Model constraints）

一般来说，模型的局限性可以分为客观的、不能加以修正的局限性，和可以通过人为修正的局限性。验证客观局限性的描述主要包括：系统的局限性；模型的局限性等；验证主观局限性的描述主要包括：建模时间的规划；建模人员的配置、人员水平等；业务和数据的理解上的局限性；样本的局限性；外部因素对模型的影响，如竞争对手的压力、合规时限的压力等。

（七）模型的进度（Model Timeline）

主要包括有限资源的有效配置，在可以利用的资源数量一定的条件下，通过调配进度使项目工期尽可能短；建模时间的规划，几个有效时间节点的把控，如是否有外部竞争或合规方面的压力而需要在短时间内完成建模等。

二、数据处理（Data Exploration）

我们主要从以下八个方面加以概述：

（一）建模原数据源的描述分析（Data Sample Review）

建模数据的评估主要包括：数据的获取渠道，如内部数据集市、历史数据存档、第三方公司提供的数据等；数据的样本记录数及每一条记录所代表的含义；数据的变量的个数；数据的收集时间；

（二）模型变量的描述（Definition of candidate variables）

模型变量的描述应该包括对每一个变量定义的准确描述及变量的值所对应的含义。定义和使用变量时，通常要把变量名定义为容易使用阅读和能够描述所含数据用处的名称，而不要使用一些难懂的缩写如 A 或 B2 等。例如：编写一个销售苹果的软件时，我们需要两个变量来存储苹果的价格和销量。此时，可以定义两个名为 Apple_ Price 和 Apple_ Sold 的变量。每次运行程序时，用户就这两个变量提供具体值，这样看起来就非常直观。

（三）建模样本的大小和目标变量的分布（Sample size and distribution of dependent variable）

对此部分的描述应该包括：建模样本的大小是如何决定的；如何获得各个细度的数据记录并有效控制成本；目标变量的分布，包括异常值、多峰性分布、负值的处理等；

（四）数据时间窗定义（Time period of data collected）

对此部分的描述应该包括：目标变量表现的观察时间：采用滚动时间窗或固定时间窗的方法；模型独立变量的观察时间；模型目标变量和独立变量数据是否有时间不足的情况，如有些样本的目标变量表现观察期不足，模型变量的观察时间不足等。

（五）数据源有效数据的频率和缺失值处理（Data hit frequency and missing values）

对此部分的描述应该包括：样本变量数据的有效频率；样本记录中有效记录的频率；某些变量或记录数据缺失的原因，这些缺失原因是否会对模型产生影响或偏差；在建模过程中，如何对数据源的各种数据缺失原因进行考虑。

每个模型独立变量的缺失值频率；模型独立变量的缺失值是否有具体的含义；缺失值出现的频率是否稳定；有缺失值的变量在模型中的重要性及表现的稳定性；每一个变量对缺失值的处理方法，包括采用中位数、平均数、最大或最小值、最好或最坏值替代,单变量处理,多变量处理,以变量减少、建模或评分、拒绝原因算法为目标的处理等。

(六) 变量最大 (Caps)、最小值 (Floor) 处理

对此部分的描述应该包括:每个变量的最大或最小值;对最大或最小值的处理方法;处理后对这些变量取值范围的影响以及数据记录表现的影响;以变量减少、建模或评分、拒绝原因算法为目标的最大或最小值设置;这些设置是否能防止所有可能出现的取值错误。

(七) 变量转换 (Transformations)

对此部分的描述应该包括:单变量转换,如反正弦、对数、开方、Box-Cox 等;多变量转换,如变量之间相除、相减、相加、相乘等;对变量取值的划分或归成大类;变量转换的处理程序及编程方法;这些设置是否能防止所有可能出现的取值;采用 Weight Of Evidence 方法(该方法在生态风险评估 ERA 领域使用多年,能结合多方面数据给出总体风险评估)进行分栏并计算 Information Value 来验证。

(八) 数据的外部因素 (Environmental factors)

可能影响目标变量表现的外部因素主要有:国家或区域的经济环境;宏观经济指标;产品特征;获客渠道;主要竞争对手的策略;天气因素;季节性周期因素等。

三、模型的选择 (Model selection)

模型审批人员应该对建模的方法及模型的表现是否能够到达预期的目标进行诊断和评估。评估应该至少包含以下九个方面内容:

(一) 子模型分割方法 (Segmentation scheme)

模型分割(子模型)的方法应该包括以下内容:

(1) 分割优化的标准及目的:如对无数据记录的处理、模型表现的连续性考虑、变量相关性的区格、变量预测能力的区格等;

(2) 选择分割的手段,如历史数据分析、CART 分析、贝叶斯树等;

(3) 采用分割后对模型的表现所带来的提升的数据支持,尤其要说明表现的提升足以覆盖由于分割所带来的模型复杂度增加的负担。

(二) 变量剔除 (variable reduction)

模型独立变量剔除或合并的考虑因素包括:

(1) 变量缺失的频率;

(2) 变量的波动性;

(3) 变量组合;

(4) 变量聚类,将集合分成由类似的对象组成的多个类;

(5) 变量之间的相关性检验,如采用相关系数矩阵、Pearson 相关系数或者 Spearman 相关系数方法;

(6) 不同分割模型(子模型)变量的同质性检验,用卡方统计量验证不同子模型是否来自同一总体;

(7) 变量选择的方式:如向前选择、向后选择、逐步选择等;变量的交叉验证。

(三) 模型优化的标准 (Model optimization criteria)

对此部分的描述应该明确定义模型优化的标准,进而说明为何候选模型是最佳的选择。如果选择多个指标,应说明多个指标的选择标准,例如: KS 值 (Kolmogorov – Smirnov)、决策边际变现(如5%、10%、15%)、R^2、Somer's D (or Gini) 等。对于需要满足监管要求的模型,要将监管要求融入选择模型优化的过程中。

(四) 模型参数的确定 (Model selection methodology)

对此部分的描述应该明确模型选择的方法,包括:

(1) 如何确定模型的参数;如何从众多的候选模型中选择最终的模型;

(2) VIF (Variance Inflation Factor) 检验,判断模型是否存在多重共线性问题,经验判断方法表明:当 $0 < VIF < 10$,不存在多重共线性;当 $10 \leq VIF < 100$,存在较强的多重共线性;当 $VIF \geq 100$,存在严重多重共线性,此时模型效率低;

(3) 如何对模型的参数进行平滑处理;

(4) 如何确定模型的变量及结构是简单适用的;

(5) 如何防止拟合不足或拟合过度。

(五) 建模程序 (SAS 或其他工具) 的结构

对此部分的描述应该说明建模使用的程序的结构,包括:

（1）处理原始数据的所有的程序，从开始到结束；

（2）程序是否具有恰当的标注和结构说明，如数据处理部分，变量选择部分，候选模型比较部分等；

（3）程序是否被妥善统一存档，存档是否可以被访问，程序是否可以被其他人运行这些具体备注说明。

（六）建模程序（SAS 或其他工具）细节

对此部分的描述应该选择一段建模程序进行评估，评估内容包括：程序的标注是否充分，程序的结构是否容易理解；变量的名称、标识是否简单易懂；容易误解或复杂的部分是否有特殊标注；程序引用的模块是否有相应的文档；程序格式是否恰当使用缩进和空格；程序的作者是否标注；在程序的开发、运行和程序的重复使用之间是否保持恰当的平衡。

（七）模型的表现（Model performance）

对此部分的描述应该评价模型对目标行为预测的能力，主要包括：建模样本的表现；非建模样本（out of sample or out of time）的表现：如果和建模样本表现不同，要解释表现不同的原因；对未来样本表现的预期；对所有未来可能影响模型表现的不确定性因素是如何考虑的。

（八）模型是否拟合不足或拟合过度（Assessment of model overfit/underfit）

任何模型都可能会有拟合不足或拟合过度的问题，对拟合度的评估可以在几个不同的层面展开，如使用可决系数对模型进行拟合优度检验，使用模拟数据或其他历史数据对模型进行再次验证，是否有以往的经验或数据来验证模型等。

（九）残差分析（Residual analysis）

残差分析主要是：用残差证实模型的假定，如用残差图判断模型效果与样本数据的质量，检验模型是否满足基本假定，以便对模型做进一步修改。

用残差检测异常值和有影响的观测值，如果异常值是一个错误数据，如果是由记录错误造成，应该修正数据，以便改善模型效果；如果是由于模型的假定不合理，使得标准化残差偏大，应该考虑修正模型；如果完全是由于随机因素造成的，则应该将该数据视为有效观测值，予以保留。

同时应注意的问题有：残差是否是随机分布的；一个或几个记录的变化是否会对整个模型有较大的影响；不同的取样方法是否会产生不同的模型或

不同的残差分布。

四、模型的最终审批（Final Signoff）

模型审批人员在最终批准模型之前，应对以下三个方面进行评估：

（一）模型替换分析（Swap set analysis）

任何模型都会有几个不同的版本，如原有模型，简单的业务逻辑替代的模型，和第三方公司的模型。模型审批人员应该就最终的模型版本和其他版本进行比较，进行优劣分析，包括：

（1）如果不用这个模型，业务模式会如何展开？

（2）对原来被否决，新模型会批准的样本（swap in 样本）进行分析并评估对业务的影响；

（3）待审批的模型和其他模型相比，有哪些优势？这些优势是如何获得的，它们是否符合基本的业务逻辑；

（4）模型在应用的目标客户群内的主要的独立变量的分布是否符合业务逻辑？

（5）和其他模型的版本相比，他们是否和上述的新版本的模型优势相吻合？

（6）应用测试技术对现有模型进行挑战（Campaign challenger），模型上线的版本策略如过渡阶段和原模型或其他规则共用等。

（二）监控策略（Monitoring strategy）

模型的监控策略应包括以下内容：

（1）监控的主要指标，频率；监控报告的审阅人员及存档流程。

（2）对于监控的指标来讲，稳定性指标（Population Stability Index）和准确性指标（Validity）通常只是最低标准；稳定性指标应该包括模型目标变量和独立变量的稳定性监控。

（3）模型指标的参考客群是如何定义的。

（4）模型的目标应用客群如果发生变化，如何能够识别目标客群的变化？如何对模型的表现进行有效的跟踪？

（5）监控程序是否经过调试和验证。

（6）如果数据导入出错，如何对错误信息进行识别和报警？如果模型运行失败，业务开展的备用方案是什么？识别模型失败的流程和重新启动模型运行的流程各是什么？

（7）在什么情况下，建模人员需要对模型进行重新评估或重新建模？明确定义这些情况下主要表现指标的临界值。

（三）未来规划（Future plan）

模型的未来规划应描述模型如何进一步提高，具体包括：

（1）如何获得更客观全面的样本？客观全面的样本应该包括正常业务运营之外的样本，例如申请审批的样本应包括所有申请客户的表现而不仅仅是通过审批的客户的表现。

（2）对于审批模型的临界值附近的样本，业务是否需要加大样本收集的力度为未来的建模做准备；样本收集的经济成本和流程成本各有多大？投入是否值得？

（3）未来的业务规划的大方向是什么？模型的样本采集策略应如何配合业务发展的需要？是否有其他数据源或建模技术能够进一步提升模型的表现？

金融机构整合压力测试中向量自回归建模方法[①]

在金融机构整合压力测试中，情景设置模块的向量自回归模型（Vector Autoregression Model，简称 VAR 模型）广泛使用，本文拟从其背景、方法论以及该模型在实际工作中涉及的关键操作简单加以论述，为金融机构明确压力情景的设定方法提供有效操作基础和应用依据。

一、整合压力测试情景设置的模型要求

所谓的整合压力测试在情景设置模块是要建立一套整合的宏观压力情景。该情景中的各个经济指标参数能够对宏观经济压力（例如衰退）形成一个整体的描述。该压力环境能够影响银行的经营状况，通过金融机构面临的各主要风险条线进行压力传导，最终对资本充足情况产生影响。然而，整合压力情景并非各种宏观经济指标最坏情况的简单组合。由于经济运行本身的复杂性，需要考虑各种宏观经济因素之间的相互影响以及各因素历史水平对当期水平的影响。因此，情景设置模型需要实现的是建立一套相互联动的量化体系，在描述指标之间相关性的基础上实现对多元时间序列数据的分析。

二、VAR 模型背景介绍

在 20 世纪 80 年代以前，经济变量之间关系的建模主要基于经济理论并借助于联立方程组的结构性方法来实现。在模型建立之初，首先需要基于经济理论对模型的内生变量和外生变量进行判定。但这种方法在实际使用中的最大挑战在于经济理论通常不足以对变量之间的动态联系提供一个严密的解释。实际上经济变量表现与经济理论经常发生背离。并且，在一组结构性方程组模型中，某一经济变量既可以作为内生变量出现在某一等式的左端又可以作为外

[①] 原文发表于 2015 年第 8－9 期《当代金融家》，收录时略有改动。

生变量出现在另一等式的右端，这使得模型参数的估计和推断更加复杂。

1980年，美国经济学家 Christopher Sims 在国际顶尖经济学刊 Econometrica 上发表文章，提出了向量自回归模型（Vector Autoregression Model，简称 VAR 模型），该模型扩充了单变量自回归模型（Autoregression，简称 AR 模型），使自回归模型容纳多个变量，该模型可用于相关多元时间序列系统的预测和分析随机扰动对变量系统的动态影响，是一种非结构化的多方程模型。VAR 模型直观地使用一个包含 N 的方程及 N 个宏观经济变量的系统来描述这些宏观经济变量如何受到其历史水平的影响，同时还考虑了变量之间的相关性。VAR 模型不带有任何事先约束条件，不需要预先假设各类经济变量之间存在的理论经济关系，将每个变量均视为内生变量。VAR 模型不仅能够用于短期经济预测，还可以用于解读宏观经济时间序列的变化以及用于对货币政策潜在影响的研究。该模型既具有自回归模型在处理时间序列的能力，又降低了结构建模方法中估计和推断的复杂性，这也是该模型被广泛应用于衡量宏观经济变量之间关系工作中的原因之一。

在压力测试情景设置工作中，向量自回归模型也是一种常用的统计方法。行业实践中，香港金管局公布的压力测试相关工作论文中，有利用向量自回归模型结合经济冲击模拟机制进行压力情景设计的实践；奥地利银行业界宏观压力测试实践中，也采用了向量自回归模型结合经济冲击模拟的方法，在压力情景设计过程中考虑不同风险因素之间的相关性；麦肯锡公司的 Wilson 在 1997 年提出的，用于宏观压力测试时间的 CPV 模型，也借鉴了向量自回归模型的思想进行压力情景的设计；此外，国内一些金融机构同样采用向量自回归模型的思想进行压力情景的设计。

三、VAR 模型构建思路与目标

在金融机构整合压力测试工作中，VAR 模型的构建是希望能够科学地设定宏观经济指标压力情景。模型的总体构建思路如下：基于宏观指标的历史数据，通过向量自回归模型来构建宏观指标之间的数理关系，然后在 VAR 模型建立的基础上，通过应用蒙地卡罗模拟，产生极端白噪音而对模型进行冲击，来得到极端情况下宏观经济因素的取值。

利用 VAR 模型来刻画这些宏观经济指标变量（如 GDP 增长率、CPI 等指标)之间的量化关系有两个特点:一是同一时段的指标之间会有相互的关系影响;二是未来 t+1 期的指标会受到当期(t 期)数据或历史数据(如 t-1 期或更早)的指标的影响。通过建立 VAR 模型来模拟上述两个特点,解释宏观经济指标之间的这两部分关系。最终目的是依照随机模拟,构建虚拟极端情况下的经济指标的取值。

四、VAR 模型原理与方法论介绍

VAR 模型基于数据的统计性质建立模型,把系统中每一个内生变量作为系统中所有内生变量的滞后值的函数来构造模型,从而将 AR 模型推广到由多元时间序列变量组成的"向量"自回归模型。

对于 P 阶的 VAR 模型,设定如下:

$$Y_t = C + \beta^{(1)} Y_{t-1} + \beta^{(2)} Y_{t-2} + \cdots + \beta^{(p)} Y_{t-p} + \varepsilon_t$$

其中,

$$E(\varepsilon_t) = 0$$

$$E(\varepsilon_s \varepsilon_t') = \begin{cases} \Omega & s = t \\ 0 & s \neq t \end{cases}$$

Y 为 p 的列向量,例如 $Y = \begin{bmatrix} GDP 增长率 \\ \cdots \\ CPI \end{bmatrix}_{p \times 1}$;$\beta^{(i)}$ 是滞后阶 i 的参数估计阵;Ω 是同期残差的相关阵。

举例:简单的考虑一阶的 2 维的 VAR 模型。一阶是指模型中只考虑滞后一阶的情况,而所考虑的指标只有两个:GDP(简写 G)、CPI(简写 C)。那么模型将会如下:

$$\begin{cases} G_t = \alpha_1 + \beta_{11} G_{t-1} + \beta_{12} C_{t-1} + \varepsilon_1 \\ C_t = \alpha_2 + \beta_{21} G_{t-1} + \beta_{22} C_{t-1} + \varepsilon_2 \end{cases}$$

矩阵的形式:

$$\begin{bmatrix} G \\ C \end{bmatrix}_t = \begin{bmatrix} \alpha_1 \\ \alpha_2 \end{bmatrix} + \beta_{2 \times 2} \cdot \begin{bmatrix} G \\ C \end{bmatrix}_{t-1} + \begin{bmatrix} \varepsilon_1 \\ \varepsilon_2 \end{bmatrix}$$

VAR 模型属于高级定量建模分析与其他方法不同之处在于:充分考虑

指标数据之间的相互关系，通过设定关键指标并联动其他指标来模拟整个经济环境；无须考虑过多的经济背景，不必建立复杂的宏观经济模型，数量模型完全通过样本数据作为驱动而构建；建模独立于专家判断，其可与定性模型做相互验证。

VAR 模型是把系统中所有的内生变量作为解释变量，以此构造模型。这种模型的构造方法既克服了传统的单变量自回归模型的缺陷，弥补了单变量自回归模型的局限性，同时避开了结构建模方法中需要对系统中变量之间进行经济学理论关系判断的难题，让数据自己说话。

五、VAR 模型构建流程简介

VAR 模型构建流程的说明如图 1 所示，构建向量自回归模型以模拟生成宏观经济压力场景涉及 3 个主要模块，即模型前期准备、模型建立和模拟情景生成。

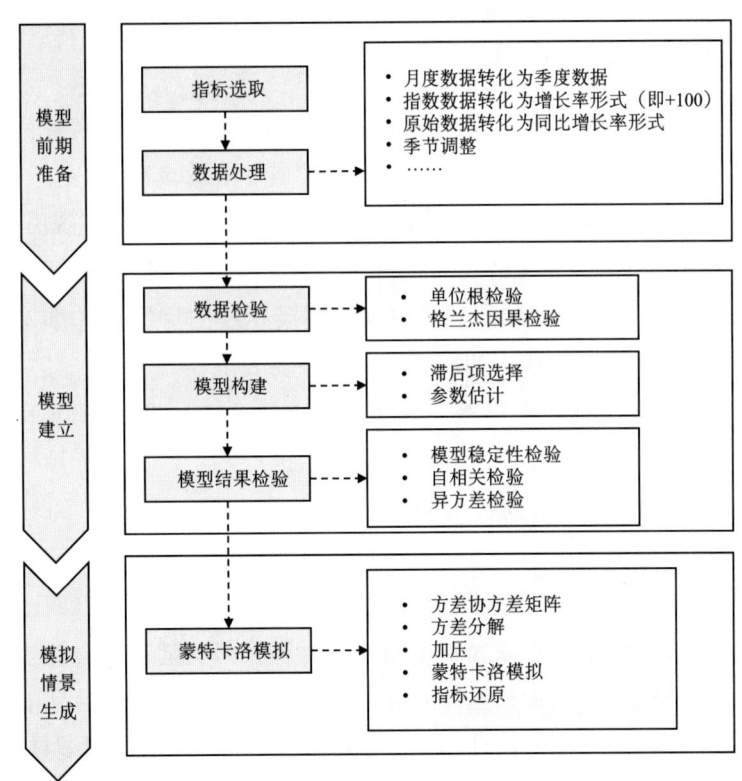

图 1　VAR 模型构建流程

模型前期准备主要是针对模型输入的原始数据进行处理，包括在考虑目标情景需求的基础上按照一定理论逻辑选择宏观经济变量，并对这些经济变量进行必要的处理，例如统一频率、长度、进行季度调整等，使其达到建模的要求。

模型建立阶段包括三个关键步骤：对模型输入数据进行的必要检验，以确保数据序列的平稳以及证明模型的合理性，避免"伪回归"现象的出现，提高模型的稳定性和准确性；模型构建主要是选择滞后阶数最优的模型进行参数估计；模型结果检验是通过相关的稳定性检验、自相关检验和异方差检验等统计检验手段验证模型建立的效果，评价参数估计的准确性和可信度。

当通过参数估计生成经济指标之间的相关系数以及残差序列后，结果蒙特卡洛模拟，产生极端残差序列而对模型进行冲击来得到宏观经济指标在某些极端情况下的取值。

六、VAR 模型的局限性

由于 VAR 模型让数据说话的特点，中国当前的宏观经济统计数据在可用长度以及数据质量两方面限制了 VAR 模型估计结果的表现。

首先，由于我国从计划经济体制向市场经济体制转型的客观历史事实，从 20 世纪 90 年代后期的主要宏观经济数据才能作为当前经济压力设置的输入参数。数据长度短，即数据数量少，将直接导致估计结果的准确度。其次，中国宏观经济统计数据的质量较差，主要表现在三方面。其一，部分宏观经济指标描述的对象仍然受到政府的高度管制，例如基准利率、汇率，这些指标的波动很小，不能反映市场情况；其二，部分统计数据由于统计方法原因对经济运行状况的反映失真，例如统计局公布的城镇失业率，实为城镇登记失业率，基本不能反映就业市场的真实状况。其三，由于中国市场化经济改革尚处于进行过程中，经济运行在一些方面还带有计划经济的色彩。由于这些原因，中国宏观经济数据质量不高，例如历史数据分布不呈现正态性或者数据序列存在单位根。这都将增加模型前期数据处理的工作量，并对模型估计结果、模型稳定性以及模型相关表现造成负面影响。

因此，由于受到原始数据质量的限制，VAR 模型在实际操作中并不完美。但这种不完美并不阻碍该模型在压力情景设定中能够起到的指导意义，也不影响其作为专家判断调整的依据。随着未来中国宏观经济数据的时间长度和数据质量的提高与改善，VAR 模型目前的不足将会逐步改进。

强化金融机构投融资风险防控能力[①]

微观经济学描绘的经济环境都是以整个社会中买卖双方的信息都是完全的，即完全地知己知彼为基础的。在此前提下，任何经济行为的结果都是确定的和唯一的，因此，微观经济学的任务是最优化决策问题，即如何实现资源的最优配置和效率最大化。然而，在现实生活中，经济行为者不仅不具备完备信息，而且处理信息的能力十分有限，这与传统经济学中完备信息的假设发生了矛盾，信息经济学正是在否定传统经济学的完备信息假设的基础上发展起来的，得出信息是不对称的，说明经济主体的行为具有极大的不确定性。在金融市场中由于信息的不对称，金融机构处于相对劣势地位，产生了逆向选择问题；企业在追求自身利益最大化过程中的决策行为，增大了金融机构的风险。当然，金融机构信用风险的产生原因错综复杂，包罗万象。从宏观因素看，信用风险与经济发展周期、GDP 增长率、货币供应量增长率、行业政策变化、区域经济金融环境等因素有关。从金融机构方面看，信用风险与其自身风险意识及风险管理能力等因素有关。从企业方面看，信用风险与企业的治理结构、发展战略、互保圈、规模、市场及行业地位等因素有关。但是，在既定的宏观因素及金融机构自身风险意识及风险管理能力条件下，信用风险产生的主要原因可以归结为信息不对称因素。

消除信息不对称的措施比较多，如完善信息披露制度，完善企业资信评级制度，加快征信体系建设，创新风险管理方法，完善金融机构内部风险管理体系等，本文主要谈谈金融机构业务中信息不对称的存在形式及在既定的客观条件下投融资审查环节有效风险防控措施。

[①] 原文发表于 2017 年第 10 期《当代金融家》，收录时略有改动。

一、金融机构业务中信息不对称的存在形式

信息不对称是指交易各方对有关交易信息没有得到充分和真实的了解，即整个交易是在不透明的前提下进行的，信息不对称现象存在于社会的各种交易过程中。金融机构业务也不例外，其存在形式主要包括：金融机构与客户之间，机构内部之间，机构与同业之间，机构与中介机构之间等，以下将对各种形式存在的信息不对称的原因进行分析。

（一）金融机构与客户之间的信息不对称

金融机构和企业之间存在着典型的信息不对称，表现在企业清楚地知道自己的一切情况，如资产负债状况、盈利能力、还款能力等，而金融机构却只能凭借企业提供的财务报表据此做出平均的风险分析。企业出于自身利益的考虑，对各种不利消息，想方设法地隐藏起来，想方设法采取各种措施。金融机构要得到被隐藏的不利信息，成本非常昂贵，甚至根本没有获得这些信息的渠道。

金融机构与客户之间存在的信息不对称在建立投融关系的前后均有体现，其中投融资之前的信息不对称，主要是因为逆向选择问题而引发信用风险。金融市场中的逆向选择指的是那些最有可能造成风险的企业往往就是那些寻找资金最积极的。到底哪些客户风险程度低，哪些客户风险程度高，金融机构通常只能依据客户提供的财务报表以及信用记录等信息进行预判，而对于客户的投资项目及其风险大小、投入成本与预计收益等能够保障资金安全的关键信息则很难准确掌握。在投融资之后的信息不对称，主要是指因为企业的道德风险问题而引发的风险。投融资结束后，由于企业在资金使用、对防范投资风险的负责态度、项目建设的损益状况等方面享有信息优势。而企业出于自身利益最大化考虑，往往会采取不利于金融机构的行动，如私自改变资金的投向，或采取不完全负责的行动致使经营不善造成亏损，或采取虚假财务报表、转移利润，或采取破产、合资等方式转移资产等。这些都会使金融机构难以准确判断企业的还贷能力和意愿，导致风险发生的概率增大。

（二）金融机构内部的信息不对称

一是上下级机构之间的信息不对称。就大型金融机构来说，信息传递链

条较长，在传递过程中经过层层加工处理，造成上级机构接受的信息存在不全面、失真等问题。此外，对于一些不利情况，下级机构基于报喜不报忧、考核、问责等方面的考虑，有时会采取避重就轻、不及时报告甚至隐瞒不报等机会主义行为，也会导致上级机构不能及时、全面、充分掌握事情的真实信息。二是审批流程前后环节之间的信息不对称。目前，各金融机构大部分业务由客户经理进行发起，再层层上报至有权审查人员审查、有权审批人员审批。在整个流程中，只有客户经理直接与客户发生联系，占有客户的第一手资料，掌握着相对较多的客户信息，其他环节的操作人员看到的只是经过前一环节加工处理后提交的资料；其中有些信息在处理过程中出现遗漏或偏差，从而形成前后环节之间的信息不对称。

（三）金融机构同业之间的信息不对称

在实际经营活动中，各金融机构都把客户、项目等信息作为重要的商业秘密，不愿意与同行实现信息共享。一方面，同业之间的这种信息不对称极易引发羊群效应，导致盲目介入。在实践中，对于具有行业优势的大型客户或当地经济的龙头企业，只要一家机构介入，其他常常竞相跟进。而在这个过程中，往往会忽视企业的财务能力和实际需求，造成"垒大户"和过度投融，埋下风险隐患。另外一方面，一些企业往往利用金融机构之间的这种信息不对称现象，在多家机构之间进行谈判，尽量压低成本。这导致了同业间的恶性竞争，使风险不能有效、全面地覆盖。另外，由于同业间信息的高度不对称，一旦客户和项目出现风险信号，各家机构往往从自身利益出发，采取简单的资产冻结、处置等保全措施，给金融机构带来更大的风险甚至损失。

（四）金融机构与中介机构之间的信息不对称

中介机构主要指会计师事务所、资产评估机构等信用中介机构，是连接筹资者和资金提供者的纽带和桥梁。越来越多的经济活动只有通过信用中介机构，才能高效、顺利实现。在中介机构的发展中，诚信是经营活动的基本准则，法规是促使其诚信履职的保障，相当一部分企业的财务状况或资产只有经过会计师事务所的审计或资产评估机构的评估才能采信。而中介机构主要是通过收取企业的服务费用或评估费用实现生存发展的，从而使中介机构和企业之间产生了紧密的利益链条。在掌握企业财务、资产等信息的充分性和真实性方面，中介机构相对于金融机构更加有利。

二、信息不对称条件下投融资审查环节的风险防控

金融机构业务过程中信息不对称是客观存在的，这种信息不对称也不可能短时间内有所改善，从而导致审查环节从机构内部、客户、同业及中介机构获取的信息并不完全。同时，现有的考核制度下，过分重视业绩等定量指标的考核，而轻视风险意识及责任心等定性指标考核。在此双重背景下，要减少信息不对称的影响，审查环节的风险防控显得尤为重要。

审查人员不仅需要具有超强的风险意识及高度的责任心，而且需要相应的审查能力及技术手段，需要从宏观到微观，财务因素与非财务因素并重，多角度、立体化、多渠道、全面地判断了解客户的风险情况，独立做出判断。信息不对称问题在现实经济中必将长期客观存在，金融机构应坚持通过科学的调查分析方法和技术手段来减弱信息不对称，以防控风险，现有具体做法主要有：

（一）宏观政策方面

国内外宏观经济政策瞬息万变，对于风险管理人员，应多关注国际、国内的政治、军事、财经等新闻信息，对于宏观政策信息能够深入了解，只有这样才能站得高，看得远。比如，对于出口导向型及原材料进口依存高的客户（如光伏、轮胎企业），重点关注国际宏观经济政策，包括法律、汇率、利率、关税，世贸组织框架下的权利和义务、反倾销政策；对于内销型客户，除关注国际的宏观环境外，同时还应关注国内的相关政策；属于国家政策鼓励的，还是禁止的，国家相关政策对该行业的影响等。未来的发展趋势如何？是国家大力发展的，还是限制退出的？国家对安全生产、资质许可，环保方面的规定？

（二）所处行业方面

风险管理人员同时还应该是一个行业研究员。对于行业风险的防范，要经常关注国家产业政策方面的信息，勤学习、勤钻研、多思考、多总结，各行各业，都要涉及了解，多研究产业财经新闻，多向企业交流，成为一个行家里手，从而提高分析判断能力。行业风险分析最常用的方法是波特五力模型，主要包括：行业内竞争分析、替代品威胁、买方议价能力、供方议价

力、进入壁垒五个方面的内容分析。

（1）行业内竞争程度分析：企业的竞争者有多少，竞争者的位置，竞争激烈程度，竞争的应对措施。如果一个企业属于垄断行业，那么它的竞争程度较低，风险较小，反之则相反。

（2）替代品威胁：来自其他行业的产品和服务的竞争，替代程度越高，行业风险相对较大。如果企业生产的产品科技含量高，短时间内很难有替代它的产品，那么该企业的风险较小。

（3）买方议价能力：是指买方对生产行业的控制优势或程度。买方行业在以下情况下更具有优势地位和控制能力。对于买方处于优势和控制力较强的行业，风险相对较大，而企业的买方处于弱势的企业，风险相对较小。

（4）供方议价能力：是指原材料与劳动力供给对生产者的控制优势程度。供方在下面条件优势较强：买方使用替代供应的转换成本较高；供方形成集群效应；供方有专利或知识产权。供方在下面情况下优势较弱：产品不具有竞争力；买方少，供方多，出现供大于求的情况。对于供方议价能力强的企业，银行授信风险相对较大，反之则相反。

（5）进入壁垒分析：是指进入该行业的成本和难度。有的行业进入初期需要巨大规模的投资，且回报周期较长，或需要政府批准的特许经营权，此类行业的进入壁垒通常较高。

（三）企业微观方面

现代企业经营的多样化、集团化和联合化造成了企业行为的复杂化、经营的多角化和融资渠道的多元化。企业的这种复杂组织管理特点和生产经营关系使得金融机构难以把握企业内部的财务状况及非财务状况。但是，无论任何组织形态企业微观个体，都可以从财务因素及非财务因素两个方面进行分析判断。

1. 财务因素判断

我们知道企业有粉饰其财务报表的动机，而中介机构与企业之间的利益关系，亦有帮助企业粉饰、掩盖内部财务信息的动机。在此背景下，标准的财务分析方法（趋势法、比率分析法、比较法）不能作为唯一的评价手段，只是作为一个参考依据。

我们对于是否与企业合作及合作额度的考虑主要基于对该企业收入规模

的判断，而对于大多数企业来讲，企业的实际收入与报税及提供给银行的数据都有差距，因此，审批人员需要尽可能的去伪存真，剔除水分，判断企业的真实收入（包括真实的需求情况、真实的或有负债情况等）。主要方法包括但不限于：

（1）税务查询：核实企业提供的纳税申报表是否真实，可以选择主管税务机关调查落实、网上申报系统核查等等。

（2）账务核查：核对企业财务系统中的财务报表与上报银行的报表是否相符，财务报表与各明细账是否相符，明细账与原始凭证是否相符等等。

（3）产量分析：根据各单位正常的投入产出比，确定企业报送的产量是否真实准确；根据企业的中控室数据分析企业的产能是否达产；根据电费、水费等基础数据来判断企业的达产率；根据企业大的购销合同（落实真伪）推算企业的真实产量及收入情况；把企业生产部门的生产统计日报、月报和年报中反映的产量与会计账表中反映的产品入库数量进行核对，根据生产部门的统计数量掌握了解企业的生产能力，计算出产品的产量，并通过该企业的产销比率计算出应实现收入数和企业实际销售收入数相比较，等等。

（4）交叉验证分析：通过主要耗能指标（水表、电表）、纳税申报表、推算主营业务收入，再通过银行账户流水分析推断企业的实际收入是否真实，加打客户近一年的入库单据，从而推算成本是多少，加打出货单，通过交叉验证推算客户一年的主营业务收入。

（5）科目核查：如对存货进行实地盘点，结合出入库账册，加以综合分析确定；选择部分方便造假的科目，如应收账款、其他应收款、预收账款、固定资产、在建工程、无形资产等进行真实性核查。

2. 非财务因素的判断

就企业微观个体而言，非财务因素相对于财务因素包含的信息量更大，更有助于了解企业内部最真实的信息。非财务因素主要包括但不限于：企业领导团队、企业业务模式、盈利模式、营销模式、企业股权结构、高管结构、员工结构、业务结构、客户结构、企业历史沿革、财务管理、依法合规、产权情况、产销情况、担保抵押、企业概况、股东及控股情况、管理情况、经营情况、信用状况、公共关系等。但是非财务因素无法定量，且无标准分析方法。目前所使用分析方法主要以下几种：

（1）现场考察：为了规避审批人员与客户经理之间的信息不对称，审批人员有必要进行现场考察，从信息源头控制客户风险。主要从五个层面进行现场考察：一是企业整体外观印象，即现场调查时观看企业办公环境是否整洁，办公设施是否齐全，各项规章制度是否完善，员工精神面貌情况，员工满意度等。二是实际控制人等领导团队调查：老板的谈吐举止，看是否具有企业家的素质，待人接物的方式，对公司的经营状况是否了如指掌，对公司的发展有无战略愿景规划；了解老板的经历，过去从事的行业与现在经营企业的关联度。三是股权结构、历史沿革调查：了解企业的历史，股东变动情况，及股东之间的关系等。四是车间及生产经营情况查看，查看企业的机器开工率如何，看生产设备是否蒙有灰尘，是否正常运转，查看电表、水表缴费单据连续一年的数据是否平稳，有无淡旺季；了解生产工艺流程，了解企业机器在同行业的先进程度，关键技术人才是否经常流动；查看工资发放表，查看工人工资是否正常发放，查看存货是否正常，估价价值范围；五是让客户提供购销货合同，分析客户的上下游关系，从而分析产业链所处位置，及议价能力。

（2）利用社会关系侧面打听：侧面打听虽然技术含量很低，但非常有效，有些问题现场查看正常、财务报表也非常漂亮，但是企业的背后的一些真实内幕消息，在报表上是看不到的，现场也有可能掩盖真相。没有空穴来风，社会上的负面消息、传言，一定要重视。了解企业的熟人、同学、朋友，极有可能了解一些不为人知的内部消息，这些消息一定要认真对待、仔细分析，甚至比调查报告都要重要。所以说在审查一笔业务时一定要多打听、勤思考、脑子里多打几个问号。通过打听了解客户的经营情况，产品有无市场、销路如何，有无民间借贷，老板有无不良嗜好等等，由于信息不对称，一些关于企业的信息尽量搜集，作为正面调查的辅助补充。

（3）利用好公开信息：从网站、媒体等平台查询客户有无起诉、法律纠纷等负面消息；通过征信系统查看企业信用状况，个人的征信报告是否出现逾期，逾期的原因需要查明；通过各地方红盾网，主要查询营业执照年检情况，一般企业破产后，营业执照不再年检，网上予以公示；通过全国法院被执行人信息查询网，核实公司或个人有无被诉讼、因信用或产品（服务）质量原因被起诉，有无法律纠纷等。

(4) 通过互保圈了解：通过客户提供的对外担保明细，结合人民银行企业征信系统，核实企业对外担保的企业名单，因为担保圈内的企业规模状况大致相似，相互比较了解，可以从担保企业的口中判断借款企业的实际情况，或者通过担保企业的规模、经营状况，大概就能判断出借款企业的经营状况及还款能力。

　　(5) 与同业保持经常联系，实现信息共享：经常与当地各金融机构的从业人员保持联系，询问了解企业有无民间借贷行为，如果涉及民间借贷金额过大，风险较大，应该予以否决；经常与同业保持沟通交流，对于企业的信息及时掌握，为决策提供科学依据。通过调查报告及人行征信系统，可以判断各机构的认可度，从而推断企业的融资能力，也可以作为参考依据。

　　总之，新常态下金融体现运行的自然结果是企业经营困难，银行不良资产上升，资本市场波动加大，各类金融机构的传统经营模式面临挑战，转型发展和创新发展成为当务之急。然而，机遇与挑战并存，收益与风险同在（且具有高风险高收益的平衡关系）是事物发展的客观规律。新常态下对风险管理的需求成为整个经济体系的一个重要趋势，这会使得一方面具有风险管理优势的企业因敢于创新而率先获得市场上的竞争优势，另一方面风险管理业务相关行业也会获得很大发展机遇，如保险业、用于对冲的衍生产品业务、小微企业和个人零售金融业务、资产管理和财富管理业务、征信和风险分析业务等。金融机构要取势、明道、优术，强化金融机构投融资风险防控能力，就能险胜半子。

加强商业银行债券业务风险管理[①]

作为金融市场的重要组成部分，债券市场的发展是建立有效利率体系、合理的投融资秩序、开展金融创新的基础。目前我国债券市场发展速度仍远远滞后于经济发展水平，尤其是银行间债券市场，各种制约债券市场发展的弊病依然存在。近年来，在管理部门的推动下，我国债券市场取得了快速发展，债券市场融资规模、参与主体和产品结构逐渐丰富。尽管如此，与发达国家相比，我国债券市场仍是我国金融市场的一个"短板"，还有极大的提升空间。随着国际金融市场一体化进程的不断加快，我国债券市场对外开放融入国际市场已经是大势所趋。

在银行间债市中，信用债券市场的发展有利于降低企业融资成本，支持实体经济发展，并降低宏观经济对银行体系的依赖，但同时也给商业银行债券业务的管理和风险控制提出了新的挑战和要求。目前商业银行内部债券业务风险管理仍不成熟，相关制度尚未完善，银行间债券市场内部和外部均存在许多需要关注的新动向和亟须解决的老问题。

一、信用债券市场的发展情况

近年来，银行间债券市场取得了高速发展，发行次数和托管量增速均超过同期利率产品。截至2012年11月，共发行1022支，较上年同期增加5.69%，发行量总计1.88万亿元。其中，截至2012年11月，企业债共发行414支，发行量总计0.57万亿元；短期融资券共发行2支，发行量总计0.04万亿元；中期票据共发行510支，发行量总计0.79万亿元。截至2012年11月，银行间市场信用债券托管量达到6.24万亿元，较上年同期增加了19.1%，其中，企业债托管量达到2.22万亿元，同比增长17.3%；中期票

---

① 原文发表于2013年第21期《银行家》，收录时略有改动。

据托管量达到 2.45 万亿元，同比增长 26.2%。

随着银行间债券市场的快速发展，作为债券市场的主要投资者，商业银行债券业务规模也在近几年取得高速增长。截至 2012 年 11 月底，商业银行信用债券托管量为 2.32 万亿元；全国性商业银行信用债券托管量约占全部商业银行信用债券托管量的 73.4%，城市商业银行约占 18.0%，农村商业银行以及农村合作银行约占 6.9%，外资银行约占 1.6%。相对于 2012 年银行贷款余额约 19.2% 的同比增速，商业银行信用债券投资托管量的发展速度更快，同比增速为 5.13%。目前，部分大型商业银行债券资产规模已达到其自身总资产规模的 20%~30%。

二、商业银行债券管理存在的主要问题

（一）银行内部债券交易风险管理的问题与解决对策

1. 加强债券业务资产负债管理

中国债券市场从 1981 年恢复发行国债开始至今，经历了曲折的探索阶段和快速的发展阶段。早期，商业银行债券业务主要以利率产品（国债、央票、政策性金融债等）为主，且针对单一利率风险的资产负债管理策略也较为被动。应提倡对债券头寸实行积极的资产负债管理策略（ALM），即预判式 ALM 模式。期限不匹配是商业银行经营中的常态，预判式资产负债管理就是在科学预测债券价格的基础上，通过债券价格场景、业务策略、投资策略、对冲策略等的组合模拟分析，在总体市场风险容忍度的控制范围内，有效利用期限错配来获取收益。

2. 债券交易在银行内部的从属地位

目前，信用债券的交易和投资是商业银行资金业务的两个重要组成部分。其中，交易业务所占份额较小，主要为满足做市要求。相对而言，投资业务的占比及重要性更高。但相对于传统资产负债业务，债券投资业务长期以来处于从属或附属地位，独立性较差，往往受制于银行的资金流动性管理。商业银行多数情况下被动地利用银行剩余资金进行投资，而并未将其上升到资产负债管理的高度加以管理，债券投资规模的"被动核定"与"随意调整"严重制约了投资时机的把握和投资收益的优化。同时，商业银行信用债券交易、投资业务与承销和公司信贷业务之间也缺乏有效的防火墙制

度，如商业银行公司信贷业务部门为维护和拓展客户关系，往往迫使债券业务部门非经独立自主决策而承销或投资于某些发行主体所发行的信用债券。

3. 缺乏健全的信用风险管理制度

目前，商业银行债券业务的风险管理往往还沿袭着利率产品的管理方式，风险管理的意识和能力尚不完善，部分银行在管理政策上有所欠缺，甚至存在真空地带。其中，部分银行尚未针对债券业务建立起完善的管理制度、独立的决策流程和授权机制，以及与之配套的债券投资政策、债券投资管理办法、年度投资指引、债券投资经营授权管理办法、债券投资分类管理办法等风险管理政策，缺少对资金规模、资金成本、久期、债券的会计分类比例、财务预算、可投资产品的范围、期限、风险限额、集中度及资本等有关指标的规定和管理。

在内控管理上，许多机构并未建立起真正意义上的以做市为目的债券交易类账户，常常是投资类债券和交易类债券混在一起，无法真实反映做市债券的市场盈亏情况。由于二级市场不发达，债券做市商尚未建立起量化的评估交易类债券的市场风险指标体系，如做市债券组合的 VAR 值、敞口风险度量和做市债券的市值重估等。做市商风险控制的低水平将成为柜台市场健康发展的重要制约因素。

目前阶段，提高债券做市商的风险控制水平应从以下几方面入手：第一，将投资类债券和交易类债券分别设立账户，分别核算；第二，市场中介机构向银行间市场成员提供获取交易数据的便利，以方便市场成员对自有债券市场风险的实时评估；第三，建立相对独立的风险控制机构和风险管理人员，对风险情况进行实时监控和报告。

4. 结构失衡的债券市场存在"结构性违约风险"

商业银行债券业务与信贷业务同样具有信用风险，贷款和债券只是发行人债务的两种表现形式，但由于早期债券都由银行担保，而自短融开始的无担保债券在国内的市场环境下也未出现过实质意义上的违约事件，所以债券违约的风险往往被大范围的忽略。这种对于风险淡薄、麻痹乃至回避的认识，可能在风险事件一旦发生时，放大"违约相关"（Default Correlation）和"违约传染"（Default Contagion）的风险，造成较严重的后果。尽管面临风险，但是现实中的债券交易操作却几乎毫无例外的无视这种风险。例如，根据会计要求，公允价值计量且其变动计入当期损益的金融资产以外的资产在"资产负债表日"有客观证据表明发生减值时，才能对其计提减值准备。由于近几年我国银行间市场信用债券未出现过违约情况，商业银行普遍未对信用债券计提减值准备。相对于贷款业务，同一信用主体的不同债务形式未得到同等处理。再如，2010年以来，银监会为防范地方政府融资平台信贷风险，对涉及地方政府融资平台贷款进行了卓有成效的梳理和清查，地方政府融资平台通过发行信用债券（包括地方城投债等）的融资却未在计量之中。目前，城投债券发行管理很不规范，标准十分宽松，相对于信贷渠道融资更为简便。2011年至今，城投债券的发行量都是有增无减。

5. 做市商制度也有待完善

目前，我国做市商制度未完全发挥出活跃市场、提高价格发现的作用，因为它目前仍存在很多问题。其一，做市商的权利和义务不太平等：做市商不享受政策优惠的情况下承担真实连续的报价义务，不可避免的影响他们的积极性和主动性；其二，盈利驱动不足：如果有较强的盈利驱动，做市商报价价差将越来越窄，成交增多，盈利增多，反过来促使做市商提供更多报价，从而形成良性循环；其三，做市商评价指标没有真实反映报价水平：在当前的评级指标体系下，只要针对考核指标有针对性的报价，就可能成为优秀做市商，导致优秀的做市商可能并不优秀，虽然报价很窄，但是成交很少。

6. 银行债券业务的人才投入不足

银行内部对债券业务后续管理不够重视，扭曲的激励机制和权、责、利错配更导致债券业务后续管理缺乏人力资源，难以进行。例如，信用风险管理部门仅重视贷后管理；公司业务部门有动机开拓发展债券业务，而无意愿对其进行后续管理；债券业务部门即使希望对发行人进行后续跟踪，但缺乏人员配备和市场信息，难以将后续管理落到实处。债券产品，以及最近又重新启动的资产证券化产品涉及担保和信用增级的有效性分析，而银行根本没有相关人员负责此类信息的有效性评估，只能采取默认的态度。

7. 债券风险管控的会计制度需要改进

盯市（mark-to-market）的会计制度往往不能适应债券市场的风险控制特征，而且大多数银行的估值本身就不够及时。目前，商业银行债券业务重点关注利息收入，而缺乏对债券估值的重视，部分银行未建立债券投资估值管理办法以及相应的投资估值波动触发机制，估值频率也相对较低。况且，银行间债券市场，是以会计制度和企业财务报表为基础的，盯市制度虽有其合理性，但也存在操纵估值结果、虚增企业利润、复杂模型难以计量等一系列弊端。在 2001 年美国的安然事件中，安然公司就是利用盯市原则为公司财务造假服务的，该事件对金融市场的影响历历在目。会计制度的不合理或者过于复杂化，不可避免地将影响未来财务报表的可读性。如果连专业的投资银行人士和主力投资机构都无法读懂企业财务报表，那么，此类财务制度或报表只能算是"华而不实"。盯市原则对于交易账户的业绩评估是必须实施的，但对于投资型机构，特别是对实施免疫策略的机构，采取盯市原则是否科学合理就颇值得商榷了。因此，建议尽快实施会计两分类制度，尽可能避免因债券估值波动大幅影响投资机构财务报表的情况。

8. 不规范操作行为的监控不足

一是账户划分及管理不规范。银行债券投资户中存在大量交易行为。目前，很多商业银行在对金融资产进行初始确认时，为规避持有到期账户（H 户）和交易账户（T 户）的会计要求，将大量债券资产放入会计处理要求相对宽松的可供出售账户（A 户），交易与投资行为并存，随意性较强。根据监管要求，商业银行应对交易账户计提市场风险资本，但银行通常将 A 户划归银行账户，致使交易行为规避资本要求。此外，部分银行对 H 户的管理不够严格，通过内部审批即可对该户中的债券进行较为随意的买卖。

据悉，由于 2010 年下半年市场利率持续上行，对规模庞大的 A 户估值产生较大负面影响。由于 A 户资产的公允价值变动产生的损益计入所有者权益（资本公积），因而对商业银行资本充足率等也形成较大压力。已有商业银行开始重新考虑 A 户的比例。

二是隐瞒实际交易规模和利润。据悉，商业银行债券业务长期存在"代持"问题，人民银行几年前就发现了该现象，但未做严格清查和治理。债券"代持"类似于买断式回购[①]，指商业银行卖出债券现券，同时跟交易对手私下签订协议，约定在未来以协议价格买回这些债券。相关交易可以滚

---

① 债券买断式回购是正回购方以出售债券现券的方式，向逆回购方融入资金，并按照约定利率和期限，以债券回购方式赎回债券现券。

动续作，期限可长达数月甚至数年。交易对手赚取双方约定的代持费，不承担债券的价格风险。

商业银行通常借"代持"行为规避内部债券业务规模限制，或者根据需要隐藏或实现利润。2010年修订的《商业银行集团客户授信业务风险管理指引》要求商业银行将债券资产纳入授信集中度的计算，"代持"即又成为规避监管要求的手段。

此外，由于"代持"交易中的价格通常为协议价而非市价，对市场准确估值也极为不利。据了解，中央国债登记结算有限责任公司（以下简称中债公司）在制作信用债券收益率曲线时，需剔除大量"代持"交易，难以形成真实准确的收益率曲线。

（二）商业银行债券风险管理的外部问题

1. 债券市场的割裂

（1）监管流通环节上的割裂。长期以来，信用债券市场在发行和流通环节上的监督管理涉及多个政府部门（见表1），信用债券发行的准入、发行方式（审批制和注册制）和信息披露等方面的要求缺乏一致性，同一发行人在发行不同债券时评级结果和利率水平不同的情况时有发生。

表1　　　　　　　　债券市场涉及的政府部门

债券类别			监管机构
金融债券	商业银行债券	普通债	银监会、人民银行
		次级债	银监会、人民银行
	特种金融债券		人民银行
	非银行金融机构债券		人民银行
	证券公司债		证监会、人民银行
	证券公司短期融资券		证监会、人民银行
短期融资券、中期票据			人民银行
资产支持证券			银监会、人民银行
企业债			国家发改委、人民银行、证监会
国际机构债券			人民银行、财政部、国家发改委、证监会
可转换债券			证监会
公司债			证监会、人民银行

这种多头监管人为地导致市场的割裂，各债券发行市场之间存在一定程度的业务竞争关系，各市场管理部门有动机推动其所管理的市场在业务上取得发展和扩张，同时也在一定程度上导致了债券购买行为的行政化。2010年下半年，证监会、发改委都表示要出台加快债券发行审批效率的举措，降低信用债发行门槛；而中国银行间市场交易商协会（以下简称为交易商协会）在将中期票据期限从3—5年期和7年期延长到10年期之后，于2010年底推出了超级短期融资券①，2011年推出了银行间债券市场私募债券。超级短期融资券和私募债券的发行条件都突破了《中华人民共和国证券法》中"累计公司债券余额不超过最近一期末净资产额40%"的规定，且发行人信息披露要求较为宽松。

通过债券市场供给竞争，是可能在市场分割的情况下推动债券市场发展，并进而弱化债券市场分割的。只要坚持市场化方向，监管部门存在良性竞争，是有可能促进市场的产品和制度创新的，也是推动市场改革的动力。我国应从实体经济的实际需要出发，通过产品、制度和基础设施的交叉和统一，逐步引导不同监管主体的良性竞争，用市场机制去倒逼和推动改革。随着市场化改革的深入，当市场、监管理念和程序、基础设施趋于一致后，统一行政监管权力就可以做到水到渠成。

（2）债券市场流通的割裂。长期以来，债券与债券市场的缺陷使债券投资价值降低，迫使债券投资以指令性计划硬性摊派。作为商业银行投资对象的债券，最基本也是最重要的特征就是具有充分的流动性，而这恰恰是当前国有商业银行持有的债券所缺乏的。政策性金融债券只有一级发行市场，而无二级流通市场；国债虽有二级市场，但国家出于防止金融秩序混乱的考虑，又以明文限制国有商业银行进入该市场。如此一来，债券投资价值在银行投资者眼中大打折扣，发行过程中明里暗里的硬性摊派就成为不可避免，致使债券投资这种纯粹的经济行为扭曲为行政任务。这种外部投资行为的行政化，借助国有商业银行内部行政化管理的惯性，导致了目前银行内部层层分解指标，层层划拨资金的债券投资管理方式。

---

① 超短期融资券（Super & Short-term Commercial Paper，SCP），指具有法人资格、信用评级较高的非金融企业在银行间债券市场发行的，期限在7天到270天（九个月）的短期融资券。

（3）资金归划使用方式的割裂。在债券投资这项具体的经营活动中，由于国有商业银行在管理思想上片面强调"资金统一计划"，在管理手段上简单沿袭"指标分解落实"，以致债券投资的决策权力、出资责任，效益承担在上下级行之间相互割裂，相互分离。一方面，下达债券投资计划的上级行，由于不负有实际出资责任，在分配任务指标时不可避免地带有主观盲目性，在当前国有商业银行超负荷运营与资金相对宽松同时并存，地区性不平衡十分严重的资金营运形势下，往往自觉不自觉地遵循计划经济时期平均主义原则简单地硬性分配，而不是依据分支机构动态的资产负债情况全面地权衡，以致部分资金运营已经严重超负荷的行为完成债券投资任务，不得不通过拆借资金或者超占汇差的形式，以高于债券本身利率的资金成本弥补此项资金硬缺口。另一方面，以指令性计划下达债券投资任务，也使实际出资行处于被动消极地位，不仅失去了根据自身资产负债情况，自主确定资金投向的主动权，而且丧失了自觉压缩信贷规模，调整资产负债结构的积极性，从而违背了总行通过增加债券投资，改善资产结构，降低经营风险的初衷。

（4）债券管理统计口径的割裂。按照国际清算银行的统计口径，中国债券市场目前的规模已居全球第五位，但国内债券市场统计标准仍未统一，全口径的权威统计数据依然难有出处。特别是随着上市商业银行进入交易所市场、部分创新产品集中托管在上海清算所等业务的推进，规范并统一债券市场的数据统计口径，建立权威的全口径统计数据发布平台势在必行。

2. 债券评级缺乏科学性和统一性

尽管近年来我国债券市场在基础设施建设、债券品种、债券发行和交易主体、交易规模等方面取得了较大发展，但债券信用评级体系的建设明显滞后，严重影响商业银行对于债券风险的判断。

首先，我国债券信用评级的法律法规不健全，政策出自多门，有关管理规定比较零散，缺乏必要的系统化、规范化和清晰化的政策指引。这种情况不仅不利于规范管理，也难以避免不协调、不一致情况的发生，而且还会导致相同评级的债券出现较大利率差（见表2）。

表 2　　　　　　　　　同一信用评级债券发行利率相差大①

企业名称	发行规模（亿元）	发行时间	期限（年）	利率（%）	债项	主体	评级机构	担保方式
成都工业投资集团	15	09-06-04	5+2	5.08	AAA	AA	大公	应收账款质押
赣州发展投资控股集团	15	09-06-16	5+2	5.58	AAA	AA	鹏元	应收账款质押

其次，债券信用评级机构独立性得不到足够保证，机构数量比较多，存在较大程度恶性竞争。评级机构的首要原则应是客观、独立、公正，根据其业务特点和工作性质应该有高度的中立性。但是，我国不少评级机构还未完全改制，仍没有与原主管部门脱离关系，在人员、资金、管理以及业务来源等方面缺乏独立性，不利于体现债券信用评级应有的公信度和权威性。在发达国家，一个国家只有少数几家评级机构。例如，美国有穆迪、普尔和惠誉3家，日本有日本公社债研究所、日本投资家服务公司和日本评级研究所3家，加拿大有自治区债券评级公司和加拿大债券评级公司2家，英国有国际银行信用分析公司1家。我国债券市场规模与发达国家相距甚远，但债券信用评级机构居然有9家。评级机构数量过多，势必造成企业债券评级领域过度竞争，使得评级机构受制于发债企业的压力不得不给出较高的信用等级，从而造成评级结果的失真。我国发行的企业债券大多获得 AAA 最高等级，而在美国很少有企业能够获得最高等级。

而且目前我国债券评级技术不太成熟。资信评级在我国属于一个比较新的行业，债券信用评级专业人才队伍还很不成熟。从业人员的专业知识、综合分析能力、道德素质参差不齐，在相当程度上影响到债券评级的技术水平。例如，我国信用评级仍然以经济体报表财务比率分析为主，在学习借鉴国外经验时，基本上属于照搬照抄发达国家做法，而实际上我国经济体制和财务制度与发达国家差异甚大。

3. 进行市场开拓创新　盘活银行间债市流动性

---

① 数据来源：中国债券信息网－发行与付息兑付文件，http://www.chinabond.com.cn/Channel/21000。

银行间债券市场的流动性匮乏主要是由于三点原因。一是银行间债券市场一级市场和二级市场割裂、交易所市场和银行间市场割裂及市场深度不足（表现为单只债券发行量过小、发行频率和交易频率低）等问题导致市场流动性不足。二是目前信用债券市场参与者范围和集中程度影响了市场的流动性。从美国等成熟债券市场来看，债券主要投资者包括银行、基金、个人、保险公司等，各类投资者债券持有比例比较平衡。但在中国，商业银行占据银行间债券市场的绝对主体地位，自然人、法人等普通投资者仍然无法直接参与其中进行投资和交易。三是目前的做市商制度以交易户报价为主，市场流动性缺乏、报价券种数量有限、风险对冲工具缺乏及资金规模受限等特点导致做市商缺乏足够的报价意愿。而做市商报价能力不足又反过来对市场流动性造成更为不利的影响，进而形成一种恶性循环。

尽管由交易量和换手率等数据显示，实际上银行间债券市场的流动性一直在保持良性发展，但是与发达债券市场相比，流动性仍旧显得不足，存在很大的改善空间。我国债券市场仍处于初级阶段，产品种类和层次远远不够。就基础产品而言，目前发行规模和交易量较大的券种依然是几类较为成熟的券种，如中小企业集合票据、高收益债等，品种规模很小。至于建立在产品之上的衍生品，就更显得缺乏，信用风险缓释工具受制于监管要求尚未发展起来，信用互换等产品虽已有过试点，但市场认可度和参与积极性不高。交易品种不丰富，不仅使得无风险套利难于操作，无法平滑债券市场中出现的价格扭曲，同时限制了市场的流动性发展。另外，银行在银行间债券市场占据绝对主导地位的市场格局，也造成了投资者行为一致性现象，这限制了市场流动性的提升。

为从机制上提升债市流动性，银行间债市目前也在极力促进新业务发展。2011年推出的非公开定性发行方式，解决了中国非金融企业直接债务融资40%的天花板问题；2012年8月8日，我国银行间市场又一个创新性债务融资工具，首批三单25亿元资产支持票据产品成功发行；同时，交易所也在为筹备银行进入交易所市场做准备。近3年间，跨市场交易流通的企业债在交易所市场的占比快速提升，相当一部分企业债从银行间市场转托管到交易所市场，一个重要原因是回购制度的设计。交易所市场的标准券折算、回购到期连续交易制度，更有利于促进回购交易、提升信用类债券的流动性。在交易所市场，信用类债券被方便地用于质押回购，而在银行间债券市场，超过90%的回购质押债券是国债、央票、政策金融债，信用类债券在银行间市场用于质押回购有一定困难。因为收益率相对较高的信用类债券在交易所市场能够方便地进行质押回购，因此，比较容易实施回购套做的利差交易。这提升了交易所市场信用类债券的流动性，吸引了企业债转托管到交易所市场。银行间市场作为债券市场的主体，债券存量大，投资者群体丰富，更有条件通过回购制度的创新提升信用类债券的流动性，而银行间债市进入交易所市场正好为标准化回购提供了工具。从国际债券市场的发展经验看，最优的制度创新方案是推动建立"三方回购"，或者称之为自动质押回购。该业务可以使得目前的双方回购升级为更加标准化、更加高效率的货币市场工具，从而使信用类债券的流动性，乃至整个银行间市场的流动性得到提升。这些产品、制度、组织创新，为中国金融市场快速发展注入了新的活力，为银行债券市场提供了新的流动性。

进一步深化对信用衍生品的认识[①]

2018年10月，国务院常务会议决定设立民营企业债券融资支持工具，以市场化方式支持民营企业债券融资。随后，人民银行发布了《设立民营企业债券融资支持工具，毫不动摇支持民营经济发展》的公告，明确提出以信用风险缓释工具支持民营企业债权融资。在当前的宏观经济金融环境下，以危机中的信用衍生品为典型样本，在识别其基本特征和功能的基础上对其中的风险进行剖析，将有助于进一步深化对信用衍生品的认识，提高相关政策的针对性与适当性，为防范和化解系统性风险、维护宏观经济金融平稳运行提供保障。

一、国内外信用衍生品的发展状况

基于债市实际情况的一种衍生产品支持债券融资的新路径，2016年我国首批挂钩民企债券的信用风险缓释凭证的落地，就体现了新型金融工具支持实体经济发展的理念。事实上，银行间市场交易商协会早在2010年10月，就发布了《银行间市场信用风险缓释工具试点业务指引》及其配套文件，推出了信用风险缓释合约和信用风险缓释凭证两款信用风险缓释工具，并于当年11月实现了首批信用风险缓释合约上线交易。此后，2016年9月，银行间市场交易商协会发布修订后的《银行间市场信用风险缓释工具试点业务规则》，推出信用风险缓释合约（CRMA）、信用风险缓释凭证（CRMW）、信用违约互换（CDS）、信用联结票据（CLN）四份产品指引。但由于政策环境等因素，这些以信用风险缓释为主要功能的信用衍生品在国内一直并未实现大规模普遍推广。

从国外信用衍生品发展的历程来看，数量分析技术自20世纪90年代以

[①] 原文发表于2019年2月11日《金融时报》，收录时略有改动。

来在信用分析领域的运用得到极大发展，特别是在信用衍生品风险度量、资产定价等方面发挥了重要作用。在很长一段时间里，金融机构都对其先进的信用衍生品模型分析技术充满信心。但在次贷危机中，模型工具并未起到应有的作用，信用衍生品的损失远超预期。

二、目前典型的信用衍生品及其主要功能

（一）典型的信用衍生品

信用衍生品模型作为一种交易合约，在信用保护的买方发生信用风险损失时，由信用保护的卖方提供补偿。金融市场上的信用衍生品包括总收益互换、信用利差期权、信用联系票据等，其中担保债务权证（CDO）和信用违约互换（CDS）是信用衍生品市场上最常见的品种，最能代表信用衍生品管理信用风险的基本功能。

CDO 是资产证券化家族中的重要成员。在 CDO 中，信用风险以资产出售的方式从风险出让人转移给特殊目的机构（SPV），即 CDO 的买方，SPV 再根据资产池产生的稳定现金流发行不同信用品质的债券。早期的 CDO 资产池以实体企业贷款或公司债券为主，后来发展为以资产支持证券、住宅抵押贷款证券及商用不动产抵押贷款证券等资产证券化商品为支撑。

CDS 是全球交易最为广泛的场外信用衍生品，其合约的交易模式是：CDS 买方定期向 CDS 卖方支付一定费用，一般用基于面值的固定基点表示。如果信用主体无违约事件，CDS 卖方就没有任何现金流出；一旦信用主体出现违约，CDS 卖方有义务以现金形式补偿债券面值与违约事件发生后债券价值之间差额，或以面值购买 CDS 买方所持债券。

20 世纪 90 年代初，随着市场对信用风险管理的需求日益增大，传统信用保险产品越来越难以满足市场需求。CDO 和 CDS 等的出现使信用风险管理方式从消极、被动的风险回避方式向积极、主动的组合风险管理转变，对金融市场中的收益、规模等都产生了深远影响。

（二）当前信用衍生品的主要功能

1. 信用风险分散

选择信用衍生品来优化贷款组合，实现跨地域和行业的贷款组合，避免信用风险的行业或区域过度集中，从而实现贷款组合分散化管理。与其他贷

款证券化出售不同，信用衍生品在消除拖欠风险的同时保留了持有的资产，不必改变资产负债表，避免了出售相应资产和维护了客户关系。

2. 资金收益提高

新资本协议要求银行的总资本不低于经风险调整后资产总额的8%，即资本金≥风险资产×风险权重×8%，其中风险权重视交易对手而定。信用衍生品可实现信用风险的转移，巧妙地改变交易对手，风险权重的差异节约了资本，从而提高资本回报率。同时，信用衍生品也为非银行金融机构的投资者在无须持有资产和管理资产条件下，创造了新的、收益可观的机会和有效的资产组合风险管理方法。

3. 市场规模扩大

金融市场按照产品定价的基础来划分，可分为基础市场和衍生市场。信用衍生品的发展不仅直接扩大了衍生市场的规模，还能分离出基础市场中的信用风险，有助于减缓交易中的信息不对称和规模歧视的障碍，增加交易量，扩大基础市场规模。次贷危机前的2004年CDO总共发行1570亿美元，到2007年为5030亿美元，3年间增加3.2倍。CDS更是受到国际金融市场的热烈追捧，规模从2000年的1万亿美元，暴涨到2008年的62万亿美元。这一数字只包括了商业银行向美联储报告的数据，并未涵盖投资银行和对冲基金（发行了31%的信用违约掉期合约）的数据，足见其对市场强大的吸引力。

三、信用衍生品的模型设计缺陷及其风险表现

衍生工具信用风险模型的前提假设限制了它的使用范围，成为金融机构在信用衍生品上业务上的巨大潜在隐患。比如，分析CDO的条件违约概率对持有者的影响时，要假设资产包内的资产是同质的，均有相同的β系数和违约概率分布，所有资产的极端事件具有相同的分布等，这些假设都脱离了市场现实。危机后，此类问题上存在的严重缺陷已被不少文献分析。尽管信用衍生品模型设计上存在缺陷，但其在危机爆发和风险扩散中的作用却和相关的市场传导机制密切相关，主要有以下几个方面：

（一）引发道德风险

监管主体缺失。购买信用衍生品相当于为贷款购买了一份保险，被保险

人因投保而敢于承担过多的风险时，道德风险就出现了。CDS、合成 CDO 等信用衍生品鼓励银行以更低的利率，把更多贷款发放给风险更高的借方。同时，密切监管借款方的动力会下降，因为银行已经把贷款违约风险转移给信用衍生品的卖方。从理论上讲，购买信用风险的投资银行、养老金基金、保险公司等也负有监管义务；但由于不是贷款发放机构，与借方不存在关系。一系列的合同经过了借方、银行，又到了第三方，而第三方的监管机构身处局外。信贷衍生品最终使借方处于无人监管状态，加剧了信贷扩张和道德风险。

（二）定价机制存在仅基于历史数据的局限

金融机构利用历史数据建立了信用违约曲线、风险收益曲线、基准利率曲线等作为信用衍生品定价参考，建立了各种定价模型。但 CDO 类似的证券并不经常换手，估值变得十分困难，只能依据市场状况变化和信用记录状况估价，导致信用衍生品定价精确度不够，存在套利关系，从而产生价格风险。一旦全球经济金融形势发生较大变化，基于历史数据的定价风险会显现。

（三）评级机构过高评级导致风险聚集

CDS 的价格大部分取决于评级机构对债券的评定。据统计，在美国次级抵押相关债券中，大约 75% 为 AAA 评级、10% 得了 AA 评级、8% 为 A 级，仅有 7% 被评为 BBB 或更低。对信用衍生品则给予的评级更高，穆迪和标普等评级机构认为这类产品不用出钱就能得到稳定的现金流，风险很小。评级机构通常与承销商共同设计此类结构化产品，对次级债券的分层、信用增级等提供建议，收取相关费用；这种利益冲突影响了评级机构独立公正的评级立场，极易低估次贷产品风险，给出偏高的信用级别，助长市场对该类产品的乐观预期和非理性追捧，埋下风险隐患。

（四）过度投资导致系统性风险

信用衍生品使风险能够在不同经济主体之间进行交易，从而分散单个经济体承担的风险，但并不能消除信用风险，且过度投资甚至可能造成系统性风险的集聚。如果信用风险迅速膨胀，信用衍生品市场的风险承担主体界限模糊，风险隔离机制就难以发挥作用，风险管理机能就面临考验。

（五）交易的复杂性和专业性下的监管面临困境

信用衍生品的另一个缺陷是没有中央清算系统，没有集中交易报价系统，没有准备金保证要求，没有风险对家的监控追踪，一切都是在一个不透明的圈子里，以一种信息不对称的形式运作，监管机构对信用衍生品市场的风险有效地监管和披露困难。同时，对冲基金、私募基金等投资者的信息披露不充分、大量场外交易增加了监管难度。

四、发展我国信用衍生品市场的政策建议

金融市场是千变万化的，对信用衍生品模型分析技术要有客观认识，风险控制不能过度依赖数理分析技术。信用衍生品发展除了自身模型技术不断演进之外，持续改进的政策环境也必不可少。在逐渐发展信用衍生品的背景下，汲取次贷危机中交易和监管政策的缺陷，加快健全相关政策体系十分重要。

（一）稳步发展信用衍生品，促进我国金融市场发展

危机中暴露出信用衍生品的种种问题，并不意味着信用衍生品发展没有意义；相反，如果恰当地发展，可以成为风险管理的一个重要工具。考虑现有制度和市场环境，应分层次分步骤适时适度地发展信用衍生品市场，比如循序渐进地先在国内银行同业之间进行交易，相互调剂风险头寸，重组贷款结构；国内机构投资者后参与贷款市场，外资银行和国外机构投资者再参与市场。从技术层面看，产品复杂性要求培养能够设计类似产品和熟悉交易规则的专业人才；从市场层面看，应培育流动性强的贷款二级市场，使贷款交易逐步成为资产管理和风险管理的核心内容之一；从制度层面看，应进一步完善信息披露制度和信用评级制度，特别是应加强证券交易的信息披露和公司违约信息的披露；从交易层面看，应完善包括信用衍生品设计、交易过程具体标准和细则等指导性文件。

（二）加强信用衍生品监管，防止市场过度投机

危机中 CDO、CDS 市场暴露的风险说明，信用衍生品发展的初衷是为了风险控制，如果使用方式不当，过分追求盈利，忽视蕴含的风险，反而会引发更大的风险。信用衍生品是柜台交易产品，资产品质和价格没有监管机构的审核，良莠不齐。草蛇灰线，伏脉千里；投机需求造成次贷资产供不应求，诱发大量高风险抵押贷款，为信用衍生品市场的崩溃埋下了伏笔。监管机构应坚持"实际需要"的原则，严格把好标的资产关；对于衍生产品交易必须进行严格监管，对交易目的、交易规模严格审查，确保信用衍生品不沦为投机工具。

（三）完善市场监管机制，寻求有效监管合作

监管机构要注重对金融机构合规性监管，全面履行监管职责，加强信息披露，维护投资者的正当权益。信用衍生品市场涉及信贷市场、场内和场外证券交易市场等多种交易市场和商业银行、投资银行和对冲基金等多个交易主体，要进一步加强监管合作，防止风险跨市场和跨界传导。对于参与市场的非银行类机构，要引导行业主管部门联手行动，及时监测风险变化情况，提高市场参与者的风险管理能力，确保对交易对手风险充分认识，增强抵御风险能力。

（四）促进基础市场良性发展，完善和规范中介组织运作

信用衍生品的价格与信贷资产有密切关系，很大程度上取决于信贷资产的违约率和提前偿还率，违约率攀升直接影响信用衍生品市场的健康发展。从 2006 年第四季度开始，美国房地产市场逐渐趋冷，房地产价格开始下滑，导致个人贷款用户大量违约，发放次级抵押贷款的金融机构出现大量坏账。违约率升高和利率提高引发提前还贷，信用衍生品标的资产不断恶化。由于信贷衍生品基本上是柜台交易产品，流动性差，引发市场恐慌，整个市场崩溃。

回顾房价下跌到金融泡沫破灭的传导链条发现，只有标的资产良性运行，才能促进信用衍生品市场良性发展。要从源头上确保标的资产健康，在项目评估、资产定价、过程监督、信息披露等环节健全和完善相关政策法规。同时，健全信用评级制度，对证券化的资产进行客观公正的信用评估定级，为投资者正确选择提供不可或缺的依据保障。

商业银行衍生品市场风险的管理[①]

作为传统的金融机构，商业银行为了向客户提供多元化的金融服务，同时为了自身盈利考虑，持有了部分衍生品头寸。商业银行对衍生品的管理一般采取前台交易、中台风险监控、后台财务与资金清算分离的原则，按照独立、集中、统筹管理市场风险的要求，在基于新资本协议合规的全面风险管理体系的框架下，通过一系列的政策流程体系与市场风险系统实施相结合进行市场风险管理。

商业银行所持有的衍生品的基本品种包括远期、期货、期权和掉期四大类；从目的上主要分为自营、代客、结构性理财等。自营指的是为了对冲自营投资的市场风险或单纯为了从市场价格波动中获利的业务行为；代客指的是客户有规避价格波动的风险而跟商业银行达成的衍生品交易与商业银行为了规避该笔衍生品交易所带来的市场风险而采取的对冲交易；结构性理财指的是商业银行为了发行结构性理财产品向客户支付的衍生品收益与商业银行向同业购买的结构性衍生产品。除自营业务保留部分敞口且受到严格的授权与监控之外，其他业务均以规避代客端衍生品所带来的市场风险，赚取对公市场与同业市场价差，或为了获得零售与对公存款为出发点，主动经营衍生品业务的占比较小。因此，衍生品的市场风险资本一般只占商业银行总资本极微小的比例。

商业银行有严格的可交易衍生产品品种限制，即设定了可交易的产品种类限额。在可交易品种中，商业银行能够完全实施衍生产品的市场风险计量和量化，并根据不同品种设定相应的市场风险额度，实施严格的每日和月度止损，并严格控制敞口限额；对于风险较大的结构性理财所嵌套衍生品，考虑到其结构复杂多样，目前均要求逐笔对外背对背平盘。以下按照新资本协

[①] 原文发表于 2018 年第 8 期《银行家》，收录时略有改动。

议框架下的衍生品市场风险管理框架与为了达成新资本协议管理要求的市场风险系统开发两个部门进一步介绍整个管理结构：

一、新资本协议框架下的衍生品市场风险管理框架

（一）管理架构

商业银行市场风险治理架构由三个主要层级构成，包括董事会层、高级管理层及其下设的委员会和执行层。

董事会层指的是董事会或其授权的风险管理委员会，承担对市场风险管理实施监控的最终责任，负责审批市场风险管理的战略、政策和流程及其重大修订；理解市场风险轮廓，监督高级管理层履职并督促全行市场风险管控的实际应用。

商业银行高级管理层下设的风险管理委员会是常设的全面风险管理机构，其市场风险管理职责主要包括贯彻执行董事会的市场风险管控决策；审批与监督日常市场风险管控的执行并为市场风险管理提供资源保障。

风险管理部（市场风险管理中心）作为商业银行市场风险管理的主体，独立于业务部门，负责有关市场风险管理政策、制度和流程等的制定与监控；向董事会或其授权的风险管理委员会、高级管理层提供独立的市场风险报告。

（二）政策体系

商业银行市场风险管理体系主要分为17个主题：

《市场风险治理架构》从组织架构角度定义市场风险管理各个环节中需要参与与负责的人员，实现金融业务、中台、后台的市场风险管理职能的科学布局和有效分布，树立分工明确的市场风险管理组织架构、权限结构和责任机制。

《市场风险政策制度体系》从政策与流程角度建立全面的并具可操作性的政策制度体系，增强商业银行内部控制的有效性，能够在不同层级对不同范围水平的市场风险加以约束，从而保证全行范围内市场风险管理工作质量和工作效力。

以上两份政策作为整个政策流程体系的基石，其余15份管理办法分别就各自的管理细节对这2份政策进行有效补充，并在新资本协议的框架下，

结合商业银行内部管理需要进行细化与落地；通过建立能够充分体现市场风险管理要求的业务流程（包括前台交易、中台风险管理、后台核算，以及前中后台的信息传递、数据核对及报告流程等），实现管理流程优化与实际业务规范的有效结合，进一步突出流程规划的可行性要求，便于有效落实与具体实践。

二、为了达成新资本协议管理要求的市场风险系统开发

为了使上文提及的政策流程与计量体系可以落地，同时商业银行的产品不断丰富，商业银行要进行市场风险管理系统的建设工作。目的在于满足银监会和巴塞尔新资本协议关于市场风险内部模型法以及模型验证的要求；全面提升商业银行市场风险管理能力，协助商业银行丰富市场风险管理方法；健全市场风险制度体系；建立市场风险计量以及应用体系并通过知识转移、合作开发等形式，培养市场风险管理专业队伍。通过建立统一的应用数据库及管理系统，集中和整合全行市场风险相关数据，完善市场风险计量体系，实现及时、完整的内部管理功能，统一内外部市场风险管理报告，为高效、及时的市场风险管理奠定基础。

整体系统功能设计与架构由于篇幅不详述。市场风险管理系统的业务功能实现主要归结为两部分内容，分别为风险计量引擎与自开发功能模块：

风险计量引擎的功能包括产品估值、敏感性指标计量、VaR 计量、情景分析与压力测试、返回检验中理论损益、交易对手内部模型法计量、新增风险和特定风险、试算功能等。

自开发功能则是基于市场风险应用数据库中的数据或风险计量引擎的计量结果进行计量加工，产出新的指标或者报表进行呈现，同时开发出引擎不支持的功能，包括标准法资本计量（一般风险与特定风险等）、标准法及内模法监管报表生成、内部监控要求、内容管理报表生成、内模法经济资本计量、压力 VaR、市场数据管理、基础数据查询、价率监控、头寸勾稽、头寸及市场数据匹配、内部管理损益、数据积累及用户权限等。

金融机构的业务连续性管理[①]

新冠疫情是 2020 年飞出的一只巨大的黑天鹅，目前仍在持续发展，并可能给全球经济造成十分深远影响。疫情发展过程给经营风险的金融从业者以深刻警示：由于缺乏事前的风险预案，无论是企业还是家庭，都蒙受了较大的损失。在后疫情时期，全行业需要一次认真的集体反思，对风险和能力有一个再认识。疫情过后，痛定思痛，人们的风险意识将全面提升，业务连续性管理并不是一个遥远的课题，也不会因为机构大小而变得不重要，业务连续性管理本身就是风险管理的一部分。

华为在中美贸易摩擦背景下成了"天天上新闻、时时占热搜"的舆论焦点。重压之下，华为并没有示弱，十几年的"芯片备胎"和 5G 等核心技术方面的领先技术能力，2005 年就开始建立的一整套严密有效的业务连续性管理体系，可以确保华为绝大部分产品在极端情况下继续服务客户。华为的风险管理，从一开始就不是寄希望于"天下太平"，而是建立在风险的无时和无处不在基础上，培育了很强的系统能力，从企业管理的角度而言，全面的业务连续性管理才是华为的底气。

他山之石，可以攻玉。业务连续性管理的价值并非仅仅是企业应对灾难、提高生存能力的工具，在许多发达国家金融行业，业务连续性管理已成为改善经营管理、承担社会责任的基本准则。提高风险预测和快速应对能力，适应需求变化和威胁，保持竞争优势的重要基础，对整个行业长期、可持续健康发展具有深远的意义。

一、概述

业务连续性管理不是某一件具体的事，它是一个长期的、完善的、涉及

[①] 原文发表于 2011 年第 7－9 期《当代金融家》，收录时略有改动。

企业方方面面的一整套管理措施。

(一) 业务连续性目的、要求及组织架构

金融机构为实施业务连续性管理（Business Continuity Management, BCM），建立和健全自身业务连续性管理体系和规范应急预案体系，提高各级部门处置重要业务运营中断事件的能力，保障利益相关者及客户的利益，维护声誉和稳定，根据《商业银行信息科技风险管理指引》（银监发〔2009〕19号）和《商业银行业务连续性监管指引》（银监发〔2011〕104号），结合业务连续性管理实施及总体应急预案的要求，制订业务连续性计划（Business Continuity Plan，简称BCP）。

总体业务连续性计划旨在完善风险管理体系，保障重要业务连续运行，规范、提高应对和处理运营中断事件的能力，保证重要业务在运营中断事件发生后能够及时恢复，预防或最大程度减少运营中断事件带来的负面影响和损失。

金融机构应做好应变紧急事故的准备，拟定业务连续计划，预备有效的应急恢复程序，以降低紧急事故对机构中断的负面影响，让受损机构在可接受的时间内恢复运营能力。

(二) 业务连续性概述

业务连续性指业务在发生各类中断的情况下，能够应对风险、自动调整、快速反应，保证业务与系统的持续运行。

业务连续性管理是指金融机构为有效应对重要业务运营中断事件，建设应急响应、恢复机制和管理能力框架，保障重要业务持续运营的一整套管理过程，包括策略、组织架构、方法、标准和程序。其范围主要涵盖重要业务功能，以及与业务功能相关的人力资源、信息系统、基础设施和利益相关方等。其目的是通过识别主要风险敞口，分析重要业务流程，评估业务中断的影响，识别影响各重要业务运行的关键因素，建立健全包括预防、预警、响应、决策、处置、持续改进等完整的业务连续性管理机制，有效降低灾难事件或突发事件对银行资金及声誉造成的损失，提高风险防范能力和风险抵御能力。

业务连续性计划（BCP）是灾难事故的预防和反应机制，是应急与恢复体系的统领性计划，确保企业在面临突发的灾难事故时，重要业务功能可持

续运作、有效发挥作用，以保证业务正常持续运营。BCP包含业务连续性组织架构、重要业务及关联关系、业务恢复优先次序、面对的重大风险敞口和残余风险、运营中断事件检测预警机制与应急响应机制、应急预案体系等内容。

（三）业务连续性组织架构以及职责分工

BCP适用于金融机构各部门和分支机构，旨在针对因下述原因导致信息系统服务异常、重要业务停止运营的事件：（1）信息技术故障（业务系统技术故障、配套设施故障）；（2）天灾或意外事故（如地震、水灾、火灾）；（3）人为恶意或恐怖事件（黑客攻击、恐怖袭击）；（4）外部服务中断（第三方无法合作或提供服务）；（5）其他经公司认定，足以影响正常营运事故或情况。

业务连续性组织架构由两模块构成：（1）日常管理组织架构由董事会、高级管理层、业务连续性管理委员会、业务连续性管理主管部门、业务连续性管理执行部门、业务连续性管理保障部门和内部审计部门组成；董事会是业务连续性管理的决策机构，对业务连续性管理承担最终责任；高级管理层负责执行经董事会批准的业务连续性管理政策；由高级管理层和业务连续性管理相关部门负责人组成业务连续性管理委员会，负责统筹协调、落实各项管理职责；风险管理部门或其他综合管理部门为业务连续性管理主管部门；业务条线部门与信息科技部门为业务连续性管理执行部门；办公室、人力资源部门、公共关系部门、财务部门、法律合规部门、后勤部门、保卫部门等构成业务连续性管理保障部门；内部审计部门负责并定期开展业务连续性管理审计工作。日常主要由业务连续性管理委员会执行管理职能，统筹协调、监督业务连续性管理主管部门、执行部门、保障部门落实日常工作职责。（2）应急处置组织架构则沿用金融机构突发事件应急管理架构、办公室作为统筹部门，两模块相互协助配合，信息互通，保证业务连续性管理工作的持续及完整。

二、风险分析

BCP所称的风险主要是指可能导致信息系统服务异常、重要业务停止运营的风险，包括但不限于自然灾害及不可抗力、人为因素、信息技术故障和外部服务中断等。

（一）风险分析矩阵

风险分析矩阵是风险分析的重要工具，其通过对风险，即运营中断事件的可能性和严重性进行判断，最终以量化的形式识别重要风险。风险评估公式如下：

$$R = L \times I$$

式中，R（Risk）：风险得分，通过运营中断事件的可能性与严重性，综合考量获得；L（Likelihood）：运营中断事件发生的可能性得分，根据事件发生的历史信息，评估未来事件发生的概率（见表1）；I（Impact）：运营中断事件的严重性得分，通过对人员（H，Human）、系统（S，System）、场所（P，Place）、数据（D，Data）四要素的受影响程度综合考量，依照严重性得分公式，得出严重性得分（见表2）。

表1　　　　　　　　基于历史信息的风险预测表

可能性 L	发生频率描述
L = 5	根据掌握的信息，每三个月至少发生一次
L = 4	根据掌握的信息，每年至少发生一次
L = 3	根据掌握的信息，每三年至少发生一次
L = 2	根据掌握的信息，每十年至少发生一次
L = 1	根据掌握的信息，十年以上至少发生一次
L = 0	根据掌握的信息，不可能发生

$$I = H \times 2 + S + P + D$$

表2　　　　　　　　风险严重性得分表

严重性（H/S/P/D）	严重性
5	严重
4	高
3	中
2	低
1	不明显

（二）重点关注风险场景

风险分析的主要目的是分析风险发生的概率及导致的影响程度，识别出需重点关注的运营中断事件风险场景。风险分析结果见图1。

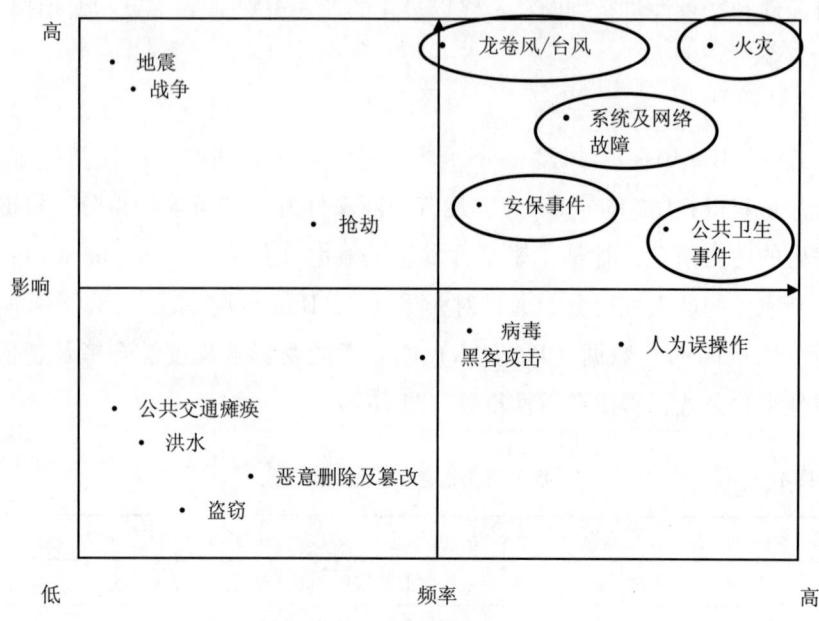

图1　风险矩阵热图

根据金融机构的业务特点和主要关注点补充部分风险（产品重大问题、流动性风险、法律或新闻危机），共同确定重点关注风险：（1）传染性疾病/食物中毒等公共卫生事件；（2）火灾等全楼性灾难；（3）龙卷风/台风/地震等自然灾害；（4）抢劫/群体事件等安保事件；（5）信息系统及网络故障；（6）产品重大问题；（7）流动性风险；（8）法律或新闻危机。针对重点关注风险，应结合实际情况制定专项应急预案，确保事件发生时能够快速反应。

（三）风险事件类型

所有风险事件可以根据其影响的资源类型（人员、系统、场所三大类资源），归纳为表3中的六个风险事件类型。

表3　　　　　　　　　　风险事件类型划分

风险事件类型	人员无法工作	系统无法工作	场所无法使用
1	√		
2		√	
3			√
4	√		√
5		√	√
6	√	√	√

若发生重点关注风险之外的风险事件，可根据受影响的资源要素参考同类别风险场景的应急预案进行应急措施和恢复方案的制定。

三、业务影响分析

业务影响分析（Business Impact Analysis，简称BIA）指明确业务连续性管理重点，评估业务中断影响，确认业务恢复优先级及恢复指标，识别业务关键资源要素及风险分析等工作的过程。

（一）重要业务识别

重要业务是指面向客户、涉及账务处理、时效性要求较高的银行业务，其运营服务中断会对金融机构产生较大经济损失或声誉影响，或对公民、法人和其他组织的权益、社会秩序和公共利益、国家安全造成严重影响的业务。通过重要业务分析矩阵识别的重要业务如表4所示。

表4　　　通过重要业务分析矩阵识别的重要业务（银行案例）

条线	重要业务
公司条线	国际汇款
	公司理财
	进口贸易融资
	国际信用证
	离岸结算
	离岸存款
投行条线	资产托管

续表

条线	重要业务
零售条线	个人理财 借记卡 信用卡交易
资金条线	第三方存管 代客贵金属交易 代客外汇买卖
财务条线	头寸管理
运营条线	对公及对私存取款 转账汇款

（二）重要业务关联关系

通过梳理业务的办理流程，识别重要业务间的关联关系和影响范围如表5所示（银行案例）。

表5 重要业务关联关系影响范围

业务名称	影响业务范围
头寸管理	影响全行结算类业务的办理
借记卡	作为零售业务的基础，影响大多零售业务的办理，如个人理财、存取款等
转账汇款	影响许多国内交易类业务的办理
资产托管	影响部分对公业务的办理
其余业务	对其他业务无明显影响

（三）业务恢复优先级及恢复指标

业务连续性恢复指标分为恢复时间目标与恢复点目标。恢复时间目标（RTO）指某业务从中断状态恢复到基本可用的最长可容忍时间；恢复点目标（RPO）指IT系统中断后数据需要恢复到的中断前时点。

结合业务运营中断可能产生的损失与业务恢复成本，考虑业务服务时效性、服务周期等运行特点，结合业务的关联关系，考虑监管要求，可确定重要业务恢复优先级与恢复指标如表6所示（银行案例）。

表 6　　　　　　　　　　重要业务恢复优先级与恢复指标

业务恢复优先级	业务名称	RTO	RPO	优先恢复的产品或服务（关键流程）
第一级	对公及对私存取款	4 小时	15 分钟	对私取款（柜台）； 对私存款（柜台）； 对私取款（ATM）； 对私存款（ATM）； 对公取款； 对公存款
	转账汇款	4 小时	15 分钟	跨行汇款 – 同城/异地汇款 – 大小额系统 – 普通模式、绿色通道； 跨行汇款 – 同城汇款 – 同城系统 – 流程支付； 跨行汇款 – 同城汇款 – 同城系统 – 实时支付； 跨行汇款 – 网银、手机银行、电话、自助终端等电子渠道跨行汇款； 行内转账 – 网点转账； 行内转账 – 网银、手机银行、电话、自助终端等电子渠道行内转账
	头寸管理	4 小时	15 分钟	外币头寸调拨； 人民币头寸调拨； 头寸监控
	借记卡	4 小时	15 分钟	POS 交易（发卡方）交易授权——银联渠道； POS 交易（发卡方）交易授权——万事达渠道； 个人网银、手机银行支付
	信用卡	4 小时	15 分钟	联机授权； 代授权； 人工授权； 信用卡交易入账

续表

业务恢复优先级	业务名称	RTO	RPO	优先恢复的产品或服务（关键流程）
第二级	第三方存管	4小时	15分钟	券商预指定开户；银行预指定开户；转账
第二级	代客外汇买卖	4小时	15分钟	即期外汇买卖－委托、成交、交割；远期外汇买卖－委托、保证金、成交、交割；掉期外汇买卖－委托、－保证金、成交、交割；个人实盘交易－启动程序、银汇互转、发起交易指令、交易交割
第二级	代客贵金属	4小时	15分钟	银金互转；业务委托；风险管理；资金清算
第二级	资产托管	4小时	15分钟	资金清算；会计核算
第二级	个人理财	4小时	15分钟	金抵利－交易；金抵利－支付；本行理财－交易；本行理财－赎回；基金/券商－交易；基金/券商－终止
第三级	离岸结算（离岸汇款）	4小时	15分钟	汇出汇款－受理申请；汇出汇款－款项汇出；汇入汇款－解付入账
第三级	国际汇款	4小时	15分钟	国际收汇－在岸电汇；国际收汇－在岸票汇；国际付汇
第三级	公司理财	4小时	15分钟	认购；交易；赎回及终止

续表

业务恢复优先级	业务名称	RTO	RPO	优先恢复的产品或服务（关键流程）
第四级	离岸结算（离岸保函、离岸信用证）	4小时	15分钟	离岸进口信用证－出账、付款； 离岸出口信用证－收汇、入账； 离岸保函－出账
	离岸存款	4小时	15分钟	离岸定期存款－办理存款； 支取定期存款
	国际信用证	4小时	15分钟	进口信用证； 以单换证； 以证换证； 未来货权质押开证－付款； 出口信用证－收汇
	进口贸易融资	4小时	15分钟	进口信用证押汇； 进口代收项下押汇； 进口T/T押汇－放款； 进口信用证押汇； 进口代收项下押汇； 进口T/T押汇－偿还； 提货担保－赎回； 进口代付－代付； 进口代付－偿还

（四）关键资源分析

业务关键资源是指业务完成时所必需的资源，包括三类：人员、场所（包括但不限于办公场所、终端设备等）、系统（包括但不限于业务系统、网络通信、机房环境、数据、第三方系统等）。

通过梳理重要业务流程，识别重要业务流程所需的关键资源，可总结出重要业务的关键资源表7所示（银行案例）。

表 7　　　　　　　　　　重要业务的关键资源

资源类别	资源明细
人员	总行集中作业中心国际结算中心人员； 总、分行集中作业中心人员（资金清算岗）； 总行集中作业中心柜台业务作业中心（审核岗、补录岗、问题件岗）； 总行公司网络金融部人员； 总行金融市场事业部人员； 总行离岸业务部（利率审批员、会计人员、业务人员、头寸管理员）； 总行头寸管理员； 总行资产托管部（清算复核岗、主管岗、清算经办岗、估值核算主管岗、综合室）； 资金业务作业中心人员； 总行金融市场事业部贵金属团队交易员； 电话中心人员； 各层级审批人员； 货押人员（若需）； 信用卡中心授权专员； 分行柜员； 分行运营放款操作人员； 分行国际结算运营人员（包括操作岗、复核审批岗、授权岗）； 分行离岸业务员总行离岸业务员； 分行离岸业务人员； 分行头寸管理员； 支行头寸管理员； 客户经理； 支行柜员； 支行授权人员； 支行国际结算运营人员（包括操作岗、复核岗、授权岗）； 支行/分行印鉴卡保管人员。

续表

资源类别	资源明细
场所（包括期内的设备）	支行网点（高拍仪、扫描仪、复印机、刷卡机、指纹仪、打印机、身份证鉴别仪、点钞机、密码键盘、验印灯、ATM 终端）； 分行国际业务部； 分行柜台； 分行头寸部门； 分行集中作业中心； 总行资产托管部； 总行集中作业中心； 总行公司网络金融部； 总行金融市场事业部； 总行头寸部门； 电话中心。
系统	国际业务系统（FBS）； 公司理财销售系统； 零售理财销售系统； 基金销售系统； 黄金交易系统； 第三方存管系统； 理财资金管理系统； 资产托管系统； 个人实盘外汇买卖交易系统； 信用卡类系统（包括 POSP 子系统、信用卡加密机子系统、信用卡交易平台核心服务子系统、信用卡大前置子系统、信用卡大前置参数管理子系统、授权子系统）； OPICS 系统； FMS 系统； EOA 审批系统； 银联对账系统； UM 系统； SWIFT 收报系统； 信贷风险管理系统；

续表

资源类别	资源明细
系统	新终端系统（NTS）； ATMP 系统； 运营集中平台（BOC）； 支付平台； 卡交易系统； 卡管理系统； 渠道密码服务平台； 身份证联网核查系统； OTP 动态口令系统； 验印系统； 短信平台； 数字证书系统； ICS 核心系统； FCR 核心系统； BECIF 系统； ESB 企业总线。

四、运营中断事件分级

参照《商业银行业务连续性监管指引》以及突发事件应急管理办法，根据运营中断事件的影响范围、中断时长、损失大小和严重程度等因素可将运营中断事件分为五级：特大运营中断事件、重大运营中断事件、较大运营中断事件、一般运营中断事件、轻微运营中断事件。

（一）特大运营中断事件（Ⅰ级）

具备下列条件之一的运营中断事件属于特大运营中断事件，需在总部层面控制、处理：

（1）重要信息系统服务中断，或重要数据损毁、丢失、泄露，造成经济秩序混乱或重大经济损失、影响金融稳定，或对公众利益、社会秩序、国家安全造成特别严重的损害；

（2）业务服务时段内导致重要业务全面停顿，或两个（含）以上分行重要业务预计无法正常开展达3个小时（含）以上，或一个分行重要业务预计无法正常开展达6个小时（含）以上，或总部业务部门预计不能正常结算、交易达3个小时（含）以上；

（3）业务服务时段以外，发生故障或事件救治未果、可能造成上述1、2类事件。

（二）重大运营中断事件（Ⅱ级）

具备下列条件之一的运营中断事件属于重大运营中断事件，需在总部层面控制、处理：

（1）重要信息系统服务中断，或重要数据损毁、丢失、泄露，对银行或客户利益造成严重损害；

（2）业务服务时段内导致两个（含）以上分部重要业务预计无法正常开展达半个小时（含）以上，或一个分部重要业务预计无法正常开展达3个小时（含）以上，或总部业务部门预计不能正常结算、交易达半个小时（含）以上；

（3）业务服务时段以外，发生故障或事件救治未果、可能造成上述1、2类事件。

（三）较大运营中断事件（Ⅲ级）

具备下列条件之一的运营中断事件属于较大运营中断事件，需在总部层面控制、处理：

（1）重要信息系统服务中断，或重要数据损毁、丢失、泄露，对金融机构或客户利益造成较大损害；

（2）业务服务时段内导致一个分部全部重要业务预计无法正常开展达半个小时（含）以上；

（3）业务服务时段以外，发生故障或事件救治未果、可能造成上述1、2类事件。

（四）一般运营中断事件（Ⅳ级）

具备下列条件之一的运营中断事件属于一般运营中断事件，需在当地分部层面控制、处理：

（1）在业务服务时段导致一个分部全部重要业务预计无法正常开展半小时以内；

（2）业务服务时段内导致一个分部部分重要业务预计无法正常开展达半个小时（含）以上；

（3）业务服务时段以外，发生故障或事件救治未果、可能造成上述（1）（2）类事件。

（五）轻微运营中断事件（Ⅴ级）

事件影响范围、持续时间和损失程度低于Ⅳ级定义的其他运营中断事件属于轻微运营中断事件，包括不限于：

（1）在业务服务时段一个分部分支部重要业务发生半小时内的短暂中断；

（2）业务服务时段内一个分部单一支部由于各种原因发生的服务中断事件。

金融机构各分支机构和各业务应急预案应以运营中断事件分级机制为标准，结合业务的自身特点和具体情况，对具体运营中断事件进行评级。

五、风险控制及监测预警机制

业务连续性，是关乎企业生死存亡的大事。今年4月，美国联邦存款保险公司（FDIC）向金融机构发出信函，要求总资产低于10亿美元、受FDIC监督的金融机构采取额外措施，来管理自己的业务连续性。

（一）风险控制机制

金融机构需要针对重点关注业务运营中断风险建立风险控制机制，制定风险缓释策略，降低重点关注风险发生的概率或减小重点关注风险事件发生时造成的损失和影响。风险控制措施由各机构根据自身情况参考。

（二）监测预警机制

金融机构需要建立业务运营监测机制，提早发现潜在风险，同时建立预警信息评级与响应机制，快速响应潜在的运营中断事件。

针对识别出的重点关注风险明确预警部门，预警部门负责收集和汇总各机构部门或外部单位组织汇报或发布的预警信息。表8列示了需预警的重要风险及预警负责部门（银行案例），表9列示了重要风险的预警监测手段（银行案例）。

表 8　　　　　　　　　　　重要风险及其预警部门

重要风险	预警部门
公共卫生事件（如新冠病毒等重大传染性疾病、中毒事件等）	办公室、总务部
火灾	安全保卫部
自然灾害（如地震、台风等）	总务部
安保事件	安全保卫部
信息系统事件	数据管理中心
公共服务中断	各相关部门
第三方系统故障	各相关业务部门
外包商服务中断	发起执行部门
其他（可根据情况增加）	

表 9　　　　　　　　　　　重要风险的预警监测手段

重要风险	监测手段
公共卫生事件（重大传染病疫情、中毒事件等）	预警部门以及分支机构根据医疗机构、疾病预防控制机构、卫生监督机构提供的监测信息，按照疾病的发生、发展规律和特点，及时分析其对本行利益相关者身心健康的危害程度、可能的发展趋势，及时做出预警。
	预警部门以及分支机构发现所属机构附近已发现严重传染病病例或中毒病例，及时分析其对本行工作人员造成的危害和影响，及时做出预警。
火灾	预警部门以及分支机构根据市消防机构发布的提示信息，重点关注已发生火灾的危险特点及灾情分布特点，在气候干燥、气温较高、风力较大及用电高峰季节，分析火灾的防控风险及其对本行分支机构业务营运的影响，及时做出预警。
	预警部门以及分支机构根据工作设备、电线电缆等安装时间、老化程度等，对易引起火灾的情况及时向相关部门做出预警。
自然灾害（例如地震、台风等）	预警部门以及分支机构应及时收集各灾难预警中心（例如中国地震台网中心、气象局等）发布的信息，并密切关注各级政府发布的短期灾难预报，及时分析其对本行分支机构业务影响，并及时做出预警。
	预警部门以及分支机构根据各级气象部门的突发气候灾害预报以及政府发布的信息，按照气候灾害的预警区域、级别，分析其对本行分支机构业务营运的影响，及时做出预警。

续表

重要风险	监测手段
安保事件	预警部门以及分支机构在重大业务和社会活动等关键时点,加强风险监控和预警,一旦可能发生群体事件,及时分析其对本行分支机构业务营运的影响,及时做出预警。
	预警部门以及分支机构发现员工或者客户群体中存在不稳定情绪或散布有关言论,及时分析其对本行分支机构业务营运的影响,及时做出预警。
	预警部门及分支机构发现理财产品等银行产品发生重大亏损、金融市场负面消息频现等情况,应及时做出预警,通知安保部门提前做好防备,防止群体事件发生。
信息系统事件	预警部门以及分支机构及时向各业务部门发布系统维护、升级等事件公告;当系统出现故障预警或网络信号不稳定超过一定时间时,及时分析对本行相关业务的影响,并对相关业务部门做出预警。
公共服务中断	预警部门以及分支机构根据电力、水力公司发布停电、停水的信息,按照停电、停水的区域、停电停水的时长,分析其对本行分支机构业务营运的影响,及时做出预警。
第三方系统故障	预警部门及时接收金交所、证监会、人民银行、外汇管理局等第三方机构有关第三方系统升级、维护或故障的通知公告,及时向相关业务部门及分支机构做出业务交易时间变更或临时中断的预警。
外包商服务中断	预警部门及时接收各外包商的通知公告,分析其对本行业务的影响,及时做出预警。

预警部门获取预警信息后,评估预警级别(预警级别参照运营中断事件分级,划分为Ⅰ~Ⅴ级),上报给总部办公室(预警级别为Ⅰ~Ⅲ级)或分部办公室(预警级别为Ⅳ~Ⅴ级),由其组织在适当范围内进行风险警示。

(三)预警报告与预警信息发布

预警报告包括预警事件类别、预警级别、起始时间、可能影响范围、警示事项、建议采取的措施和预警发布机构等。

预警信息应充分利用通信、信息网络、警报装置或组织人员逐单位逐人通知等方式,快速、及时、准确地向相关业务部门、各分支机构或全辖区发布。预警信息根据预警级别由总部办公室(预警级别为Ⅰ~Ⅲ级)或分部办公室（预警级别为Ⅳ～Ⅴ级），决定是否发布，并由其统一进预警信息发布及备案。

对于已预警的运营中断事件，预警部门需对其开展分析和评估，并根据评估结果上报决定是否立即启动应急处置组织架构和应急预案。另外，根据事件发展，预警部门需向办公室进行预警级别调整并重新发布或解除预警。

六、运营中断事件应急处置程序

金融机构需要建立完善的运营中断事件应急处置程序，保证运营中断事件发生后，事发机构能够快速评级上报，快速响应、快速处置。应急处置主要环节及其主要内容可示例如下（见表10）：

表10

主要环节		内容及处理原则
应急响应期	先期处置	事发机构依据专业判断，在第一时间采取适当的处置，防止事件升级或恶化。若涉及地震、火灾等影响人身、财产安全的事件，应首先进行人员疏散、财产转移等应急措施。 事发机构责任人或委托代理人为事件应急处置的第一责任人。
	评估上报	事发机构对运营中断事件进行初步评估并上报。 总部或分部办公室在收到运营中断事件后，与业务主管部门共同根据中断事件的业务影响范围、中断事件类型及其对资源的影响、业务应急恢复手段及时间、内外部报告要求等维度进行综合评估，明确事件性质，并上报至所在行领导。
	决策启动	根据事件评估的结果，应急决策领导确立应急指挥团队和应急指挥场所，确定事件等级，决定拟启动或采取的应急预案，制定应急恢复方案，明确内外部沟通计划，决定是否保持或解除应急状态。 应急指挥团队根据事件性质及处置需要，授权成立专业应急处置小组具体负责事件的应急与恢复的处置。

续表

主要环节		内容及处理原则
应急恢复期	资源恢复	根据受损资源（人、场所、系统）不同，专业应急处置小组组织相关部门与人员，恢复业务办理所需的资源；同时事发机构根据业务性质采取客户通知、手工作业、缩小服务范围、利用其他系统支付等业务应急措施。
	业务恢复	备用资源环境下，事发机构根据业务恢复优先级别逐步恢复部分业务，并根据实际业务恢复情况，采取业务应对措施，如缩小服务范围、减少服务功能等。
应急结束期		应急结束后，应急指挥团队需适时宣布解除应急状态。各部门、机构在收到通知后，及时开展日常运营活动。

（一）应急响应

1. 先期处置

运营中断事件发生后，事发机构依据专业判断，在第一时间采取适当的处置，防止事件升级或恶化。若涉及地震、火灾等影响人身安全、财产安全的事件，应首先进行人员疏散、财产转移等应急措施，可参考不同风险场景下专项应急预案。

事发机构责任人或委托代理人为事件应急处置第一责任人。

2. 评估上报

（1）报告单位。运营中断事件报告遵循属地原则，由事发机构作为主报告单位，如难以确定主报告单位，则由事发机构责任人指定主报告单位。

（2）上报流程。若运营中断事件发生在分部或支部，由主报告单位在事件发生后进行初步评估，进行上报，并通知分部应急办公室；总部各部室在运营中断事件发生后，直接报告总部应急办公室并通知业务连续性主管部门。总部或分部应急办公室接到运营中断事件报告后，与同级业务主管部门共同根据中断事件的业务影响范围、中断事件类型及其对资源的影响、业务应急恢复手段及时间、内外部报告要求等维度进行综合评估，明确事件性质并上报。所在机构对运营中断事件影响进行评估，根据评估结果确定继续上报或结束事件上报程序。在事件处理过程中，事发机构也要随时将事件处理情况与结果上报上级机构。运营中断事件响应流程（案例）如图2所示。

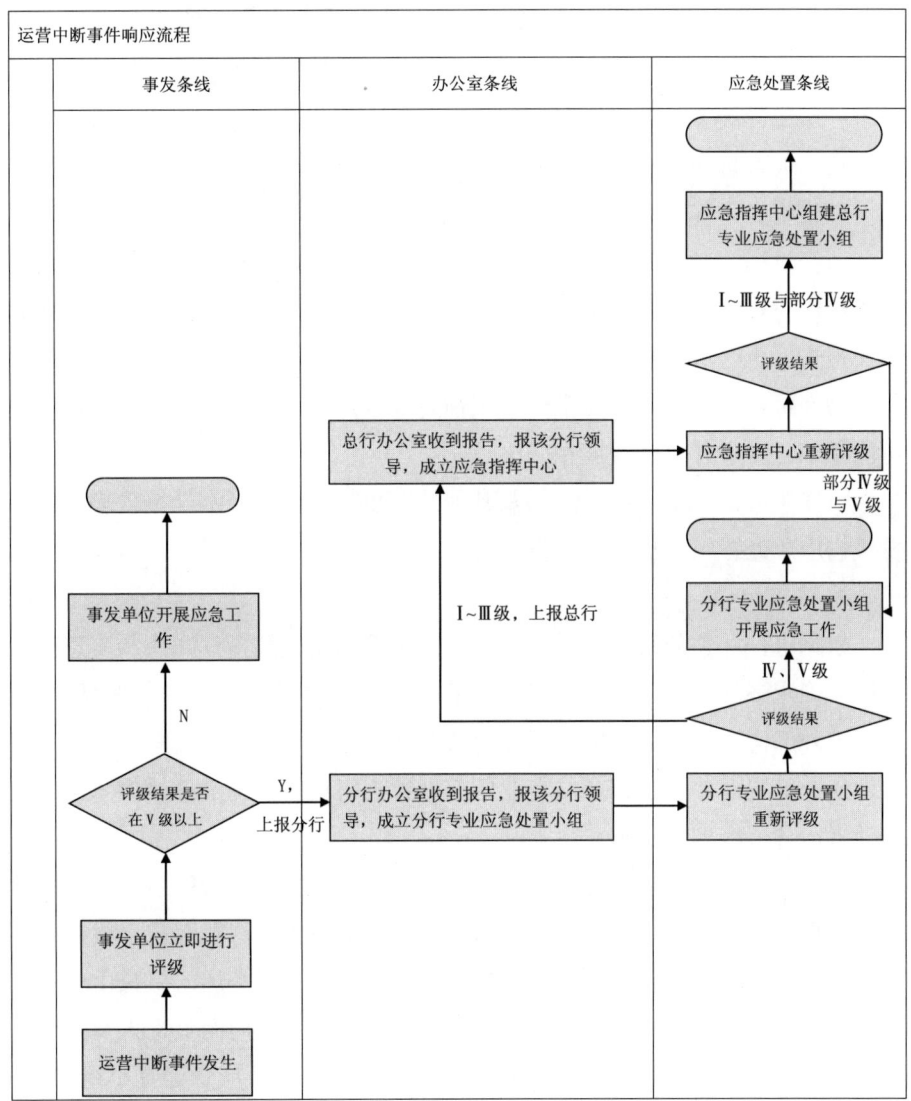

图 2　运营中断事件响应流程

（3）上报终点。根据运营中断事件的评级结果，事件需要上报至：

评级为Ⅳ级或Ⅴ级的事件，最终报告应至分部应急办公室和相关领导。对于Ⅴ级事件，可视情况报至总部应急办公室。

评级为Ⅰ级、Ⅱ级和Ⅲ级的事件，最终报告应至总部应急办公室和相关领导。应急办公室应及时向监管机构或其派出机构报告。

（4）上报形式及内容。运营中断事件发生后，事发机构应采取口头或者书面方式立刻上报。口头报告首选电话报告，辅以其他方式。口头及书面报告一般应逐级上报，必要时可越级。越级上报仅限于口头报告，应由事发机构负责人亲自报告。

口头报告内容应包括但不限于：事件发生机构、时间、地点、涉及人员、演变过程、对事件的初步评级、已采取措施及处理结果等。接收口头报告机构应对口头报告内容进行记录。各级机构应在发现运营中断事件或接到口头报告后30分钟内按报告路线进行报告。

书面报告内容仅限于对事件客观描述及合理推测、判断，事件描述应尽可能详细并与事件复杂程度相匹配。

事发机构根据事件评级结果及其他情况填写运营中断事件报告表，由事发机构应急处置组织负责人签发。

3. 决策启动

根据事件评估的结果，报告终点应急决策确立应急指挥团队和应急指挥场所，确定事件等级，决定拟启动或采取的应急预案，制订应急恢复方案，明确内外部沟通计划，决定是否保持或解除应急状态。应急指挥团队根据事件性质及处置需要，授权成立专业应急处置小组具体负责事件的应急与恢复的处置。各层级如下所示：

总部应急办公室接到总部各部室或分部应急办公室报告的运营中断事件报告后汇报总部，由总部决策并宣布成立应急指挥中心。总部应急指挥中心根据突发事件性质及处置需要，授权成立专业应急处置小组，组长由受突发事件影响较大的业务分管领导担任，成员由总部相关部门的负责人及其业务骨干组成。若为信息系统事件，则分管IT的领导为专业应急处置小组组长。

分部应急办公室接到分部各部室或支部报告的运营中断事件报告后汇报分部，由分部决策并宣布成立专业应急处置小组，包括分部应急指挥团队和专业应急处置团队。

（二）应急恢复

运营中断事件发生后，在应急指挥团队的组织和领导下，各级专业应急处置小组在有关应急预案的基础上，结合事件具体情况，制定专门用于处理该事件的应急恢复方案。Ⅰ级、Ⅱ级和Ⅲ级运营中断事件由总部应急指挥中心牵头,总部专业应急处置小组协助,根据已有应急预案结合运营中断事件实际情况制订应急恢复方案。Ⅳ级和Ⅴ级运营中断事件由分部应急指挥团队牵头,专业应急处置团队协助,根据已有应急预案结合运营中断事件实际情况制订应急恢复方案。各类资源常见恢复方式包括但不限于以下方式:

1. 业务人员恢复

对重要业务功能持续运营有重要影响的关键岗位人员,各业务部门,以及总务、保卫、科技运营等保障部门需预先明确 AB 角的备份机制。如果发生关键岗位人员不能履职的情形,B 角需要及时、主动承担起相关职责。对于人数较多的岗位,应预先制定人员抽调机制。

2. 业务场所恢复

对于导致或可能导致重要业务场所功能瘫痪、禁止进入的灾难性事件,总部应急指挥中心(Ⅰ级、Ⅱ级和Ⅲ级事件)或分部专业应急处置小组(Ⅳ级和Ⅴ级事件)制定应急恢复方案,决策是否转移业务或中断业务。

在实施业务连续性应急预案时,业务场所的管辖单位除了根据预案进行业务转移、业务重续以外,还应根据预案向专业应急处置小组提出场所转移交通、安保、后勤、资金等应急保障需求,专业应急处置小组协调总部或分支机构的行政部、保卫部、财务部等部门给予支持保障。

3. 业务系统恢复

对于导致或可能导致大范围业务运营中断的重要信息系统中断事件,总部应急指挥中心(Ⅰ级、Ⅱ级和Ⅲ级事件)或分部专业应急处置小组(Ⅳ级和Ⅴ级事件)预计恢复时间并制定应急恢复方案,决策恢复方式(包括本地修复、同城或异地灾难备份系统的切换等)。

在根据信息系统应急预案实施灾备系统切换时,数据管理中心应向业务部门告知可能出现的数据损失情况,并对备份系统的运行情况实施监控,预警并防止出现二次中断风险。在灾难备份切换、回切时,业务部门需对中断时的重要业务数据进行核对,并在数据管理中心的配合下,对丢失的数据进行追补;同时,进行测试和验证,确保交易的可靠性。

(三)应急结束

业务恢复后,事发机构将运营中断事件处置工作结束或相关危险因素消除的情况报告给总部应急指挥中心(Ⅰ—Ⅲ级事件)或分部专业应急处置小组（Ⅳ—Ⅴ级），由其宣布解除应急状态，同时办公室正式发文通知中断事件影响部门、参与的执行团队和保障团队。各部门负责人以电话、邮件等方式向办公室确认接收应急结束信息，并开展日常运营活动。

（四）事后总结报告

运营中断事件应急处理结束后，事发机构应对事件处理流程进行总结并形成报告，内容包括：（1）事件的起源及演变过程；（2）事件的影响（如受影响的客户数目、损失等）；（3）应急和恢复过程及工作评估；（4）尚未解决或必须跟进的问题；（5）主要经验及改进建议；（6）需其他部门协助或配合事宜。

中断业务恢复正常运行后，应将上述报告报送总部办公室，分支机构应将上述报告报送分部办公室并上报至总部。总行在审批完成该报告后按要求报送监管或其派出机构。

七、危机通信程序

业务持续性管理则是在假设危机发生的情况下，让员工有心理准备，有条不紊地处理危机，让公司业务能尽量少受影响地运营下去。

（一）应急联络

金融机构应明确业务连续性各职能部门及分支机构重要业务应急联络人及联系方式，以便快速响应和及时处理运营中断事件。应明确相关的合作方联络方式，包括各重要业务所依赖的金融同业单位、外部金融市场、金融服务平台和公共事业部门及相关联系人，并与其保持畅通的通信联系。应明确相关公共服务部门和场所设施供应商联络方式，保持通信畅通可用。

（二）公关危机处理

办公室负责运营中断的公共关系危机处理，从维护客户关系、履行告知义务、维护客户合法权益出发，运用公共关系策略、方法，加强与客户、媒体的沟通，经授权适时向公众发布信息，消除或降低危机所造成的负面影响。

办公室应根据事发机构及本业务应急组织提供的运营中断事件相关材料，确定统一的对外报告口径，并及时向银保监局、人民银行、当地政府等上级主管部门进行报告。

办公室应协助本业务应急组织拟定标准表述文本，通过短信、门户网站、网上银行、电话银行、手机银行、客户端等渠道向客户、业务运营商、业务合作方等内外部利益相关者进行告知、解释与安抚。

同时，在网站及其他媒体发布信息的时间不得先于信息披露的指定媒体，不得以新闻发布或者答记者问等任何形式代替应当履行的报告、公告义务。在媒体刊登宣传信息，须以相关信息披露公告的内容为准，涉及整体经营业务状况和数据的，应得到董事会秘书处和办公室确认后方可发布。

八、应急预案

应急预案指为应对运营中断事件对业务等产生的影响，就运营中断事件发生后的应急机构、人员、设备、条件、行动步骤、控制事件发展的方法和程序等预先做出的计划及安排。由于金融机构业务模式复杂，业务连续性建设通常难度较大，并且建设周期长。需要事先对业务模式及风险进行分析，再根据实际业务制定预案，对预案进行论证，并且因为需要应对各种灾难，预案数量庞大，根据不同规模多达几千份不等。

纽约世贸中心是多家知名金融机构的数据中心所在地，2001 年美国"911 事件"中多家公司受到了毁灭性打击甚至破产，但有两家公司却因为应急预案得当赢得了信誉：一家是华尔街五大投资银行之一摩根斯坦利，通过迅速切换备份系统，启用异地服务团队，次日就恢复了全球业务，避免了数十亿美元的更大损失；另一家是老牌银行德意志银行，短时间内在距离纽约 30 公里的地方恢复了业务运行，得到了客户和行业的好评。

（一）应急预案体系

应急预案主要包括三个层次：总体应急预案、专项应急预案以及分支机构应急预案。

总体应急预案是应对运营中断事件的总体预案，包括应急处置的指挥体系、操作指南、各层级预案的定位和衔接关系以及与运营中断事件相关的主要原则、标准和处置程序等。总体应急预案由办公室根据专项应急预案和分支机构应急预案的内容等情况适时提出修订意见，经管理层和办公室审核后，发文颁布。

专项应急预案是指需要多部门和单位的协同参与，针对具体风险场景或具体业务场景而制订的应急措施和流程,分为风险场景专项应急预案、业务连续性专项应急预案、IT专项应急预案及其他专项应急预案,具体内容包括应急组织架构、内外部沟通与信息传递的路径与方式、运营中断事件的处置措施、程序与机制等。专项应急预案由各部门提出立项、修订意见,征求相关各级单位意见,报经管理层和办公室同意,发文颁布,并向办公室完成备案程序。

分支机构应急预案根据自身应急处置机制建设的需要,参照总体应急预案与专项应急预案的层级结构制订,需与上级单位应急预案相衔接。分支机构应急预案按照上级单位要求,自行制订并确定发文形式,报上一级单位相关部门备案。

(二) 应急预案维护

应急预案的维护包括准确性检查、全面性检查及优化。准确性检查指检查各应急预案是否能准确地体现应急恢复的要求。全面性检查指检查应急预案体系能否覆盖相应的风险敞口,优化是通过上述检查不断优化应急预案的内容。

业务连续性管理主管部门负责每年对应急预案进行检查;专项应急预案由归属部门负责每年进行检查;分支机构应急预案由对应的分支机构负责每年进行检查。

(三) 应急联络清单维护

业务连续性管理各执行部门负责人负责本部门应急联络人员名单及通讯录的维护,并在每次修改后向办公室报备。业务连续性管理各保障部门负责人负责本部门应急联络人员名单及通讯录的维护,并在每次修改后向办公室报备。

办公室负责统筹并保管各部门应急联络的人员名单及联系方式,并每半年要求各部门更新清单并报备。各分支机构负责维护分支机构应急联络通讯录,维护后报备上级应急办公室。

业务连续性主管部门和办公室应留有应急通讯录的安全备份,通讯录备份应注意异地保存,运营中断事件发生后应具备可获取性。应建立便于各部门访问的应急电子通讯录,并公布统一的访问路径。

九、业务连续性计划后续工作

随着经济、金融全球化和信息技术发展加速，金融机构间的关联度提升，单家机构的故障可能使关联金融机构遭受损失，并且风险扩散的速度快、范围大，推动和加强业务连续性体系建设，对各种事故和灾难的有效应对，维护正常的经济金融运行秩序非常迫切。

业务持续性管理是风险管理的重要一环，也是企业生存的兜底红线。业务持续性管理需要机构高层推动，一个好的管理框架能够让企业有足够的能力来应对不同的事件。金融机构应从业务角度出发，以业务持续为目标，形成应对突发事件、灾害灾难的各部门协同管理体系，加强顶层设计。

（一）业务连续性计划维护

业务连续性计划维护方式包括准确性检查、全面性检查及优化。准确性检查指需要维护业务影响分析结果，并检查业务连续性计划是否能准确地体现业务中断后的恢复需求及策略，能否保证按预定目标实现恢复。全面性检查指检查业务连续性计划是否能覆盖本行所有重要业务。优化是通过上述检查不断优化业务连续性计划内容，提高业务连续性计划的实用性和可靠性。

业务连续性管理主管部门对业务连续性计划进行年检，以确定是否有效，是否符合整体安排和要求。当现有业务连续性计划未覆盖的条件出现时（如新产品、服务推出，人员、机构及业务流程变动等）应同步评估其对现有业务连续性计划的影响，考虑是否需修改、补充和完善业务连续性计划。

（二）年度业务连续性管理报告

分支机构应对本单位年度业务连续性管理工作进行总结，并向上级业务连续性管理机构报告；各部门应对本部门年度业务连续性管理工作进行总结，并向上级业务连续性管理机构报告。

业务连续性主管部门应于每年一季度向监管或其派出机构提交业务连续性管理报告，包括上一年度业务连续性管理的评估报告与审计报告。

十、残余风险

BCP残余风险为风险评估认定的非重要风险和业务影响分析认定的非重要业务，非重要风险和非重要业务有以下特点：一是非重要风险发生可能性较低或对人员、场所、系统、重要记录、运营设备及基础设施影响较小；二是非重要业务的时效要求较低，或其运营中断对经济和声誉影响较小，或者不会对公民、法人和其他组织的权益、社会秩序和公共利益、国家安全造成严重影响，并且所有非重要业务累计影响较小。原则上，BCP不覆盖非重要风险和非重要业务。各部门和分支机构可结合自身需求和监管部门要求，将非重要风险和非重要业务纳入本计划的范畴。通过以下手段，将残余风险控制在可接受范围内：对于发生可能性较低的风险，综合考虑成本效益原则，接受该类风险，但需保持对该类风险的谨慎度并定期了解公共部门的预警信息；对于发生可能性较高，但对业务开展影响较小的风险，通过加强内部控制保持业务资源的稳定，以缓释风险；对于时效性较低或运营中断对经济和声誉以及国家稳定影响较小的业务，酌情采取低恢复指标（RTO长于4小时，RPO长于15分钟）的恢复策略，并主动承担业务中断对利益相关者带来的损失，并及时消除对机构造成的负面影响。

旱则资舟，水则资车。面向未来，金融机构应当积极推动业务连续性管理（BCM），防患于未然，凡事预则立，不预则废。业务连续性管理在国内已受到越来越多的重视，纳入金融机构的日常管理工作范围。随着业务连续性管理理念的逐步推广和认可，会有越来越多的行业引入业务连续性管理理念和知识体系，建立符合公司业务发展需要的业务连续性管理体系，提升整个经济的风险防范水平。

警惕无处不在的商业银行操作风险[①]

著名的法兴银行弊案前后，商业银行操作风险事件一直不胜枚举。从 1995 年英国的外汇交易员里森的违规操作导致巴林银行破产，到 2001 年 UBS（瑞银）交易事件中一位交易员把"每股 61 万日元，卖出 16 股"打成"每股 16 日元，卖出 61 万股"，几秒钟内使公司损失 7100 万英镑，再到 2010 年中国齐鲁银行被外部人员诈骗，涉案金额高达 101 亿元人民币，以及 2013 年招商银行计算机系统故障导致全国交易短暂暂停使得大量客户蒙受巨大损失……国内外商业银行的日常经营出现的各种操作风险，提醒我们时刻敲响操作风险的警钟。

国际银行业的风险管理实践表明，有怎样的风险认识，决定了有怎样的风险管理水平。对于操作风险，我国商业银行研究起步较晚，管理水平不高，而随着高新科技在银行业的发展、产品创新频率的加快等内外部环境的变化，我国银行业中诱发操作风险的因素越来越多，操作风险事件越来越密集地发生，并给整个银行业带来巨大损失。在这一领域，当务之急是界定商业银行操作风险的内涵、特征及分类，分析其表现形式，研究其产生的内外部原因，并科学有效度量操作风险，在此基础上提高操作风险管理水平。

一、无处不在的操作风险

操作风险事件几乎每天都在银行业内发生。简单来说，银行只要开门营业，就会面临各种由于人员、流程、系统以及外部环境冲击所带来的风险。例如，客户的欺诈、伪造、纠纷等风险，内部人员越权、勾结、差错、盗窃的风险，以及系统宕机、产品瑕疵、管理不当的风险。

商业银行操作风险涉及商业银行的每一项业务及其相关人员，这也是其

[①] 原文分发表于 2016 年第 2 期《当代金融家》，收录时略有改动。

同信用风险、市场风险的主要区别。事实上，在商业银行面临的三大风险中，影响并危及银行运营的最主要风险即是操作风险。只是由于对于操作风险的认识较为模糊，加之对如何系统性地进行管理尚无经验可循，操作风险管理经常被管理者有意或无意地"忽视"着。

对操作风险进行准确、合理的界定是建立完善、有效的操作风险管理体系的前提和基础。2004年，巴塞尔银行监管委员会（BCBS）对商业银行的操作风险做出了明确界定，即操作风险是指由不完善或失灵的内部程序、人员及系统或外部事件而导致的银行直接或间接损失的风险。2012年，中国银监会提出，操作风险是指由不完善或有问题的内部程序、员工和信息科技系统，以及外部事件所造成损失的风险，包括法律风险，但不包括策略风险和声誉风险。

在我国，商业银行激发操作风险事件的诱因有银行内部人员业务差错、欺诈或违规操作（如员工私卖理财产品使得银行受到控诉，利用看管金库的职务便利盗取金库资金使得银行蒙受大额损失）、电子信息系统设计存在漏洞或系统瘫痪及业务停办）、贪污受贿等，也有不可抗力的外部事件（诸如汶川地震等导致2008年银行业遭受净损失50亿~130亿元人民币）。其包括银行经营管理所有方面的不同风险，既包括发生频率低、但可能导致较高损失的意外事件等，也包括那些发生频率高、但可能造成较低损失的日常业务流程处理方面。

二、操作风险管理有多重价值

在目睹国内外金融行业陆续发生的诸多触目惊心的重大操作风险事件后，国内金融业逐渐意识到实施操作风险管理工作的必要性和紧迫性。单以招商银行系统性故障引发的操作风险事件为例，可以看出，高科技的运用将人工操作带来的风险转变为影响范围更广的系统性风险。我们还可以观察到，金融创新的出现会对银行的人员素质、系统和业务流程提出更高的要求，任何的疏漏都可能会给银行带来高额损失。如果银行的流程管理和内控体制还停留在原地不动，操作风险事件将不断出现。在操作风险损失预防与控制之外，操作风险管理另有三个更深层面的目的和意义：

首先，从监管达标的角度来看，巴塞尔委员会编制的"巴塞尔新资本协议"明确提出了操作风险组织架构、政策、工具、流程和报告路线方面的监管要求,中国银监会也在 2012 年 6 月发布了《商业银行资本管理办法(试行)》,对这一监管要求做出了承接与细化,并要求在 2018 年前要达标。

其次,从成本效益角度来讲,在可以承受的资源投入条件下,将操作风险可能造成的损失降低到管理者的风险容忍之内,简单讲就是不干亏本的买卖,要实现风险管理的效益大于成本投入。

最后,从内部管理提升需求来看,可通过操作风险管理将一套思路、方式、手段、工具与既有的内部控制体系相结合,形成一体化建设的整合模式,提升风险管理文化、建立风险偏好、完善企业治理架构,达到 $1+1>2$ 的效果。

操作风险管理还有更加长远的目的和意义。比如,从风险资本计提的角度来说,在操作风险高级计量法的框架下,通过计量工具精细量化操作风险,可有效降低操作风险计提资本,从而释放资金以提升银行的业务发展动能。再比如,实施操作风险管理可作为资本分配和考核的核心基础,可在此基础上建立收益与风险挂钩的资本计量体系,并应用在资本分配、绩效考核中,以使公司的风险/收益最大化。

三、有效运用操作风险管理三大工具

操作风险在管理上有许多困难。系统瘫痪,业务停办,造成客户与企业的损失;员工监守自盗;产品营销不当;交易超过公司内的规定限额;交易错误等均属操作风险。但实践中,我们一直认为企业自身人员素质佳、风控意识强、制度健全,其他企业发生的操作风险事件在本企业绝对不会发生。

以上观点显然是错误的,而深入探究原因,一方面,操作风险涉及范围太广,难以管理;操作风险多源自于内部问题,一般"家丑不外扬",而且很难收集到大量资料;不同机构所面临的操作风险不同,一些既成的操作风险管理经验无法一体化适用;引发操作风险的原因与损失的几率、规模之间很难建立起关联性;大型且危及生存的操作风险事件并不常见,大多数可能的操作风险事件,在大部分银行的历史上从未发生。另一方面,常见的操作风险的管理思路、方式、手段、工具以及与之配套的管理信息系统仍处于初级阶段,对其的计量更是不同于信用风险与市场风险,难以用风险概率分布

方式进行量化。

新资本管理协议提供了操作风险管理的三大工具，包括"风险控制与自我评估（RCSA）、关键风险指标（KRI）和损失数据库（LDC）三大操作风险管理工具，要求商业银行应当评估各业务条线的操作风险暴露金额与频率，并系统性地收集、跟踪和分析与操作风险相关的数据。此外，在此基础上建立操作风险评估机制，将风险评估整合入业务处理流程，引入操作风险和控制自我评估或其他评估工具。定期评估主要业务条线的操作风险，并将评估结果应用到风险考核、流程优化和风险报告中。与此同时，通过建立关键风险指标体系，及时监测相关指标，并明确指标突破阈值情况的处理流程，积极开展风险预警管控。

具体而言，风险控制与自我评估（RCSA）是指企业内部为实现控制风险目标，而对内部控制体系的有效性和恰当性实施自我评估的方法。RCSA的结果会形成风险热图，做横向（同业）和纵向（业务条线）的对比。对剩余风险较高的业务条线或机构，管理层会按此制定合适的风险管理机制，包括对风险较高的业务规模进行规划、强化风险管理措施、采取风险缓释手段去降低风险可能带来的影响。RCSA的工作方法：关注业务流程和控制成效，由业务部门以及操作风险管理部门共同进行。操作风险职能人员和业务流程具体执行人员全体参与，用系统化的工作方法开展评估活动。比如，各职能人员与被评估单位管理人员组成一个小组，对部门/条线风险控制的恰当性和有效性进行评估，然后根据评估和集体讨论的结构，提出改进建议并出具报告，最后由管理者实施。RCSA需要定期进行重检。如有新增业务或原有流程的变更，需要及时更新。

关键风险指标（KRI）分为企业级指标和业务指标：企业级指标适用根据业务共同特点制定，如员工离职率、IT错误率等。业务指标根据各个业务部门特点分别制定。通过评估、选择和设计相应的关键风险指标，提供对风险敞口、风险管理和控制有效性的洞察工具，作为预警信号监控和跟踪潜在风险和银行预定的控制问题。同时关键风险因子表的选择可以驱动潜在损失的收集。KRI的工作方法：由业务部门以及操作风险管理部门共同进行，针对银行业务流程中的风险点，共同探讨关键风险指标。指标的制定应考虑数据的可获取性、可计量性、预警性、相关性以及成本收益成效。此外，在新业务或新风险点识别后,KRI 也需要进行重检更新,保证其完整性。

损失数据库(LDC):收集损失数据的最终目的是用作分析。通过分析发生在不同部门的不同风险事件以及不同的风险暴露情况,从而找出财务损失角度的高风险领域,操作风险发生频率高的领域等问题,并采取相应的措施管理。LDC 与 KRI 和 RCSA 是相互参照与相互验证的。损失数据的收集管包括:损失数据的定义、识别,收集,复核验证、合并,分析,汇报、整改。目前对操作风险损失事件的定义是指因操作风险未被有效控制,给银行造成直接经济损失(已确认的账面损失)的操作风险事件。一般数据来源包括个别重大事件上报、客户投诉、法律诉讼、监管检查、内外审计发现等。LDC 的上报由业务部门发起,并由操作风险职能部门负责检查监控。

操作风险三大管理工具彼此间存在着事前、事中以及事后的逻辑关系,同时也可以作为互相评估及设置的参考依据。风险与控制自我评估 RCSA:通过 RCSA 对风险识别,为找寻损失数据提供了依据;风险与控制的识别结果,为 KRI 的设置提供了参考。缺陷/损失数据收集:真实的损失数据,为 RCSA 的评估提供了参考;真实的损失数据为 KRI 的设置提供了参考。关键风险指标 KRI:KRI 的异常,为 RCSA 的评估提供了参考并可作为执行的驱动力;KRI 的异常往往指向真实的损失事件。

缺陷/损失数据收集相当于病例(过去),风险与控制自我评估 RCSA 相当于全面体检(现状),关键风险指标 KRI 相当于血压计(未来)。通过三大工具的建设和应用,可找出目前公司的高风险领域、强化内控及风险管理力度,尽量在风险发生之前把问题发现。此外,还可帮助银行构建操作风险识别、评估、监控和预警处理的管理流程,可以确保管理层了解所面临的操作风险,并根据自身的承受能力和发展策略采取针对性的风险应对措施,以合理的成本达到预期的风险管理效果。

四、内控、操作风险管理须一体化建设

有了操作风险管理工具并不可高枕无忧。操作风险管理工具若要在银行实际落地运用,必须要与银行既有的内控体系结合起来。"内部控制是操作风险管理的重要工具,绝大多数操作风险事件都与内控漏洞或者与不符合内控程序有关。"巴塞尔委员会在《关于操作风险管理的报告》中这样指出。

虽然操作风险事件的表现形式多种多样，但透过现象看本质，这些操作风险实质是内控制度存在缺欠，商业银行对内控体系认识不足，缺乏强化银行风险内控的自觉性和主动性，造成识别和防范风险的能力不足。而当银行内部控制失效时，操作风险就会浮出水面。

所以，银行在运营的过程中，对操作风险发挥最主要也最实际的控制效果的就是内部控制体系——良好的内部控制建设，可以有效防范起因于内部管理流程、人员以及系统的操作风险。在完善好内控体系的基础上，再通过操作风险三大工具以及其配套的机制，建立操作风险识别与评估、监测与报告、控制与缓释的机制，便可让银行的操作风险管理智能化，依据自身的风险偏好与容忍度，及时监控各项业务的操作风险暴露对业务的影响，以及发现风险管理薄弱的环节。

但是，独立开展内控管理与操作风险两项管理工作势必会导致银行较高的管理成本。内控管理工作与操作风险管理工作既存在重叠，也各有侧重，就像唇与齿一样缺一不可。因此，银行业开始探索并应用能够兼顾内控管理和操作风险管理工作的一体化管理思路，从组织与职责、体系与流程、管理工具和信息系统等各个方面将内控管理与操作风险管理两项工作整合起来。其中，组织职责整合就是"两块牌子、一套人马"，由同一个部门和团队负责内控与操作风险管理，实现知识和人力资源的共享。体系流程与工具整合就是以操作风险管理三大工具为核心，搭载内控和操作风险管理的流程，将内控梳理、损失数据收集、风险与控制评估程序、问题与缺陷整改、风险报告及考核体系有机整合，同时兼顾内控管理和操作风险管理的需要。信息系统整合就是搭建同一的管理信息系统平台，同时收集内控与操作风险所需的数据，在统一的平台进行风险评估、监测预警、评估、学习和考核。

一体化的组织、流程、工具和信息系统管理避免了内控与操作风险管理中的重复工作，节约了时间成本与人力资源。以控制自我评估为例，它既是内控评价的重要组成部分，又是操作风险管理的重要工具，一体化的管理可以减轻基层业务人员内控与风险管理的压力。与此同时，借鉴操作风险的监控指标、风险容忍度地图、风险监测仪表盘等监控和分析决策工具，可以使得银行采取的内控管理决策更加科学，以成本效益的角度采取适当的控制措施。例如，采取风险容忍度地图方法确定管理层对操作风险容忍的底线，确定"不可接受"区间,将日常风险评估的结果落在风险地图中,如果落在"不可接受"区间,则必须立即采取措施完善内部控制。借助一体化管理信息系统绘制的风险监测仪表盘,将内控与风险管控现状、内控薄弱环节与风险暴露高发领域等评估结果进行图表与图形化展示,生成相关报告,供管理者决策,带来管理上的意义。

目前,内控与操作风险一体化管理体系已经在我国部分股份制商业银行与大型城市商业银行中开始运作,并已初见成效,各中小银行也渐渐开始思考采用这一方式。相信更多的金融机构会加入此行列,完善内部控制,提升操作风险管理能力。

"资产收益权"的法律性质及其信托产品的法律风险探讨[①]

随着金融创新的迅速发展,收益权被广泛运用于国内金融实践。金融机构创制了种类繁多的"资产收益权"投资产品,其中尤以信托公司发行的"特定资产收益权信托产品"为典型代表。作为投资标的"资产收益权"究竟是物权、债权、还是其他权利?购买"资产收益权"信托产品有无法律风险?本文拟对"资产收益权"的法律性质进行初步研究和探讨,以期对"特定资产收益权信托产品"的方案设计和风险控制等有所帮助。

一、"资产收益权"的法律性质

(一)"资产收益权"属于约定权利

"收益权",或者"资产收益权"一词在我国相关政府部门文件或者最高院司法解释时有出现,但是该类文件均未对"收益权",或者"资产收益权"的内涵与外延做出明确界定。实务中,"收益权",或者"资产收益权"是由交易双方根据其依附的基础权利的不同以及交易的特殊需要,以合约方式对其内涵与外延加以约定。因此,不仅"票据收益权"和"应收账款收益权"的权利内容不同,而且同是"票据收益权",其具体含义也会有所差异。可见,"收益权",或者"资产收益权"本身并非法定权利,而是由交易双方根据基础权利和交易需要创制的一项协定权利。

(二)"资产收益权"具有财产属性

"资产收益权"的核心是"收益",能给基础权利人带来收益。而且,这种"收益"必须与权利人进行分离,否则便无法进行交易。所以,纯粹的人身性权利因其与权利人密不可分。作为特定资产收益权信托产品的

[①] 原文发表于 2011 年 12 月 19 日《金融时报》,收录时略有改动。

"资产收益权"，只能是具体财产或财产性权利。

（三）"资产收益权"对基础财产或权利具有依附性

"资产收益权"不是抽象的，而是具体的。收益权本身被冠之"×××收益权"后才能成为交易标的。而且，收益权作为基础权利不可分割的组成部分，其内涵与外延只有根据其依附的基础权利资产的属性才能加以约定。基础权利属性不同，具体收益权的内容也有所不同。从这个意义上讲，简单地将"资产收益权"归类为物权、债权或其他权利类型，均有欠妥当。适宜的做法应当是根据基础财产或权利的类别对收益权进行分类，基础财产或权利属于哪一类，则对应的资产收益权也相应地归属于同一类。比如，"应收账款收益权"，因其基础权利为应收账款，属于债权，"应收账款收益权"相应地归属于债权类收益权。

（四）"资产收益权"交易具有相对独立性

基础权利或基础财产，本身具有包括收益权在内的多项权能，权利人可以将其中的一项或多项权能转让给他人行使。比如房屋的所有权人（业主）可以作为出租方与承租方签订租赁合同将其中占有、使用两项权能转让给承租人行使，但不改变业主作为基础法律权利的合法权利人地位。同理，房屋的所有权人（业主）也可以作为出让方与信托公司（受让方）签订《资产收益权转让合同》，将其中的收益权能转让给信托公司持有，这也不改变业主作为基础法律权利的合法权利人地位。而且，"资产收益权"的交易方式与基础资产或权利的交易方式也明显不同。比如，"票据收益权"可以通过签署协议的方式进行转让，但票据的转让则必须依据票据法的规定办理票据背书，否则便不具备票据法上的转让效果。所以，"资产收益权"交易具有相对独立性，基础资产或权利的所有人可以在不改变其合法权利人地位的前提下，"资产收益权"可以作为交易标的单独进行交易。

基于上述分析，"资产收益权"的法律性质可以归纳如下：资产收益权，是指通过法律文件约定其权利内容并能独立于基础资产或权利交易的一项财产性权利。

二、"特定资产收益权信托产品"的法律风险防范

"特定资产收益权信托产品"操作模式通常为：信托公司与融资方签订

《特定资产收益权转让合同》，信托公司支付信托资金给融资方作为对价，融资方则将特定资产的"资产收益权"转让给信托公司，但特定资产的所有权和占有权并不转让给信托公司。这种操作模式下，交易双方有无法律风险？如果有，又该如何用相应的措施防范？

（一）特定资产及其收益权的合法性风险

信托公司与融资方签订的《特定资产收益权转让合同》，本质上是双方以特定资产收益权为交易标的的买卖合同。《中华人民共和国合同法》第一百三十二条规定，"出卖的标的物，应当属于出卖人所有或者出卖人有权处分。法律、行政法规禁止或者限制转让的标的物，依照其规定"。虽然目前法律、行政法规未禁止或限制特定资产收益权交易，但特定资产收益权作为交易标的，也应当属于融资人所有或者出卖人有权处分。此外，特定资产收益权的合法性受制于特定资产的合法性。所以，信托公司应首先对特定资产及其收益权的合法性进行审查。审查内容主要有以下几个方面：（1）融资方是否是特定资产及其收益权的所有权人？如果不是，融资方是否对特定资产及其收益权具有处分权？（2）融资方是否已就特定资产及其收益权发起类似交易？是否已就特定资产设定类似抵押、质押等类似权利负担？（3）融资方取得特定资产的方式是否符合法律规定或者有关合同约定？（4）特定资产收益权的主要内容界定是否与特定资产的权利类别和属性相一致？

（二）收益权持有过程中信托公司的法律风险

信托公司通过向融资方支付对价，获得特定资产的收益权。但在实务中，信托公司经常只是阶段性持有特定资产的收益权，而且信托公司通常仅能取得既定金额的收益权（超过既定金额的，归融资方所有，或者由融资方和信托公司按约定比例分成。当然，不足既定金额的，由融资方或第三方补足差额）。由于特定资产的权利人仍然是融资方，融资方在理论上仍有权对特定资产及其收益权进行再次处分。如果融资方对特定资产或受益权的处置不利于信托公司，信托公司难以采取有效补救措施。而且，收益权交易目前没有一套登记公示制度，如果融资方以信托公司所获取的收益权进行二次融资，信托公司难以对抗善意第三人。所以，信托公司不仅应当对此类风险予以重点关注，还应争取采取下述一种或综合多种手段保护投资者利益：（1）将特定资产为信托公司实现既定收益或者融资方回购义务设定抵押或质押；或（2）就特定资产或收益权实现款项设立监管账户；或（3）就融资方违反约定处置特定资产或收益权设定违约条款，增加融资方违约成本；或（4）确保信托资金用于双方约定的项目，并最好实行分期受托支付。

（三）融资方资金用途的合规性风险

融资方通过向信托公司转让特定资产收益权，既实现了融资，同时又保留了特定资产的所有权或处分权，可谓一举两得。在监管当局对某些行业和领域禁贷或限贷的情况下，这种融资方式或许成了这些行业或企业解决资金来源的最后一根救命稻草。如果信托资金最终流向了这些禁贷或限贷的行业和领域（如政府融资平台、"两高一剩"企业、"铁公基"和商业房地产开发项目等），将使国家的监管流于形式。信托公司或与其合作的商业银行应准确把握监管当局监管的实质精神，主动与国家宏观调控和审慎监管政策保持一致，防止信托资金最终流向国家禁贷或限贷的行业和领域。如果信托公司一味地追求规模的快速扩张或追求眼前收益而置国家监管政策于不顾，对信托资金最终用途放任自流，信托公司或与其合作的商业银行将可能会因此遭受本不必要的监管处罚。

（四）对投资人的信息披露风险

虽然信托公司通常只是阶段性持有特定资产的收益权，但从理论上讲，既然信托公司支付了全部对价，特定资产在一定期间内的全部收益应当归信托公司所有。但在实务中，融资方出于融资成本考虑，往往会与信托公司另行约定收益金额上限，即信托公司只享有约定金额内的收益，超过该限额的收益仍归融资方所有或者由信托公司和融资方按既定比例分成。所以，信托公司实际上获得的是特定期间内特定资产的特定金额的收益权。信托公司与融资方之间的交易合同与投资者签署的信托文件之间可能存在一定的差异。信托公司应注意做好对投资者这一信息披露工作，信托公司应尽可能事先在信托文件中披露未来收益权交易合同的主要内容。同时，信托公司还应事后做好与投资者的信息披露和交流工作，尽力避免投资者产生误解。

当前特定资产收益权交易有逐渐扩大之势，虽然目前法律法规未明确禁止该类交易，但该交易毕竟缺乏明确的法律规定支持。如果信托公司开展此类业务不审慎稳健，该类交易将难以获得明确的法规支持，而且还可能受到制约。

金融机构合规文化与合规体系建设[①]

我国经济正处于增速换挡期、速度变化、结构优化、动能转换等特征较明显。在"一带一路"倡议构建全球化新格局、供给侧改革调整经济结构实现最优配置和传统产业持续融合升级等大势之下,金融机构风险管理也向更高形态迈进。近年来金融监管政策变化的实践表明,无论从当前国内金融机构现状还是国际领先实践来看,我们在合规体系和合规文化建设方面还有更长的路要走。面对复杂的国内外经济形势,合规风险管理需与时俱进,挣脱原有惯性约束,找到当前经济周期内最敏感的风险因素,找到管理的重点和痛点。监管部门要有效规范引导机构行为,金融机构要准确把握监管脉络和政策变化,加强合规体系建设,共同提升防范化解系统性金融风险能力。

一、国内金融机构合规文化建设的现状

近几年来,监管部门不断加大监管力度,进行专项治理,金融机构内部多年累积的合规风险与操作风险充分暴露,一批大案、要案被查处和曝光。在这样的现实条件下,金融机构充分认识到合规风险管理、合规范文化建设的重要性;但客观而言,部分金融机构的合规文化建设现状不容乐观。2017年,银监会共开出罚单3452张、涉及1877家金融机构、处罚1527名责任人员、罚没金额同比增长10倍,这在中国历史上绝无仅有。

(一)不少金融机构对合规风险及合规文化认识存在偏差

违规经营、道德风险是长期困扰和制约金融机构稳健发展的主要因素,根源就在于不少金融机构没有将合规视为风险管理的一项重要活动,没有将合规作为一个重要的风险源来管理,合规一直不是重点关注的风险领域。认识的偏差导致金融机构在追求金融创新、追求企业利润时,忽视了合规风险

[①] 原文发表于2018年第5期《当代金融家》,收录时略有改动。

管理和合规文化建设。

（二）金融机构大案要案频发，合规文化建设任重道远

2017年以来，金融机构大案频频曝光，不仅国有大型金融机构被卷入，一些曾经被认为是市场化程度相对较高、合规文化建设较为先进的股份制金融机构也牵涉其中。邮储银行票据违规案、广发银行违规担保案、浦发银行违规发放贷款案等典型案件中，从金融机构小职员贪污，到分支机构负责人与外贼勾结作案，再到总行高管收受贿赂等，表现出涉案金额巨大，涉案人员分布广泛的特征。大案频发暴露了金融机构在操作流程、管理等方面存在的问题与缺陷，合规文化建设任重道远，故事继续。

（三）部分金融机构合规制度体系不健全、执行不到位

金融机构在进行合规建设，制定、设计合规制度体系时，未能全面覆盖合规风险管理或者说合规文化内涵的各个层面，在金融监管趋严的新形势下，未能及时对制度体系及时动态更新，实现外规内化。在大量的规章制度面前，存在有规不依、有章不循的现象，合规制度成为摆设，合规文化建设成为一句空话。

（四）一些金融机构内部存在漠视合规文化建设的倾向

金融机构大案中，犯罪人有基层职员，也包括很多分支机构负责人，甚至是总部的高管；金融机构内部员工不同程度存在轻视金融机构合规建设的问题。金融机构有逐利的本质属性，管理者要承担来自股东方、监管机构、客户与竞争对手的压力，适应日趋激烈的竞争环境、日益趋紧的监管环境和千变万化的经济环境；员工关注如何创造利润，这是和奖金挂钩的，在某种程度上是排斥合规文化建设的。强调合规文化建设就可能使获得很大利润的"创新"行为被限制，甚至否决掉；合规文化建设本身并不能直接创造利润。

二、反思次贷危机十年来金融机构的合规管理

十年前始于发达国家的金融危机对我国金融机构的影响是比较有限的，这与我们的资本项目开放程度，监管当局的审慎监管，金融机构参与国际市场的深度有一定关系。在次贷危机开始时，国内监管部门就采取了较为有力的应对措施。回顾过去十年金融动荡和治理的历程，为金融机构强化合规体

系建设提供了启示。

（一）弄通学懂监管法规，做实审慎经营

金融机构坚守审慎经营底线的前提是要弄通学懂监管法规的实质。回望整个金融危机酝酿和爆发的过程，根源之一就在于部分金融机构的经营管理背离了审慎原则，放弃了授信标准，过度看重抵押品。同时，金融机构的高杠杆融资和证券化资产的过度衍生，助长了房地产市场和衍生品市场的泡沫风险。

（二）夯实全面风险管理体系建设

金融领域的危机很多时候是宏观经济政策失调的产物，但次贷危机中，实施了全面风险管理的金融机构表现出更强的韧性和更好的适应能力。比如，摩根大通银行有效识别、评估和监测微观市场主体的风险状况，优化公司治理，完善激励约束机制，建立了覆盖业务条线的全面风险管理策略，利用压力测试等工具，采取了有效措施，避免金融机构个体风险。

（三）强化和倡导健康的合规文化

2016年5月24日，新加坡金管局宣布，瑞士私人银行BSI由于严重违反反洗钱法规被取消商业银行执照，并称其为"新加坡金融界有史以来最糟糕的内控疏漏和严重渎职"；随后瑞士方面对其采取罚金和刑事调查等措施，导致这家成立于1873年的银行关闭。从某种意义上说，健康的合规文化就像空气，平时或许感觉不到它的重要，一旦缺失就随时可能导致致命的后果。国内金融严监管的新形势，对金融机构严守合规经营底线，把握监管形势变化和最新政策提出了新的要求；同时，也推动外规及时内化和内规有效执行，是金融机构提升合规文化建设水平的重要契机。银保监会近期公布了《金融机构从业人员职业行为指引》征求意见稿，旨在倡导和强化金融机构从业人员的职业操守，为金融机构制定各自的员工行为守则，提供导向性和提示性的蓝本规范，以有利于金融机构的合规建设。

三、剖析金融监管机构近期合规监管脉络

党的十九大后，在"一行两会"分工有所调整、协作日益紧密的背景下，准确理解监管脉络、把握监管真实意图和具体要求对提高金融机构合规管理的有效性显得更加重要。当前监管方向变化呈现出以下几个值得关注的

重要特征：

（一）重视顶层设计和专项整治相结合

自 2016 年央行将原有的差别准备金动态调整和合意贷款管理机制升级为"宏观审慎评估体系"（MPA）以来，国内金融监管逐步呈现宏观审慎监管和微观审慎监管紧密结合的趋势，立体式金融严监管的框架也逐渐形成和完善。在此背景下，无论 2017 年"三三四十"专项整治，还是银保监会十大工作任务中提出的"大力整治违法违规业务，进一步深化整治银行业市场乱象"的要求，都对金融机构合规经营水平提出了全面升级的新要求。在防范化解系统性金融风险和去杠杆成为攻坚任务的大背景下，肆意突破合规底线的违法违规行为将被视为主要风险隐患之一加以治理。

（二）强调功能监管和行为监管相结合

2017 年召开的第五次全国金融工作会议指出要"加强功能监管，更加重视行为监管"，首次引入了"行为监管"概念，并将其作为监管强化和补短板的重点方向。监管部门在禁止误导销售及欺诈行为、充分信息披露、个人金融信息保护、实现合同及交易公平、打击操纵市场及内幕交易、规范债务催收等领域有更多的合规性要求和时间。即将落地的"资管新规"强调"按照金融产品类型而非机构类型实施功能监管，对同一类型的资管产品实施同一监管标准，减少监管真空和套利"，这对金融产品在交易结构设计等方面提出了新的要求，原有通过层层嵌套和通道规避监管的行为将被视为违规。结束就是开始，过往都是序幕。监管重心的变化和体系的完善，将大大提升风险监管的有效性，也对金融机构的合规体系建设提出了新的适应性要求。

（三）原则引导和底线要求相结合

监管机构在坚持审慎监管同时，重视原则引导，鼓励金融机构采用公司治理及内部控制等方面的良好做法，这也是 2017 年下旬以来监管指引密集出台的原因。合规作为金融机构核心风险管理活动和内部控制的基础性工作，实施原则监管需要良好的合规基础，确保金融机构的经营管理与监管导向整体保持一致。

四、练好内功，全面提升金融机构合规管理水平

不畏浮云遮望眼，风物长宜放眼量。监管部门在合规管理方面要求的提

高，给金融机构的风险管理提出了新的要求。这意味着金融机构不仅需要在具体的业务领域进行调整，而且需要从组织架构等全面风险管理治理体系的高度迎接更多挑战。

（一）信用风险合规管理

信用风险仍然是当前主要风险，尤其在国内货币政策收紧趋势、缩表预期上升的形势下。2018年1月以来，银保监发布了《商业银行委托贷款管理办法》，进一步强调了委托人承担委托贷款信用风险的原则，要求对资金来源的合法合规性进行审查，并明确了不得用于发放委托贷款的资金类型；相关的一系列政策也需要金融机构在授信流程、操作程序等方面进行优化，有效地控制资金流向，提高资金安全性。

（二）创新业务合规管理

金融领域具有产品快速创新、交易结构复杂、风险容易积聚等特点，这就对监管跟上金融创新的步伐，适应市场变化提出了较高的要求。监管部门支持和鼓励金融机构按照审慎经营原则，在自身发展战略的框架内进行金融创新，特别是对于一些跨市场的金融产品。金融创新和合规风险管理并非处于跷跷板的两端，全面风险管理体系的建立和完善有利于支持金融创新发现机遇、躲避陷阱。从某种意义上讲，管控风险的能力也是经营风险的能力，决定了金融创新的能力。金融机构要改变传统的风险文化和风险管理模式，培养树立现代风险观念，成为风险管理文化和能力一流的金融市场参与者。

（三）业务转型和架构重塑合规管理

市场经济条件下的金融市场瞬息万变，市场参与者要具有高度灵活性。为提高市场导向的核心竞争力，很多金融机构都在进行业务转型和架构重塑，健全现代企业法人治理结构，向"流程金融机构"转变。在推动内部机制市场化，按照市场规则开展经营，让产品服务经营遵循市场规则，以及用人及分配机制等方面与市场接轨，金融机构要有序推进，确保有效合规。

挑战也意味着机遇。俗话说"功在无功之处"，把功夫下在平时，通过点点滴滴、坚持不懈的努力，表面看来似乎无功，实则却隐藏着真功、细功和硬功。防范合规风险，保障中国经济行稳致远，金融机构要善于见微知著。

五、建立外部监管与内部规范互动的合规文化

积土而为山，积水而为海。健康的合规文化不是一朝一夕形成的，需要监管机构规范引导和金融机构严守合规底线，更需要监管部门和金融机构之间的良性互动。重大技术进步会带来监管理念、内容和方式的调整，比如伴随金融科技应用的新业务带来监管政策的重大动作。合规风险管理应该主动与监管对接，找准风险偏好。

（一）摒弃金融机构与监管机构博弈的误区

金融业实践表明，外部监管不可能代替金融机构内部的合规控制，有效的外部监管是以完善的金融机构内部合规控制为基础。只有将合规风险管理纳入金融机构全面风险管理体制中，高度重视合规文化建设，建立有效的合规风险管理机制，外部监管才能转到以监督和评价金融机构合规风险管理机制有效性上来。

（二）加强监管与金融机构合规方面的良性互动

监管机构在制定相关法规时，应深入征求业界意见，给予金融机构充分的机会，监管法规则更加符合金融机构现实，更加具有操作性；同时，金融机构要主动争取和行使话语权，对即将出台的法规、规章和办法等结合实际情况，提出合理有效的建议，形成监管与金融机构的良性互动，监管塑造着市场，市场也反向塑造监管，而非"猫鼠游戏"。

（三）让合规风险管理创造价值

风险管理本质上是收益和风险平衡的艺术，有效的风险管理是创造持续稳定效益的重要保障。金融机构在充分理解政策法规的基础上，对资产进行优化配置，使得资产组合承担的每一分风险都能创造最大价值。从核心竞争力和商誉的角度思考，强化合规风险管理，加强信息披露，让监管部门放心、确保市场认同、得到同业尊重、获取客户和投资者的信任，提高和维护机构信誉，有助于全面提高竞争力和创造价值。

《红楼梦》有云："世上万般，好便是了，了便是好。若不了，便不好。若要好，须是了。"打好防范化解金融风险攻坚战、推动金融业向高质量发展转变，金融机构合规风险管理要耐得住寂寞，守得住繁华，保持定力，回归本位，切实提升防范风险的内生动力。

新形势下的反洗钱工作[①]

过去的是历史，但历史没有过去。随着国际经济形势的剧烈变化，金融机构面临愈发复杂的合规挑战，企业境外经营的合规问题也越来越突出，反洗钱等领域日益受到金融机构和企业的高度关注。2019年4月，渣打银行同意支付11亿美元，就违反对伊朗等国制裁的指控达成和解，将部分行为归咎于两位前员工，给美国和英国监管部门的漫长调查画上句号。这是银行因涉嫌违反制裁而支付的最高和解金之一，仅低于2014年法国巴黎银行的89亿美元罚款。近年来，我国监管部门相继出台了一系列政策法规，进一步加强风险防控，维护金融稳定和国家安全。全面推进我国反洗钱事业，反洗钱体制机制和规章制度、反洗钱监管和调查协查、反洗钱监测能力、反洗钱国际合作等方面建设迫在眉睫。

一、我国反洗钱工作重要进展

经过十多年的砥砺奋进，我国的反洗钱事业从搭机制到建制度，从抓重点到促全面，维护国家利益和守卫国家金融安全，推动金融双向开放和参与国际治理成效显著。

1997年，《中华人民共和国刑法》修订增加了洗钱罪这一罪名，实现了我国所加入的一系列国际公约的一致性；2006年颁布《中华人民共和国反洗钱法》，2007年加入FATF。人民银行随后会同相关部门先后出台《金融机构反洗钱规定》等五项法令和上百项相关制度规范，建立了人民银行牵头，最高法、最高检、外交部、公安部等20多个部委参加的反洗钱工作部际联席会议机制，形成了分工明确、运转顺畅的反洗钱行政执法、打击犯罪、情报监测、国际合作工作机制。2017年，国务院办公厅《关于完善反

[①] 原文发表于2019年第7期《当代金融家》，收录时略有改动。

洗钱、反恐怖融资、反逃税监管体制机制的意见》颁布，标志着我国反洗钱事业顶层设计全面加强。

2017年以来，人民银行建设了特定非金融行业反洗钱监管制度，按照"一业一策"原则，单独或者会同相关行业主管部门出台了贵金属交易场所、房地产行业、会计师行业反洗钱和反恐怖融资工作管理办法，明确特定非金融义务机构范围，对相应监管工作提出要求，按照国际标准将预防洗钱和恐怖融资拓展到特定非金融机构。同年10月，《中国人民银行关于加强反洗钱客户身份识别有关工作的通知》发布，非自然人客户受益所有人识别制度体系日趋完善，参照国际标准提出了识别非自然人客户"受益所有人"的反洗钱要求。

2018年6月，《中国人民银行关于进一步做好受益所有人身份识别工作有关问题的通知》发布，从工作原则、内控要求、风险为本方法以及识别途径等多个方面指导义务机构开展非自然人客户受益所有人识别工作。

2019年2月17日，反洗钱金融行动特别工作组（FATF）第三十届第二次全会在法国巴黎召开，来自205个国家（地区）及联合国等国际组织的800余名代表出席会议。全会审议通过了中国第四轮反洗钱和反恐怖融资互评估报告，并于4月17日公布了《中国反洗钱和反恐怖融资互评估报告》，充分认可近年中国反洗钱和反恐怖融资工作取得的进展，认为中国反洗钱和反恐怖融资体系具备良好基础，建立了多层次洗钱风险评估体系和反洗钱战略政策，对反洗钱义务有充分认识，高度重视反恐怖融资工作，标志着中国反洗钱建设工作有了全新进展。4月10日，人民银行2019年反洗钱工作会议要求提高站位，从维护国家金融安全、推进国家治理体系和改善国际安全秩序的高度，认识反洗钱工作重要意义，努力提高反洗钱工作整体水平。

二、近期反洗钱重大处罚案例

随着近年来不断有中资银行在海外因违反当地反洗钱监管规定而吃下巨额罚单，给中资银行在业务合规操作方面敲响了警钟，我国反洗钱力度也提升到了前所未有的高度。

作为中资银行"出海"的主力军，四大国有银行都在海外因违反反洗钱规定而被调查，甚至遭遇巨额罚款。2016年2月，西班牙警方以工行马德里分行对涉嫌洗钱的资金监管不力为由进行搜查，该分行5名领导及部门负责人被移送警察局接受调查；2016年11月，农行纽约分行因违反反洗钱合规要求被纽约监管部门处以2.15亿美元罚款，这是第一家因洗钱被处罚金的中资银行海外分行；2017年初，中行米兰分行涉嫌洗钱案尘埃落定，与意大利当局庭外和解，支付60万欧元罚金，4名分行职员因违反反洗钱规定被法院判处两年缓刑；2018年2月，南非央行在一次检查中发现建行南非分行反洗钱和反恐怖活动融资措施存在不足，处以7500万兰特的罚款。

国外知名金融机构也会因为反洗钱收到严厉处罚，如2018年12月，美国金融业监管局（FINRA）宣布，因摩根士丹利美邦公司（Morgan Stanley Smith Barney LLC）超过五年持续的反洗钱计划和监控失败，未能有效执行定期对外国金融机构开设的代理账户进行风险审查的政策、程序和管控措施，没有建立一套符合美国《证券法》规定的监控系统，也没有达到《银行保密法》的要求，处以1000万美元罚款。可见，反洗钱是需要长期维护建设的一项工作，即使国外知名金融机构也需要不断完善反洗钱管理技术和手段。

三、我国反洗钱工作新形势

随着新金融业态的发展，如有些城商行（北京银行、上海银行、富滇银行等）开始了国际化进程，在港澳和其他成熟经济体开设分行，以及"一带一路"建设，反洗钱工作有了新的变化和要求，我国整体反洗钱力度、深度和广度都有了进一步加强。

（1）顶层重视，反洗钱相关制度频频发布（见表1）。银保监会2019年1号文件就是《银行业金融机构反洗钱和反恐怖融资管理办法》，该《办法》共五章五十五条，主要内容包括建立洗钱风险管理体系、执行客户身份识别制度、保存客户身份资料和交易记录、大额和可疑交易报告制度和涉恐名单监控。特别是银保监会2019年1月发布《关于加强中资商业银行境外机构合规管理长效机制建设的指导意见》，要求"结合国别环境、经济状况、金融监管等因素，持续监控境外机构发展状况，前瞻审慎地识别、评估和应对各类风险，适时优化境外发展战略，加强对进入新市场或新业务领域的可行性研究和事前审查，确保管理能力与国际化进程相匹配"，不再出现像农行纽约和工行马德里那样的事件。我国银行国际化过程中，非常有必要加强反洗钱方面的能力建设。

表1　　　　　　　　近年来出台的反洗钱相关重要政策

时间	文件名称
2017年4月	关于《金融机构大额交易和可疑交易管理办法》有关执行要求的通知
2017年5月	《义务机构反洗钱交易监测标准建设作业指引》
2017年5月	《关于加强开户管理及可疑交易报告后续控制措施的通知》
2017年9月	《关于完善反洗钱、反恐怖融资、反逃税监管体制机制的意见》
2017年10月	《关于加强反洗钱客户身份识别有关工作的通知》
2018年6月	《关于进一步做好受益所有人身份识别工作有关问题的通知》
2018年7月	《关于进一步加强反洗钱和反恐怖融资工作的通知》
2018年7月	《关于加强特定非金融机构反洗钱监管工作的通知》
2018年9月	关于《法人义务机构洗钱和恐怖融资风险管理指引（试行）》的通知
2018年10月	《互联网金融从业机构反洗钱和反恐怖融资管理办法（试行）》
2019年1月	《关于加强中资商业银行境外机构合规管理长效机制建设的指导意见》
2019年1月	《银行业金融机构反洗钱和反恐怖融资管理办法》

（2）反洗钱行政处罚力度加大（见表2）。2018年反洗钱行政处罚共396笔，金额合计1.31亿元，同比增长45%。2019年1月，就整个金融系统而言，涉及反洗钱相关行政处罚就达到128笔，涉及单位和个人处罚金额合计约3901万元。处罚机构涵盖银行、保险、支付机构、证券等，处罚原因主要集中在未按照规定履行客户身份识别义务、未按规定报送大额交易报告和可疑交易报告、未按规定保存客户身份资料和交易记录（见图1）。

表2　　　　　2018年反洗钱行政处罚——被处罚机构类型分布

被处罚机构类型	罚单张数（笔）	处罚金额（万）	占比（按处罚金额）
银行	250	8053.65	61.47%
保险	77	2183.11	16.66%
支付机构	7	1210.8	9.24%
证券	23	693.6	5.29%
农村信用合作社	28	640.3	4.89%

续表

被处罚机构类型	罚单张数（笔）	处罚金额（万）	占比（按处罚金额）
公司	5	191.2	1.46%
期货	6	129.2	0.99%
	396	13101.96	

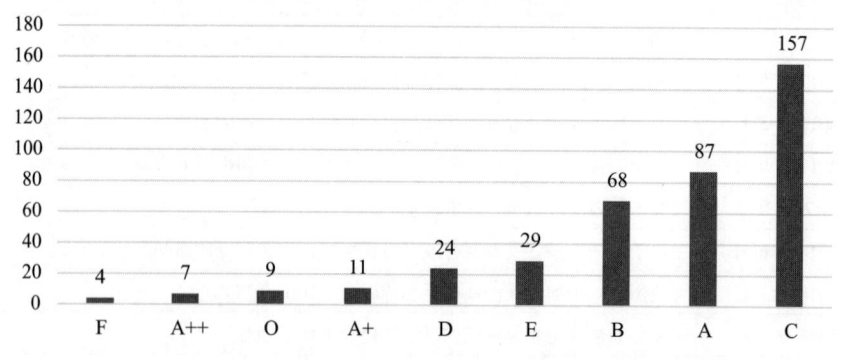

图1　2018年反洗钱行政处罚原因分析

注：A：①未按规定履行客户身份识别义务；②未按规定报送大额交易报告或者可疑交易报告；B：违反反洗钱规定；C：未按照规定履行客户身份识别义务；D：未按规定报送大额交易报告；E：①未按规定履行客户身份识别义务；②未按规定保存客户身份资料和交易记录；3. 未按规定报送大额交易报告和可疑交易报告。A＋：①未按照规定履行客户身份识别义务；②未按照规定保存客户身份资料和交易记录；A＋＋：①未按规定履行客户身份识别义务；②未按规定保存客户身份资料和交易记录；③未按规定报送大额交易报告和可疑交易报告，④存在与身份不明的客户进行交易的行为。F：未按照规定保存客户身份资料；O：其他。

（3）金融新业态的快速发展，反洗钱工作涉及的机构、业务范围不断扩大，方式也越来越多样化和隐蔽化。2007年以前，反洗钱工作多局限于银行业金融机构。2012年，人民银行发布《支付机构反洗钱和反恐怖融资管理办法》，支付机构被正式纳入反洗钱监管范围，支付机构的监管力度逐渐上升。2013年开始，移动支付进入高速发展周期，支付效率大幅提升的同时，洗钱犯罪也逐渐转向移动支付，方式越来越多样化和隐蔽化，对支付机构和监管的反洗钱工作带来了挑战。2018年，为规范行为，人民银行联合银保监会、证监会发布了《互联网金融从业机构反洗钱和反恐怖融资管理办法（试行）》。

（4）反洗钱工作起步不同，重视程度和执行力度不一。银行等传统金融机构反洗钱工作起步较早，执行力度较强；支付机构虽然都设置了反洗钱相关岗位，对反洗钱的重视程度不同，无论是人才储备还是经验积累都有所欠缺。同时，一些新兴金融业态过度追求客户体验，放松了反洗钱管理相关要求。

四、反洗钱工作的发展方向探讨

一切过往皆为序章。反洗钱工作是一项长远的系统性工程，通过FATF的第四轮评估，出台制度只是新的起点。在新形势下，我们仍需完善反洗钱工作原则和工作要求，加强相关职能部门协作，融合新技术与反洗钱工作。

（1）加强反洗钱领域的监管协调。反洗钱工作涉及多个职能部门，特别是互联网金融，反洗钱风险产生了跨部门、跨行业、跨市场和跨产品的监管交叉地带和空白领域，需要大量的监管协调工作。"一行两会"相互之间，以及与其他经济主管部门、司法、执法与行政部门等，需要更加健全的常规性协调机制。

（2）加大反洗钱监管问责力度。现有问责机制需进一步强化，真正使得反洗钱监管深入到从业机构和人员的行为与观念中。近年来，人民银行开展了多项反洗钱专项执法检查和含反洗钱内容的综合执法检查，对违反反洗钱规定的行为"双罚"比例进一步提高。具体违法行为的处罚中，超过80%的处罚涉及未按规定履行客户身份识别义务；近50%的处罚涉及未按规定履行可疑交易报告义务和未按规定履行大额交易报告义务；有近20%的处罚涉及未按规定履行交易记录保存义务和未按规定履行客户身份资料保存义务。其他违法行为主要包括与身份不明的客户进行交易或者为客户开立匿名账户、假名账户。

（3）融合金融科技与反洗钱工作。大数据、人工智能、互联技术（移动互联、物联网）、分布式技术（云计算、区块链）、安全技术（生物识别、加密、量子技术）等底层技术，深刻改变着金融产品、金融业态、金融监管，被应用在五大合规场景中：市场监控和监测，客户识别和反洗钱合规，跟踪监管动态、建设风险管理系统以及投资者风险偏好评估，有效利用新技术可以缓解反洗钱面临的信息不对称、监管成本等问题。

近期，美国金融业监管局（FINRA）发表了《基于技术创新的监管合规("监管科技")》报告,介绍了监管科技(RegTech)在行业合规管理的应用,积极将科技手段与合规风控流程进行结合,在实现合规的自动化、留痕化上迈进了一大步,具有借鉴意义。金融科技的发展,在反洗钱应用上存在广阔的想象空间;

①客户身份识别方面。传统的客户身份识别(KYC)和反洗钱监测方法(通过人工现场核查客户和提供的资料来实现)成本高效率低,现在可采用生物识别、行为分析、自然语义分析、机器学习技术,比如指纹识别,声音识别,人脸识别等生物识别技术来自动化识别用户身份,提高效率和准确性;通过客户细节行为分析和跟踪,把直接从客户处获取的数据与外部数据结合起来,辅之机器深度学习不断迭代优化,生成更加全面的客户画像,预警可疑客户和可疑行为。同时,使用新技术(如分布式记账工具)创建行业可以共享的公用设施,汇总各类参与者的数据,来减轻每个金融机构分别识别和监控同一客户的负担,这种共享模式还有助于提升分析跨机构交易和资金流动关联关系的能力,比如人民银行可牵头金融机构建立客户信息存储区块链,节省社会资源,实现安全可控的客户反洗钱信息共享,运用加密技术实现安全传输。

②保存和分析客户交易记录方面。客户交易记录数据具有海量、多维度、非结构化和涉及多种金融机构等特性,难以分析;不同金融机构的数据标准、质量可能还不一样,存在数据孤岛的情况。如果能利用成熟的大数据技术整合分析这些真正有价值的信息,比外部社交数据有用得多。首先要数据标准化,可由监管机构提供统一标准的 API 接口,工具化和标准化数据,机器可读编;其次是数据挖掘处理,对海量交易数据进行挖掘分析可疑交易行为,总结洗钱特征,更新洗钱特征模型,不断迭代优化,持续提升准确度;最后是反洗钱的实时监控,依靠强大的数据处理分析能力和数据积累实现交易实时预警。

③大额和可疑交易报告制度方面。2016 年底,人民银行颁布修订的《金融机构大额交易和可疑交易报告管理办法》,建立了以合理怀疑为基础的可疑交易报告制度体系,义务机构在可疑交易报告的内控制度建设、监测系统开发、岗位设置和人员配备等方面取得了长足进步。人民银行近期反洗钱报告数据显示,大额交易报告 4.12 亿份,可疑交易报告 543 万份;大额

交易判定规则相对简单，处理数量巨大的报告容易有遗漏或者被钻空子，应充分利用大数据技术来选择可疑交易，分析背后逻辑。

④监控和监测市场交易行为方面。利用新技术提高风险识别和合规工作的效率。风险监控程序可从定期或持续性引入的数据中进行自主学习，发现数据中潜在的规律和趋势，通过反馈流程对未来异常情形进行预警，减少监控系统产生的错误警报。新技术可以监测和分析文字以外的通信形式（如音频、视频和数字），理解多种语言，解读音频中的俚语、音调、暗号，通过自然语言处理和机器学习，识别其中的异常进行风险筛查，分析结构化数据和非结构化数据之间的关系，如下单、撤单与电子邮件、语音记录之间的关系。

⑤智能化合规管理系统方面。利用新技术使汇总风险数据、建立风险衡量标准、生成风险监管报告等一系列合规流程实现自动化。跟踪和解读监管法规占用合规部门大量的人力物力，使用自然语言和机器学习来解读新旧法规，自动提供差异分析，实时更新监管法规的变化，及时提醒新的执法行动，节省人力物力。比如英国金融行为管理局（FCA）和英国央行（BOE）使其法规手册具有"机器可读性"（被机器处理和解读），鼓励机构将其纳入自己的合规系统。一些机构还尝试用新技术将自动合规功能嵌入日常运营中，在系统采取任何行为之前，对适用条例的遵守情况进行核查。

（4）宣传培训，强化自律。反洗钱工作任重道远，广泛开展反洗钱宣传活动，使从业机构认识国内外反洗钱面临的严峻形势及各类新型金融活动的风险和挑战，厘清工作方向；同时使社会公众了解反洗钱知识，配合从业机构进行身份识别，维护信息、数据、证件和金融工具的安全，远离非法集资和网络洗钱，积极参与和提供支持。

金融反腐与廉洁风险管理①

廉洁文化是以廉政为思想内涵、以文化为表现形式的一种文化，是廉政建设与文化建设相结合的产物。习近平总书记在党的十九大报告中指出，没有高度的文化自信，没有文化繁荣兴盛，就没有中华民族的伟大复兴。什么是廉洁文化？廉洁，是指公正不贪，清白无污。这个词最早出现在战国时期，伟大诗人屈原在《楚辞·招魂》中认为德行要"朕幼清以廉洁兮，身服义而"，就是说，秉赋清廉的德行，献身于道义。《庄子》曾提到，廉，清也；也称有节操、不苟取。人犯其难，我享其利，非廉也。《后汉书·列女传》认为，廉者不受嗟来之食。东汉著名学者王逸在《楚辞·章句》中注释说"不受曰廉，不污曰洁"，不收受馈赠为廉，人品不因此受玷污为洁。这就是中国文化中对人品道德的基本要求。这种品格经历了历史长河的洗礼，始终是贯穿在中国文化中的一颗明珠，并且在新的历史发展阶段被赋予了更加重要的政治特性。清正廉洁已经成为马克思主义政党的内在要求，是中国共产党人与生俱来的价值取向和一以贯之的政治本色。习近平在"不忘初心、牢记使命"的主题教育工作会议上提出了具体的工作要求，要牢记党的使命和宗旨，恪守清正廉洁，笃行为民服务的"基线"，全心全意为人民服务，维护正确的党性修养。

随着改革开放不断深化，金融市场加速发展，金融贪腐层出不穷，国家对金融反贪腐的力度也持续升级。党的十八大报告指出，要坚持中国特色反腐倡廉道路，全面推进惩治和预防腐败体系建设。第十八届中央纪委第二次会议上，习近平强调，坚持"老虎""苍蝇"一起打。接着中纪委成立首个金融反腐专门机构，显示出中央对持续金融反贪腐工作的决心。2015年，习近平在中央财经领导小组11次会议，强调"防范化解金融风险""强化

---

① 原文发表于2020年第10-11期《当代金融家》，收录时略有改动。

市场监督"。中央将继续打击权力寻租，净化市场环境，消除市场运行机制的障碍，充分发挥市场机制的决定性作用，更有利于经济的持续健康发展。

由此可见，金融反贪腐具有长远的战略意义。金融反腐对保障金融体系安全运行，有效执行国家发展战略和平稳度过经济转型意义重大。2017年7月，习近平在全国金融工作会议上指出，防止发生系统性金融风险是金融工作的永恒主题，必须坚定不移地开展金融反腐。2019年1月，习近平在省部级主要领导干部坚持底线思维着力防范化解重大风险专题研讨班开班式上指出："要完善风险防控机制，建立健全风险研判机制、决策风险评估机制、风险防控协同机制、风险防控责任机制，主动加强协调配合，坚持一级抓一级、层层抓落实。"在中共中央政治局第十三次集体学习中，习近平再次强调要加强金融领域反腐败力度，并为金融反贪腐的工作指明了清晰的道路。

一、金融企业全面风险管理与廉洁风险

随着金融体系活力的持续释放，金融创新正在朝着多层次、多维度的方向发展，部分风险逐渐被分散和削减，新的风险也不断涌现，廉洁风险也随之不断积累。面对日益严峻的金融贪腐问题，国际国内探索的解决之道越来越深刻。

（一）完善的公司治理是有效防范金融贪腐的基础

1999年，巴塞尔银行监管委员会发布了《加强银行业机构公司治理》文件，指出建立健全公司治理可以有效防范金融腐败行为。瑞士联邦银行行长 KurtHauri 曾在国际银行监管联席会议上倡议，以更高的道德准则作为金融机构监管的重要指向标，特别是在反贪腐领域，强调应当通过内控合规管理防范贪腐风险。COSO（美国反虚假财务报告委员会）界定内部控制为"一个由企业董事会、管理层和其他员工实施的，为经营的效率效果、财务报告的可靠性、相关法律法规的遵循性等目标的实现提供合理保证的过程"。

围绕国际监管机构对金融机构内控合规管理的要求，我国陆续出台了相关规则，以强化金融机构的内部控制。1997年，人民银行《关于完善和加强金融机构内部控制的指导原则》明确了金融机构内部控制，是指金融机

构为完成既定的工作目标和防范风险,对内部各职能部门及其工作人员从事的业务活动进行风险控制、制度管理和相互制约的方法、措施和程序的总称。2008年,财政部、证监会、审计署、银保监会联合印发了《企业内部控制基本规范》,明确了内部控制的方法和工具。监管机构紧随其后陆续出台了系列管理规则:2010年,证监会颁布实施《证券公司内部控制指引》,银监会颁布了《保险机构内部控制基本准则》。2014年,银监会《商业银行内部控制指引》明确了覆盖性、制衡性、审慎性和匹配性的内部控制原则;2016年,银监会《银行业金融机构全面风险管理指引》将内部控制作为重要的风险管理内容,再次强调管理的覆盖性、有效性和匹配性。

(二) 金融监管政策驱动下的廉洁风险管理

在上述监管要求之下,金融机构对廉洁风险的管理应当坚持以合规为底线、以风险管理为导向、以内部控制为手段的管理原则,建立多层次全方位的管理体系,包括清晰的管理目标,良好的基础与环境,有效的管理工具,健全的制度与流程,并辅以系统和技术作为管理支撑。具体而言,金融机构应当构建全面、统一的公司治理体系,明确最高权力机构股东大会、公司最高决策机构董事会、公司最高监督机构监事会以及经营管理活动的执行机构高级管理层的职责和运行机制,界定各治理主体、责任人、关键岗位人员的责任,以及它们之间的权责边界、授权体系与制衡机制,通过制度规范做出清晰规定,以流程作为操作管理的载体,确保有章可循,管理路径明确。

为了保证运行有效,有必要实施一套符合公司风险轮廓的考核机制,例如,薪酬政策应当考虑公司面临的重大廉洁风险,将工资、奖金、晋升等与员工行为紧密联系,与公司的长、中、短期管理目标和效益相结合,通过激励约束机制规避员工行为可能引发的以权谋私、不当得利等严重后果。

要保证金融机构的有效运行,还应当建立独立的监督管理机制,包括内部监督检查的报告、信息反馈制度、问题整改与跟踪,以及问责机制。内部各治理主体均应将发现的潜在风险和控制隐患,按照规定的报告路径及时报告。监督检查责任主体应当组织业务部门、风险管理部门和审计部门应当制定统一的监督检查政策,制定具体的监督检查工作程序、方法和要求,有效整合、共享各类监督检查发现的问题,形成监督合力,提高监督效果,降低监督成本。监督工作要关注程序的合理性和记录的完整性。为了及时修补隐患,公司应当通过制度明确整改责任部门,规范整改工作流程,切实落实整改措施。除了对问题缺陷进行有力整改,还应当制定责任追究制度和流程,对出现严重问题的责任人进行处理,做到公正合理、违规必究。

没有文化的事业是不会长久的。企业文化承载着公司的价值观和服务使命,是内部管理的灵魂,无处不在,贯穿整个公司的历史和发展方向。要形成健康阳光的企业文化,需要从高层重视,全员教育出发,通过激励和培训,消除违规意愿;通过制度和流程,构建良好的经营环境,让合规操作有章可循;严守底线,奖罚公正,让违规行为无处遁形。文化建设是一个长期持续的积淀过程,通过融合和积累,才能形成无形而强大的推动力,形成风控合规创造价值的核心理念。

二、金融机构廉洁风险的特征

金融贪腐内涵十分广泛,包括在银行业、证券业、保险业领域的持牌机构、其他金融机构以及金融监管部门发生的贪污腐败行为。它是对货币资金这一稀缺资源垄断性配置权的滥用。世界银行将金融贪腐行为分为三种情况:(1)公共机构的官员接受或者索取贿赂;(2)私营机构积极行贿,以规避公共政策和程序,从而获得竞争优势和利润;(3)公权力的滥用可能没有明显的贿赂体现,而是经由赞助或者裙带关系、盗取国家资产或者转移国家财政收入而产生的腐败现象。

为什么会产生上述情形的贪腐行为?它的后果是什么?金融贪腐主要源于滥用权力和过度干预。也就是说,金融机构通过寻租制造稀缺,提高融资成本,基于这种垄断和公权力,寻租变得便捷、隐蔽而且受益巨大。而这种寻租行为却扭曲了资源价格,导致资源错误配置,降低了金融资源的使用效率。而金融贪腐的后果还远不止于此,由于公权力被滥用导致金融政策和监管失灵,严重扰乱金融秩序,同时资产质量不断下降让系统性风险的概率大大增加,甚至破坏国家经济秩序。由此可以看出,金融反贪腐工作是十分艰巨的,是一项战略性工程。

金融贪腐区别于其他贪污腐败行为,主要基于金融行业的特点以及因此衍生出的特殊的行为特征。首先,金融行业具有四个普遍特征:(1)金融资产价格高波动性;(2)金融资产高流动性;(3)金融市场工具多样性;

以及（4）金融体系的高信息不对称性。结合前述分析可以看出，首先，金融贪腐利用权力和非常手段换取利益，违法占有货币，具有很强的侵占性。其次，为了获得高收益，补习预约规则甚至法律的界限，逃避监管，心怀赌博侥幸心理，具有高冒险性。再次，这类行为是通过广泛的信息网络和人际网络实现的，后果非常严重并且具有多米诺效果，有极大的广泛性效应。还有，如前面提到，由于是少数人掌握大量资源制造稀缺，以合法的幌子进行非法交易，知情人少，手法不易被发觉，且潜伏期长，具有很深的隐蔽性。此外，这种行为最终会破坏交易规则，扰乱市场秩序，甚至可能引发系统性金融风险乃至经济危机，具有极强的破坏性和外溢性。这些特征，是以往在其他领域的贪腐行为中较难出现的。

造成金融贪腐的原因很多，我们从内部、外部因素来分析其成因。从以往的案例和经验来看，公司内部往往有几个诱因容易引发贪腐思想和行为。一是个人压力原因，员工个人面临经济压力、社会环境压力，加上个人价值观不明确等原因，抵受不住诱惑。二是有可乘之机，公司的内部控制存在漏洞，让员工有机可循。三是个人需求演变，当员工的合理化需求没有得到满足，员工可能会采取不当手段满足需求。外部因素主要有两方面，我国的金融立法仍在完善过程中，目前主要依赖行政手段，监管部门之间的责任正在逐渐厘清，整个金融体系的规章制度仍在逐渐融合统一，但仍存在沟通不畅。监管的方法、技术和惩处手段与市场的创新生命力之间仍有错位，导致监管与业务的脱离，给投机思想、贪腐行为提供机会。而且，我们尚缺乏完善的信用体系和有效应用机制。另一方面，国家对金融犯罪的惩戒配套相对单一，违法的经济和信用成本震慑力不足。与之相对的，我国刑法针对金融犯罪设置了死刑，导致腐败分子尽力外逃，给国家造成巨大经济损失；而西方国家的"死刑犯不引渡"原则，更加大了腐败分子的外逃动力，给反贪腐工作带来巨大挑战。

三、金融企业廉洁风险管理体系

结合金融机构的风险管理体系，针对廉洁风险的特征，应当在完整的公司治理架构下，对风险轮廓有清晰的界定和认识。首先，以内部控制为手段，梳理业务流程中的控制节点，通过完善内控制度和流程规范业务行为。

其次，通过考核与问责机制进行奖惩，制订合理的员工考核机制以及适当的问责惩治机制，奖罚分明，激励相容。管理要以监督检查为辅，对高风险业务和新业务进行全过程、模式化的监督管理，同时运用量化指标对所有业务进行事中和事后的监控预警。最后要以企业文化为指引，强化公司道德文化理念，通过廉洁教育、人文关怀等方式，做到事先预防道德问题和廉洁风险。为了做好上述工作，公司应当配备充分的资源收集整理相关信息，进行风险识别分析，有效利用各种内部控制的工具和系统强化廉洁风险管控。

（一）决策机制

要实现正常有序的经营管理目标，金融企业的决策机制至关重要。公司法人治理应当充分体现各级管理单位授权的适当性，保障三会、管理层及各级管理单位独立决策，并通过全面合理的预算、配套的考核制度落实各单位职权运行的有效性。以国有金融企业为例说明如何优化公司的决策机制。公司重大决策事项应当以"三重一大"制度为切入点，根据董事会与高级管理层的决策权限，梳理归纳各类相关事项，制定清晰的决策事项清单。为充分体现党委决策地位，"三重一大"事项要先经过党委会讨论后，再由董事会或者高级管理层做出决定，确保党委决策在治理中的前置定位。公司授权体系按照分类、分级、适度原则，确定各决策主体（包括党委）的权限和职责范围，其中也包括集团与子公司之间的授权关系，通过管理制度流程和管理清单，确保整个集团决策的高效和一致。

（二）管理工具

在体系化的管理框架下，各单位、岗位遵循统一的标准和流程，业务管理标准化、文本化，让所有业务行为和管理行为有规可循，有迹可查。管理重在全面、合理，有序，当通过监控、排查发现潜在的廉洁风险行为，公司要及时纠正并且弥补管理缺陷。传统的管理方法主要依赖内部组织自评估、内外部审计、监管检查、个案举报的渠道发现异常行为；在大数据等科技运用趋势下，越来越多的金融企业正在建立自己的系统化管控平台，收集内外部海量数据，研究行为分析模型，通过系统自动甄别异常情况，形成线上线下相结合的管控模式。

（三）防范对象

实践证明，廉洁风险管理要关注重点管控对象，包括重点岗位/人员、重点领域和重点环节。重点岗位/人员主要涉及管理层、人事部门、财务部门、业务部门、市场营销等部门的人员，以及其他关键岗位人员。相对应的，重点领域主要涵盖对"三重一大"决策、薪酬管理、选人用人、财务管理、资产管理、营销采购、招投标、业务外包等。重点环节主要是指业务流程和管理流程中的关键节点或者容易被忽视的节点。这三个方面相互关联，应当针对这三个方面将管理决策权、执行权、监督权进行科学分解，合理配置和有效约束，优化整体业务和管理流程，并突出对关键节点和内控薄弱环节进行管控。

（四）管理方法

管理风险首先要识别风险。根据金融行业廉洁风险的特点，可以从主观角度（如思想道德）和客观角度（如岗位职责、业务流程、制度机制、外部环境等）来分析如何识别廉洁风险。主观角度是指因理想信念、职业道德、公司文化等影响引发的行为失范。金融机构应当建立清晰的员工行为规范和职业操守培训，形成公平公正的价值观念，让所有人远离以权谋私和不当得益的利益观。客观角度包含四个方面：岗位职责方面，即因职务、岗位特点引起的，或者对人、财、物等重要资源具有审批权、处置权而引发的潜在风险。业务流程方面是指因业务流程不规范、缺乏制约或者执行不力，导致内控失效。制度机制方面是指由于缺乏规章制度的明确覆盖、工作流程的明确规定、个人自由裁量较大、缺乏有效制衡和监督，而引发的潜在风险。外部环境方面是指因行业潜规则、业务往来中外部利益诱惑等不良影响，引发的行为失范和权钱交易等行为。客观角度给权利滥用、以权谋私等行为提供了风险酝酿的环境。

了解了风险发生的主观和客观环境，金融机构就应当有针对性进行风险评估。一是要划分风险等级。根据职责性质、权力级别、乱作为与不作为程度、对公司造成的危害性、行为发生的可能性等因素，确定高、中、低风险级别。高级风险要覆盖利益关系严重绑定，乱作为或不作为情节严重，一经出现可能涉嫌违法犯罪且影响极其恶劣的行为。情节较上述略轻，容易发生违纪违规情形，且可能受到党纪处分和行政处罚的行为，归为中等风险。造成的损失和影响相对更小，但仍需审慎防范，以防演化成为更加恶劣的贪污腐败、失职渎职后果的行为，可以界定为低或者较低风险。

事未至而预图，则处之常有余。金融机构应当定期收集履职情况、制度执行情况等信息，一方面能够了解贪腐行为滋生的环境，优化对个人和岗位风险的识别方法；另一方面能够及时识别潜在风险，分析各种风险表现形式，预警和化解风险，弥补管理漏洞。通过优化内部控制，自上而下推动三道防线不断提升管理能力，发挥对权力的监督制约作用。信息收集除了向各个部门和子公司汇总评估问卷，还应结合内部访谈、举报、案件查阅、持续完善风险案件库等方式。外部行业或者类似领域发生的廉洁风险事件/处罚或诉讼案例，也会对公司内部风险库的建立和风险识别有很好的参考价值。根据评估发现的风险点及其风险等级，在对应的业务流程或者管理流程中进行优化，完善对具体节点的管控手段，并在制度中加以规范，形成操作手册。

此外，还应将上述工作流程化，明确风险报告路径和内容，以便及时采取应对措施，并将典型行为/案例纳入风险库。定期进行制度流程自检十分必要。金融机构需要组织相关单位和个人进行岗位廉洁风险评价和管理的后评价，针对问题和改进措施每年至少进行一次评价验收，并将廉洁风险防控工作纳入部门和个人的绩效考核。

四、新形势下金融反贪腐的挑战

（一）从"深水区"步入"关键期"

行之力则知愈进，知之深则行愈达。随着金融供给侧结构性改革持续深入，金融业应进一步加强风控合规建设，增强治理能力。习近平在十九届中央纪委三次全会上提出，必须坚决同消极腐败现象做斗争，确保党永葆清正廉洁的政治本色。要加大金融领域的反腐力度，聚焦金融乱象背后的利益勾结和关系纽带，揪出兴风作浪的资本"大鳄"和金融监管机构"内鬼"，推动构建亲清新型政商关系。习近平还指出，防范化解金融风险特别是防止发生系统性金融风险，是金融工作的根本性任务，并就如何完成这项根本任务进行细致部署，其中三分之一内容涉及金融反贪腐：（1）要加快金融市场基础设施建设，稳步推进金融业关键信息基础设施国产化；（2）要做好金融业综合统计，健全及时反映风险波动的信息系统，完善信息发布管理规则，健全信用惩戒机制；（3）要做到"管住人、看住钱、扎牢制度防火墙";(4)要管住金融机构、金融监管部门主要负责人和高中级管理人员,加强教育监督管理,加强金融领域反腐败力度;(5)要运用现代科技手段和支付结算机制,适时动态监管线上线下、国际国内的资金流向流量,使所有资金流动都置于金融监管机构的监督视野之内;(6)要完善金融从业人员、金融机构、金融市场、金融运行、金融治理、金融监管、金融调控的制度体系,规范金融运行。

2020年是打好防范化解金融风险攻坚战的收官之年,金融反腐大潮延续,坚决查处各种风险背后的腐败问题,保持从严态势,继续深化金融领域反腐败工作。今年以来,金融反贪腐从总部到地方,从国内到海外,从国企到民营机构,从省部级官员到重要岗位人员,从金融监管部门到银行、保险、证券以及其他金融机构。2019年,全国纪检监察机关共立案审查调查金融系统违纪违法案件6900余件,金融系统已有多名中管干部、30多名中央一级省管干部、超过50余名金融机构高层人员被调查,部分被调查人员已经退休,足见金融反腐的力度、深度和广度。今年初以来,已有至少两名金融领域高管接受审查调查,4人被"双开",5人被提起公诉。习近平在十九届中央纪委四次全会上强调坚决查处各种风险背后的腐败问题,深化金融领域反腐工作。密集"打虎"的背后,是坚决贯彻十九届中央纪委四次全会"深化金融领域反腐败工作"决策部署的有力行动。

(二)典型案例剖析

2018年5月10日,上海市第一中级人民法院对吴小晖集资诈骗、职务侵占案进行一审公开宣判,认定吴小晖隐瞒股权实控关系,以其个人实际控制的多家公司掌管安邦集团,采用制作虚假财务报表、披露虚假信息、虚假增资、虚构偿付能力、瞒报并隐匿保费收入等手段,欺骗监管机构和社会公众,将部分超募保费转移至其个人实际控制的公司,用于其个人归还公司债务、投资经营、向安邦集团增资等,骗取652亿余元,利用职务便利非法侵占保费资金100亿元。除了对个人的司法判决,安邦集团也因为内控严重失序无法继续经营。2018年2月,银保监会公告,鉴于安邦集团存在违反保险法规定的经营行为,可能严重危及公司偿付能力,为保持安邦集团照常经营,保护保险消费者合法权益,对安邦集团实施接管,接管期限为一年。2019年2月,银保监会将接管期限延长一年,以保持安邦集团稳定经营,依法保障消费者及各利益相关方合法权益。

金融贪腐源于权力被滥用,民营金融企业由于缺乏类似国有企业纪委监管的监督制衡,更加容易出现"一言堂"的现象。民营金融企业的内控和风险管理,主要面临六大挑战:(1)内控合规意识薄弱;(2)管理不透明,潜规则盛行;(3)缺乏有效的控制手段和查处机制;(4)内外部寻租机会加大,风控不严、扩张无序;(5)激励与分配扭曲,个人利益高于企业利益;(6)士气低落,人才流失。结合案例和这些挑战,需要从根本上化解文化意识和体系建设中的难点。

由于安邦集团内部缺乏系统性管理机制,被接管后构建了全面、统一的公司治理体系,建立了有序的组织和管理架构。为了解决管理不透明、岗位职责不清晰的问题,明确了各级责任主体和岗位的职责、权限,健全各类机制,建立一体化管理制度和流程,并根据银保监会关于保险机构内部控制的要求,建立了有效的管理工具和管理系统,确保体系运行效率。原公司内控失效的重要原因是缺乏三道防线履职,公司重新界定了三道防线的职责和定位,通过机制建设发挥各自功能,保持监督管理的独立性和有效性。目前银保监会接管组宣布正式结束接管,为安邦集团(现已更名为"大家保险集团")重新构建全新的内部管理体系。

给我们的启示并不是什么新内容,而是告诫应当做好现有工作,这一目标需要一整套防范性管理制度,打造"制度化、法制化"的管理体系。再次,有必要重申金融机构管理的几个重点,一是培养健康的企业文化,通过公开承诺、述职、民主测评等手段预防岗位职责风险;二是持续完善内部控制体系,健全业务制度,落实业务人员责任,特别在财务审批等容易发生风险的事项上健全审批制度,加强事前审查、严格审核管控。三是有效落实"三重一大"决策制度及对其监督的作用。四是建立内部数据库,如社会审计中介机构诚信档案、合作商信用数据库等,为招标等业务提供坚实保障,严格管控领导干部的推荐行为,业务流程必须公正、公开、透明。五是加强民主监督,建立信访举报信箱,重视群众反响,对于群众举报事项坚决追查,对已核实的以权谋私行为采取相应处理措施。

内控管理制度体系是实施上述管理重点的必要载体,相关制度可参考表1。

表 1　　　　　　　　　　金融企业主要内控管理制度

分类	相关制度
公司治理	公司章程
	董事会议事规则 战略与决策委员会工作规则 执行委员会议事规则 风险与合规管理委员会工作规则 制度流程建设专责组工作程序议事规则 监事会管理规定（暂行） 兼职董事、监事和高级管理人员履职要求和评价管理办法
	党委议事规则
	"三重一大"决策管理办法 业务报批报审报备清单（议案报审评分细则、归档操作指引、日常工作报告格式指引等）
绩效考核	组织绩效管理办法 薪酬管理办法
风险管理	风险偏好管理办法 风险偏好陈述书 展业指引（风险政策） 全面风险管理办法 风险监测与风险报告管理办法 压力测试管理办法
	道德风险管理办法 信用风险管理办法 市场风险管理办法 流动性风险管理办法 关联交易管理办法 信息科技风险管理办法

续表

分类	相关制度
内部控制	内部控制管理办法 合规风险管理办法及报告模板 操作风险管理办法及风险控制矩阵 操作风险与控制自评估操作指引 操作风险损失事件收集操作指引 关键风险指标操作指引 操作风险管理报告
	合同管理办法 工程管理办法 招投标管理办法 制度管理规则、发布流程、制度审议申请模板 印章管理规则、管理流程、管理模板
审计	违规经营投资责任追究实施办法 内部审计办法 领导干部任期经济责任审计办法 内部控制评价管理办法
党务纪律	党务公开工作实施办法 监督联席会议制度 党风廉政建设责任实施办法 领导干部问责办法 巡察工作实施办法

五、新形势下金融机构廉洁风险管理

我们正处在一个急剧变革的时代，经济、社会、文化、科学都在朝着多元多维的方向演化。在这个过程中，遇到的挑战也是空前的，归根到底很多事是人为因素导致的。如何管理人，如何加强个人的修养，如何在变革的洪流中保持清醒的理想信念和政治节操，如何在新形势下贯彻"管住人、看住钱、扎牢内控防火墙、永葆清正廉洁的政治本色"是我们这个时代必须要面对和思考的问题。从上面的案例可以看出，廉洁问题在金融企业中的危害性极大。我们总结了三个原则来应对这些问题，即坚守信念不愿为，严格管控不能为，警示督导不敢为。

（一）不愿为：坚持严肃政治生活，净化政治生态

欲治其疾，先医其心。坚持以教育为重心，以案明纪守底线。通过学习培训等方式，明确廉洁风险防控工作的重要性，全员动员。让公司文化传递阳光、透明、公平的企业价值观，引导全员主动自觉合规。主要有几个做法：（1）注重员工职业操守管理，制定相应的管理办法或行为准则，强调"诚实守信、勤勉审慎、忠实履责"的基本要求，让员工行为有所依据；（2）制定匹配的考核指标，做到奖罚分明；（3）收集分析内外部的相关案例，及时通过宣传、培训等方式传达到相应的岗位人员和管理层，起到防患于未然的警示震慑作用；（4）将合规考试和职业操守考评纳入晋升考核重点，发挥正向行为引导作用；（5）将重要的规则、业务合规重点、职业操守等内容纳入高管培训和考试，做到自上而下的理念培养；（6）利用邮件、海报、培训、讲座等多种渠道和平台进行合规主题宣讲，培养全员合规意识，构建巩固的合规文化。从另一个角度，也应根据公司治理情况制定合理的收入分配规则和激励机制，消化隐形收益，形成市场化的薪酬分配秩序和引河入海的良性行为引导。

（二）不能为：以内控建设为依凭，充分利用科技赋能，助推整体管控水平

草蛇灰线，伏脉千里。公司在经营管理中需要有效的制度流程强化在经营决策、权限分解、绩效考核、监督评价等诸多方面的内部控制力度，同时也需要相应的技术手段提高对异常情况的监测、分析能力，让贪污腐败行为无处遁形。一是建立完善有机的内控机制，不断优化公司治理结构，明确各级单位的职责权限和条线管理流程。二是建立统一的制度流程，让公司上下使用同一种管理语言，明确整体内部控制的规则和管理界限。三是利用有效的技术手段提高风险监测、分析能力，让流程固定化、数据不可篡改、行为有迹可查、权限不可越级，让贪污腐败行为无处藏身。四是规范报告路径，畅通各类报告的渠道，并且相关接受单位必须及时采取应对措施。五是要加强利益冲突的管理，特别是对内部交易/关联交易、利益输送等方面的管控，

关注复杂多样的贪腐形式，持续保持警觉。

技术研发和应用正在高速改变我们的生活、思维和物质世界。可以说，金融科技也已经被带入加速时代，而相应的，传统金融风险管控的效率和效果也基于技术使用被推升到一个前所未有的高度。比如海量、高效的数据采集、高速的计算分析。从深度和广度而言，信息包容度和计算速度都是人工操作无法匹敌的。

要充分运用科技手段提升廉洁风险管理，需要建立一套相对稳定的风险监测体系，包括风险数据集市、网络、计算和存储等基础设施，模型与监测工具，以及相对应的管理措施。公司可以收集内外部廉洁风险的案例，分析行为特征，开发行为模型和个人画像。在监测过程中，利用已建立的黑名单、行为分数、智能扫描排查等手段来识别风险并自动预警和报告。系统发现行为异常能够迅速进行分析和排查，选取对应的管控措施及时处置风险。系统还可以在操作过程中不断储存案例、信息，以更优的方式将各种处置措施进行内联，形成更加有针对性的应对方案。未来人工智能技术甚至可以通过自我学习，自动建立和优化整个管理体系。科技驱动的风险管理将极大提升管理精细化、准确性和敏感性程度。

（三）不敢为：严格内控管理，强化监督预防

应当不断加强对权力运行的制约和监督，让权力在阳光下运行。从公司层面，应当结合战略发展目标完善内部控制机制，强化内部管控和监督力度。例如，建立适用所有员工的问责制度，部门之间的制约机制、监督审查机制，特别是从高管考评、问责机制入手，提高违纪违法成本等方面，做到正面引导、反面警示。

从行业监管角度，国家应当加大金融系统的监管与处罚力度，从行政处罚到刑事责任追究，建立一整套司法与行政手段有机结合，监管机构与行业自律组织相互配合的分层次、多角度的惩戒体系，促进形成健康阳光的行业作风。

金融机构声誉风险管理[①]

近年来,整个金融行业都不平静,无论是各种风险的交叉传递,还是监管单位的大招连放,各种事件的起因或有深层影响姑且不谈,对业内人士乃至普通群众而言最直观的感受就是各种新闻层出不穷,各种评论观点也接踵而至,于是声誉风险便由此产生,不仅影响着某些机构,有的甚至影响到整个行业。网络上曾经有过这样一篇报道,浙江长兴县环卫工人陈阿姨受不了高温天气,走进农行打算在饮水机接点水喝,被银行职员拉出门外。这篇名为"银行拒环卫工接水喝是缺'德'"的报道在网上引起热议,同时网络上就银行该不该拒绝上门接水喝的环卫工人分为正反双方观点进行 PK,反方坚持"银行应该对所有人放开接水"在网络上获得大比例支持。最终中国农业银行兴县支行微博称,该行行长上门道歉,给予当事人警告处分,并在该县农行网点设饮水点,欢迎各类户外作业人员歇脚休息。这篇报道实质上就是农行面临的声誉风险事件。

公司经营过程中的任一环节出现问题,都有可能引发声誉风险,有时候导致声誉风险的责任可能都不在公司本身,而是由于个别事件的新闻炒作,或是有些行为、指标的过度解读。而且,很多时候一个大的负面事件所带来的声誉风险往往要花很长时间才能消弭,有时很多负面事件的影响甚至会一直如影随形。更严重的是,声誉风险一旦升级为群体性事件,将对整体行业带来无法挽回的影响。

一、声誉风险的定义与来源

在谈管理之前,先明确声誉风险的定义。声誉风险是由公司经营、管理及其他行为或外部事件导致利益相关方对公司负面评价的风险,其利益相关

[①] 本文撰写于 2020 年 5 月。

方包括但不限于政府、监管机构、客户、合作伙伴、竞争对手、员工等。而声誉风险管理就是指公司为实现经营目标，树立良好的社会形象与品牌形象，通过制定和实施一系列管理办法及工作规则，对声誉风险进行识别、评估、监测、控制、报告、处置和评价的动态过程。声誉风险主要管理两个方面的内容，一个是声誉风险因素，另一个是声誉风险事件。

声誉风险因素是指可能引发公司声誉风险事件的潜在隐患，存在于公司经营管理的各个环节，通常与信用风险、市场风险、操作风险和流动性风险等风险交叉存在，相互作用。公司贯彻国家宏观政策、执行监管要求、公司的风险状况、公司高管的信息、公司人事与组织架构管理、公司内部发生违纪事件、公司发展与房地产行业、公司发展与资本市场、公司与企业客户、公司服务与产品、金融消费者权益保护、金融科技监管不当等因素，都可能引发声誉风险。

具体来讲，如图1所示，贯彻国家宏观政策可能由于信贷或产业结构调整等引发声誉风险；执行监管要求则可能由于业务或交易被监管限制后引发用户和新闻媒体对公司质疑、反对、抵制等行为，或由于监管行政处罚等引发；公司风险状况可能由案件与操作风险事件、法律与合规风险事件、信用风险事件及市场风险事件等引发；公司高管信息可能由高管人事信息、高管人员涉嫌违法违规等引发；公司人事与组织架构管理可能由员工泄露公司机密、薪酬福利等引发纠纷、员工散布破坏公司声誉的信息、员工违规违法行为、公司人员出现意外事故等引发；公司发展与资本市场可能由业绩评价、融资策略、违反资本市场规定、发生引起投资者恐慌的事件等引发；企业客户可能由公司与交易对手的纠纷、交易对手自身的负面新闻、客户资料或档案等文档管理错误等引发；公司服务与产品可能由客户服务质量、经营场所或设备的故障或安全事故、销售、咨询、业务、服务违法或纠纷等引发；金融消费者保护可能由客户对公司经营和服务的投诉、他人违法犯罪、侵害公司或公司相关利益方（如客户）的利益等等引发；系统运营故障可能由重要业务系统宕机导致运营服务中断、系统故障导致交易信息丢失等引发。

• 国家宏观政策 ➢ 信贷规模调整 ➢ 产业结构调整	• 执行监管要求 ➢ 业务或交易被监管限制后，引发用户和新闻媒体对公司质疑、反对、抵制等行为 ➢ 监管行政处罚	• 公司风险状况 • 案件与操作风险事件 • 法律与合规风险事件 • 信用风险事件 • 市场风险事件	• 公司高管信息 • 高管人事信息高管人员涉嫌违法违规	• 金融消费者保护 ➢ 客户对公司经营和服务的投诉 ➢ 他人违法犯罪，侵害公司或公司相关利益方（如客户的利益）
• 公司人事与组织架构管理 ➢ 员工泄露公司机密 ➢ 薪酬福利等引发纠纷 ➢ 员工散布破坏公司声誉的信息 ➢ 员工违规违法行为 ➢ 公司员工出现意外事故	• 公司发展与资本市场 ➢ 业绩评价 ➢ 融资策略 ➢ 违反资本市场规定 ➢ 发生引发投资者恐慌的事件	• 企业客户 ➢ 公司与交易对手的纠纷 ➢ 交易对手自身的负面新闻 ➢ 客户资料、档案等文件管理错误	• 公司服务与产品 ➢ 客户服务质量 ➢ 经营场所或设备的故障、安全事故 ➢ 销售、咨询、业务、服务违法或纠纷	• 系统运营故障 ➢ 重要业务系统宕机导致运营服务中断 ➢ 系统故障导致交易信息丢失

图1 声誉风险因素

声誉风险事件是指引发公司声誉风险的相关行为或事件。声誉风险事件按照性质、严重程度、可控性、影响范围和紧急程度等因素分为一般和重大声誉风险事件。一般声誉风险事件是指会给公司造成一定负面影响的事件，反映公司在经营管理中存在一定的不足、问题和漏洞，但事件或消息涉及面少，情况个别，潜在影响较小等。重大声誉风险事件是指可能给公司造成重大负面影响和损害的事件，反映公司存在严重的经营管理问题、重大风险或关系到客户切身利益，性质恶劣以致被舆论误读、曲解的，不负责任的批评和恶语中伤等，其可能引起较大社会反响，造成公司声誉严重受损，危及公司稳定，影响公司正常经营秩序。

声誉风险因素、负面舆情及声誉风险事件间存在着一定的关系。如图2所示，公司通过日常监测与排查，发现声誉风险因素，如能够及时采取有效措施，则声誉风险因素可以得到有效控制；否则，事态未能得到有效控制，就会引发如负面评价、负面舆情、集中投诉、员工不当言论和行为、股东或投资者不当和行为等声誉风险事件，而按照性质、严重程度、可控性、影响范围和紧急程度区分，声誉风险事件被分为一般声誉风险事件或重大声誉风险事件。

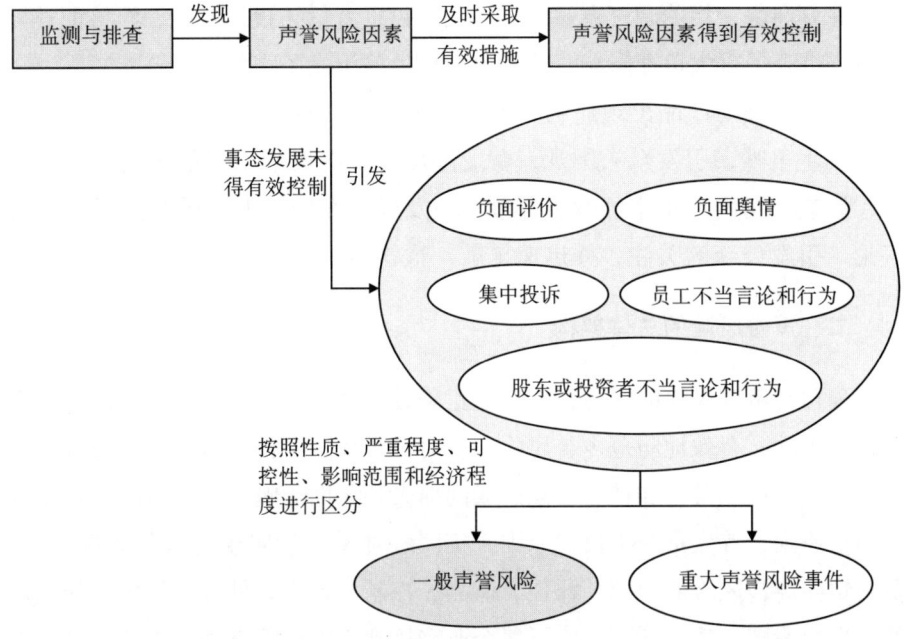

图 2 声誉风险因素、负面舆情及声誉风险事件的关系

那么声誉风险到底从何而来？其实声誉风险是与其他风险相伴而生的，各类风险均可能引发声誉风险，包括市场风险、流动性风险、信用风险、操作风险、合规风险、法律风险和道德风险等。例如：

监管机构现场检查发现某券商（上市公司）在融资融券业务方面存在违规行为，而后对该券商采取暂停新开融资融券客户信用账户 3 个月的行政监管措施，消息一经公布，该券商投资者信心动摇，投资者及社会公众对其产生负面评价，这就由合规风险引发了声誉风险。

某证券公司交易系统在交易时间出现异常情况，部分客户难以登录，反应激烈，投诉电话因此大增，部分客户投诉至监管机构，或要求赔偿，或通过自媒体、他媒体反映该情况，部分营业部有记者登门采访，一些主流网络、媒体对该券商交易系统故障进行报道，社会上对 Y 券商的较广泛的负面评价，这就由操作风险引发了声誉风险。

某金融机构业务部门团队在办公场所内私自向客户推介未经公司允许代销的理财产品，产品兑付出现问题。据媒体报道，该团队曾在某机构工作期间私下向客户推介有限合伙产品，该团队的两名成员因涉嫌非法吸收公众存款被警方拘留，相关融资方被警方控制，投资者信访投诉不断，给该证券公司声誉带来了重大负面影响，这就由道德风险引发了声誉风险。

某机构理财产品出现违约，涉及的客户人数较多，与公司员工及客服人员发生争吵，引发众人围观，营业厅出现人群聚集、张贴横幅等过激行为，影响公司网点正常经营，部分客户及媒体在网络上传播对公司不利的言论，引发公众的关注，并迅速扩散，这就由信用风险引发了声誉风险。

二、声誉风险的总体架构

公司对声誉风险的管理目标，是正确处理新闻舆论、公共关系以及客户关系，主动、有效地防范声誉风险和应对声誉风险事件，最大程度地减少其对公司、利益相关方和社会公众造成的损失和负面影响。声誉风险管理需遵循四个原则，首先是分工负责原则，集团各部室、下属企业按照职责分工，负责辖内声誉风险的识别、评估、监测、控制、报告、处置和评价；其次是快速反应原则，集团各部室、下属企业在接到声誉风险事件报告的同时，应立即组织相关人员研究、制定有效的风险控制措施，提出处理方案，迅速处理，避免或减少损失；再次是如实报告原则，集团各部室、下属企业应根据指定报告路径，客观、详尽、及时地报告声誉风险事件或隐患；最后是保守秘密原则，声誉风险事件或隐患未公开披露前，有关知情人员均负有保密义务，不得擅自对外发布、扩散。如需对外解释、澄清的，须经办公室审定，按照适时适度、公开透明、有序开放、有效管理的原则及公司信息披露相关规定对外披露相关信息。

为了行之有效地对声誉风险进行管理，公司还应设定合理的总体架构，包括组织架构、政策制度、管理流程与工具及事件管理四大板块。如图3所示，治理架构主要由董事会层面、高级管理层面、集团部门层面及下属企业层面构成；政策制度主要包含声誉风险管理办法及重大声誉风险事件应急预案；流程与工具主要分为风险识别、评估、控制、监测及报告；事件管理则包括声誉风险事件分级、分类、处置措施及报告。

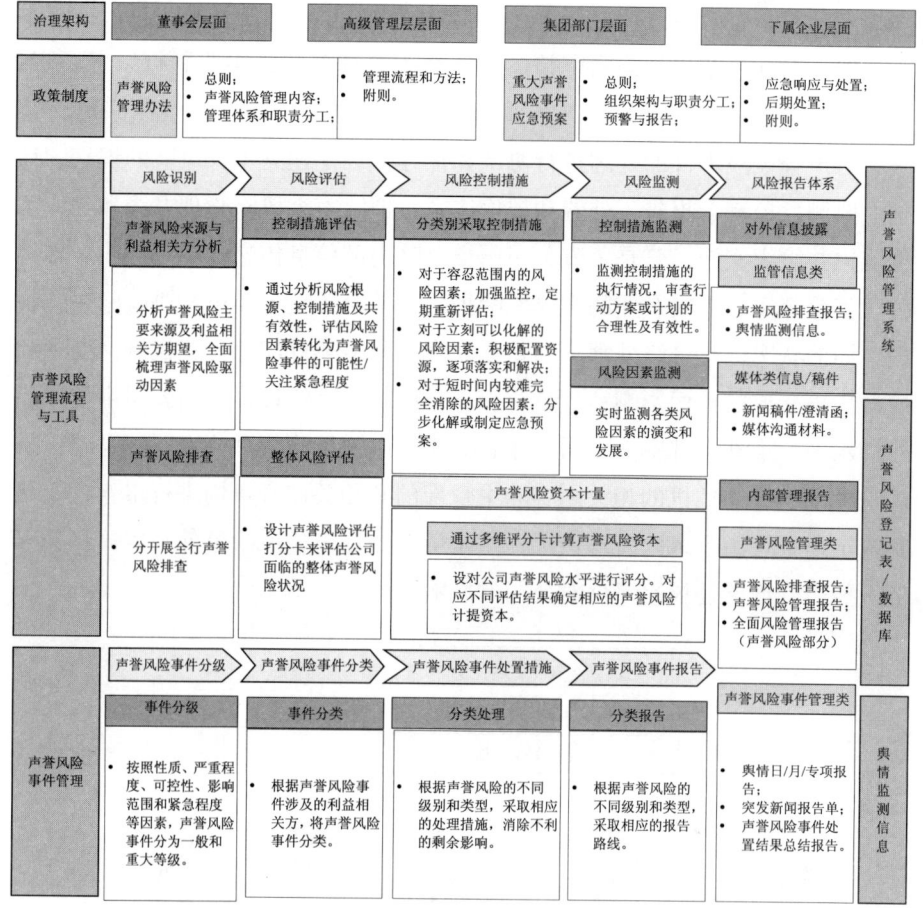

图 3　声誉风险管理总体架构

声誉风险管理的组织架构，如图 4 所示，具体应包含董事会、高级管理层、办公室、风险管理部、信息科技部、集团其他部室及各下属企业综合管理部和审计部。董事会承担声誉风险管理的最终责任；高级管理层负责领导落实公司声誉风险管理工作，全面推行董事会的战略、政策及各项决定，确保声誉风险管理体系的正常、有效运行；办公室是公司声誉风险的牵头管理部门，负责声誉风险的日常管理工作；风险管理部是公司全面风险统筹管理部门，配合办公室开展声誉风险管理工作；信息科技部是公司声誉风险管理的技术支持部门，负责为监测工作提供技术支持；集团其他部室及各下属企业综合管理部负责各自辖内声誉风险的归口管理；审计部负责对声誉风险管理的充分性和有效性进行内部审计，及时将内部审计情况和整改情况向董事会报告。而办公室作为公司声誉风险的牵头管理部门，主要履行以下职责：一是协助高级管理层统筹管理公司声誉风险工作，对声誉风险因素进行排查、对声誉风险事件的处理进行协调和督办；二是建立声誉风险的识别、评估、监测、控制、报告、处置和评价体系，拟定声誉风险管理办法和具体工作流程并组织实施；三是负责公司声誉风险内部信息传递，统一接收、转办公司其余部室、下属企业的声誉风险报告，随时关注各类声誉风险隐患，根据不同的状况进行分级处理；四是建立声誉风险事件应急处置机制，处理和应对危机造成的负面影响；五是组织声誉风险管理培训，提高公司声誉风险管理水平，推动各部室、下属企业有效履行声誉风险管理职责；六是就声誉风险事件及媒体危机的相关内容向主管部门及相关监管机构进行报告；七是负责定期报告声誉风险管理情况；八是负责处理声誉风险事件与媒体相关事务，努力降低声誉风险事件对公司的影响。

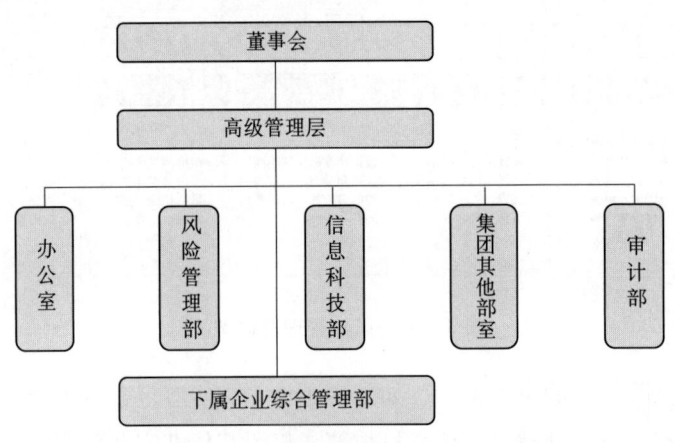

图 4　声誉风险管理的组织架构

三、声誉风险的监测与报告

声誉风险管理的管理流程，如图 5 所示，具体可以分为识别、评估、监测、控制、报告、处置及评价七个方面。

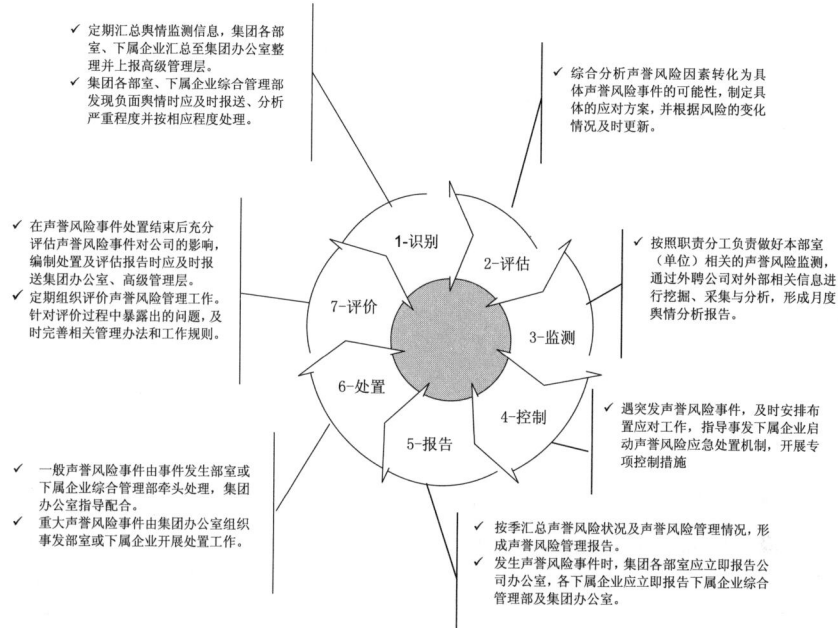

图 5　声誉风险管理的工作流程

识别是指对各项声誉风险因素进行捕捉和定性判断的过程。声誉风险识别的主要方式是声誉风险排查和舆情信息研判，声誉风险排查是指根据监管要求和日常管理需要，公司办公室对公司其余部室、下属企业综合管理部对下属企业其余部室，定期或不定期对存在的声誉风险因素进行排查，并分析声誉风险和声誉风险事件的发生因素和传导途径，及时采取防控措施，声誉风险排查表如图 6 所示；舆情信息研判是指公司办公室结合下属企业综合管理部在日常舆情监测中发现的问题，定期梳理潜在或可预见的声誉风险因素，并对下阶段公司面临的舆论情况进行预判。舆情监控信息应每月汇总一次，公司各部室、下属企业应在每月的第一个工作日，将上月舆情监控信息汇总至公司办公室。公司办公室应于每月 5 日前，汇总整理舆情监控数据，形成舆情监测材料并上报高级管理层。公司各部室、下属企业综合管理部发现负面舆情时，应根据事件内容及紧急情况采用电子邮件、电话、正式文件等形式及时报送，在负面舆情发展为声誉风险事件前向公司办公室预警，同时针对性地提出分析、判断意见；若构成声誉风险事件，则需判断其严重程度，然后进入不同级别声誉风险事件的处理流程。

- 填报日期：用于记录声誉风险排查表达的填报日期
- 填报单位：用于记录开展声誉风险排查的单位或处室
- 声誉风险因素简述：用于记录对声誉风险因素的简单描述
- 声誉风险因素类别：用于记录声誉风险的类别，如案件问题、服务问题等
- 处理单位：用于记录处理声誉风险因素的下属企业或部门
- 联系人：用于记录处理声誉风险因素的单位或相关负责人
- 声誉风险因素描述：用于记录产生潜在声誉风险因素的原因以及具体出险过程的描述
- 潜在影响分析：用于记录由于单个声誉风险因素出险可能带来的财务影响分析和非财务影响分析
- 处理预案及转化可能性分析：用于记录目前公司针对单个风险因素已经采取的风险防范控制措施，以及填报职能对于防范措施有效性的自我评价（从控制措施的存在性一级执行的有效性角度进行自我评价）
- 统一口径：用于记录对于声誉风险因素的统一应口径
- 集团办公室意见：用于记录集团办公室对于声誉风险排查的相关意见

声誉风险因素排查/预案表

填报日期：		填报单位：	
声誉风险因素简述			
声誉风险因素类别			
处理单位		联系人	
声誉风险因素描述			
潜在影响分析			
处理预案及转化可能性分析			
统一口径			
集团办公室意见			

图6　声誉风险排查表

评估是指公司办公室及下属企业综合管理部对于应认真评估声誉风险因素的危害程度和发展趋势，综合分析其转化为具体声誉风险事件的可能性，制定具体的应对方案，并根据风险的变化情况及时进行相应的更新。

监测是指对各项声誉风险因素及声誉风险事件进行跟踪分析的过程。声誉风险监测工作由公司办公室组织实施，各部室、下属企业综合管理部按照职责分工负责做好本部室（单位）相关的声誉风险监测。公司各部室、下属企业综合管理部应实时监测各类声誉风险因素的演变和发展，及时发现与公司直接或间接相关的动态舆情信息并整理汇总，以便在公司经营决策、内部管理、文化建设、危机应对等过程中提供参考和指导，在此基础上评估声誉风险管理策略和控制措施，确保声誉风险管理的有效性。公司可通过外聘公司对外部相关信息进行挖掘、采集与分析，形成月度舆情分析报告，并监控针对公司及各下属企业的负面舆情。声誉风险可通过移动端、网络、报刊、杂志、电视台、电台、客户投诉、运营管理、安全保卫等途径进行监测。

四、声誉风险的控制、报告及处置

控制是指对各项声誉风险点及发现的声誉风险隐患采取措施进行风险规

避和缓释的过程。控制的主要机制是声誉风险处理机制和监督评估机制，声誉风险处理机制是指在发生声誉风险事件后，应第一时间了解情况并及时上报声誉风险牵头管理部门，在共同商议决策基础上及时采取有效处理措施、引导舆论，避免因事件或舆情升级而进一步损害公司声誉；监督评估机制是指从维护利益相关方角度出发，以最大程度地减少声誉风险事件或舆情对公司造成的损失和负面影响为目的，对声誉风险事件或舆情处理的过程进行实时的事中监督，对处理措施的有效性进行及时的事后评估。遇突发声誉风险事件，公司办公室应及时安排布置应对工作，指导事发下属企业启动声誉风险应急处置机制，开展专项控制措施。根据事件处置的进展和媒体的报道情况积极应对，快速妥善化解声誉风险。

　　报告指按一定的路径传递声誉风险状况及管理信息的过程。声誉风险报告分为声誉风险日常管理情况的定期报告和发生声誉风险事件时的即期报告。办公室每季度对公司及各下属企业的声誉风险状况及声誉风险管理情况进行汇总，形成声誉风险管理报告。下属企业应及时将本单位的声誉风险管理报告报送公司办公室，公司办公室按季向公司风险管理部提交声誉风险管理报告，公司风险管理部将声誉风险管理报告纳入全面风险管理报告。

　　处置是指发生声誉风险事件时，公司各部室应立即报告公司办公室，各下属企业应立即报告下属企业综合管理部及公司办公室，不得拖延、隐瞒，对声誉风险隐瞒不报或报告、处理不及时、不客观的，将根据公司相关规定进行处罚。一般声誉风险事件由事件发生部室或下属企业综合管理部牵头处理，公司办公室指导配合，处理团队应及时开展调查和处置，争取媒体进行有利于公司的报道，并持续跟踪和报告公司办公室事件进展情况；重大声誉风险事件由公司办公室组织事发部室或下属企业开展处置工作，参照公司《新闻（信息）宣传管理办法》相关规定，根据实际需要成立舆论危机处理领导小组，统一部署开展处置工作。重大声誉风险事件同时纳入公司重大事项管理，应及时向主管部门汇报，并按照相关监管要求向监管机构报告。在制定和实施声誉风险事件处置方案时，要注重切断声誉风险事件的传播路径，重点防止舆情扩大；要认真查找自身存在的问题，考虑利益相关方的诉求，及时采取补救措施；要实时监测声誉风险事件的发展态势，并据此及时检视和调整处置策略。声誉风险事件处置结束后，处置团队应总结经验教训,充分评估声誉风险事件对公司的影响,编制处置及评估报告,并根据要求将报告及时报送公司办公室、高级管理层。

评价是指公司办公室负责定期组织评价声誉风险管理工作。针对评价过程中暴露出的问题,要及时完善相关管理办法和工作规则。

在这里着重讲下声誉风险处置流程,如图 7 所示,一般分为识别与报告、应对与处置、完善与评价三个环节。

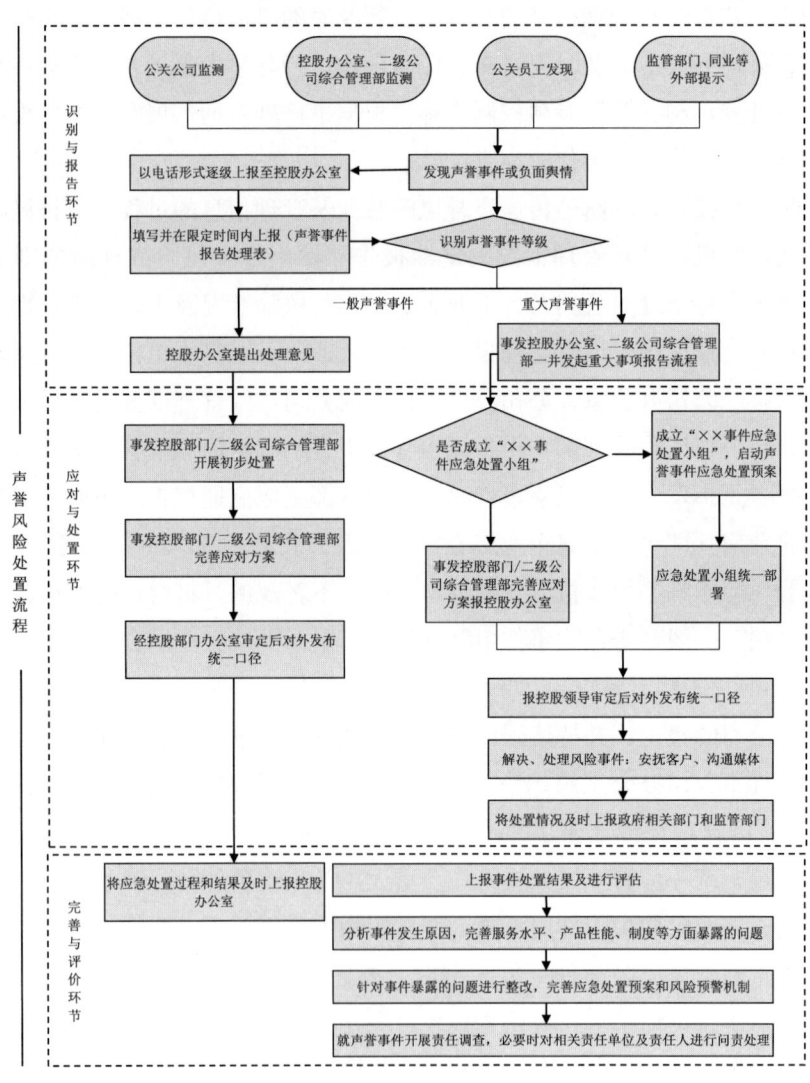

图 7 声誉风险处置流程

识别与报告环节为首要响应流程。当发现声誉风险事件或负面舆情时，集团办公室及下属企业综合管理部应在第一时间内（原则上在接触事件15分钟内）以电话形式逐级上报至集团办公室。事发集团部门/下属企业综合管理部应判断声誉风险事件等级，并填写"声誉风险事件报告处理表"，如图8所示。

声誉风险事件报告处理表

填报日期：		填报单位：
声誉风险事件简述		
声誉风险事件等级		■ 重大声誉风险事件 ■ 一般声誉风险事件
是否产生负面舆情		■ 已产生负面舆情 ■ 未造成负面舆情
声誉风险事件发生时间		
声誉风险事件发生地点/媒体名称或网址		
声誉风险事件具体内容（文字描述、图片、截图等）		
声誉风险事件的紧急程度和危害程度		
集团办公室意见		
声誉风险事件处理方案（可附文）		
统一口径		
公司办公室意见		
公司领导意见（适用于重大声誉风险事件）		
声誉风险事件处理结果反馈及总结		

- 填报日期：用于记录声誉风险事件报告处理表的填报日期
- 填报单位：用于记录填报声誉风险事件报告处理表的单位或处室
- 声誉风险事件简述：用于概述声誉风险事件的情况
- 声誉风险事件等级：用于明确声誉风险的等级，应根据相关标准进行判断
- 是否产生负面舆情：用于记录所发生的声誉风险事件是否已产生负面舆情
- 声誉风险事件发生时间：用于记录声誉风险事件的具体发生时间
- 声誉风险事件发生地点/媒体名称或网址：用于记录声誉风险事件发生的地点
- 声誉风险事件具体内容：用于记录声誉风险事件的具体内容，可附照片、网络截图等信息以详细说明
- 声誉风险事件的紧急程度和危害程度：用于记录风险风险事件的紧急程度和对公司造成的危害程度
- 声誉风险事件处理方案：用于记录处理声誉风险事件的方案，可附文档
- 统一口径：用于记录对于声誉风险因素统一的回应口径
- 公司办公室意见：用于记录公司办公室对于声誉风险事件的相关处理意见
- 公司领导意见：用于记录公司领导对于重大声誉风险事件发生的相关处理意见
- 声誉风险事件处理结果反馈及总结：用于记录声誉风险事件的处理结果及总结

图8 声誉风险事件报告处理表

应对与处置环节分为一般声誉风险事件响应流程和重大声誉风险事件响应流程两种类型。一般声誉风险事件响应流程事发集团部门/下属企业综合管理部应于事发2小时内将"声誉风险事件报告处理表"上报集团办公室，同时抄送相关职能部门；事发集团部门/下属企业综合管理部迅速开展事件

调查和初步处理工作，从源头上控制声誉风险事件的负面影响；集团办公室提出处理意见，事发集团部门/下属企业综合管理部按要求开展应急处置工作，并在充分了解声誉风险事件经过后，完善应对方案及统一口径，形成声誉风险管理报告，并报集团办公室审定；事发集团部门/下属企业综合管理部根据审定后的应对方案全面开展处置工作，各相关单位协助事发单位处置该声誉风险事件；事发集团部门/下属企业综合管理部根据审定后的统一口径，指定媒体联络人统一接待媒体记者，及时与媒体以及主要当事人进行主动沟通，并指定专门人员接受媒体采访；事发集团部门/下属企业综合管理部持续跟踪事件进展情况，及时向集团办公室报告事件处理进程及结果。

完善与评价环节注重其后续处置。重大声誉风险事件处置完毕后，领导小组办公室应组织事发单位及相关部门召开专门会议分析事件发生原因，提出修改或完善相关操作、管理的建议。发生声誉风险事件的责任单位，应针对事件暴露出的有关问题进行整改，进一步加强管理，完善应急处置预案和风险预警机制，严防该类事件出现反复。领导小组应组织审计部和相关部门就声誉风险事件开展责任调查，必要时对相关责任单位及责任人进行问责处理。

五、声誉风险舆情管理

在新媒体时代，声誉风险管理面临更加严峻的挑战，集中体现在突发事件多、传播速度快、舆论压力大、影响范围广四个方面。公司面对声誉风险管理应着重关注公司接受采访的流程及应对媒体的要求。

当面临新闻采访及媒体应对时，务必遵循以下几个要求：首先，集团各部门及集团下属企业接到的新闻媒体采访申请应转交相应机构的办公室/综合管理部处理；办公室接收新闻媒体采访申请的主要方式为电子邮件或传真；对于初次联系的记者，应礼貌地要求其提供有效证件；其次，各部门在接到办公室转办的新闻媒体采访申请后，应在规定时限内提供经办部门主要负责人审签的书面答复材料或采访备答材料，并确保数据准确、政策合规、表述严谨、措辞友好，能够有效满足新闻媒体采访需求；最后，新闻媒体采访形式为面访的，办公室应协助被采访对象做好与新闻媒体的前期沟通工作，包括采访时间、地点的确定等。采访对象为公司部门负责人的，办公室应派员在现场陪同；采访对象为集团或下属企业领导的，办公室和相关部门负责人应在现场陪同。

当传播公司正面利好新闻时，每位员工都应积极利用微博、微信传播，尤其重视公司官方网站的内容传播；对于集团层面的新闻稿件，各下属企业也应积极利用本地媒体资源进行传播，共同提升公司品牌形象，维护公司声誉。

当发生声誉风险事件后，应按照公司信息披露、新闻管理等相关规定和程序对外发布信息，按统一口径回复；未经审批授权时，员工不得接受媒体采访或提供素材，不得擅自以职务身份对外发声；集团办公室及下属企业综合管理部应建立并及时更新媒体通讯录，以便随时联系沟通；应利用熟悉公司业务、专业性强、善用新媒体的网络评论员队伍，在应急处置时迅速在网上发声，引导舆论方向；对媒体报道失实或严重失实的，应要求媒体作更正；应尽量淡化处理，不点公司名称，保证客观处理，不歪曲事实报道，争取平衡处理，在媒体上充分表达公司观点；同时应保持与监管部门和宣传主管部门的沟通，必要时取得协助和支持。

六、金融机构声誉风险管理案例

案例一：2008年9月22号，一则短信开始传播，称东亚银行因持有大量雷曼兄弟债券，财务已出现状况，可能被政府接管。23日下午4时50分，东亚银行的一间分行，数十位老人排队提款，引发挤兑风潮。24日上午，挤兑风波进一步加剧，成百上千香港市民排长队取款。至下午5时许，东亚各ATM的钱被取尽。很快，东亚银行遭遇"股债双杀"，股价遭受重挫，债券遭抛售。

东亚银行采取紧急应对措施。对内，管理层23日下午了解到谣言及传播方式；24日上午紧急从汇丰、渣打等存款银行提现10亿港元，使自身现金库存能随时应付总行及分行；同日报告相关警方和金管局，下午2:30左右，官网发表声明，称市场近日有关其财政不稳等的相关恶意谣传无任何事实根据；下午3点半，东亚银行副行政总裁彭玉荣紧急召开记者会，澄清事实，表明东亚银行有足够的现金应对储户提款；25日上午，在总行和分行门口均贴公告，驳斥谣言，并公布对雷曼兄弟及AIG的贷款余额。对外，东亚银行联合利益相关方展开一系列行动,包括香港金管局总裁任志刚出面力挺,表示东亚银行的资本充足率为14%,高于法定要求的8%;香港金融管理局向银行体系注入39亿港元;香港财政司司长曾俊华公开支持:"有关东亚银行财务状况不稳定的传闻是没有根据的";长实主席李嘉诚入市购入东亚股份,东亚银行止跌反弹,大涨5%。最终东亚银行通过与媒体、政府、警方等多方面的通力合作将该事件在48小时内平息,没有因这次重大风险事件影响到其他地区的业务。

这次风险事件能够得到圆满处置,与东亚银行的成功应对密切相关。我们回顾下东亚银行几点成功的应对措施,一是做到快速了解情况主动跟踪进展;二是满足客户需求积极与客户沟通;三是统一对外口径及时做好与外部各方的沟通;四是引导舆论通过媒体和各种方式澄清事实;五是借助外部权威监管机构、政府机构、警方等。

案例二:2013年3月,万福生科公告承认2008—2011年财务数据存在虚假记载。万福生科股价持续下跌,投资者蒙受巨大损失。2013年5月,作为万福生科保荐机构的平安证券被证监会重罚。在此次事件中,平安证券遭受到广泛的社会负面评价;股票价格受到冲击;年度分类评级从A降至C;大量的投资者诉讼。

平安证券采取紧急应对措施,处罚当日即召开媒体发布会,对投资者表示歉意;与12756名投资者达成有效和解,赔偿投资者1.79亿元;接受监管机构的处罚;启动投行业务模式和风控体系改革,优化内控和风险管理体系,防范事件重演;当日宣布出资3亿元设立投资者利益补偿转型基金。最终平安证券通过公开致歉、设立补偿基金、积极主动处理后续事宜、查找根源等工作,实现了重大声誉风险事件的妥善应对。

本次声誉风险事件处置过程中,平安证券第一时间应对;真诚沟通,承认错误;弥补过失,勇于承担责任;总结教训,完善自身,谨防重演;引导舆论,做好内外部沟通,最终妥善地处理了本次危机。

案例三:2004年9月29日,花旗银行东京丸之内支行以及名古屋、大阪和福冈分理处因违法从事多项金融业务,被日本金融厅勒令从这一天起全部关闭。决定从9月29日起停止花旗银行4家分支机构的所有金融业务,勒令其在一年内完成清算,并于2005年9月30日吊销其营业执照。2009年

6月26日，日本金融厅26日发表声明称，监管部门在调查中发现花旗银行监测洗钱等可疑交易的内部监管系统存在"重大问题"，为暴力团伙等反社会组织开设了几百个账户。据处罚决定，花旗银行从7月15日起一个月内不得通过广告、宣传、邀请等各种促销手段开展新的个人业务。

花旗日本于6月26日当天向新闻媒体发布信息，对于日本金融厅此次发布的行政指令以及包括2004年曾受到相关指令在内的事件，向公众表示道歉。同时宣布将加强完善可疑交易上报工作机制，包括管理、监测和取消已识别可疑交易，尤其与反社会组织相关的交易；加强合规环境建设，加强员工合法合规意识的再教育；加强内部审计，强化评估职能。

花旗银行应对本次声誉风险，其处置不止于公关，从内部管理进行总结与反思，并提出切实可行的改进方案，最终给出了令人较为满意的答复。

总而言之，穷天下之辩者，不在辩而在讷。搭建并完善公司声誉风险管理的总体架构，在面对突如其来的声誉风险事件时，才能迅速反应并做出正确的抉择，保障公司实现既定的经营目标。

金融科技与金融机构风险管理[①]

近年来，科技与金融的深层融合正在不断打破金融业的边界，以移动互联网、人工智能、区块链、云计算、大数据等为基础技术的金融科技正快速重塑金融业生态，深刻改变着支付、身份管理、征信、金融资源配置、信息安全、风险管理等金融业务和服务的运作方式。科技与金融的融合促使金融科技的蓬勃兴起，金融科技不断迭代更新，为金融业新产品、新业态、新模式等提供创新源泉。十九大报告明确提出：要求加快建设实体经济、科技创新、现代金融、人力资源协同发展的产业体系；要求健全金融监管体系，守住不发生系统性金融风险的底线。金融科技将更广泛地应用于金融业，金融机构的风险管理是守住不发生系统性金融风险的重要抓手。如何引导金融科技在金融机构风险管理中的应用，是亟须面临的重大课题。本文将从平衡金融科技与金融机构风险管理关系的现实要求、科技发展与金融创新的关系、金融科技在金融机构风险管理中的应用、金融科技在风险管理中应用带来的风险和监管对策四方面论述金融科技与金融机构风险管理的关系。

一、平衡金融科技与金融机构风险管理关系的现实要求

一切从实际出发是探讨金融科技与金融机构风险管理关系的出发点和基础，平衡金融科技与金融机构风险管理之间的关系有着诸多现实要求。概括而言，主要有经济发展、金融业发展、金融监管三方面的现实要求。

（一）经济发展的现实要求

党的十九大报告明确指出，我国社会主要矛盾已转化为人民日益增长的美好生活需求和不平衡不充分的发展之间的矛盾。人民对物质文化生活提出了更高要求，着力满足人民日益增长的经济、政治、文化、社会、生态等方

[①] 原文发表于 2019 年第 7 期《上海金融》，收录时略有改动。

面的要求是未来奋斗的目标。促进人工智能和实体经济深度融合,通过人工智能重构生产、分配、交换、消费等经济环节,催生新技术、新产品、新产业、新业态、新模式,引发经济结构重大变革,深刻改变人类生产生活方式和思维模式,实现社会生产力的整体跃升,发挥人工智能作为经济发展新引擎的作用是满足上述需求的重要突破口。

习总书记在中共中央政治局第十三次集体学习时强调:"金融活,经济活;金融稳,经济稳。经济兴,金融兴;经济强,金融强。"平衡好金融科技与金融机构风险管理的关系是完善金融服务、服务实体经济、防范金融风险的关键路径,是深化金融供给侧结构性改革的具体举措,是解决新时代下社会主要矛盾的突破口,是打造国家核心竞争力、维护国家安全、推动金融业高质量发展的重要抓手。反之,若两者关系平衡不好,则上述目标和要求均无法达成。

(二)金融业发展的现实要求

金融是现代经济的核心,金融安全是国家安全的重要组成部分。近年来,金融业占我国 GDP 的比重不断上升,已接近 9%,超过美国、英国、日本等金融强国;我国 2018 年进入世界 500 强的 115 家企业有 20 家是金融企业。我国金融机构在金融科技方面的支出不断提高,在信息领域的支出已超千亿元,并纷纷加大金融科技应用的布局,2018 年全球金融科技融资总额达 1054 亿美元,其中我国占融资总额的 57%。如招商银行按营业收入的 1% 超过 20 亿元投入金融科技并成立招商云创;建设银行成立建信金科;民生银行、兴业银行、光大集团、平安集团等也成立相应的金融科技子公司。

然而,我国金融业在快速发展的同时,同时出现了循环注资、自融、监管套利等金融乱象;金融科技在促进金融机构产品创新、提升用户体验、提升经营效率的同时使金融机构和业务相互之间的关联度及交叉渗透更复杂、风险积聚更隐蔽、风险传播更迅速;金融业的良性发展及金融科技赋能金融机构风险管理已成为新时代金融业发展亟须解决的重要命题。习总书记在中共中央政治局第十三次集体学习时指出,深化金融供给侧结构性改革必须贯彻落实新发展理念。平衡金融科技与金融机构风险管理两者的关系是优化金融机构体系为实体经济发展提供更高质量、更有效率的金融服务的保障,是提供个性化、差异化、定制化金融产品的提前,是多层次金融支持服务体系的重要举措。反之，若两者关系平衡不好，金融业的发展将无法实现可持续的良性发展，金融供给侧改革将停滞不前。

（三）金融监管的现实要求

习总书记在十三五规划建议中指出，现行监管框架存在不适应我国金融业发展的体制性矛盾，需加快建立符合现代金融特点、统筹协调监管、有力有效的现代金融监管框架。一方面，我国金融实行混业发展和分业监管，部分金融控股公司野蛮生长，通过产品创新和监管套利，越来越多的金融产品存在交叉性和跨市场特征，金融风险集聚；另一方面，金融业不同监管部门之间的"竞争性监管"和"各自为政"的现象时有发生，监管协调性明显不足，金融市场监管套利、系统性风险、监管不当风险等多重风险叠加，科技在金融业的应用进一步放大上述的风险叠加。为此，防范化解风险、守住不发生系统性风险成为未来3年金融监管的重要工作；2017年成立央行金融科技委员会、金融稳定发展委员会；2018年银保监会合并，形成"一委一行两会"的金融监管体制。

然而，金融科技的监管及风险防范是全球难题，并无成熟经验可借鉴，监管体制和机制潜藏的不和谐、不科学尚未进一步揭露，如何进行金融科技风险管理是我国金融监管面临的重大课题。习总书记在中共中央政治局第十三次集体学习时指出，防范化解金融风险是金融工作的根本性任务。平衡金融科技与金融机构风险管理的关系是防范化解金融风险的具体任务之一，是健全及时反映风险波动信息系统的前提条件之一，是运用现代科技手段动态监管金融资金流向流量的重要举措之一。反之，若两者关系平衡不好，金融监管科技的监管体制无法构建，金融从业人员、金融机构、金融市场、金融运行、金融治理、金融监管、金融调控的制度体系无法搭建，防范化解金融风险的任务也就无法完成。

二、科技发展与金融创新的关系

厘清和认识科技发展与金融创新的关系是梳理金融科技与金融机构风险管理关系的关键步骤之一，金融的创新发展与科技的进步密不可分，金融科技的基础要素是"科技"和"金融"。

（一）科技创新是金融创新的基础和重要途径

现代金融业就是一部科技发展史，金融的创新和发展需要科技的支撑与助推。20世纪60年代，半导体微处理器的发展，电子数据逐步替代人工记载，信用卡的发明与使用在西方国家开始流行；70年代随着中央处理器等电子集成技术的发展，系统批量处理数据、不间断的连续运作成为可能，资金转移的电子化和信息交换的自动化进一步提高，安全、可靠、快捷、标准化、自动化的业务结算模式大大提高了金融机构的结算效率，进一步促进了金融机构中间业务和表外业务的业务创新；80年代随着电子信息技术的发展，个人电脑、ATM等终端设备得以在金融机构应用，银行业务远程化和自动化得以迅速发展，同时极大简化了金融工具收益、风险模型计算等，金融产品和工具进一步丰富，风险管理和风险控制技术进一步提升；90年代随着局域网、互联网、电子商务等技术的飞速发展，远程办公、数据共享等为金融机构的扩张提供了基础，网络银行、电话银行等为客户提供跨时间、实时、全功能、个性化服务，极大提高金融机构的经营效率。

进入21世纪，随着智能设备、移动设备、数字银行等的出现，进一步促进移动支付的发展，创建收集数据及客户互动的新载体正在金融机构应用开来，金融机构与非金融机构边界进一步模糊，金融与科技的融合极大地推动了金融的创新与发展；最近几年，随着生物识别、云计算、神经元计算、物联网、量子计算等技术的突破发展，这些具有变革意义的各项科学技术正在重塑金融业的基本架构、业务形态和监管架构，金融机构的组织形式趋向虚拟化、智能化、去中心化，监管架构和机制正发生深刻变革。

（二）科技与金融的融合是金融科技的基础和趋势

以移动互联网、人工智能、区块链、云计算、大数据等为代表的科技创新，从信息的传输、接收、分析、处理等流程，到支付、结算、融资、投资等金融核心业务，再到贷后管理、投后管理等核心风险管控环节，正广泛深刻重塑金融核心流程、业务及风险管理。比如，人工智能技术方面，多层神经网络、机器学习及知识图谱技术的结合可实时采集多维度的经济、产业、金融等数据，对海量的金融交易数据进行实时分析，自动发现交易规律、模式、欺诈风险等，为金融机构和客户制订大批量个性化的投资方案；服务机器人、语音识别、计算机视觉、生物特征识别等人工智能技术已成为金融机构业务创新的基础和动力。

一方面，金融机构向科技驱动的金融业务发展转型，2015年兴业银行成立"兴业数金"、平安集团成立"金融壹账通"，2016年招商银行成立"招银云创"、光大银行成立"光大科技"，2018年建设银行成立"建信金科"、民生银行成立"民生科技"；另一方面，百度、阿里、腾讯、京东、苏宁等国内科技巨头也纷纷与银行、信托、保险等金融机构合作，成立或控股支付、信托、保险、基金、证券等金融子公司。央行发布的《2018年支付体系运行总体情况》也显示，我国金融机构电子业务快速增长，其中移动电子业务也快速增长。

三、金融科技在金融机构风险管理中的应用

金融科技是指通过科技的创新及科技与金融的深度融合，对金融产品和服务、业务模式、商业模式、金融市场、金融监管等产生重大影响的技术。根据巴塞尔委员会对金融科技的界定：金融科技活动主要分为支付结算、存贷款与资本筹集、投资管理、市场设施（包括分布式账户）四类；前三类业务具有较明显的金融属性，一般纳入金融监管；第四类并不是金融行业特有业务或技术应用，常被定为金融机构的第三方服务。金融科技具有开放性、平等性、多元性等特征，基于这些特征它可扩充金融业务覆盖对象、提升金融场景丰富程度及重构现有金融业态。然而，金融科技推动金融业创新的同时，也伴生风险和隐患。如运用于大集中数据库的安全技术和管理制度是大中心、分布式、数据云多元复合的结构体系，未必能适应新的数据技术环境；模型、算法、模式、产品等的相似性，会带来同质化竞争，引发顺周期问题，加剧市场波动；区块链、大数据等核心技术的垄断性，进一步加剧技术垄断风险和道德风险；技术程序错误、过度追求模型拟合度、技术失控等问题和风险仍然无法避免。金融科技风险具有复杂性、隐蔽性、综合性等特征，会进一步放大金融机构的信用风险、操作风险、系统性风险。

防止发生系统性金融风险、保护投资者、存款人的根本利益是成熟国家金融监管的底线，也已成为国际社会的共识；科技赋能金融的合法性、信息采集合法性、信息使用合法性、信息安全隐患等问题正在进一步增加金融监管难度。《商业银行大额风险暴露管理办法》《银行业金融机构反洗钱和反

恐怖融资管理办法》《银行业金融机构数据治理指引》等管理办法进一步在授信集中度、大额风险防控、系统性风险防范、穿透监管等方面对金融机构的风险管理提出更高要求，科技赋能金融机构的风险管理和金融监管势在必行。央行货币政策司司长孙国峰在《详解金融业供给侧改革的五大任务》中指出，人工智能、区块链、云计算、大数据等不断融入金融领域，通过"金融+科技"的融合，形成独立于传统金融机构与体系的金融科技，已成为金融业的发展趋势。人工智能、区块链、云计算、大数据是金融科技四大基础技术，其具体应用如下：

（一）人工智能在金融机构风险管理中的应用

金融机构可以通过人工智能技术对庞大的源数据进行半结构化和结构化处理，根据客户需求和合规要求对资产组合进行优化，为客户匹配差异化风险偏好的产品和服务，并为金融机构管理风险暴露、提供更准备的测算，为风险识别、监测、预警、报告、处置等提供更多元化的方案。如人工智能通过分析客户的性别、年龄、教育、职业、收入等人口特征及金融经济领域海量的结构化和非结构化数据，再利用机器学习分类方法和决策树方法进行预测分析，对客户风险进行分类、分级管理，为客户提供实时的、定制化的产品和服务，最大限度防范风险、提高绩效；如神经网络人工智能技术可结合智能决策系统，模拟人类的决策过程，进行人类思维模式的推理和判断，对风险预测、计量模型无限迭代，为风险最优管控策略提供支持。

（二）区块链在金融机构风险管理中的应用

区块链通过构建自组织网络、分布式数据储存、时间有序、不可篡改的加密账本，利用分布式共识机制，实现全网记账、共同公证，实现价值的点对点传输，从而实现去中心化，具有分布式、不可篡改、可拓展性、可追溯性等特点，目前较多应用在供应链金融、贸易金融、保险防诈欺等领域。一是，区块链使用密码学、时间戳等技术，每个区块严格按照时间顺序推进，时间的不可逆性有效地保证区块链内数据的不可篡改性和可追溯性；二是，区块链的共识机制会对区块链数据代码共同进行维护，防伪验真，即使个别节点出现错误或被篡改，只要大多数节点保持一致，整个区块链账本的真实性就能得到保证，较好地解决传统模式对中介机构信任的依赖和避免虚假交易；三是，区块链可以通过代码编程设置交易条件，当交易不满足预设条件时，代码阻断机制会自动触发阻止交易的进行，防止泄密风险，保证安全交易。如区块链在供应链金融的应用，参与主体包括商业银行、商业保理公司、上下游供应商、承销商与核心企业等，主要涉及应收账款融资、货权质押融资、预付账款融资等业务；通过区块链技术的去中心化、信任共识机制和不可篡改的特征，将供应链上所有的交易行为放入区块链中，摆脱繁杂的人工审核和第三方增信机构的耗时验证，大大提升了融资效率和控制了风险。

（三）云计算在金融机构风险管理中的应用

云计算通过虚拟化技术将物理IT设备虚拟成IT能力资源池，以整个资源池的能力来满足金融机构算力和存储的需求，主要是通过统一的平台，整合金融结构的多个信息系统，消除信息孤岛，在满足信息安全、监管合规、数据隔离和中立性等前提下，为金融机构处理突发业务需求、部署业务快速上线，实现业务创新和风险管控；云计算具有稳定性、安全性、连续性等特征。金融科技的风险管理需要数据的可持续性、稳定性、合规性、可使用性、及时性。一是，金融机构主要是通过将重要的、敏感的数据接入云计算、存储服务器，保证数据的安全性、业务连续性及授权后的共享性和可使用性；二是，云计算与大数据技术的结合，通过接入云计算服务器的所有计算能力，对海量的数据进行分析，为风险管控提供决策参考；三是，通过提供专门的云计算技术应用风险管理的"云保险"，为金融机构技术风险提供保险服务。如金融机构运用云计算为BATJ瞬时的、海量的普惠金融提供的实时交易结算、核算等服务，同时提供因技术出现失误而造成的保险服务。

（四）大数据在金融机构风险管理中的应用

以大数据为基础的量化模型在营销管理、客户定位、产品定价、贷款申请和审批、贷后管理和服务等整个客户管理的整个生命周期中均有应用。如机器学习算法及深度学习、决策树、随机森林算法、社交网络模型、神经网络模型等在金融机构风险管理中的应用，这些模型均要以行为偏好类信息、网络信息、渠道、商圈、金融信贷类信息、政府公共类信息等多维数据为基础，以大数据为基础的模型在金融机构中的应用可大幅提高其风险识别能力、运营效率、减少运营成本及增加收益；如通过大数据对客户贷款申请材料进行审核验证，重点对客户的交易行为、违法犯罪行为、消费支付行为、资产情况等进行大数据的客户画像，结合信用风险模型评估客户的违约风险概率，有效防范欺诈、洗钱、信用和流动性风险。

四、金融科技在风险管理中应用带来的风险和监管对策

一方面，人工智能、区块链、云计算、大数据等金融科技基础技术正助力于金融机构的风险管理，重塑金融机构的风险管理架构、体系等；另一方面，金融科技应用所伴生的运营风险、操作风险、合规风险、技术风险及模型算法风险正突破现有监管架构、体制等，受到监管部门的严密关注。

（一）科技在风险管理中应用带来的风险

科技在风险管理中应用会带来诸多风险，从科技和金融的特性出发，主要会带来数据合规风险、技术合规风险、技术风险、操作风险、信息安全风险等风险。

1. 合规风险

（1）数据合规。金融科技的发展依赖于数据的积累，数据的可持续是金融机构运用科技进行风险管控的基础。2015年央行同意芝麻信用、腾讯征信等8家机构试行开展个人征信业务；2018年央行给由这8家机构作为股东的百行征信发放征信牌照，牌照有效期3年，由8家机构分摊个人征信业务。由此可知，国家对数据合规的使用持谨慎态度。首先，获取的外部数据在收集、存储、使用等若不符合国家法规要求，面临合规风险；其次，依靠外部数据验证的风控模型不可靠，且风险的预判、预警等对数据的及时性要求较高，容易导致技术风险；最后，数据获取符合国家法规要求，但监管法规、数据源等容易导致数据的获取存在不稳定性，且数据的收集、存储等成本高，若数据可使用率低，容易导致运营风险。

（2）技术合规。技术合规指金融机构使用的金融科技与监管法规的符合。一方面，监管往往是对现有金融业务进行的，很难做到提前监管；另一方面，金融机构应用新技术的目的往往是提高效率，且新技术带来的负面影响具有滞后性。因此，监管合规与金融机构应用科技赋能业务的创新发展之间的矛盾往往难以调和。如区块链去中心化和去信任化的特点与监管中心化和统一化的逻辑就存在矛盾；如数据挖掘技术往往会过度挖掘客户的收入高低、经济状况、财产状况、社会职务等信息；如非接触式支付技术的创新可能给客户造成财产的损失；智能合同、智能投顾等与监管同样存在诸多矛盾。

2. 技术风险

人工智能、区块链、云计算、大数据、移动支付、物联网等技术在开发、测试、应用等各阶段可能出现的技术错误、开发环境、业务逻辑等造成的技术或信息安全风险。如大数据技术要大量收集、存储客户的信息，且对数据存储及运算的依赖度较高，一旦开发、测试、应用等一个环节出现技术失误，极易造成的信息泄露将严重影响客户的财产安全，乃至人身安全；如金融机构依赖外部科技型公司或平台型信息公司等提供的第三方技术服务，一旦这些第三方服务公司或平台的技术出现错误，或服务突然中断，会放大外部风险和系统性风险。

3. 操作风险

操作风险是由于操作人员安全意识、安全操作标准规范、安全部署与管理等淡薄和缺失及技能的操作过程中出现的差错所导致的风险。从金融机构自身而言：一是若操作指引缺失、操作不规范、指令失误等，会导致操作风险；二是若有章不依、明知故犯等则会导致道德风险。从金融机构交易对手而言：一是若对操作规程不熟悉、不了解、不知情，仅程序化的点击同意与否，会导致"非恶意违约""不知情违约"等风险，将进一步放大系统性风险；二是若联合其他交易对手方，故意欺诈，则会导致信用风险。如根据 Verizon 发布数据显示，已发生的数据泄露事件中，25% 由内部人员的操作风险或道德风险造成。

4. 信息安全风险

支付、互联网、物联网、区块链、大数据等几乎所有的金融科技基础技术的运行均严重依赖数据、机器、光纤等基础设施，所有这些技术和设施若在某些环节出现失误，则直接导致信息安全风险。根据《2017 金融科技安全分析报告》显示，在金融行业的信息安全方面，大部分安全管理工作集中在运维、上线、测试阶段，在需求、设计、编码阶段，对安全考虑十分欠缺。一方面，金融机构在科技赋能的同时，由于科学技术的缺陷或自身运行环境的缺陷，容易被恶意攻击；另一方面，由于安全意识不能与时俱进，盲目相信技术或对技术不甚了解而容易被恶意攻击。如技术的应用一般均通过基础网络开展，极易受到 DDOS、WEB、APT 等攻击。数据显示，73.6% 的网站遭遇过 Web 攻击，65.9% 的网站遭遇过利用特定程序漏洞进行的攻击。

（二）风险管理中科技应用的监管对策

科技在金融机构的应用一直存在，且应用范围越来越广，正在重塑整个金融业态，金融科技所带来的风险会进一步增加技术风险，及进一步放大系统性风险。因此，金融科技风险监管已成为监管的常态。金融科技的本质是金融，其应纳入金融的监管下运作。如美国就规定，金融科技不论是以任何形式出现，均应按照金融的本质和所设计的金融业务，纳入现有金融监管，实行功能监管。我国目前也是把金融科技纳入金融的监管范围。

1. 金融科技的宏观监管

金融科技已明确纳入金融监管范围，金融科技的宏观监管与金融业的宏观监管架构基本一致，其宏观监管架构应包括监管体制、监管政策及监管科技三个层面。

（1）监管体制。2017 年 5 月，央行金融科技委员会成立，并承担金融科技发展战略规划与政策指引、建立健全适合国情的金融科技创新管理机制、引导新技术在金融领域的正确使用、强化监管科技应用等职责。2017 年 7 月，国务院金融稳定发展委员会设立。2019 年 2 月，央行新增宏观审慎管理局；进一步明确央行牵头负责系统性金融风险防范和应急处置、金融基础设施设规划、统筹互联网金融监管工作等与金融科技监管有关的职责；进一步明确"金融市场司"负责统筹互联网金融监管，评估金融科技创新业务。较为明确的金融科技监管体制已形成：一是，纳入以宏观审慎管理为主导的"一委一行两会"金融监管体制，明确和细化金融科技的监管部门及职责；二是，分为宏观审慎框架、微观审慎底线原则和监管科技三个层面，主要通过合规监管、行业基础设施监管、行为主体监管等对金融科技监管。

（2）监管政策。《国务院关于积极推进供应链创新与应用的指导意见》《中国金融业信息技术"十三五"发展规划》《中国证监会监管科技总体建设方案》《关于促进证券期货业金融科技健康发展的指导意见》《区块链信息服务管理规定》《关于互联网金融从业机构接入互联网金融反洗钱和反恐怖融资网络监测平台的公告》《网络借贷信息中介机构业务活动管理暂行办法》《网络借贷信息中介机构合规检查问题清单》(俗称"网贷108条")等宏观监管政策法规均已出台,许多省、自治区、市等也根据国家出台的相关政策制定符合自身实际、较为细化的执行政策,金融科技监管政策体系基本与金融监管体制保持一致。

(3)监管科技。监管科技与金融科技相伴而生,利用监管科技对金融科技进行监管已成为全球共识和必然趋势。一方面,监管科技使监管机构能更精准、快捷和高效地完成合规性审核,实现金融市场变化的实时监控,进行监管政策和风险防范的动态匹配调整;另一方面,监管科技使金融机构能无缝对接监管政策,及时自测与核查经营行为,实现风险的主动识别与控制,有效降低合规成本。目前监管科技均以"监管沙盒"的计划在进行试点,"监管沙盒"计划是指提供相对宽松的监管试点环境,将金融科技创新、金融业务创新的冲击和影响置于试点环境运行,在消除和解决了试验中可能遇到的风险和问题后,再将金融科技扩展到更大范围,以可控方式最大限度地减少新技术的应用可能带来的负面影响,保证客户利益和金融系统平稳运行。

2018年5月,央行确定招商局集团、上海国际集团、北京金控集团、蚂蚁金服、苏宁云商集团为金融控股集团监管试点单位,五家试点单位除了是典型的金融控股公司外,金融科技对其发展具有重要的推动作用,如招商局集团、蚂蚁金服、苏宁云商集团均是国内金融科技的巨头。

由此可知,我国目前已进行"监管沙盒"计划。未来监管科技从监管而言,应构建包括监测预警体系、信息披露体系、大数据征信体系、社会评价体系、数据共享机制的"四个体系一个机制"联动的数字化监管系统,建立数字化监管系统,实行实时监管、行为监管和功能监管。

2. 金融科技的中观监管

行业自律是金融监管的重要途径和抓手,金融行业是高度行业自律的行业,金融科技的本质是金融,其应纳入相应的金融行业进行自律规范和管理。然而,金融科技具有跨国应用、跨界应用、跨部门监管等特征,目前却尚未形成统一的行业技术标准、统一的法律法规、统一的监管部门。目前,全球重要的经济体,如美国、加拿大、欧盟、英国、日本、中国等均制定了金融科技发展战略规划,旨在赢得金融科技的战略竞赛和抢占行业标准的制高点。巴塞尔银行监管委员会、金融稳定理事会对金融科技的主要活动、特征等进行了界定和分类，并发布一些金融科技发展对银行和监管机构影响的实践经验，供全球金融机构和监管部门参考。目前，国内与金融科技较为对应的行业协会为中国互联网金融协会，其是经党中央、国务院同意，根据《关于促进互联网金融健康发展的指导意见》的要求，由央行会同银监会、证监会、保监会等有关部委于2015年12月成立的国家级互联网金融行业自律组织。目前已发布一些行业自律规范章程，金融科技可参考自律。

可以预见，进一步明确金融科技发展的行业自律主体和规范章程，实行功能性监管，重点对金融科技的底层技术的研发与成果转化、标准化建设与指引、金融消费者保护与教育、金融科技人才从业管理、金融市场信息和信用等关键基础设施、应用场景的规范进行自律性指导与约束，发挥行业自律的"赠别风险、协助监管、上通下达"的作用将是金融科技行业自律的重要内容。

3. 金融科技的微观监管

金融机构和金融科技公司是金融科技发展的主体，对其的监管可从内外两个大的层面来看。从对外而言，主要是合规监管：一是，积极对接监管部门的监管系统，响应监管要求；二是，充分调动自律监管的积极性，对接行业监管系统，响应行业自律要求。对内而言，主要是内控要求：一是，构建和完善风险治理架构，搭建和健全全面风险管理体系，重点监控和防范操作风险、技术风险、信息泄露等风险；二是，强化风险文化建设，树立数据风险治理的意识；三是，搭建数据治理体系，统一数据标准和风险视图；四是，完善金融科技风险监测、识别、测量、预警、处置等机制，丰富风险缓释方法和工具；五是，培养金融科技风险管理团队，注重懂风险、懂业务、懂科技复合型人才的培养。

由前述分析可知，金融科技助力金融机构的业务发展及风险管理已成为必然趋势，实行牌照管理、持牌经营、行业自律是未来监管方向的必然选择。金融机构应用科技的风险监管的重点和关键在于微观层面的监管。从金融机构自身而言，积极应用科技赋能业务发展的同时做好风险管控是必然选择；从金融科技公司而言，去金融化、突出主业、做好合规风险管控同样是必然选择。然而，金融科技助力金融机构的业务发展及风险管理是一个重大课题，有许多问题亟待进一步研究解决。如金融科技发展的去中心化与监管的中心化逻辑如何统一、如何提升监管科技能力、如何处理好监管与普惠金融的关系等，尚需要各金融机构、金融科技公司、行业和监管部门的不断探索与实践。

金融科技在风险管控中的应用逻辑、边界与监管创新①

近年来,以人工智能、区块链、云计算和大数据等为基础技术的金融科技正深刻重塑着金融机构的生态圈,业务与风险管控一体化步伐越趋加快,几乎所有的金融机构都在加快推进金融科技在业务和风险管控的应用步伐。根据中国支付清算协会调研数据显示:目前有95.74%的银行和60.26%的支付机构已应用大数据,有91.49%的银行和23.72%的支付机构已应用人工智能,有80.85%的银行和31.41%的支付机构已应用云计算,有38.3%的银行和17.95%的支付机构已应用区块链。根据国有六大商业银行2019年年报显示,2019年它们在金融科技方面的资金投入分别为:建设银行176.23亿元、工商银行163.74亿元、农业银行127.9亿元、中国银行116.54亿元、邮储银行81.8亿元、交通银行50.45亿元。

虽然这些投入难以具体区分是业务方面的投入,抑或是风险管控方面的投入,但从业务与风险管控一体化趋势角度而言,它们在金融科技于风险管控应用方面投入的资金是非常庞大的。2019年工商银行在成都、西安增设软件开发中心研发部,承接反欺诈及银行催收管理、远程银行中心等系统研发工作,这是金融科技在风险管控的显著投入。基于此,金融科技在风险管控中的应用逻辑和边界是什么,如何进行监管就成为亟须研究的现实问题。

一、概念界定

(一)金融科技的概念

金融科技(Fintech)当前尚处于探索研究和实践阶段,国内外学术界对此仍无统一定义,但在业界实践中,对其的界定正逐渐达成共识。2016

---

① 本文撰写于2020年5月。

年3月，金融稳定理事会（FSB）对金融科技做了比较全面的定义：金融科技是指由技术创造的金融创新，它通过变革业务模式、流程、应用或产品，以创新金融机构、金融市场或金融服务的提供方式。美国国家经济委员会（NEC）指出，金融科技是以金融科技涵盖不同种类的技术创新，这些技术创新影响着各种各样的金融活动，包括支付、投资管理、资本筹集、存款和贷款、保险、监管合规以及金融服务领域里的其他活动。NEC对金融科技的定义与FSB对金融科技的定义较为接近，均提到了技术推动金融创新，及这些创新活动在金融领域的应用，但NEC对金融科技的定义更广泛且具体，还包括了金融监管方面的科技创新与技术应用。

英国金融行为监管局（FCA）指出，金融科技是创新公司利用新技术对现有金融服务公司去中介化。新加坡金融管理局（MAS）指出，金融科技是通过使用科技设计新的金融服务和产品。FCA和MAS对金融科技的定义则较为简单，两者均从监管的角度去定义金融科技，前者看到了金融科技的一个典型特征—"去中介化"，这与金融监管的"中心化"逻辑矛盾，后者看到了金融科技的实质—金融，科技与金融的一体化，体现在金融服务和产品中。我国《金融科技（Fintech）发展规划（2019—2021年）》明确提出，金融科技是技术驱动的金融创新。这一界定基本与FSB对金融科技的定义一致。

综观国家监管机构、国际金融自律性组织、学术界等对金融科技的定义，科技与金融是金融科技的两个关键词。但金融科技不是简单的科技在金融领域的应用，而是科技与金融的深度融合，推动金融机构商业模式、业务模式、产品、服务等的创新，进而推动金融市场、金融业态等的创新，同时推动金融监管手段、工具等的创新。本文认为，金融科技指具备金融业逻辑的科技及由此种技术推动的金融创新。科技和金融创新非常多，但只有具备金融业逻辑的科技及由此种技术推动的金融创新才能称之为金融科技。

（二）金融科技的特征

1. 金融科技的开放性

技术最明显的特征是开放性，即技术是可以无限发展的，可以在原来基础上不断扩展和迭代。金融也具有开放性，从金融产品和服务来讲，同样可以不断创新和发展。因此，金融科技具备开放性特征。人工智能、区块链等金融科技的基础技术是开放的、无国界的。如区块链技术，其系统是开放的，除了交易各方的私有信息被加密外，区块链的数据对所有人公开，任何人都可以通过公开的接口查询区块链数据和开发相关应用，因此整个系统信息高度透明；技术、金融产品和服务等是开放的，各参与主体均可应用和使用。

2. 金融科技的多元性

从金融科技的供给端来看，其供给主体是多元的。随着社会发展和社会进步，金融业的分工日趋市场化、专业化、精细化。金融产业链和生态圈不断拓展，在金融科技领域，供给的主体既包括通过科技创新推动金融服务转型升级的传统金融机构，也包括运用数字技术、跨界开展金融业务的互联网企业，还包括为金融机构提供技术外包和配套服务的金融科技公司。

从金融科技的需求端来看，其需求主体同样是多元的。"有需求就有供给"，逻辑其实与供给端一样，对金融科技有需求的有各种机构、企业、消费者等。对于金融机构和企业而言，对金融科技的需求是为了提高效率、防范风险、使用方便等；对于消费者而言，更多是追求产品的低成本、服务的高效等。对于金融科技的需求主体和需求目的都是多样的，如当前消费者更加依赖移动互联网提供的便利、高效的线上购物、移动支付、网络理财等服务模式。

3. 金融科技的动态性

从金融科技的定义可知，技术驱动金融创新是其应有之义。从这个角度看，不管是技术还是金融，它都处于动态的变化之中。技术会随着基础算法、基础材料等的创新发展而发展，处于快速的动态变化中。同样的，金融也会随着消费者的需求、监管的变化、技术的创新等会不断出现新产品、新服务、新业态等。当然，变化有可能是巨大的变化，也有可能是小变化；量变导致质变的规律同样适用于金融科技。因此，金融科技的动态性会表现出波浪式的动态性。

二、金融科技在风险管控中的应用逻辑

金融科技在风险管控中的应用逻辑可以从两个角度进行分析，第一个角度是从金融科技在金融机构的应用历程进行分析，第二个角度是从当前金融

机构运用金融科技助力风险管控的动因进行分析。

（一）金融科技在金融机构应用的历史逻辑

信息科技在金融机构的应用伴随科技发展的全过程，金融业的最早起源可追溯到公元前2000年巴比伦寺庙和公元前6世纪希腊寺庙的货币保管和收取利息的放款业务，即使现代意义上的金融业机构的出现也可追溯到1694年的英格兰银行的成立。但信息科技的出现却要晚得多，其在金融领域的应用更是到了19世纪才出现，到了20世纪才开始广泛应用。

早在1837年，有线电报机出现并应用于长途电报通信，奠定了金融科技的信息技术基础。随着信息技术的成熟，第一台计算机诞生商用，20世纪40—50年代逐渐形成了两种"人工智能"的思想。一种认为可以从结构上实现人工智能；另一种认为可以用符号和逻辑系统实现人工智能，从功能上模拟人脑。1949年，大莱俱乐部发行全球第一张记账卡，标志着信息技术与统计技术在金融领域应用的成熟，金融科技完成了信息基础技术的积累。

1949年，第一张信用卡发行；1955年，电子记录机会计系统ERMA诞生，票据数字化处理成为现实。1967年，全球第一台自动取款机（ATM）诞生，标志着金融科技在银行机构的应用进入新阶段。1969年，互联网的雏形——阿帕网（ARPANET）诞生，逐渐在政府机构、教育机构、科研机构等应用。1982年，电子支付、互联网证券经纪和投资咨询服务等公司出现；1992年，网上银行出现。互联网技术在金融机构的应用从证券、银行拓展到保险和移动支付领域，标志着金融科技应用进入互联网金融时代。

1995—1996年，"数据挖掘""数据集市"等概念相继出现；此外，《信息自由法》《隐私法》《电子交流隐私法》等法律的出台，为数据在金融领域的应用提供技术与法律基础。1997年，美国切诺柏教授首次定义"云计算"概念，提出云计算的边界由经济的规模效应所决定。区块链技术的底层算法——哈希算法在20世纪90年代初期由River设计提出，其实质是安全散列算法。2008年10月，区块链技术应用的机制由中本聪在《比特币：一种点对点的电子现金系统》一文中提出，这一机制成为现有区块链应用的运行基础。

进入21世纪，以人工智能、区块链、云计算和大数据等为底层技术的金融科技在金融领域的应用全面推开。从金融科技的底层技术（人工智能、区块链、云计算、大数据）发展历程来看，数据技术和人工智能是最早出现的，它们伴随着信息技术、通信技术等的发展而进步。大数据是海量数据存储的一种形态，其基础是数据，而云计算是由于数据的大量存在而产生的一种计算方式和数据存储方式。随着人类需求的不断变化和多样化，金融机构发展过程中不断积累各种数据，人工智能、区块链、云计算等技术在金融领域中不断得到迭代更新。

综上可知，从金融科技在金融领域的应用历史来看，金融科技在金融领域的应用逻辑首先是提升金融机构的运营效率，然后是赋能业务的创新与发展，并发挥风险管控的作用，最终实现整体效益的提高，推动金融业的持续发展。

（二）金融科技在风险管控中应用的现实逻辑

目前，金融科技在金融机构的核心应用逻辑通常有三种：第一种是提升金融机构的整体运营效率；第二种是赋能金融机构的业务发展；第三种是助力金融机构的风险管控。本文重点关注金融科技助力金融机构风险管控的逻辑，由于金融业务与风控一体化的特殊性质，其实这三种逻辑均会同一体现，难以完全独立而论其一。

1. 科技是风险管控效率提升的重要基础和途径

20世纪60年代，半导体微处理器技术发展迅速，电子数据逐步替代人工记载，信用卡的发明与使用在西方国家开始流行；70年代随着中央处理器等电子集成技术的发展，系统批量处理数据、不间断的连续运作成为可能，资金转移的电子化和信息交换的自动化进一步提高，安全、可靠、快捷、标准化、自动化的业务结算模式大大提高了金融机构的结算效率，进一步促进了金融机构中间业务和表外业务的业务创新；80年代随着电子信息技术的发展，个人电脑、ATM等终端设备得以在金融机构应用，银行业务远程化和自动化得以迅速发展，同时极大地简化了金融工具收益、风险模型计算等，金融产品和工具进一步丰富，风险管理和风险控制技术进一步提升；90年代随着局域网、互联网、电子商务等技术的飞速发展，远程办公、数据共享等为金融机构的扩张提供了基础，网络银行、电话银行等为客户提供跨时间、实时、全功能、个性化服务，极大地提高了金融机构的经营效率；进入21世纪，随着智能设备、移动设备、数字银行等的出现，进一步促进移动支付的发展，创建收集数据及客户互动的新载体快速得到金融机构的应用，金融机构与非金融机构边界进一步模糊，金融与科技的融合极大地推动了金融的创新与发展。

最近几年，随着生物识别、云计算、神经元计算、物联网、量子计算等技术的突破发展，这些技术正在重塑金融业的基本架构、业务形态和监管架构，金融机构的组织形式趋向虚拟化、智能化、去中心化，监管架构和机制正发生深刻变革，这些均要求金融机构在应用科技驱动业务创新的同时积极应用科技助力风险管控效率的提升，科技正日益成为金融机构业务创新与风险管控效率提升的重要基础和途径。

2. 业务与风控一体化是金融与科技融合的新趋势

以移动互联网、人工智能、区块链、云计算、大数据等为代表的科技创新，从信息的传输、接收、分析、处理等流程，到支付、结算、融资、投资等金融核心业务，再到贷后管理、投后管理等核心风险管控环节，正广泛深刻重塑金融核心流程、业务及风险管理。比如，人工智能技术方面，多层神经网络、机器学习及知识图谱技术的结合可实时采集多维度的经济、产业、金融等数据，对海量的金融交易数据进行实时分析，自动发现交易规律、模式、欺诈风险等，为金融机构和客户制定大批量个性化的投资方案；服务机器人、语音识别、计算机视觉、生物特征识别等人工智能技术已成为金融机构业务创新的基础和动力。

一方面，金融机构向科技驱动的数字化发展转型，2015年兴业银行成立"兴业数金"、平安集团成立"金融壹账通"，2016年招商银行成立"招银云创"、光大银行成立"光大科技"，2018年建设银行成立"建信金科"、民生银行成立"民生科技"就是很好的例证；另一方面，百度、阿里、腾讯、京东、苏宁等国内科技巨头也纷纷与银行、信托、保险等金融机构合作，成立或控股支付、信托、保险、基金、证券等金融子公司，科技与金融已深度融合。截至2019年7月，我国有10家股份制银行成立金融科技子公司。2020年1月，交通银行已向监管部门提交设立交银金融科技有限公司的申请，注册资本金6亿元。部分银行机构成立金融科技子公司的概况如表1所示。

由上可知，金融科技在金融机构的深度应用使业务与风险管控一体化成为趋势，这一趋势将对金融科技在金融机构风险管控中的应用起到极大的推动作用。

表 1　　　　　部分银行机构成立金融科技子公司的概况

序号	母公司	金融科技子公司	注册资金（亿元）
1	中国银行	中银金融科技有限公司	6
2	工商银行	工银科技有限公司	6
3	建设银行	建信金融科技有限责任公司	16
4	招商银行	招银网络科技（深圳）有限公司	0.65
5	光大银行	光大科技有限公司	1
6	兴业银行	兴业数字金融服务（上海）股份有限公司	5
7	民生银行	民生科技有限责任公司	2
8	华夏银行	龙盈智达（深圳）科技有限公司	0.21
9	北京银行	北银金融科技有限责任公司	0.5
10	平安集团	上海壹账通金融科技有限公司	12

资料来源：根据各银行年报整理。

3. 监管对金融科技助力风险管控提出新要求

一方面，我国金融实行混业发展和分业监管，部分金融控股公司野蛮生长，通过产品创新和监管套利，越来越多的金融产品存在交叉性和跨市场特征，金融风险集聚；另一方面，金融业不同监管部门之间的"竞争性监管"和"各自为政"的现象时有发生，监管协调性明显不足，金融市场监管套利、系统性风险、监管不当风险等多重风险叠加，科技在金融业的应用进一步放大上述风险。为此，防范化解风险、守住不发生系统性风险是近 3 年金融监管的重要工作。

2017 年我国成立央行金融科技委员会、金融稳定发展委员会；2018 年银保监会合并，形成"一委一行两会"的金融监管体制。2019 年 2 月，央行新增宏观审慎管理局，进一步明确央行牵头负责系统性金融风险防范和应急处置、金融基础设施规划、统筹互联网金融监管工作等与金融科技监管有关的职责，并明确"金融市场司"负责统筹互联网金融监管，评估金融科技创新业务。

2019年9月《金融科技发展规划（2019—2021年）》印发，明确提出未来三年金融科技工作的指导思想、基本原则、发展目标、重点任务和保障措施，并对金融科技进行了官方界定。2019年12月，北京市率先开展金融科技创新监管试点，主要目标之一就是探索构建符合我国国情、与国际接轨的金融科技创新监管工具，我国正式开启金融科技"监管沙盒"计划。目前，"监管沙盒"试点范围已扩大至上海、重庆、深圳、广州、杭州、苏州等地。

合规是金融机构开展业务的底线，监管对科技在金融机构中应用的要求越来越细化和高标准。此外，金融科技的监管及风险防范是全球难题，并无成熟经验可借鉴，监管体制和机制潜藏的不和谐、不科学尚未进一步揭露，监管部门和金融机构均在不断尝试，要求两者的相互配合与协调。

三、金融科技的应用边界

（一）金融科技应用的法律边界：合法合规

虽然金融创新就是监管套利（即利用监管漏洞推出未被禁止的业务或产品）在金融界得到大家的默许，但合法合规仍然是金融业持续健康发展的关键，也是金融机构生存发展的基本底线。守住不发生系统性风险是国家对金融业发展的底线，2019年国家对金融行业和金融科技行业中普遍存在的爬虫技术（爬取隐私数据）、智能催收（利用机器无限次拨打客户电话）等进行整顿规范就是以其合法合规守住底线的集中体现，而合法合规是金融科技应用的边界之一。金融机构的业务发展及运用金融科技助力风险管控的活动和行为必须合法合规，运用的技术赋能的边界范围必须符合法律法规的要求。

（二）金融科技应用的财务边界：收益覆盖成本

风险是金融业的基因，金融业的盈利方式是收益覆盖风险，其实质是经营风险，金融机构通过金融科技实现业务与风控的一体化对风险进行深度经营以实现收益。2018年12月，麦肯锡发布《全球数字化银行的战略实践与启示》报告显示，在全球范围内领先银行投入税前利润的17%～20%用于数字化银行、金融科技银行的转型和创新。比如，从2015年到2017年摩根大通每年在IT和技术上的投入都超过90亿美元，占营收和利润的10%和

40%左右，2018年的技术投入资金额度更是达到108亿美元。金融机构在金融科技方面的投入包括金融基础设施、人才等费用，对于一般的金融机构而言，短期内难以大量投入资源。

随着金融科技的推广与普及，成本是必须要面对的一大难题。一方面，人工智能、机器学习、云计算等要求更快的数据运算速度，需要大规模的满足调整运行的图形处理器（GPU）、现场可编程门阵列（FPGA）等相关硬件以及模式识别和数据采集所需要的各类电子传感器的耗能水平和价格成本均较高，这在一定时间内阻碍了金融科技相关技术解决方案的大规模应用。另一方面，金融机构是营利性机构，哪怕是国有金融机构，也面临着国有资产保值增值的压力，这对成本的控制要求较高。此外，灾备系统"两地三中心"的布置，也需要花费较大资金，且建成后的维护成本需要长期投入。因此，金融科技的应用逻辑之二是收益要覆盖成本，不应一味追求应用速度而忽略了成本控制，若没有长期稳定的投入，金融科技的应用将不可持续，导致"欲速则不达"。

四、金融科技的监管创新

（一）金融科技国际监管对风险管控的经验

1. 国际组织对金融科技监管风险管控的要求

（1）金融稳定理事会（FSB）对金融科技监管风险管控的要求。金融稳定理事会是由G20成员国组织成立的旨在促进金融体系稳定的合作组织，其专门成立了金融创新网络工作组，负责金融科技相关研究工作。2016年3月发布了《金融科技的全景分析与分析框架报告》，主要讨论金融科技的系统性风险及监管问题，该报告从金融科技产品及其机构的创新内容和机构特征、金融科技驱动因素、金融科技对金融稳定的影响三大方面论述金融科技的监管实践。重点分析和评估了金融科技活动对金融体系的复杂性、透明度、流动性、杠杆率、信用风险和交易对手风险方面造成的影响，对金融系统的期限转换、流动性错配和风险转换造成的影响，对市场结构和竞争造成的影响，以及金融科技的外部效应大小等，并就这些影响提出采取哪些监管和发展引导的对策。

（2）巴塞尔银行监理委员会（BCBS）对金融科技监管风险管控的要

求。巴塞尔银行监理委员会（BCBS）简称"巴塞尔委员会"是 1975 年 2 月成立于国际清算银行下的常设监督机构，其专门成立了金融科技工作组，主要研究金融科技对银行经营模式、市场地位和银行业系统性风险的影响，以及对银行监管提出的挑战。其研究认为，金融科技对全球多数国家现有银行体系产生影响，无论是科技企业从事银行业务，还是商业银行与科技企业开展合作，均应适用现行的银行监管法律法规，金融机构及监管机构应关注为银行提供第三方技术服务的科技企业及可能对银行产生的外部风险。

（3）支付与市场基础设施委员会（CPMI）对金融科技监管风险管控的要求。支付与市场基础设施委员会（CPMI）是 1990 年成立于国际清算银行下设的组织机构，主要职责是制定和推动实施支付清算领域的国际标准，促进提升全球各国及全球支付清算体系的效率和安全性。近几年 CPMI 重点关注金融科技对传统支付方式和支付体系等金融基础设施的影响，评估金融科技对支付清算领域、中央银行功能可能带来的潜在风险（CPMI，2016）；同时关注非持牌机构在支付金融领域的作用及各国可采取的监管措施（CPMI，2014）。随着区块链技术在金融领域的应用增加，近期 CPMI 重点关注和研究区块链在支付清算领域的应用前景及潜在风险。

（4）国际证监会组织（IOSCO）对金融科技监管风险管控的要求。国际证监会组织（IOSCO）是 1983 年成立的国际各证券暨期货管理机构所组成的国际合作组织，其旨在通过交流信息，促进全球证券市场的健康发展，各成员共同制定规则，建立国际证券业监管机制，共同遏制跨国不法交易，以保证证券市场的公正、有效、安全。IOSCO 主要关注金融科技对资本市场的影响及众筹融资业务风险、网络信息安全等问题，曾在 2014 年和 2016 年发布过众筹行业的发展报告，报告中就涉及金融科技对众筹行业的影响并提出监管对策。

（5）国际保险监管协会（IAIS）对金融科技监管风险管控的要求。国际保险监管协会（IAIS）成立于 1994 年，其主要负责更新国际保险准则、提供保险培训、支持保险监管等工作。IAIS 主要关注金融科技发展对保险行业和保险监管的影响，重点研究保险行业信息科技风险、金融科技促进普惠保险发展等问题。随着区块链技术应用的增加，IAIS 近期重点关注区块链在保险行业中的应用，如区块链在保险信息安全防范的应用。

2. 国际主要国家对金融科技监管风险管控的要求

（1）美国金融科技监管风险管控的要求。美国是目前全球金融科技市场较为成熟的国家，对金融科技的监管主要体现在金融科技实施功能性监管、分业监管、支持负责任的创新及无异议函等方面。2017年1月，美国白宫发布《A Framework For FinTech》，这个报告可以认为是美国金融科技监管白皮书，其主要阐述了美国政府对金融科技的六大政策见表2及十项总体原则。

表2　　美国金融科技六大政策

美国金融科技六大政策	培育积极的金融服务创新和创业
	推广安全、实惠和公平的资金触达
	增强美国国内和海外的普惠金融和财务健康水平
	应对金融稳定性风险
	深化21世纪金融监管框架
	保持国家竞争力

功能性监管。美国的金融监管体系和法规非常成熟，但随着金融科技的发展，美国能及时修改相关法规。比如，2012年颁布的《创业企业融资法案》就对金融科技在股权众筹应用做了相关规定。美国拥有人才、技术、孵化环境等驱动的金融科技生态，因而采用功能性监管，即不管金融科技的形态，抓住金融科技的金融本质，将其所涉及的业务按照相应功能纳入当前金融监管体系。比如，P2P业务由于过程中涉及资产证券化，因此该业务的部分过程属于美国证券交易委员会监管。

分业监管。2016年，美国财政部发布《网贷的机遇与挑战》白皮书，对网贷的定义、模式、产品类型、网贷与金融机构合作及其合作的优缺点、风险进行了分析。由此可知，美国的网贷目前属于财政部监管，或者说其主要的监管部门是美国财政部。2015年，纽约州金融服务管理局推出"虚拟货币活动商业许可证"的监管政策，只要进行虚拟货币转账（除非转账的目的是用于非金融用途且转账金额在一定限额内）、存储、控制或扣留他人的虚拟货币、以买卖虚拟货币获利；控制、管理或发行虚拟货币的商业活动均认定为虚拟货币商业活动。

(2) 英国金融科技监管风险管控的要求。英国的金融监管体系和法规极具特色，近几年把金融科技作为金融发展的重要目标，其监管主要是"双峰式"监管、监管沙盒、监管科技和"项目革新"计划等体系。

"双峰式"监管。英格兰银行主要负责实施货币政策及金融稳定，并在其董事会下设金融政策委员会，主要负责制定宏观审慎政策，定义、监测和应对系统性金融风险，维护金融体系稳定。审慎监管局是英格兰银行的下属机构，主要负责对银行、保险、投资（包括证券、信托等）等机构实施微观审慎监管。金融行为监管局是独立的监管机构，主要负责其余金融机构的监管以及金融市场的行为监管，促进市场竞争和消费权益保护。因此，形成英格兰为主导监管机构，审慎监管局和金融行为监管局负责具体执行监管任务的"双峰式"监管。

在监管原则和方式方面，英国采取主动型监管，以国家或地区政府与监管部门主导金融科技行业发展，通过政策扶持和激励提供金融科技创新发展动力，并给予一定的容错空间。一方面，根据业务属性基于现有金融监管框架实施归口监管。比如，P2P 被界定为金融中介机构，纳入金融行为监管局监管，要求在相关部门进行登记，并符合相应的准入门槛才能开展业务。另一方面，依靠业务自律根据金融科技发展动态及时调整和完善监管。比如，P2P 行业协会制定了《P2P 金融运营原则》，金融行为监管局根据 P2P 行业的发展于 2014 年制定并颁布了《关于互联网众筹及通过其他媒介发行不易变现证券的监管方法》，对 P2P 行业实施专业与自律性监管。

监管沙盒。英国金融行为监管局于 2016 年 5 月正式启动"监管沙盒"项目，即允许企业在可控的测试环境中对金融科技的新产品或新服务进行真实或虚拟测试。该项目有两个典型特点是：第一，无论是受金融监管机构监管的企业或不受监管的企业均可申请进入测试，大范围的包括金融创新出现的领域范畴；第二，测试环境中设置包括消费者保护等内容的一些基本监管要求，即使监管者运用相适应的监管工具和手段，但消费者都仍拥有向企业投诉、寻求金融申诉、申请金融补偿等其他合法权利。监管沙盒一般测试时间为 3~6 个月，主要关注的是企业创新产品或服务是否支持金融业发展、产品或服务的创新程度、创新为消费者创造的价值大小等维度。监管沙盒项目拥有大量的企业和消费者数据，能充分反映市场情况，企业也可以根据测试结果、数据及监管机构的建议对产品或服务进行针对性改善，减少金融产品或服务市场投放的时间，并有效地进行风险防控。

监管科技。英国鼓励发展金融监管科技，以降低监管成本和金融机构的合规成本。一是，鼓励、培育和资助金融科技和金融服务企业利用新技术达到监管要求；二是，采用实时、系统嵌入式合规、风险评估工具等创新技术对反洗钱、客户行为分析等监控，提高监管效率及金融企业的运营效率和效益；三是，利用大数据、云计算等技术降低金融企业合规成本；四是，利用可视化自动回复工具为金融科技企业提供更有效、更高效、更便利的监管建议的指导，防范合规风险。

（3）新加坡对金融科技监管风险管控的要求。新加坡近年来积极制定金融科技政策，主要采取设立独立的监管机构、监管沙盒和国际监管合作等方式对金融科技的发展进行监管。

独立的监管机构。2015 年 8 月，新加坡政府在新加坡金融监管局（MAS）设立了金融科技和创新团队（FTIG），并在 FTIG 内部建立了支付与技术方案、技术基础建设和技术创新实验室三个办公室，投入 2.25 亿新加坡元推动《金融领域科技和创新计划》，鼓励全球金融业在新加坡设立创新和研发中心，支持金融科技项目的开发和应用。2016 年 5 月，新加坡创新机构（SG – Innovate）和 MAS 联合设立金融科技署（FinTech Office）管理金融科技业务，并为创新企业提供一站式服务。其中，SG – Innovate 是新加坡国立研究基金会的下属公司，这一机构旨在帮助企业开展技术创新，并支持创新成果的商业化和规模化。

监管沙盒。2016 年新加坡开始鼓励金融机构和非金融企业通过 MAS 沙盒监管测试金融科技项目，进一步推广其技术创新方案。申请企业需要满足一定条件才能进入沙盒测试：一是，需要 MAS 判定测试项目的创新程度，评判标准是"填补空白"，即项目要与新加坡范围内的现有产品和服务不同；二是，申请企业在进入沙盒测试前要对项目的可行性做尽职调查，同时包括其制定的问题解决方案、明确规定的监管边界、沙盒测试情况和结果的熟知程度、可预见风险的评估与缓释，该方案是否能给消费者和企业自身带来价值，申请企业在新加坡范围内实施该方案的意向和能力，创新计划终止后的退出机制。

(二) 金融科技监管对于风险管控要求的启示

1. 金融科技风险管控以宏观监管为主

由前述可知，当前大部分金融科技相对发达的国家，对金融科技出台的针对性监管文件的监管机构数量不多，而且大部分监管机构出台的监管政策法规主要是以宏观为主，出台的框架指引性政策法规较多，细则性政策法规较少。这也符合行业的发展规律，一个行业在发展初期往往很难快速形成非常细化的行业标准。

2. 金融科技风险管控以柔性监管为主

虽然近年来金融科技发展迅速，但对其的监管却远远跟不上其发展步伐，逃不出"监管落后于业务创新"的怪圈。金融科技发展的最大动力是消费者的需求，其次是科技创新的驱动。因此，监管机构往往采取的是"底线思维"监管，即守住不发生系统性金融风险是监管的底线。金融科技的发展日新月异，为了避免打击金融科技创业者们的创新和激情，监管机构对金融科技大多处于观望和观察状态，秉持柔性监管的理念。

3. 金融科技风险管控多以"监管沙盒"试验微观监管

"监管沙盒"主要是为金融科技、新金融等新兴业态提供"监管实验区"，支持企业提供负责任的新产品、新服务等提升消费者价值创造的实验项目。"监管沙盒"最早由英国提出。2016年5月，英国金融行为监管局正式启动了"监管沙盒"，其后阿布扎比、新加坡、澳大利亚、中国香港和中国台湾等国家和地区的金融监管部门也相继开始"监管沙盒"计划或提出相近监管措施（张景智，2018）。在国内，2018年5月，央行确定招商局集团、上海国际集团、北京金控集团、蚂蚁金服、苏宁云商集团为金融控股集团监管试点单位，五家试点单位除了是典型的金融控股公司外，金融科技对其发展具有重要推动作用，如招商局集团、蚂蚁金服、苏宁云商集团均是国内金融科技巨头。其实，这也是我国开启"监管沙盒"的早期探索。金融科技的发展非常迅速，为不打击企业创新热情，同时维护消费者权益，防范系统性金融风险，对金融科技的微观监管以实验的形式推进是较好的一种方式。尤其在我国许多金融新产品、新服务的试点就是"监管沙盒"的一种形式，在北京、广东等10个地方推进的金融科技应用试点就是最好的例证。

4. 金融科技风险管控多以金融本质纳入现有监管框架

美国、英国、新加坡、中国等国家对金融科技的监管均以纳入现有监管框架为主，且均认为金融科技的本质是金融，纳入金融监管框架为主。以金融科技的典型应用—互联网支付发展最早的美国为例，美国把互联网和移动支付纳入现有法律法规进行监管，实行机构监管和功能监管相结合的监管方式。互联网和移动支付企业不属于类金融机构，而是属于开展货币转移业务的货币服务机构，主要以《金融服务现代法案》《电子资金划拨法》《真实信贷法》等法律法规为主，其监管机构主要包括联邦政府和州政府两个层面，其中准入及持续监管等职责主要由州政府为主。欧盟也一样，欧盟对互联网支付主要采取的是在现有法律框架下的机构审慎监管。1998 年欧盟就规定网上支付媒介只能是商业银行或电子货币；2000 年欧盟颁布《电子货币指令》；2009 年又颁布新版《电子货币指令》。此外，在消费者保护和反洗钱的监管，欧盟反洗钱第 3 号指令也是对电子货币的法律规定。

5. 金融科技风险管控与创新发展相互促进

金融科技在创新发展，对其进行监管的方式、手段、工具、科技等也在创新发展。但监管的逻辑无疑都是以"问题为导向"，即根据监管客体的发展调整监管框架与发展监管技术。金融的创新往往是"为突破监管"驱动的，金融科技也不例外，其创新也是根据现有的监管法规去提供新产品、新服务。因此，它们的发展是一个相互促进的过程。以美国发展较成熟的 P2P 为例，美国的 P2P 商业模式包含了证券发行和专门银行，其业务模式可简单理解为：借款人成功申请贷款，由一家专门的银行向借款人放款，然后银行将贷款转卖给 P2P 平台，P2P 平台再发行与借款人贷款相对应的收益权凭证，即"偿付支持票据"，放款人即投资者购买这些凭证。因此，美国 P2P 的商业模式决定了其监管框架：P2P 中的证券发展属于美国证券交易委员会监管，存保、消保等由其他联邦机构共同监管，州政府主要实施平台审慎监管。美国 P2P 的发展模式与监管模式的这种相互促进，使美国 P2P 发展较为规范，且以市场化原则造就行业的高度集中，降低成本的同时防范了新金融业态的风险。

综上可知，金融科技实行牌照管理、持牌经营、行业自律是未来监管方向的必然选择。金融机构应用科技的风险监管的重点和关键在于微观层面的监管。从金融机构自身而言，积极应用科技赋能业务发展的同时做好风险管控是必然选择；从金融科技公司而言，去金融化、突出主业、做好合规风险管控同样是必然选择。

五、金融科技的监管创新

（一）金融科技的监管需战略导向及系统安排

如前所述，科技的积累和发展需要比较长的时间，有些技术的发展需要整个国家乃至整个人类的长期共同努力。因此，金融科技的监管同样需要协调匹配科技和金融的发展规律，以战略为导向，系统安排。2019年9月央行印发《金融科技发展规划（2019—2021年）》已把金融科技的发展和监管上升到国家战略层面，并明确提出"推进治理结构、管理模式、组织方式的调整优化，理顺职责关系，打破部门间壁垒，突破部门利益固化藩篱，提高跨条线、跨部门协同协作能力，加快制定组织架构重塑计划，构建系统完备、科学规范、运行有效的制度体系"。这就要求金融科技的监管应以战略为导向，全盘推进、统筹安排、系统布局，进一步厘清监管制度和体制机制、明确各监管部门的职责，对不适应监管需要的体制机制应加快重塑。比如，2020年6月，证监会金融科技局正式运行，这就是为适应金融科技的监管而对监管体制做出的主动调整。目前，我国金融监管实行分业监管，应进一步明确"一委一行两会"、各监管派出机构、地方监管机构、主要金融机构（尤其是重要性金融机构）等在金融科技监管中应承担的职责和义务，对彼此的权利、职责和关系要有统一的系统性安排。

（二）金融科技的监管更需前瞻性

如前所述，动态发展是金融科技典型的特征之一。金融科技会随着科技、市场需求、金融业发展等的变化而迭代更新，但监管规则却相对固化，监管需保持一定的稳定性。因此，金融科技的监管更需前瞻性，并不宜过于具体和细化。简单而言，监管涉及监管主体和被监管对象两大方面。对于监管主体而言，应增加独立的具体监管部门、专业的监管人员、充足的监管预算和投入，对金融科技的创新发展要有预见性安排，并对监管人员、监管技术工具等保持一定的准入标准门槛。对于被监管对象而言，应保持一定的监管维权标准，即监管对象要维权需要达到一定的被侵权损害标准才能报案维权，这可减少大量的工作，保持监管的可持续性。金融科技的监管在制定监管制度、构建监管架构和机制等时，应保持足够的前瞻性和弹性。

（三）金融科技的监管以"安全为底线，统筹安全与开放"

《金融科技发展规划（2019—2021年）》已明确提出金融科技的发展和监管原则要以"安全可控"为基本原则之一，把安全作为金融科技创新不可逾越的红线。金融科技属于金融的范畴，应纳入金融监管范围，这已得到业界公认，并得到法律明确。金融安全是国家安全的重要组成部分，金融科技的开放性、多元性和动态性等特征使金融的传染性、复杂性等更容易发生。因此，金融科技的监管更应强调"安全可控"，安全应是其发展和监管的底线。金融业的发展历史已给予我们充分的证据，健全的法律制度，是金融业保持稳定、发挥作用的前提和基石。金融科技监管以"安全为底线"，首先要完善金融基础法律制度、监管框架和机制，其次明确监管主体和被监管对象的法律职责边界，最后明确监管技术、工具等的法律边界。

开放是金融科技发展和构建核心竞争力的必经之路，我国金融改革开放伴随整个国家的改革开放，科技的引进更是以改革开放为助推器。2018年我国金融业大幅度开放政策推出，截至2020年4月我国金融业大幅度开放政策基本落实；2020年5月27日，国务院金融委办公室发布11条金融改革开放措施，进一步推进我国金融业的改革开放。在改革开放中，我国金融科技也得到长足发展，已占据世界第一方阵。世界金融科技前10强，我国占据4强席位。金融科技的监管应保持开放，积极引入国外先进的监管经验，以安全为底线，以开放为辅，协调安全与开放的关系，统筹推进金融科技的监管创新。

（四）以"新基建"建设创新金融科技精准监管工具

金融科技监管的核心是监管科技，而监管科技的关键是其精准性。提高效率和风险管控的精准性是金融科技应用于金融的两个核心逻辑，但是这两个核心逻辑的关键在于监管科技的创新。2019年12月，北京率先开展国内金融科技创新监管试点，探索构建包容审慎的中国版"监管沙盒"。截至目前，已有两批共计17个金融服务和产品纳入北京金融科技创新监管试点的创新应用，同时金融科技创新监管试点已推广至上海、重庆、深圳等10余个城市和地区。这些金融科技创新监管试点地区均是信息通讯基础设施、大数据中心基础建设等比较发达的地区，进入2020年我国积极布局以5G、大数据、人工智能等基础设施建设为重点的新基建，营造金融科技创新的基础环境。金融科技的监管应以"新基建"为突破口，加快"摸着石头过河"的步伐，推进中国版"监管沙盒"的迭代更新，以大样本为基础丰富监管科技的工具，提升监管工具的精准性。比如，运用自然语言处理、知识图谱、深度学习等人工智能手段实现监管规则形式化、数字化和程序化，加快建设数字监管报告平台（DRR），提升监管工具的精准性。

（五）以金融基础设施建设保障金融科技监管的持续性和稳定性

金融科技的监管依赖金融基础设施的建设，监管的及时性和准确性更是依赖于金融基础设施。比如，对于金融数据的收集需要支付结算体系的正常运行。2020年3月，央行、银保监会等六部门联合印发《统筹监管金融基础设施工作方案》明确提出，金融资产登记托管系统、清算结算系统（包括开展集中清算业务的中央对手方）、交易设施、交易报告库、重要支付系统、基础征信系统等六类设施及其运营机构应纳入我国金融基础设施统筹监管范围。因此，应由央行统筹我国金融基础设施的建设和监管，制定配套监管规则，将金融科技监管规则融入金融基础设施的监管规则里，协调两者的监管。此外，加快构建我国金融应急管理体制机制，以"一地三中心"原则建设我国金融应急管理系统，保持金融基础设施运行的稳定性，进一步保障金融科技监管的可持续性和稳定性。

居安思危，思则有备

——国家金融安全篇

近年来，随着中美贸易战等全球性事件的爆发，世界政治经济局势进入新的动荡期，外部环境冲击导致的国家安全和金融稳定挑战日益增加。与此同时，我国国内也面临着宏观经济增速下滑、实体经济转型困难、金融领域风险积累等一系列挑战。面对这些挑战，中央做出了深化供给侧结构性改革、推动金融回归服务实体经济本源等重大战略决策，并选择以"二次入世"的勇气和决心推动新一轮扩大开放，变外部压力为内生动力。在这样的背景下，从国家安全全局高度关注金融安全、在国家金融安全领域进行系统部署就成为一项重要且紧迫的工作。

2014年4月，习近平总书记在主持召开中央国家安全委员会第一次会议时提出要坚持总体国家安全观，走出一条中国特色国家安全道路，并提出要构建集政治安全、国土安全、军事安全、经济安全、文化安全、社会安全、科技安全、信息安全、生态安全、资源安全、核安全等于一体的国家安全体系。在2017年7月召开的第五次全国金融工作会议上，习近平总书记又特别强调"金融安全是国家安全的重要组成部分"，这一科学论断把对金融风险的认知拓展到了国家金融安全这一更高层次和更广阔领域。

无论从国家安全涉及的丰富内容来看，还是从经济金融领域的改革发展全局来看，国家金融安全都是一个绕不开的重大课题。作为一个兼具理论价值和时代意义的新兴课题，相关的研究需要在基本概念、原则理念、体系框架等方面形成共识的基础上，积极推动细分领域的深入研究和跨界研究。贸易战给我国的国家金融安全带来哪些现实和潜在的冲击？扩大开放对我国的金融基础设施等关键领域会带来哪些安全挑战，又需要如何妥善应对？如何把国际经验和中国特色有机结合，构建有效的金融应急管理体系？对这些问题的讨论和回答，是国家金融安全研究的重要阶段性成果，也是相关领域实践不断向更深更广拓展的理论推动力。

第一，面对贸易战形势下国家金融安全风险不断上升的挑战，需要在把握好扩大金融开放节奏力度、通过深化供给侧改革增强金融竞争力的同时，以渐进式的市场化手段确定我国金融价值及金融价值基础的安全边界，构建相应的指标体系和储备体系，进而不断完善国家金融安全防控体系。

第二，面对金融开放对我国金融基础设施在"软设施"和"硬设施"两方面的挑战，我国一方面需要在健全国内金融立法以提升国内外法律协调性、推进国内外会计标准对接、完善信用体系建设、健全金融消费权益保护衔接机制等方面加快制度和体制机制创新；另一方面也需要在建立健全金融资产登记托管系统、提升跨境清算结算系统安全性、完善交易报告基础规则及机构管理、强化金融应急灾备系统建设等方面加快步伐。

第三，面对新冠疫情形势下的国家金融安全新挑战，国家金融应急管理体系在保障金融稳定和安全运行、应对外部危机冲击和金融科技飞速发展挑战中的重要性更加凸显。因此需要在借鉴国际经验的基础上，厘清金融应急管理体系多主体协同的边界关系、建立国家金融应急管理法律体系、健全完善包括国家金融应急预案演练机制在内的应急管理机制、建立国家金融应急管理监测预警系统等。

第四，面对迅猛发展的金融科技，我们一方面需要充分发挥其在提升效率、降低成本及推动金融创新和流程再造方面的积极作用，另一方面也应该看到金融科技在重塑金融基础设施、货币及金融监管机制安全边界中的重大影响。面对这些挑战，我们需要通过更大力度推动人民币国际化和"新基建"，强化金融基础设施安全边界，以监管机制改革及法律法规建设强化金融监管系统安全边界，以国家金融安全审查机制建设强化国家金融安全防御边界，以金融科技行业标准及全球治理机制的建设强化国家金融安全攻击边界。

当前严峻国内外经济环境凸显了国家金融安全问题的重要性，也造就了我国加快构筑国家金融安全边界、健全国家金融安全体系的历史契机。我国的金融改革开放之路道阻且长，未来的国家金融安全事业仍需不断探索前进！

贸易战背景下的国家金融安全[①]

贸易摩擦其实在两个国家或地区之间较为常见，但在经济大国之间发生的却不多。20 世纪 20—30 年代欧美之间的贸易战、20 世纪 70—90 年代美日之间的贸易战、21 世纪初欧美之间再次的贸易战等，是经济大国或强经济联盟之间的贸易摩擦，这些贸易摩擦的结果均以"双输"结束。中美目前已是全球最强的两大经济体，相互间的贸易摩擦也有不少，但从 2018 年 3 月份开始至今两国之间的贸易摩擦强度之大、范围之广却前所未有。在全球化背景下，各国经济融合发展，制造业、农业、科技、金融等互相影响、融合发展越趋明显。金融是经济的血脉，金融稳则经济稳。因此，在贸易战背景下国家的金融安全显得更为重要。

一、中美贸易战的升级与影响

（一）中美贸易战的升级

这次的中美贸易战可以说是从 2018 年 3 月份开始，大致可分为三个阶段：

第一阶段可以简单地认为是从 2018 年 3 月初到 2018 年 6 月底，这一阶段主要是以谈判为主，温和升级。中间双方宣布采取的措施等交锋情况具体不展开了，公开报道都有。这一阶段历经 3 个多月经过了 3 轮谈判，从公开的公告、报道来看，中美双方主要围绕中美贸易逆差、双向投资、保护知识产权、国企改革、产业补贴等进行谈判，但在很多方面未达成一致意见。第一阶段贸易战并未真正开打，中国尽最大努力争取避免贸易战，美国试图以贸易战相威胁，争取从中国榨取最大利益。

第二阶段是从 2018 年 6 月底到 2019 年 2 月底，这一阶段中美贸易战从

[①] 本文撰写于 2020 年 2 月。

艰难谈判到全面升级。这一阶段其实是中美贸易战彼此采取措施真正生效及发挥作用的阶段，基本采取的是互征、互增关税措施（美国先征、增，中国再回击），这些贸易措施对双方各领域产生真正影响，最终在 G20 峰会中美两国元首会晤谈判后，进入 3 个月的停战期。从 2018 年的 6 月中美贸易战正式"开打"，到后面的全面升级，中国采取的策略仍然是争取谈判为主，但坚决维护自身利益，坚决捍卫自由贸易和多边体制。由刘鹤副总理带队的中方贸易谈判代表团多次与美方贸易代表团进行了谈判，在谈判的过程中也做出很多让步，但坚决维护核心利益，坚决对美国发起的针对中国的每一次贸易制裁或其他制裁进行回击。中美经贸战的全面升级，使中美双方及全球其他经济体对这场贸易战进入全面重新审视阶段，全球经济发展不确定性进一步增加。

中美两国元首 G20 峰会会晤达成相关协议后，中美贸易战进入近半年的缓和期。然而，2019 年 5 月 15 日，随着美国总统特朗普签署行政命令，要求美国进入紧急状态，禁止美国企业使用对国家安全构成风险的企业所生产的电信设备。中美贸易战进入第三阶段，在这一阶段，中美贸易战快速发生转变，由贸易战转向科技战，由一般工业产品战转向战略性工业产品战。从公开公告和报道看，美国已把"贸易战火"燃烧到科技领域，针对中国的华为进行制裁，并进而制裁和压制中国的高端制造业企业，如无人机制造企业大疆。再次暴露美国想全面压制中国的战略意图。中国经过 40 年的改革开放，GDP 占全球经济总量的 16.1%，中美 GDP 之比上升到 66%，工业增加值增长了 187 倍，高铁里程占全球的 2/3 以上，建成了全球最大的移动互联网，中国制造正在全面赶超传统制造业强国。虽然中国人均 GDP 仅相当于美国的 16%，全要素生产率、劳动生产率仅相当于美国的 43% 和 12%，仍远落后于美国，但中国的快速崛起已引起美国的担忧。20 世纪 70—90 年代，美国与日本的贸易摩擦时，日本还没有目前中国经济实力强，美国选择这个时候压制中国的意图已是昭然若揭。

（二）中美贸易战对双方的影响

1. 中美贸易战对中国的影响

从宏观经济层面看，中美贸易战一定程度上增加了中国经济的外部风险和下行压力。根据中国宏观经济研究院的初步预测，如果美国对我国 500 亿美元商品开征25%的关税，预计影响我国GDP约0.1%~0.12%；如果在这个基础上对2000亿美元商品加征10%的关税，预计影响我国GDP约0.2%~0.25%；据美国投行的估算，贸易战持续到2020年则中国GDP会下滑0.4%。目前贸易战在持续，且进一步升级的可能性增加，将会进一步影响GDP的增长，给中国经济带来较大冲击。数据显示，2019年1—4月我国对美国进出口1612亿美元，同比下降15.8%，其中出口下降9.7%，进口下降30.4%。从出口看，中国对美国出口占比由此前的19%左右降至目前的16%左右，对美进口由此前的10%左右降至6%左右。2019年上半年的广交会数据显示，中国对美出口订单金额下降三成，这表明中国对美国的出口已经受到了较大的影响。虽然，2019年一季度GDP增长6.4%，但这是在对欧盟、东盟、"一带一路"沿线国家等出口都出现大幅增长，且实施积极财政政策情况下取得的，那将来这些还有多少空间，不容乐观。

从企业层面看，中美贸易战对部分外向型企业冲击较大，可能带来成本增加、订单下降等问题，企业面临减产歇业、调整重组的挑战。有关数据显示，电子通信、电气机械、木材加工、化学产品、电子信息、汽车等行业企业受影响相对较大。比如，中国进口车市场2018年整体销量下滑8.8%，主要源于美产进口量大幅度下滑35%。中国电子信息通信业最为发达的广东也受到较大影响，东莞是电子信息通信业制造业集群基地，2019年的订单下滑较为严重。中国电子信息通信业虽然取得了较大发展，但其元器件产业仍然相对薄弱，高端CPU、FPGA、AD/DA、射频芯片等高端电子元器件、操作系统等领域仍然严重依赖进口。美国把贸易战引向科技战的原因也在此，对中兴、华为等的制裁就是要进一步打击中国的高科技产业。科技战的进一步升级，将会严重打击国内电子产业的发展，进一步影响相关产业及企业的发展。

从价格方面来看，大宗商品价格上涨会推升通胀风险，通胀压力进一步增加。一是大豆。中国对进口大豆的依存度较高，约60%~70%是进口的，而在所有进口大豆中，美国占了超过一半，2018年进口额达140亿美元。其他大豆主产国大豆的价格要比美国高，如拉美。贸易战的高关税或从其他主产国进口大豆，都可能拉高大豆价格，导致国内物价上涨，推升通胀风险。二是猪肉。2018年进口猪肉价格为每公斤10~11元，今年加征关税以后为每公斤 17 元多,随着非洲猪瘟的集中暴发,国内猪肉供给受到较大影响,据估计 2019 年下半年猪肉价格将会进一步上涨,进一步推升通胀风险。三是石油。2018 年中国进口原油(海运)总量达 4.02 亿吨,同比增长 9%;安哥拉、沙特、伊拉克、俄罗斯、阿曼等是中国石油主要进口国,如果美国对这些国家进行制裁,限制其石油对中国出口,则会带来石油价格上涨,推升国内通胀风险。

此外,需要指出的是,目前虽然贸易战对中国经济整体影响有限,且对其他领域的具体影响尚未表现出来,但其对人民币汇率的稳定、国内资本市场、投资者及企业家信心、消费者心理预期等都带来较大冲击,尤其是对和美国有贸易往来的企业,以及其产品出现在征税清单上或被制裁企业的经营造成极大的心理和实际打击。

2. 中美贸易战对美国的影响

从宏观经济来看,虽然美国 2019 年第一季度 GDP 增长 3.2%,远高于 2018 年第四季度 2.2%的增速,但摩根士丹利商业状况指数(MSBCI)在 6 月份从 5 月份的 45 掉滑至 32,1 个月时间下跌 13 个点,这是从 2008 年金融危机以来下跌最大的一个月,也是最低点。历史数据显示 MSBCI 指数与 ISM 新订单和股市走势密切相关,从该指数的下行来看,ISM 新订单和标普 500 指数正面临下行风险。MSBCI 显示,未来几个月,美国的制造业 PMI 新订单指数将开始走低,预计同比下降约 25%。如果摩根士丹利的指标是正确的,那么美国经济已经陷入衰退。这将是美国对中国发动贸易战的一个转折点,如果美国经济真的陷入衰退,那美国极有可能停止目前对中国的贸易制裁而寻求谈判。

从企业层面来看,2019 年 6 月 13 日,包括沃尔玛在内逾 600 家美国公司致信特朗普,认为关税将打击美国企业和消费者,要求他停止与中国的贸易争端,因为这已损害数百家美国企业和美国消费者的利益。虽然没有准确的数字表明美国企业遭受的影响,但从这个事件来看,美国企业确实遭受了重大打击。此外,让特朗普引以为豪的就业率也开始下滑,根据摩根士丹利的统计,美国经济中最强劲的组成部分——劳动力市场已开始受到冲击,中小企业的就业增长出现大幅下滑。

虽然暂时没有更多准确的数字表明中美贸易战对美国的具体影响,但有不少数字表明，美国当前股市、债市、市场信心、企业盈利等都已受到冲击。中美贸易战一年多来，全球经济受到了冲击。进入2019年，据不完全统计，全球已有14家央行实施了降息以对经济进行援助。美国同样面临这方面的压力，也正在进行货币政策的调整，极有可能会在下半年出现降息。

二、国家金融安全及其重要性

（一）国家金融安全

国家金融安全从不同的角度看有不同的理解，目前尚未形成统一的共识。但有一点是形成共识的，即国家金融安全是国家安全的重要组成部分。习总书记在2017年4月25号中央政治局第四次集体会议上指出"金融安全是国家安全的重要组成部分，是经济平稳发展的重要基础。维护金融安全是关系我国经济社会发展全局中战略性根本性的大事"。安全是一种状态，所以国家金融安全应该是指一个国家所拥有的金融价值及其金融的价值基础不被威胁和不受威胁的一种状态。具体是指一个国家的金融体系、体制、机制、机构等金融价值，以及粮食、能源、实体企业等金融价值的基础，不被威胁和不受威胁的状态。基于此，国家金融安全具备以下几个特征：第一是动态性，根据国际国家的情况不断调整；第二是全球化，即全球化下的国家金融安全；第三是政治性；第四是独立性，前提是国家独立的主权，定义的说法以主权国家概念来提；第五是完整性，保证整个国家金融体系完整的一个保障；第六是脆弱性。

基于对国家金融安全的理解，如果要保障一个国家的金融处于安全的状态，即处于安全的范围内或安全的边界内。因此，一个国家的金融安全应该有一个边界。在此我们提出一个概念，即国家金融安全边界，它指一个国家所拥有的所有金融价值，以及金融价值的基础，不被威胁和不受威胁状态的边界。它有两层含义，一是国家金融安全边界应该包括体系、体制、机制、机构等金融价值，以及金融价值的基础，像粮食、能源、实体等。二是一个国家的金融价值及金融价值基础处于什么状态，哪些标准范围内的，这样一种状态或标准就是国家金融安全边界。按照马克思唯物主义辩证法，安全的获得应该包括防御和进攻两块，所以我们对边界构建同样要考虑到这些。

国家金融安全边界应该是对一个主权国家而言的，即主权国家为维护国家金融安全设定的不可接受的金融运行结果，以及为确保不出现此类结果的金融行为准则，换句话说就是可以从结果和行为两个维度去审视或界定一个国家金融安全的边界。从结果的视角，比如说假定结果——不发生系统性的金融风险，不发生大型商业银行倒闭；资本外流、人民币贬值等在一定时间内不能超过多少。从行为的视角来说，避免这个结果应该设定什么样的运行规则。如果金融市场的准入要开放，哪些不开放、怎么开放、度有多少、量有多少。这是一个逆向的思考，对这些问题的回答，实际上就是在构建边界的空间。

国家金融安全边界也有几个特征：第一是稳定性和动态性，边界在中短期具有较强的稳定性，长期如五年以上，一个国家的开放程度是动态的、不断调整的。第二是包容性，边界有的很模糊，不能很明确处理。比如，五大行公布不良贷款率是1.5%、1.6%，后来说1.7%、1.8%，它是比较模糊的，只能从一个大概的范围去看。第三是原则性和操作性。确保国家金融安全不发生系统性金融风险是基本原则，同时要有可操作性。第四是体系化和优先级。要确保边界对整个的金融全覆盖，包括机构、市场、科技、基础设施等，要优先面向于关键重点地方、薄弱环节。

（二）国家金融安全的重要性

1. 国家金融安全是国家安全的重要组成部分，金融安全关系着国家安全的完整

由前所述及国家金融安全的定义可知，金融安全是国家安全的重要组成部分已形成共识。2013年11月成立国家安全委员会，其主要职责是完善国家安全体制和国家安全战略，以确保国家安全；2015年1月，中央政治局审议通过的《国家安全战略纲要》指出，经济安全是国家安全的基础，强调应重视经济安全、文化安全、科技安全、信息安全、资源安全等非传统安全领域；2015年7月1日，经第十二届全国人民代表大会常务委员会第十五次会议通过，中华人民共和国主席令第29号公布实施的《中华人民共和国国家安全法》第二十条"国家健全金融宏观审慎管理和金融风险防范、处置机制，加强金融基础设施和基础能力建设，防范和化解系统性、区域性金融风险，防范和抵御外部金融风险的冲击"；2017年4月25日，习总书记在中央政治局第四次集体会议上指出"金融安全是国家安全的重要组成

部分，是经济平稳发展的重要基础"；2019 年 2 月 22 日，习总书记在中共中央政治局第十三次集体学习时再次强调，金融安全是国家安全的重要组成部分。

2. 国家金融安全是国家经济安全和健康发展的强大支柱

金融是经济的有机组成部分，金融安全是经济安全平稳运行的重要基础。早在 2017 年 4 月 25 日，习总书记在中共中央政治局第四十次集体学习时就指出，"金融是现代经济的核心，在很大程度上影响甚至决定着经济健康发展；保持经济平稳健康发展，一定要把金融搞好；金融活，经济活；金融稳，经济稳"。2019 年 2 月 22 日，习总书记在中共中央政治局第十三次集体学习时再次强调，"经济兴，金融兴；经济强，金融强。经济是肌体，金融是血脉，两者共生共荣"。

2015 年，我国开始启动供给侧结构性改革，随着改革的推进，经济金融体系中多年累积的周期性、体制机制性矛盾和风险正在水落石出；2017年、2018 年，随着金融监管体制的调整及资管新规的落地实施，金融强监管已成为新常态，P2P 平台违约、地方政府债违约、上市公司违约等金融风险事件逐渐暴露，在风险进一步处置的情况下，全国商业银行不良率仍高达1.89%。在守住不发生系统性金融风险底线的同时，实现经济的发展，是新时代国家对金融安全与经济发展的要求。

3. 国家金融安全是推进国家治理体系和治理能力现代化建设的有力保障

从国际看，金融已经突破经济工具的角色定位，成为现代国家治理和国际竞争的重要手段。在经济全球化深入发展与国际竞争日益激烈的形势下，金融手段越来越成为发达国家转嫁危机、刺激经济增长、维护经济与金融强权的手段。从国内看，金融是最直接、最有效、最广泛的调节利益的媒介中枢。用对、用活、用好金融手段，是治国理政的应有之义，是实现国家治理现代化的关键。党的十八大以来，中央反复强调要把防控金融风险放到更加重要的位置，牢牢守住不发生系统性风险底线，采取一系列措施加强金融监管，防范和化解金融风险，维护金融安全和稳定。2017 年 4 月 25 日，习总书记在中共中央政治局第十四次集体学习上再次强调，维护金融安全，是关系我国经济社会发展全局的一件带有战略性、根本性的大事。金融是现代经济的核心，是资源配置和宏观调控的重要工具。我国已成为世界第二大经济体，近年来在金融方面也与全球金融体系融合得越来越紧密，正在经济、金融领域发挥更多更大的作用。

4. 国家金融安全是应对外部金融风险冲击的重要保障

（1）国家金融安全能有效应对债务危机的传导风险。如前所述，2018年全球贸易保护主义、单边主义严重抬头，中美贸易摩擦给中美经济造成不利影响，更是对我国经济社会的发展增加了诸多的不确定性。我国是美国最大的债权国和美元持有国，截至2018年底持有美元债11235亿美元、持有30727亿美元。目前有些研究指出，中美贸易战极有可能从贸易领域、科技领域扩大到金融领域。畅销书《大空头》作家迈克尔·刘易斯称美国总统特朗普有可能在未来选择性对中国所持有的美国国债及其他债券违约，这也许并不是危言耸听。若美国定向对我国违约或美元汇率打压，对我国金融安全将造成严重危害。冰岛、阿根廷、乌拉圭、巴西、智利等数十个国家曾因外债濒临"破产"，国家金融安全严重受损。构建我国金融安全边界，确保国家金融安全，是有效应对债务风险的重要保障。

（2）国家金融安全能有效应对汇率风险的传导风险。20世纪70—90年代，美日贸易摩擦期间美国牵头五个国家签署"广场协议"迫使日元大幅度升值，由此导致日本金融安全边界严重受损。进入21世纪以来，汇率更成为金融强国转移风险的重要工具，美国、日本等发达国家为了平衡、缓释、转移其国内经济金融矛盾和风险，往往会根据当时实际情况，使用汇率、进出口管制等手段迫使人民币升值或贬值。如目前的中美贸易战，美国不顾其高消费低储蓄的金融现状，而指责中美之间的贸易逆差是由中国的产业补贴造成；2018年就四次调整利率刺激资金回流美国，对全球汇率市场造成冲击，以此转移内部矛盾和风险。汇率市场是国家金融安全的重要组成要素，我国对汇率实行的2%~3%的浮动管制就是为了确保国家金融安全，防范汇率风险。

（3）国家金融安全能有效应对货币政策和财政政策的传导风险。2008年美国爆发金融危机，为尽快从危机中走出及恢复，同年就推出了QE政策，美国的QE货币政策直接导致国际市场的货币供应量增加、货币贬值、推高黄金白银的价格。由美国引发的次贷危机对全球金融市场及经济造成巨大冲击,各经济体为了降低损失,恢复经济发展,多数实行了较为宽松的货币政策及财政政策。2014年始,美国为防止经济过热,同时为增加资本回流支持国内实体经济,加息和缩表频率增加,仅2018年就加息4次,并实施税改致美国资本回流;欧洲、日本的货币政策和财政政策均有收紧趋势,流动性风险和国际金融市场动荡风险增加,并对新兴市场国家形成外溢效应。这次中美贸易战我国加强了逆周期调节因子的使用,在金融供给侧改革、防范系统性风险的同时,实施稳健的货币政策及积极的财政政策,保障国家金融安全,也进一步预防国际其他经济体货币政策及财政政策的风险传导。

三、贸易战与国家金融安全的关系

如前所述,2019年5月中美贸易谈判没有如预期达成协议,之后贸易战火速升级的同时,科技战呈现迅速蔓延态势。美国全面压制华为,限制美国供应商甚至要求其盟友停止向华为供货,而《人民日报》发文明确指出中国可以选择限制稀土出口对美进行反制。伴随着中美之间在越来越多的领域直面交锋,现在战火已从贸易领域燃至科技领域,下一个是否会是金融领域呢?即便不会在金融领域开战,但贸易与国家金融安全却息息相关。

(一)贸易进出口与国家金融安全

外汇市场是指经营外币和以外币计价的票据等有价证券买卖的市场,是金融市场的主要组成部分。我国的外汇市场由两个层次构成:第一个层次是客户与外汇指定银行之间的零售市场,又称银行结售汇市场;第二个层次是银行之间买卖外汇的同业市场,又称银行间外汇市场,包括银行与银行相互之间的交易,以及外汇指定银行与中央银行之间的交易。我国的外汇市场由外汇制度进行管理,主要指汇率报价及外汇管理;从监管体制上主要由中国人民银行、中国外汇交易中心以及外汇管理局管理。外汇管理主要是指企业结汇和个人售汇,结汇是指企业和个人通过银行或其他交易中介卖出外汇换取本币,售汇是指企业和个人通过银行和其他交易中介用本币买入外汇。

自我国实行强制结汇后,外汇储备一直上升,最高上升到4万多亿美元,现在还有3万多亿美元。虽然,目前我国已是世界进出口贸易第一大国,但我们的外汇储备已远超过日常国际收支的需要,并逐渐演变成为我国货币投放的主渠道。结汇产生和积累了大量外汇储备，发行了大量的基础货币。货币的发行与储备：一是为了经济发展的需要，二是为了进出口货物贸易需要，三是为了抵抗外部金融冲击的需要。因此，我国贸易量的增加需要储备大量的外汇，巨额外汇则直接影响国内货币的供给量，进而影响国内金融市场的流动性、金融机构的流动性，进而影响其他生产、服务部门的流动性，金融基础价值的安全状况又反过来影响国家金融安全。

此外，根据数据显示，截至2018年底，我国有7.3万亿美元资产中的一半以上以美元形态存在，一旦汇率发生大的变动，将严重影响这些资产的价值。美元作为国际储备货币，在全球外汇储备中占比超过60%，而人民币仅占2%左右。在IMF特别提款权（SDR）权重中，美元稳定在40%以上，2016年底人民币正式"入篮"，比重为10.92%，仅为美国的1/4左右。即便如此，伴随巨大的外汇储备及人民币国际化进程的提高，通过这些外汇储备及人民币汇率，影响国内外商品价格、资金流向等能力将会进一步提高。因此，正如前面也提到的，汇率成为金融强国转移风险的工具，通过影响汇率影响进出口货物的价格、本币与外币的流动机制、外部金融价值及金融价值布局，进而影响金融价值基础及对外防御边界安全，外部金融不稳定又反过来影响国家金融安全。

（二）汇率与国家金融安全

与汇率息息相关的是国际收支平衡、通胀水平和资本流通，国际收支平衡和通胀水平与国家金融安全的关系上文已基本阐明，关于汇率与国家金融安全的关系，我想通过20世纪美国与日本的贸易摩擦加以阐释。

20世纪70年代以来美日贸易摩擦，美日贸易摩擦大致可分为两个阶段，70年代至80年代中期和80年代中期至90年代中期，这两个阶段对日元的影响大致有四个过程：一是，布雷顿森林体系瓦解促使日元被迫升值（1971.3—1973.2）；二是，石油危机后美国向日本汇率再次施压（1975.8—1978.8）；三是，广场协议逼迫日元第三次升值（1985.1—1987.12）；四是，国内国际因素共同推动日元第四次升值（1990.5—1995.3）。经过这四个过程，日元兑美元的汇率从360∶1的固定汇率到围绕100∶1上下波动，升值幅度达260%，且两国之间的贸易摩擦扩展到半导体等高技术产品和通信金融等行业，此后日本进入经济困难期，也就是所谓的

"日本失去的20年"。到目前为止,日本经济仍处于缓慢的滞胀期。从2018年到目前的中美贸易战,其实与20世纪这两个阶段的美日贸易摩擦本质是一样的,即美国要维护其全球经济霸权。正如前所述,中美贸易战已燃至科技领域,极有可能会燃至金融领域,美国极有可能"如法炮制",用之前对付日本的战术对付中国,干预汇率—迫使人民币升值则非常有可能是美国对中国金融领域攻击的第一招。

2019年5月29日,美国财政部公布半年度汇率观察报告,中国、日本、韩国、德国,以及新增的意大利、爱尔兰、新加坡、马来西亚、越南9个经济体被列入汇率操纵观察名单。美国最新修改的汇率操纵认定标准包括:(1)在过去的12个月里,与美国双边货物贸易顺差超过200亿美元;(2)经常账户占GDP比重高于2%(原标准为3%);(3)过去12个月里至少有6个月,持续向一个方向干预本币汇率(原标准为8个月),净购买的外币规模占GDP比重大于2%。当贸易伙伴经济体满足全部三个标准时,即被认定"汇率操纵";倘若满足两个标准,则列入观察名单,名单一经列入,至少保持两期报告;倘若仅满足一个标准,理论上移除观察名单,但若与美国双边贸易失衡规模极大,则也会保留在观察名单(如中国,2019年前5个月中国对美国贸易顺差为7506.2亿元,扩大11.9%)。

2018年全年我国外汇市场累计成交29.07万亿美元,较2017年增加近5万亿美元。其中,银行对客户市场成交2.46万亿元人民币(等值3577亿美元),银行间市场成交18.56万亿元人民币(等值2.70万亿美元);即期市场累计成交7.69万亿元人民币(等值1.12万亿美元),衍生品市场累计成交13.33万亿元人民币(等值1.94万亿美元)。2018年我国经常项目顺差490.92亿美元,其中贸易顺差3951.71亿美元,服务贸易逆差2922.49亿美元,这服务贸易逆差里面金融服务逆差增加了31.44%,知识产权逆差增加26.22%,其他政府服务逆差增加54.63%,这些数据均从侧面说明我国对外开放的程度在增加,尤其是金融业对外开放加大;2018年初次收入账户逆差514亿美元,环比增加了412.31亿美元,其中,资金汇入减少18.35%,资金流出则增加了3.82%。2018年,非储备性质金融账户顺差1305.67亿美元,环比增加19.20%,其中,资金流入4837.86亿美元,环比增加9.47%,而资金流出3532.19亿美元,环比增加6.26%。总体而言,经常项目和直接投资占GDP的比重一直处于下跌趋势，2018年我国国际收支延续了2017年双顺差的特征，即经常项目和非储备性质的金融账户出现双顺差，但经常项目顺差额度环比大幅萎缩，非储备性质金融账户顺差出现明显增加。

我国的外汇管理分为经常项目和资本项目管理，主要是把外汇占款变成国家的资本项目，资本项目是严格管控的，即严格管控外汇占款；经常项目实行可兑换，但进行限额管理。在我国资本流通影响汇率主要是指资本项目对汇率的影响，从上述数据可知：第一，涉及直接投资的资本项目基本比较稳定，外商直接投资有些波动但基本稳定；第二，中国企业"走出去"投资增多，这是全球化和我国政策放开的结果；第三，有部分人由于信心、产权保护、原罪等问题，谋求海外移民、投资买房等，或部分企业家在中国破产法还不完善的情况下，自己采取了"跑路"保护；第四，中国经济规模大，开放程度大幅提高，正常投资中的资本外流问题难以杜绝，与每年4万多亿美元的贸易总量和3万多亿美元的外汇储备相比不算大。因此，资本流通会对汇率产生影响，且会进一步影响国家金融安全，但在外汇制度的安排下，资本跨境流通受到严格管制，且有大额外汇储备和贸易往来，资本对汇率的影响不大，或完全可控。

此外，需研究汇率与美国退出量化宽松的关系、与美国加息的关系，与其他国家货币政策的关系。中国目前实行的是"收盘价+一篮子货币汇率变化+逆周期因子"的汇率形成机制，其主要考虑的是美元、欧元、日元、马克等全球主要货币，若这些国家的货币政策出现变化则会影响人民币的汇率变化，尤其是美元。比如，各国实行货币宽松政策，则会有较多热钱想进入中国，虽然能跨境流动的QDII和QFII的数量都相当有限，进出的规模和速度都受管理，但境外投机力量会在情绪上影响境内市场，一些出口企业受到预期的影响，通过结汇与否、何处结汇、延期结汇，在贸易方面做远期规避风险，调整投资时点、提前购汇等影响汇率波动。

央行为了避免中美贸易战对外汇的影响，同时避免外汇市场数量型干预，保持汇率在合理范围内的波动，采取价格型工具（离岸央票和中间价逆周期因子）和预期管理工具来调控人民币汇率。此外，外管局公布《银行外汇业务合规与审慎经营评估办法》，启用"银行审慎经营评估"，包括银行结售汇和涉外收付款比率、内保外贷履约率、离岸转手买卖收支偏离度、银行 90 天以上进口贸易融资比重、银行对外外汇净负债比率变动等指标。在外汇市场风险严峻时期，银行审慎经营评估权重可提升达到 25%，高于 2018 年银行外汇考核框架中"风险性考核指标"12% 的权重。

因此，外汇对国家金融安全确实有影响，但目前我国的外汇制度和多种临时外汇市场管控手段，能较好地确保国家金融安全。目前汇率实行的"一篮子货币汇率变化"形成机制，明显增强了预期性，但一篮子里面的货币权重、宏观经济数据对货币的需求等都难以准确确定，更难以形成市场预期。目前的外汇市场机制尚存在较大的改进空间，如透明度、成熟度等。

（三）战略矿产贸易与国家金融安全

1. 黄金矿产与国家金融安全

1944 年，由美国、英国主导建立了布雷顿森林货币体系即以美元为中心的国际货币体系，其中主要特征是美元与黄金挂钩、其他国家货币与美元挂钩、确定国际储备资产等主要内容。美国通过该体系获取了大量黄金、向全球输出大量的美元等，直接或间接地掌控了国际支付结算体系，成为美国当时国家金融安全防御与攻击的主要武器。自 1976 年牙买加协定达成以来，已形成以美元为主导的现代国际货币体系，废除了布雷顿森林体系下的黄金条款，黄金与美元脱钩并逐渐商品化。但黄金依然是人类社会唯一可以突破地域限制、语言障碍、文化背景甚至时空阻隔的国际公认的永恒资产。即使是在全球市场高度发达、国际贸易和金融结算已经进入电子化的今天，黄金依然是维系人们对金融市场信心的重要手段、对抗信用货币体系风险的重要工具、国际支付的最后手段和国家储备的最后形式。

数据显示：目前各国央行持有黄金储备 30922 吨，约占全部外汇储备的 12%。美国持有黄金储备最多，达 8133.5 吨，占其外汇储备的 76.7%；欧元区国家持有黄金储备 10788 吨，占其全部外汇储备的 65.4%。即使在金融危机爆发和面临主权债务危机的情况下，欧美诸国也维持了黄金储备的相对稳定。中国作为世界第二大经济体及外汇储备第一大国，中国的黄金储备量为 1842.6 吨，仅占外汇储备约 2.2%，不仅远低于西方发达国家水平，也远低于国际平均水平。近几年，俄罗斯、印度、沙特阿拉伯、韩国、墨西哥等国央行不断增加黄金储备，世界各国央行从 2009 年起已成为黄金净买入方。

财政部曾组织过相关课题研究,研究结果和数据显示:第一,长期来看,美国货币发行量 M2 是影响黄金价格的重要因素,它与黄金价格高度正相关,弹性系数达到 1.0443。近几年,美国推行弱势美元及量化宽松货币政策,M2 对黄金价格的影响程度进一步加深,弹性系数上升到 2.1999。美元信用的过度扩张成为推动黄金价格持续上涨的最主要因素,黄金价格反映了对纸币美元信用的不信任程度。第二,黄金具有良好的抵抗通货膨胀功能,黄金价格与表示通货膨胀水平的 CRB 指数高度正相关,弹性系数达到 1.0202。第三,黄金价格与道琼斯工业指数传统上存在负相关性,近几年由于黄金投资升温,黄金已成为投资组合的有效组成部分,扩展了投资组合有效边界,它们之间的负相关性出现弱化趋势,弹性系数仅为 -0.0194。第四,黄金价格与美元指数低相关,进一步表明黄金可以作为外汇储备的有效组成部分,并可以规避美元贬值风险。研究结论建议,中国黄金储备应增加至 6718 吨以上,占外汇储备的比重提高至 10.62%,才能充分地发挥黄金的避险功能。

因此,黄金会通过影响货币发行量、货币价值、工业指数、外汇市场等传导对金融的影响,进一步影响国家金融安全。

2. 稀土矿产与国家金融安全

稀土(rare earth)是元素周期表中钪、钇和镧系元素共 17 种化学元素的统称,是不可再生资源,是重要的战略资源,素有"工业维生素"的美称。稀土元素由于原子的结构特殊,电子能级异常丰富,具有许多优异的光、电、磁、核等特性,能与其他材料组成性能各异、品种繁多的新型材料,其最显著的功能就是大幅度提高其他产品的质量和性能,是诸多高科技的润滑剂,其在石油、化工、冶金等领域得到了广泛应用。稀土产品主要包括稀土金属、稀土氧化物、稀土合金等三大类,目前主要应用于军事、石油化工、农业、高新材料、玻璃陶瓷、冶金等领域。

稀土分为轻稀土和重稀土,重稀土更为稀缺。数据显示,我国稀土资源量为 6780 万吨,约占世界 55%,资源储量世界第一;截至 2015 年全球已探明重稀土储量约为 54.42 万吨;其中,41% 在中国,22% 在美国,18% 在澳大利亚,13% 在印度,1% 在巴西,剩余 3% 分布在全球其他国家。稀土产业链中上游是稀土开采、中游是稀土加工、下游是稀土应用。下游应用主要包括军事、石油化工、农业、高新材料、玻璃陶瓷、冶金等领域，其中高新材料占国内稀土材料消费量的 61.85%。全球稀土消费国主要是美国、中国、欧洲、日本及东南亚等国家和地区，其中北美占消费量的 29%。因而，稀土其实与军事、石油化工、农业、高新材料、玻璃陶瓷、冶金等产业息息相关，尤其是高新材料产业，如果稀土断供，则这些产业将受到极大影响，甚至有些材料无法生产，动摇整个工业体系，使国家金融丧失根基。

目前，我国实行稀土配额开采、配额出口制度，严格控制稀土的开采、生产、加工，尤其是出口。比如，2000 年实施开采配额制度，2006 年停止发放采矿权并实施出口配额制度，2007 年稀土勘探、开采和选矿禁止外商进入，2010 年发布行业进入条件，2012 年实施国家自动稀土战略收储。数据显示：中国稀土行业的快速发展，不仅满足了国内经济社会发展的需要，而且为全球稀土供应做出了重要贡献。然而，从 20 世纪 90 年代开始，美国、澳大利亚、加拿大等拥有稀土矿的国家普遍实行限制或停止开发本国稀土矿的政策，转而从我国进口作为战略储备。其实美国的稀土储量约为 1300 万吨，占世界储量的 10%，相对来说也很丰富，但美国并不开采自己的稀土矿，反而封存了国内最大的稀土矿芒廷帕斯矿，全面停止钼生产及其他稀土矿的开采，每年从我国大量进口稀土进行战略储备。当前，中国以 23% 的稀土资源承担了世界 90% 以上的市场供应。

习总书记 2019 年 5 月 20—22 日在江西考察时指出，稀土是重要的战略资源，也是不可再生资源。要加大科技创新工作力度，不断提高开发利用的技术水平，延伸产业链，提高附加值，加强项目环境保护，实现绿色发展、可持续发展。我们应重新规划稀土的使用和保护，梳理稀土与其他领域的关系，厘清稀土与其他产业关系的传导机制，把握关系链条上的重要节点。

（四）战略性实体经济贸易与国家金融安全

1. 电子信息制造业企业与国家金融安全

电子信息制造业（电子产业）是研制和生产电子设备及各种电子元件、器件、仪器、仪表的工业，由广播电视设备、通信导航设备、雷达设备、电子计算机、电子元器件、电子仪器仪表和其他电子专用设备等生产行业组成。其典型特征是军民结合型工业，几乎涉及所有的信息通信基础设备，是工业体系的根基行业，更是军事领域的必需品。因此，电子信息制造业直接关系到国家安全，关系到国家主权独立性及核心利益的维护。如果国家安全或主权都无法得到保障，按照前面的定义，国家金融安全也就无法保障，边界也就无从存在。

从这也不难看出美国对我国的电子信息制造业打击的原因了。美国以涉及美国安全为由，禁止中兴、华为等我国电子信息制造业企业的技术研发、产品流通等。比如，华为投入巨资研发的 5G 技术及系列产品，在国际拥有标准制定权，但在接近商用的关键时刻，却遭到以美国为首的西方国家的各种打击和封锁。美国已把中国电子信息制造业的顶尖技术上升到危害国家安全罪的高度。

2017 年，根据国家统计局发布的国民经济统计数据，中国信通院测算了数字经济涉及的 42 个行业，主要是信息通信产业的行业，2017 年我国数字经济总量达 27.2 万亿元，同比名义增长超过 20.3%，显著高于当年 GDP 增速，占 GDP 比重达到 32.9%，同比提升 2.6%，对 GDP 的贡献为 55%；2017 年我国数字经济领域就业人数达 1.71 亿人，占当年总就业人数的 22.1%，同比提升 2.5%，其中信息通信产业部分就业人数达 1175 万人，同比增长 11.0%，数字经济融合部分就业人数达到 1.6 亿人，同比增长 13.1%。

从电子信息制造业对 GDP、就业等的贡献可以看出，它直接关系到国家工业体系建设、数据经济发展、社会安定等，而工业、数字经济等都是国家金融的价值基础，经济是金融的肌体。因此，电子信息制造业的关键企业将通过影响工业体系建设、数据经济发展等，进而影响 GDP、就业、税收等，影响国家金融安全。ReconAnalytics 在 2018 年 4 月发布报告的数据显示，2011—2014 年，4G 的引入为无线行业贡献了 70% 的增长，不仅提高了 GDP，同时无线行业的就业岗位增加了 80% 以上。进一步从侧面说明美国为何打击我国的 5G 建设，它寄希望于从工业、就业、税收、金融等多方面压制我国的发展，维护其全球领导地位。

2. 优质上市企业与国家金融安全

目前 A 股上市公司总计 3606 家，其中上证 A 股 1461 家，深证 A 股

2145家；A股总市值大约50万亿元，2018年GDP总量90万亿元，比值55%。股神巴菲特说过一句话：美国股市市值如果低于GDP的60%就是被低估了。随着我国资产证券化比率的不断提高，将来股市市值会超过60%，甚至更高。

我国证券市场虽然经过30年的快速发展，但尚未成熟。比较明显的一个特征是，投资者多以个人投资者为主，机构投资者较少。这样极易造成股票市场的"羊群效应"，大量研究表明，由于信息不透明、信息不对称、个体经济理性等的存在，股票市场的个别投资机构行为或某些个人投资者群体行为发生异常时，往往会造成大量的个人投资者跟随，引发股市动荡。因此，上市企业对国家金融安全的第一个传导机理是由股票市场中个人投资者或机构投资的某些投资行为引起的"羊群效应"，导致股票市场的流动性危机。这可以从两个角度来看：一是，投资者加杠杆或减少股票投资，影响股市流动性；二是，由投资而引起的其他社会生产部门、生活部门流动性问题。所以，我国规定了股市涨跌不超过10%；当然，科创板和创业板最高涨跌不超过20%。

能在A股上市的企业均是优质企业，其成为GDP、工业体系、就业吸纳、税收等的顶梁柱。但股票市场是流通性最高的市场，一定额度内的股票买卖自由。一方面，专业的股票炒作机构和企图不良的投机者，会通过频繁短线操作和集散股成为大股东，以达到控制股票或企业而获利的目的。另一方面，很多上市企业为了扩张，或控制人为达到个人目的，往往通过股票质押、增资扩股等方式进行套现，一旦出现扩张受阻或资金链断裂，企业会面临裁员、破产清算等动荡，甚至引发社会动荡。因此，上市企业对国家金融安全的第二个传导机理是上市企业的市值管理等出现问题，导致企业发生减产、停产、裁员、破产清算等危机，影响工业体系、就业、税收等。比如员工较多的企业一旦倒闭，将产生大量失业人口，影响社会安定。

四、贸易战背景下保障我国金融安全的对策

（一）正确处理中美关系，坚定继续深化改革开放

1. 正确处理中美关系，避免"修昔底德陷阱"

如前所述，中美已是全球最大最强的两大经济体，虽然美国不管从经济总量或人均总量上都要比中国强大很多，但如果按照目前的增长速度，2027年中国的经济总量将超过美国。如何处理关系无疑是两国共同面临的问题，目前的这种贸易战无疑是不可持续的。虽然中美都清楚这一点，但美国对中国的战略已发生全面改变，2017年12月特朗普政府发布的《美国国家安全战略报告》中，不仅把中国作为其战略竞争对手，还推翻了中美建交以来美国与中国接触和合作的战略性基础，即支持中国发展并帮助其融入第二次世界大战后美国主导建立的国际秩序；很多研究报告也都指出或得出结论，美国政界、商界以及普通民众对中国的看法都与以往不同，均认为中国是美国的竞争对手，目前可以肯定的是美国的精英阶层已把中国视为美国的竞争对手，且要采取措施阻止中国超越美国。

基于此，中美关系应秉持以下原则：一是坚持国家独立主权，金融安全是国家安全的一部分，国家主权独立则要求国家金融独立，金融要保持开放独立；二是"斗争求共赢"，毛主席曾说过"以斗争求团结则团结存，以退让求团结则团结亡"，其实我们与美国目前已是这种状态，中美两国完全没有摩擦目前来看是不太可能了，所以"斗争中和平共处"将成为常态，两国和平相处不仅对两国有益，对全球其他各经济体都是一种共赢。

当然，在秉持这两个原则时，要避免"修昔底德陷阱"。这需要高超的谈判技巧，中美两国都是军事强国、核武拥有国，战争不符合两国的利益诉求，更不符合全人类共同发展的美好愿望。2018年在中美两国贸易战全面升级时，美国著名经济学家伯格斯腾重提"两国集团"概念（"两国集团"是他于2005年提出的）。他认为，中美两国应合作共同主导世界事务，建议中美战略经济对话机制升级为"领导世界经济秩序的两国集团格局"。2007年3月，哈佛大学教授尼尔·弗格森提出"中美共同体（Chinamerica）"的概念，这主要是围绕中美建设性合作关系的形式、性质和发展方向问题论述时提出的一个概念，其实与伯格斯腾的"两国集团"观点类似。当然，我国实行的是不搞集团、不选边站的策略，但这是中美两国关系发展的一个方向，其中建议美国与中国分享全球经济领导地位，鼓励中国承担更多责任无疑是一个不错的选择。

2. 坚持金融对外开放，培育金融业核心竞争力

习近平总书记在2017年冬季达沃斯论坛中提出，中国将扩大对外开放

格局，营造宽松有序的投资环境，放宽外商投资准入。2017年中央金融工作会议强调，要扩大和推动金融对外开放，加快建立完善有利于保护金融消费者权益、有利于增强金融有序竞争、有利于防范金融风险的机制。习总书记在2018年博鳌论坛中强调，中国将在银行、证券、保险等金融行业大幅度放宽市场准入，鼓励竞争，坚决破除制约使市场在资源配置中起决定性作用的体制机制弊端。后续公布了我国金融各市场具体的开放时间表，倒逼我国金融业的改革开放。开放是趋势，是我国金融业发展壮大的重要举措和必经之路。

一是，完善金融业开放的制度规则，实现制度性、系统性开放。加快相关制度规则与国际接轨，不断完善会计、税收等配套制度。加强顶层设计，统一规则，同类金融业务规则尽可能"合并同类项"。二是，坚持金融服务业开放、金融市场开放与人民币汇率形成机制改革相互配合，协调推进。三是，开放投资市场，按照新的《外商投资法》对资本流动进行审核。以渐进式市场化手段推进我国金融开放的进程，在开放中培育我国金融业的核心竞争力。

3. 坚持金融供给侧改革，稳定金融业

（1）调整金融去杠杆政策。2017年底中央银行公布政府的负债率是36.2%、企业负债是GDP总量的159%、个人负债占GDP总量的55.8%，三种负债加起来，杠杆率达到250%，这个数据远超风险警戒线。因此，急需金融去杠杆，降低负债率。然而，这些杠杆是几十年形成的，杠杆去得太快，会发生风险，如：去年下半年许多企业的资金链断裂、金融机构风险暴露、债务违约、上市公司违约等。所以，去杠杆应该要结构性和掌握好力度。2019年6月13日在第十一届陆家嘴论坛上，刘鹤副总理就指出，金融风险攻坚战要把握好处置风险的力度和节奏。

（2）调整货币政策。实行稳健的货币政策，M2增长速度应与名义GDP增速相当。畅通货币政策的传导机制，保证充足的流动性，定向降准降息。

（3）稳定金融秩序。随着金融科技的发展，我国各类互联网金融平台飞速发展，两三年时间出现了数千家互联金融平台。但这些平台中有很多在人才配备、制度设计、风险防范能力等方面都存在较大问题，因此在防范系统性风险、去杠杆的大环境下，很多平台都出现了风险。曾一度出现数千投资人被骗而引发群体性事件,这些事件影响整个金融业的秩序,甚至影响社会秩序。此外,影子银行、数字货币等的秩序尚需进一步规范和治理。

(4)稳定汇率。第一,我国已是全球第一贸易大国,同数百个国家或地区有贸易往来,每年进出口贸易数十万亿美元。第二,我国拥有巨额外汇储备,目前拥有30987.6亿美元外汇储备,黄金储备1885.3吨。第三,我国企业跨国发展增多,许多企业都在海外拥有业务,且有许多企业开展海外并购。第四,"一带一路"建设的推进,海外联合项目越来越多。这些都需要与世界各国、各地区发生大量的货币结算,汇率的稳定无疑是至关重要的。

4. 夯实我国金融基础价值,稳定金融根基

如前所述,我国金融基础价值主要指战略矿产、战略性实体企业等。黄金、稀土等战略性矿产对金融的重要性在前面已有论述,就不再赘述。我国其实很早就对稀土等战略性矿产有保护性开采、利用的法律法规及制度安排,但由于执法不严、技术不够先进、民众保护意识差等问题,对其保护利用的现状不容乐观。将来应在这方面加强宣传与保护,从理念、观念上改变民众对稀土的保护观。最新数据显示,中国2019年4月稀土出口数量为4329吨,5月稀土出口3640吨,环比下降16%;1—5月稀土出口19265.8吨,同比下降7.2%。自习总书记5月份在江西考察时指出:稀土是重要的战略资源,稀土的保护利用工作将得到更好的推进。

经过40年的改革开放,我国已建成全球规模最大、门类最齐全的工业体系,已成为全球最令人瞩目的拥有全产业链的国家,已成为全球产业链和供应链的关键节点,拥有世界上最完善的产业链,深度参与全球价值链创造与构建。珠三角、长三角的制造业是目前全球制造业产业链最完善的地区,尤其在珠三角。随着国家千人计划、万人计划、中国智造2025等计划的实施,中国工业已发生深刻变革,我们可以在推进"一带一路"建设的过程中,加强与沿线国家的合作,升级"中国制造"为"与中国同创",以合作共赢的方式夯实我国的制造业基础,夯实实体经济,为金融安全提供强大的价值基础。

(二)市场化方式推进构建我国国家金融安全边界

要构建我国国家金融安全边界,首先要明确金融价值及金融价值基础的

主要内容，其次是确定金融价值及金融价值基础的安全边界或标准或阈值，再次是要厘清各类金融价值及各类金融价值基础间的边界关系，最后是构建金融安全边界的具体举措。

1. 明确我国的金融价值及金融价值基础

按照前面国家金融安全的定义，我国的金融价值应包括："一委一行两会"及各派出机构、各省市监管机构的监管体系体制机制；监管政策体系及其政策本身；银行、保险、基金、证券、期货等银行及非银行金融机构；金融法律体系及法律文件本身；金融业自律性组织；金融业教育体系等。金融价值基础则包括：粮食、石油、有色金属、黄金、稀有矿产等储备体系及其本身；实体经济等。

2. 确定我国金融价值及金融价值基础的安全边界

如前所述，安全边界指的是安全处于哪种状态或标准内。因此，我国金融价值及金融价值基础的安全边界则指这些应该处于哪种状态或标准内。比如，"一委一行两会"及各派出机构、各省市监管机构的监管体制保持稳定并根据实际情况适时进行调整，能防御国内外经济金融风险及危机的冲击，能保障监管体系体制机制、金融机构的稳定运行的标准或状态；银行、保险、基金、证券、期货等银行及非银行金融机构建立的储备金标准线、风险储备金标准线、资本金最低标准线、股东组成要求标准线、股东及高级管理层任职资格标准线等，在此基础上能够防御国内外经济金融风险及危机冲击所要求的其他标准；粮食、石油、有色金属、黄金、稀有矿产等储备体系保持稳定并发挥储备作用的标准。

3. 厘清我国国家金融安全的各类金融价值及金融价值基础之间的关系

第一是国内与国外金融安全边界的关系，国内金融价值及金融价值基础安全边界是海外金融价值及金融价值基础配置的前提，海外金融价值及金融价值基础配置是我国金融安全边界的扩张和防御前站。

第二是国家金融安全宏观、中观、微观边界的关系。宏观层面，国家需要从顶层设计金融价值及金融价值基础的安全边界，规范中央管控的金融价值及金融价值基础与地方及其他金融微观价值的关系，如中央直接管控的中国人民银行、财政部、国有五大商业银行、保险公司、中央金融企业、AMC等金融价值的安全，中央直接管控的石油、粮食、稀有矿产等金融价值基础的安全。中观层面，从行业角度看，银行业、保险业、信托业、基金业、证券业等金融行业，要服务于国家金融的宏观调控，与国家宏观金融价值是竞争与合作的关系，同时补充国家宏观金融价值的安全边界；从区域角度看，各区域的金融价值是国家金融安全宏观边界的战略补充。微观层面，国家金融安全微观边界主要指各金融机构及类金融机构的安全边界，各金融机构及类金融机构是宏观、中观边界的基础，是宏观边界的部分内容，是中观边界的重要内容和部分补充。

第三是国家金融安全的监管边界的关系，主要是监管体制边界关系和监管政策体系边界的关系。从监管体制边界关系方面来看，如考虑建立国家安全委员会、国家安全部、国务院金融稳定发展委员会联席会议制度，统筹国家金融安全边界的构建，国务院金融稳定发展委员会是统筹国家金融价值安全边界构建的常设决策机构，"一行两会"是统筹国家金融价值安全边界构建的常设具体执行机构。从监管政策体系边界关系方面来看，可以考虑根据宪法制定国家金融法，明确各金融价值的法律地位，厘清和明确各金融监管主体出台的政策法规的法律地位及相互关系，国家金融法是各监管主体出台的政策法规的上位法，所有金融监管法规要遵照执行。

4. 渐进式市场化改革推进构建我国国家金融安全边界

第一个是以渐进式市场化手段构建国家金融安全边界指标体系，主要包括监管体制机制、金融机构、金融法律体系、金融自律性组织、金融教育体系，粮食、石油、稀有矿产等生产及储备的安全边界指标体系。

第二个是以渐进式市场化手段构建国家金融价值及金融价值基础储备体系，主要有两方面。一方面是国家金融价值基础配置体系，主要指不同性质金融机构、多层次资本市场建设、不良资产处置等在政府与市场的分工及改革方式，同时包括各级监管部门、各市场参与主体纵向和横向的分工体系。另一方面是金融价值基础储备体系，主要指粮食、石油、黄金、稀有矿产等金融价值基础资产，关系着整个国家金融的安全，不宜完全由市场决定，单一的市场主体往往难以独立构建储备体系，应以国家为主导，采用渐进式的市场化手段构建国家金融价值储备体系。

第三个是以渐进式市场化手段构建国家金融安全防控体系，主要有几点：第一点是以渐进式市场化健全货币政策体系，包括人民币供给、海外配置、人民币国际化、虚拟货币发行等；第二点是以渐进式市场化手段完善宏观审慎调控体系及机制，不断完善宏观审慎政策体系框架，加强对金融控股公司监管，完善对系统重要性金融机构监管，丰富政策工具箱，加强金融市场的实时监测，阻断跨市场、跨区域、跨境风险传染；第三点是以渐进式市场化手段完善金融市场基础设施建设，运用现代科技手段和支付结算机制，实时动态监管线上线下、国际国内的资金流向流量；第四点是以渐进式市场化手段健全国家金融安全预警机制，在国家金融价值及金融价值基础指标体系基础上，分类建立国家金融安全预警机制；第五点是以渐进式市场化手段健全国家金融安全应急处置机制，如丰富应急处置方法、手段、抓手、工具（监管科技）等；第六点是以渐进式市场化手段建立健全国家金融安全教育体系及机制，包括对金融监管人员的教育、对各类金融机构从业人员的教育、对金融中介从业人员的教育、对金融自律性组织工作人员的教育、对投资者的教育、对消费者的教育等。

金融开放对我国金融基础设施的挑战及应对策略[①]

2020 年 1 月初，中美双方达成并签署第一阶段经贸协议，其中第四章为金融服务内容，涉及银行服务、信用评级服务、电子支付服务、金融资产管理服务、保险服务，以及证券、基金管理及期货服务六个方面，概括而言，就是我国应实行大幅度金融开放。实际上，协议关于金融领域对外开放的内容与党的十八大以来我国金融扩大开放的方向是一致的。2019 年至今，我国逐步实施银行、保险、证券、评级、支付、征信、金融市场等领域约 30 条具体开放措施，在促进金融领域良性竞争、提升金融机构国际竞争力、实行跨境投资便利化、推进人民币国际化等方面发挥了积极作用。然而，由于我国金融开放起步时间晚，不少方面仍不完善，尤其是金融基础设施建设，需要加快补齐相关短板，为金融开放打好坚实的基础。

一、金融开放对我国金融基础设施的挑战

金融基础设施应包括法律、会计标准、信用环境等软设施，及清算结算系统、重要支付系统、基础征信系等硬设施，金融开放将对我国上述的金融软硬设施带来新的挑战。

（一）金融开放对我国金融基础软设施的挑战

金融基础软设施虽然在央行发布的《中国金融稳定报告》里有提及，但学术界及金融业界却较少将法律、会计标准等归入金融基础设施进行讨论。本文试图将法律、会计标准、信用环境、反洗钱、金融消费权益保护等纳入金融基础设施的范畴进行分析，其主要面临以下挑战。

1. 金融开放要求国内外法律协调性更高，但短期内法律环境难以协调将导致金融法律体系不健全困境进一步凸显

[①] 原文发表于 2020 年第 3 期《开放导报》，收录时略有改动。

目前，无论是从金融业整体来看，或是从金融机构个体而言，均表现出大而不强的特征。这就导致我国金融领域在国际上的话语权不强，参与制定国际金融规则的能力不足，尤其是在开展国际金融服务贸易时，受到诸多不公对待与限制。金融业大幅度对外开放，国内法律需要与国际法律对接，金融机构交往与合作更频繁，会使法律体系不健全的困境更为突显。一是，我国目前尚未有专门的金融法，金融法律体系不够健全，许多监管部门之间、国家与地方之间等的监管法规存在不一致，甚至冲突的情况，内外法律短期内难以协调，导致金融机构面临"展业不公"和"风控失效"双困境。二是，我国法治能力和水平仍有较大提高空间，诸多法律规则执行不严、处罚较轻，导致金融领域违法现象频发，难以迅速融入国际金融领域。三是，我国发展政策、法律法规等的连续性和可预期性有待提升，金融就是经营风险，而风险实质就是对预期的判断，政策和法规的连续性缺乏，导致金融开放的预期效应降低。四是，由于新冠肺炎疫情的影响，各国均采取"暂停经济"以阻断疫情蔓延，同时出台了诸多临时金融应急措施，如：美国就综合使用了商业票据融资机制（CPFF）、一级交易商信贷便利机制（PD-CF）、各国央行互换机制（美元流动性互换机制）、紧急贷款机制、扩大货币市场便利机制等机制，这些机制有些是新机制，这将进一步导致我国金融规则与国际规则对接的及时性出现问题。

2. 金融开放要求国内外会计标准的统一，但会计标准短期内尚难以统一将导致企业融资难"雪上加霜"

虽然美国的会计准则并不代表国际准则，但由于其在国际话语权的强势地位及资本市场的强大，是国内企业上市追求的重要资本市场。我国会计准则与美国会计准则有诸多不同之处，面临"税费"和"财报"双冲突局面。如：对于上市公司信息披露准则的规定，美国就提出不允许不符合美国会计披露准则的企业到美国上市融资，这将导致诸多国内企业无法到美国融资，即使在美国已上市的企业也会面临法律合规风险，甚至退市风险；我国证券法与美国证券法对上市公司财务造假等处罚的不同，如最近瑞幸咖啡的财务造假事件，它在美国上市，注册地也不在中国，但其营业及业务、主要投资者都在国内，两者法规之间的不协调可能会对这个事件的处理造成一定的困难。

《国际财务报告准则第 9 号——金融工具（简称 IFRS9）》与国内会计准则的冲突，虽然我国早在 2017 年就为对接其要求对《企业会计准则第 22 号——金融工具确认和计量》进行了修订，但修订进度不及预期，且金融与非金融企业、上市与非上市企业等实施时间不同，在执行实施中遇到较多问题。IFRS9 准则下，银行贷款逾期 30 天以上被认为信用风险显著增加，其资产划入第二阶段，需要增加拨备计提；逾期 90 天以上且客观证据表明减值已发生的部分贷款，则会被划入第三阶段，直接对银行机构利润表产生影响。因此，银行的资产计提减值范围将被扩大，同时信用风险损失的确认时点也将会提前。在不考虑其他因素的情况下，这将直接导致银行的减值准备计提出现提升。虽然总体上看，不良贷款拨备率越高的银行，对于不良贷款的风险准备也就越充分，不良贷款偏离度越低，说明对于不良资产的认定越严格，但这会对部分中小银行的不良拨备、资本充足率等提出较高要求，使其短期内无法达到该要求而使会计报表"难看"，影响企业估值，尤其是对上市金融机构造成股价波动较大，影响股市稳定。比如民生银行在 A 股和 H 股上市，2018 年执行新会计准则后，公允价值在两年内经历数次大幅波动，影响其股价波动，进而影响股市波动。

此外，在企业估值、资产估值、商誉减值等会计准则上均有诸多差异，势必重构企业及资产估值逻辑，规则在短期内难以统一，进而影响金融市场的波动。

3. 金融开放将大幅提高违约成本，但信用体系不健全将导致金融市场不稳定性增加

"诚信"曾是我国古代治国安邦的重要规则之一，40 年的改革开放在推动我国经济社会发展取得巨大成就的同时，也在快速瓦解着原有传统的信用体系。据国家发改委财金司信用处资料显示，我国目前年签订合同 40 亿份，但履约率仅为 50% 左右，每年因诚信缺失造成的经济损失超过 6000 亿元，主动履行义务的失信被执行人也仅占 20% 左右。[①]一是，信用体系不健全导致的信用缺失和诚信不足成为当前我国社会经济运行的主要障碍之一，不利

---

① 《让失信者无所遁形让守信者有力前行》，中国人大网，2019 年 12 月，http://www.npc.gov.cn/npc/c30834/201912/1b90a6ba54024789b1c29e941a02cf1b.shtml。

于营造公平竞争的良好市场环境。二是，信用体系不健全导致违约、侵权等成本过低。比如，知识产权的保护就广受诟病，征信缺失导致P2P行业主观逃废债盛行等，究其原因均是信用体系不健全而引起的。由于上述不良现象的客观存在，对于知识产权的保护成为我国企业融入国际市场、金融开放的重要阻碍，也成为美国对我国贸易制裁的重要理由之一，使我国企业的国际化面临法律合规风险的巨大挑战。比如，瑞幸咖啡财务造假事件，其实质就是我国失信行为违法成本过低，诚信体系不健全的典型案例之一。虽然新《证券法》对欺诈发行、信批违法等行为大幅提高了违法违规成本，并确立了"明示退出、默示加入"的集团诉讼规则，但相对于违法所得而言，现有违法成本仍然过低，且"明示退出、默示加入"规则不够明晰，追责成本较高。三是，我国评级体系与国际评级体系难以短期内衔接，容易导致国内金融市场稳定性出现较大波动。评级体系其实是信用体系的重要组成部分，主要是对机构的评级。目前国内评级机构以大公国际资信评估有限公司、中诚信国际信用评级有限公司等为主，而国际上则以标准普尔、穆迪和惠誉国际三大信用评级机构为主。虽然国内评级机构与国际的主要评级机构有规则对接，但两者主要的服务对象和生存环境有较大区别，难以在短期内进行规则的衔接。随着金融对外开放的深入，国际评级机构将加快进入国内，两者评级结果的不统一，将增加我国金融市场的不稳定性。比如，受新冠肺炎疫情影响全球金融市场将出现较大波动，尤其是美国金融市场首当其冲，但国际评级机构对受疫情影响的企业及金融机构的评级规则与国内可能不同，这也可能导致我国金融市场不稳定性的增加。

4. 国内外反洗钱规则难统一，导致国内金融机构合规风险增加

首先，反洗钱规则不统一，使应用区块链、人工智能、大数据等技术监测预警反洗钱活动效果大打折扣，洗钱、恐怖活动、投机等违法犯罪活动增加。其次，反洗钱国际监管要求日益完善和动态化，国内外反洗钱规则难以及时适应严峻的国际监管形势，短期内使国内金融机构或对外投资活动面临更大合规风险。比如，2006年美国以违反反洗钱规则制裁澳门汇业银行事件、2016年农业银行因违反反洗钱法被纽约金融局罚款2.15亿美元事件。最后，要对接国际反洗钱监管规则及要求，在制度、系统建设、风险监测等需要投入巨大的财力、物力和人力，使我国金融机构国际化进展受到一定的

限制，尤其是限制了中小金融机构的国际化进程，进而导致我国金融业迎接金融开放的竞争基础不强。

5. 金融消费权益保护衔接机制缺乏，金融消费者保护面临挑战

金融消费权益保护的关键是消费者自身利益的主张和证据的提供，这需要消费者自身对金融知识的熟悉。随着我国金融市场的发展，越来越多的消费者进入金融市场。最近几年我国金融产品创新空前丰富，以 P2P 平台为代表的金融产品可谓飞速发展，短短几年时间成立了数千家 P2P 平台，其投融资规模数万亿。但其中许多平台存在非法集资、自筹、套利、欺诈等风险，如团贷网、信和大金融、金信网等平台的违法事件，极大损害了消费者权益，曾一度引起社会群体性集体维权事件，影响社会安定。

由此可知，我国金融市场参与者数量庞大，从数量来讲的话，自然人占据金融市场的主要江山，但大部分消费者金融知识、金融欺诈防范等意识薄弱。随着金融开放的深入，金融产品将极大丰富，对金融产品缺乏认知的普通民众极容易导致"羊群效应"，影响我国金融市场的稳定。比如，最近"中国银行原油宝期货事件"就是非常典型的对金融衍生品不熟悉而造成的金融群体危机事件，消费者权益保护受到严重威胁。

（二）金融开放对我国金融基础硬设施的挑战

如前所述，金融基础硬设施主要包括金融资产登记托管系统、支付、清算结算等系统，随着金融开放的深入，它们将面临以下挑战。

1. 金融资产登记托管系统监管范围过窄，金融安全防线不健全

金融资产登记托管系统是我国目前最活跃的金融基础硬设施，其使用频率最大，是我国当前金融开放程度最高的金融基础硬设施。首先，我国现有金融资产登记托管系统的范围仅包括金融监管和自律性（其实质是官方）组织的系统，未包括或较少包括金融机构的系统，尤其是中小银行、保险、信托等机构的系统未被纳入；然而，随着中小银行、保险、信托等机构，甚至于蚂蚁金服、苏宁金融等基于电商平台的机构也已成为我国金融资产登记托管的主要系统，这些系统目前暂未纳入其范围，导致风险防线不健全。其次，随着金融开放，国外金融资产登记托管系统的主体券商机构将加快进入我国的步伐，借助资金、技术、人才、经验等领先优势，它们将快速布局和对接我国金融资产登记托管系统，这将加剧对本土专业人才的需求竞争，进

一步导致我国金融基础设施领域的专业人才的缺乏困境，进而出现"人才缺乏与流失双困境"，其生存空间进一步压缩。

2. 清算结算系统及交易设施进一步与国际清算结算系统连接，独立性面临挑战

目前，全球各国之间的金融机构结算主要通过 SWIFT 系统（环球同业银行金融电讯协会系统），SWIFT 系统总部设在比利时的布鲁塞尔，同时在荷兰阿姆斯特丹和美国纽约分别设立交换中心。虽然该系统是独立且保持中立的系统，但其重要岗位的领导均由美国控制，SWIFT 系统其实已由美国控制。CHIPS 和 Fedwire 是美国两大核心结算清算系统，前者主导跨国美元交易清算，后者主要负责国内美元结算。目前 CHIPS 已发展成为拥有 12 家会员银行、14 家参加清算银行与众多的非参加清算银行组成的庞大国际结算清算网络，其承担世界上 95% 以上的银行同业美元支付清算与 90% 以上的外汇交易清算。目前各国和地区均有平行于 CHIPS 的交易系统，欧洲的 TARGET（泛欧实时全额自动清算系统）、英国的 CHAPS（伦敦银行自动清算支付系统）、中国的 CNAPS（中国现代化支付系统）均可用于本币或多边货币的清算，但各国的交易系统仍然依赖于 SWIFT 进行报文转换。

一旦金融机构被 CHIPS 切断支付通道就无法进行跨境美元业务，而一旦被 SWIFT 切断报文转换通道，其不仅无法进行美元跨境清算，连人民币、日元和欧元业务也无法进行。美国通过《国际紧急经济权利法案》（IEEPA），授权财政部海外资产控制办公室（OFAC）以反恐为名从 SWIFT 调取和掌握了 SWIFT 系统中绝大部分的转账交易信息，并根据 SWIFT 报文追踪涉及美元的交易信息，进一步掌握 SWIFT 系统，并可通过 CHIPS、Fedwire 切断涉及美元的金融交易。因此，我国金融结算清算系统及交易设施的独立性将面临较大挑战。

3. 交易报告基础规则及机构缺乏，国内金融机构受外部冲击威胁增加

规则的完善是抵御外部冲击的有力武器，机构齐全是防范风险的基础。然而，由于我国对交易报告这方面的历史欠账，将使其面临以下威胁。第一，国内外交易规则不同，存储的报告规则、类型等有较大区别，交易报告途径、技术路径等的不同导致交易成本上升，对外部风险冲击的第一反应时间迟缓，金融机构风险敞口增加。第二，由于上述规则的缺乏与不同，运用

大数据、人工智能等技术进行反洗钱防范效果大大降低，导致洗钱风险、投机活动等违法犯罪增加。第三，交易报告专职管理机构不明确，导致交易报告管理、挖掘和利用等缺失，进一步使我国金融业的外部冲击风险增加。

4. 重要支付系统进一步与国际支付系统连接，将面临激烈的竞争和冲突

2012年4月12日，中国人民银行组织开发人民币跨境支付系统（CIPS），旨在进一步整合现有人民币跨境支付结算渠道和资源，提高跨境清算效率；2015年10月8日该系统正式启动。但数据显示，2019年上半年CIPS产生的交易额仅有16万亿，远低于国际主流支付系统交易额度；2009年底人民币国际化指数（RII）只有0.02%，经过10年努力，截至2018年底RII达到2.95%，人民币跃居全球第五大支付货币，但其远低于美元、欧元、英镑等货币的比例。造成这种状态的一个重要原因是全球支付系统基本由美国控制，且CIPS服务的便利性、可获得性、跨境业务的熟悉程度、市场习惯和行为等均远落后于SWIFT和CHIPS系统。

随着金融科技的发展及世界金融支付体系的竞争，2019年6月Libra支付体系出现，它是"主权数字货币非核心功能的商业化"，且先天用户数量约23亿，将进一步增强其美元国际货币的地位，对全球汇率、金融市场都有较大影响，对现有的金融体系结算、清算和交换效率等更是一个大的挑战。此外，INSTEX结算机制、"金砖支付"体系等不断出现，我国CIPS系统将面临"站队"问题，也将面临激烈的竞争。

5. 基础征信系统衔接机制缺失，信息安全面临极大挑战

首先，我国基础征信系统行业标准、监管标准等缺失，无法与国际监管标准衔接，导致基础征信国际话语权缺失。2013年，国务院公布《征信业管理条例》，明确我国个人征信实行牌照制；2015年1月，央行下发《关于做好个人征信业务准备工作的通知》，要求芝麻信用、腾讯征信、深圳前海征信、中诚信征信等8家机构做好个人征信业务的准备工作；2018年2月，首张个人征信牌照花落百行征信，在其股东中，互金协会持股36%，上述八家机构各持股8%。截至目前，全国共有央行征信中心、上海资信和百行征信三家个人征信机构，分别位于北京、上海和深圳。由征信行业发展可知，我国对个人征信行业标准、监管标准不够清晰和明确。此外，从我国

P2P 行业的整治和清退的历程，对其监管标准的反复也可看出基础征信监管标准缺失。

其次，基础征信设施不完善，导致故意违约、欺诈等违法犯罪行为增加。比如，近几年快速发展繁荣的 P2P 行业，由于基础征信设施不完善，无法对贷款机构、贷款人等征信进行监测，多头借贷、共债等行为难以被及时发现，导致故意逃废债、欺诈等行为盛行，最终导致 P2P 行业被整治清退。

最后，基础征信技术违规使用，导致合规风险增加。如：近两年，个人征信机构常用的爬虫技术成为监管重点打击对象。"爬虫"是指一种按照一定的规则，自动抓取互联网信息并存储到自身数据库的程序或者脚本。在用户授权后，平台通过后台"爬虫"搜集信息，将通话信息、消费数据等互联网信息整合标准化，最终形成对借款人的综合评估，供相应的后续决策参考。通过爬虫抓取网络公开信息并不违法，但如果抓取的是未公开、未授权的个人敏感信息就属于违法行为，明显可知的就是违反 2017 年 6 月 1 日实施的《网络安全法》以及"两高"相关司法解释。2019 年以来，魔蝎科技、公信宝、存信数科、信用管家、同盾科技、新颜科技、聚信立、有盾、天机等征信机构就因违规使用"爬虫"技术而被警方调查。

6. 金融应急灾备系统缺失，金融基础硬设施脆弱性增加

暴发于 2020 年初的新冠肺炎疫情，对全球金融业、资本市场、宏观经济、社会发展等造成严重冲击和引起巨大恐慌。仅 2020 年 3 月 13 日，美国、德国、巴西、俄罗斯等 9 个主要国家股市发生熔断，有的甚至熔断两次；我国同样受到较大冲击，1 月底至 3 月底两个月内 A 股跌幅超过 10%。这引起我们对金融应急灾备系统建设的担忧：一是，目前我国未有全国统一的金融应急灾备系统，且各金融机构灾备应急系统建设较为落后，仅银行有较为完善的金融基础设施应急系统。二是，我国多数金融机构或类金融机构的基础设施应急系统均未按照"两地三中心"进行灾备建设。一旦遇到紧急情况，我国金融基础设施将受重大打击。比如，受传染病、地震等灾害影响，金融基础设施与国外金融基础设施联接被切断，将重创我国金融业发展。

二、我国金融基础设施应对金融开放的策略

应把握主动权,以"市场化渐进式"方式实行双向开放,从完善法律法规、会计标准等方面提升金融软设施的应对能力,从明确各金融基础硬设施的监管主体、构建独立的支付清算结算系统等方面提升金融安全防护能力,为金融开放保驾护航。

(一) 我国金融基础软设施应对金融开放的策略

金融基础软设施是应对金融开放的最高策略,是金融基础硬设施的运行框架和机制,其应对策略更为关键。

1. 完善金融法律体系,提高法治能力的水平

第一,参考 PFMI 和《统筹监管金融基础设施工作方案》的金融基础设施监管框架,加快出台符合我国国情的金融基础设施监管法律法规,明确金融基础设施相关参与主体的职责与义务,构建完整的顶层监管框架。第二,以《统筹监管金融基础设施工作方案》为蓝本,明确我国 FMI 范围,并纳入宏观审慎监管范围;根据 2019 年央行三定方案,央行调查统计司承担拟订金融业综合统计规划、制定统一的金融统计标准与制度等职责,应而由央行对 FMI 进行统一监管,构建透明的风险管控标准。第三,金融基础设施包括软硬设施,结合我国"一委一行两会"的金融监管体制,建议参考美国的二元监管体制,即由金融稳定发展委员会(金融委)负责认定重要 FMI 并将其纳入宏观审慎监管框架,而目前关键的金融基础设施主要由央行监管,金融委办公室也设在央行,可由央行作为金融基础设施的统筹监管机构,设置相应的处室专职负责,由央行、银保监会、证监会等监管机构负责行业监管。第四,借鉴美国、英国等金融强国的经验,建立金融基础设施的监管指引,包括机构准入、治理结构、业务规则、财务管理、风险控制、系统安全、信息披露、信息保存、审查评估、处罚和风险处置、认定和退出机制等,及早对金融基础设施进行全面监管,并根据实际情况调整监管策略。第五,提高金融基础设施相关监管法律法规的稳定性。增加系统重要性金融机构监管法规制度,明确银行、保险、证券、信托等系统重要性金融机构监管办法,兼顾国际金融基础设施相关法律基础、制度框架、运行规则、监管规则等,可设置过渡期,渐进式对接。第六,建立金融市场基础设施处置机

制，充分实施《国际支付结算体系委员会与国际证监会组织原则》，增强相关法律的协同性，增强金融市场基础设施的韧性。完善金融科技的法律、规制和监管框架，制定金融科技行业标准，以金融科技手段完善金融基础设施建设。

2. 对接最新国际会计标准，加快其在金融领域的实施

第一，积极与国内重要金融机构及金融基础设施主体机构进行沟通（如系统重要性银行、保险等机构），前瞻性地做好配套的顶层机制设计、流程设计等，并设置一定的过渡期（如两年），为对接国际会计标准预留合理的时间，保持业务的连续性。第二，同类金融业务规则尽可能"合并同类项"，以国际会计标准在货币市场、债券市场、外汇市场等的应用作为开放对接的突破口，实现制度性、规则性开放，以此推进国际会计标准在金融领域的全面实施。

3. 健全社会信用体系，提高社会信用管理能力和水平

第一，健全社会信用法规体系，构建规划、政策、法规、行业自律等主次分明、协调统一的信用法规体系。自2013年1月国务院印发《征信业管理条例》，我国征信业步入有法可依的轨道；随后，《社会信用体系建设规划纲要（2014—2020年）》《关于建立完善守信联合激励和失信联合惩戒制度加快推进社会诚信建设的指导意见》等相继印发，均能看出我国信用法规正不断完善，但尚缺乏以人大名义出台的正式法律。第二，建立健全社会信用信息共享机制，提高社会信用管理水平。2015年6月，涵盖公民、法人和其他组织的统一社会信用代码制度开始实施，依托全国信用信息共享平台建立的"信用中国"网站正式上线运行。但仍缺乏全国统一的社会信用信息共享机制，目前央行征信数据也仅覆盖不到10亿人口，且信息共享非常困难。加快打破部门间信息共享的壁垒，加快政务诚信、商务诚信、社会诚信、司法公信四大核心领域的信用体系建设，构建覆盖全社会的信用体系。第三，加快大数据技术的应用，构建基于国家的"互联网+监管"信用管理系统。一方面，引入大数据分析技术，对大量的企业信用信息进行甄别，与信用评级标准进行比对，形成企业信用评级报告；相关监管部门根据市场主体在不同领域的信用状况实行差别化监管措施，节约监管成本，提高监管效率。另一方面，基于大数据技术，应用智能算法，建立风险预判预警

机制，实现对失信行为的早发现、早提醒、早处置，提高监管的及时性、精准性及有效性；督促市场主体保持良好信用，避免发生潜在重大失信行为而承担严重后果。第四，建立信用跨境协作配合机制，提高信用国际化管理水平。如建立知识产权保护机制、证券期货跨境协作配合机制、银行跨境协作配合机制、保险跨境协作配合机制等（见表1）。

表1　　　　　我国主要信用跨境协作配合机制示例

机制	模式	签订/设立时间	主要内容
证券期货协作机制	双边监管执法协作	截至2019年12月，证监会已与境外64个国家及地区就证券期货监管问题签署合作备忘录	强调重点关注在对方市场上市的公开发行公司的财务报告问题，同时也提到跨境执法中的协作和信息交流问题。
	多边监管执法协作	2002年，国际证监会组织启动了《磋商、合作及信息交换多边谅解备忘录》	根据该备忘录，一方提出的协助请求而获得对方的非公开信息和文件，可以用于执行民事或行政执法程序；中国证监会和美国SEC均为国际证监会组织成员且签署了该备忘录。
刑事司法协作机制	多边协作	2018年颁布《国际刑事司法协助法》	倘事件涉及跨境刑事调查的话，该法为我国与他国之间的刑事调查和取证提供了协助和指引。
国家海外知识产权纠纷应对机制	多边协作	2019年7月10日成立	聚焦海外知识产权纠纷应对存在的难点和痛点，旨在构建国家层面海外知识产权纠纷信息收集和发布渠道，建立中国企业海外知识产权纠纷应对指导与协助机制。

4. 强化反洗钱宣贯和金融科技在反洗钱领域的应用，完善反洗钱软硬环境

首先，加强对反洗钱国际标准和海外反洗钱处罚案例的学习研究，积极对接国际反洗钱规则。我国金融监管机构及金融机构要加强对《反洗钱、反恐融资合规性和有效性评估方法》《打击洗钱、恐怖融资与扩散融资国际标准：40条建议》等国际反洗钱规则、标准等的学习，并加强对全球因违反反洗钱规则而被处罚的案例研究,在熟知国际反洗钱规则和标准的基础上,积极对接国际反洗钱规则,以此相互促进构建衔接好内外规则和制度。其次,加强反洗钱国内外法规的宣传,尤其是要加强金融监管机构、金融机构等相关从业人员反洗钱规则的培训,提升国际反洗钱合规意识与专业知识。最后,强化监管科技在反洗钱机制中的应用,提升反洗钱的效率。如:运用生物识别、大数据等技术核验客户身份,运用区块链技术核验交易的真实性,运用人工智能、机器学习等技术强化金融活动的监测预警等。

5. 强化金融消费权益保护法教育,提升消费者安全保护意识

2017年中央金融工作会议强调,扩大和推动金融对外开放,要加快建立完善有利于保护金融消费者权益、有利于增强金融有序竞争、有利于防范金融风险的机制。第一,发挥《消费者权益保护工作部际联席会议制度》的制度优势,联合中央网信办、发改委、工业和信息化部、公安部、司法部等相关部门,组织开展对金融消费侵权热点和典型违法活动的治理。第二,制定和实施金融消费者权益保护工作的重大政策、措施和统一操作指引,联合教育部、中国消费者协会等相关部门,加大组织力度对消费者权益保护法律法规和政策的宣传普及。第三,借鉴美国、英国、澳大利亚、日本、新加坡等国家的金融教育国家战略。明确国家金融教育战略规划,根据经济、金融、改革开放等方面的最新形势及时对《中国金融教育国家战略》具体内容进行修订,并公开发布指导金融教育工作。第四,由央行牵头,教育部、财政部、银保监会、证监会及其他相关部门共同参与,根据金融教育国家战略制定符合国情的金融教育框架,制定统一性、分层推进、针对性强的金融教育体系。第五,由央行牵头,建立金融业相关金融机构从业准入资格教育体系,制定科学的金融知识教材,增加金融消费者保护相关知识内容,提升金融从业人员金融消费者保护的意识和专业管理能力。

(二) 我国金融基础硬设施应对金融开放的策略

金融基础硬设施有部分是重合的,如支付、结算清算等设施,及交易设施和交易报告库等设施往往是一体的。因此,为了便于理解,根据实际情况,部分硬设施将一起讨论。

1. 完善金融资产登记托管系统、交易设施及交易报告库等金融基础硬设施监管机制,提升风险防范能力

第一,明确重要性金融资产登记托管系统(见表2)的主管机构,完善各主管机构的监管协调框架。比如,中央结算公司的出资人是财政部,业务监管机构是人民银行,人事任免权在银保监会,但内部却形成了控股集团形式的治理架构,如何协调各机构之间的监管关系显得尤为重要。第二,建立各系统间、各系统层级间的"防火墙制度机制",防范关联性、传染性等风险。比如,中央结算公司系统、交易商协会系统等之间的"防火墙制度机制",中央结算公司系统下的中央债券综合业务系统、银行间债券市场信息系统等之间的"防火墙制度机制"。第三,强化各系统的专业化职责,优化各系统的专业化分工。有很多系统既承担外部业务开展职责,同时承担服务各监管机构系统的运维职责,不管是业务职责或是运维职责,均需要专业化分工,提高服务的准确性和效率。第四,加快区块链、人工智能、大数据等技术在各系统的应用,及引进培养相关人才。随着区块链、人工智能等技术的快速发展与在金融领域的应用,金融业态、监管机制等正深刻重塑,亟须引入相关技术及人才,顺应趋势的发展及应对随之而来的技术风险、合规风险等新挑战。第五,按照"两地三中心"的金融系统灾备体系建设要求,完善金融资产登记托管系统、交易设施及交易报告库灾备体系和系统建设,保持业务持续性。第六,完善交易报告库相关监管法规和制度机制,成立或指定专门的机构作为交易报告库。目前央行承担了主要的支付、结算清算等监管职能,且承担了反洗钱监管,建议可由央行结算清算系统作为专门的交易报告库,在上海和深圳成立两个分库。

2. 加快构建独立的支付、清算结算体系及系统,提升金融安全防护能力

从行为与结果的角度看,支付、清算结算体系及系统其实大部分是一体的,支付是行为,清算结算是对支付行为的结果。因此,支付、清算结算系统应从以下方面提升独立性。第一,以"一带一路"建设加快推进建设人民币离岸结算体系,应争取更多国家和地区加入"一带一路"建设,推动伦敦人民币离岸中心成为覆盖"一带一路"乃至全球的人民币支付途径和渠道;扩大中东欧国家的经贸投资,完善我国优势产业在欧洲地区的布局,扩大人民币的使用范围,奠定人民币贸易使用基础、政策框架和节点布局。

表2　　　　　　　　　重要金融资产登记托管系统

一级系统	二级系统	三级系统	四级系统	主管主体
金融资产登记托管系统	中央结算公司系统	中央债券综合业务系统	政府债券簿记系统		财政部、人民银行、银保监会
		中国人民银行债券发行系统		
		中国人民银行公开市场业务操作系统	公开市场业务招投标系统	
			公开市场业务统计分析系统	
		银行间债券市场信息系统		
	交易商协会系统	上海清算所系统		央行
		中债信用增进公司系统		
		中债资信评估有限责任公司系统		
		北京金融资产交易所有限公司（北金所）系统		
	中国外汇交易暨同业拆借中心系统	中国外汇交易中心系统	银行间外汇市场交易系统	上海黄金交易所系统	
			银行间本币市场交易系统		
		全国银行间同业拆借交易系统		
	中证登系统	中证登上海系统		证监会
		中证登深圳系统		
	上海证券交易所系统	上海证券交易所固定收益证券综合电子平台		
	深圳证券交易所	深圳证券交易所综合协议交易平台		

续表

一级系统	二级系统	三级系统	四级系统	主管主体
金融资产登记托管系统	机构间私募产品报价与服务系统（报价系统）			证监会
	中国金融期货交易所（中金所）			
	上海期货交易所			
	大连商品交易所			
	郑州商品交易所			
	上海国际能源交易中心系统			
	商业银行柜台系统	柜台业务包括储蓄国债（电子式）业务系统		央行
		柜台流通式债券业务系统		
	天津金融资产登记结算公司（天金登）系统			央行、银保监会、天津市人民政府
	上海票据交易所登记结算系统			央行
	央行贸易金融区块链平台			

第二，加快人民币国际化政策体系建设，应由央行牵头，采取渐进式人民币国际化的方式，以"服务实体经济、促进贸易投资便利化"为基本导向，顺应市场需求，逐步建立人民币跨境使用政策体系，有序解除人民币跨境使用的政策限制；在促进贸易便利化基础上逐步放开直接投资、跨境人民币资金池、银行间债券市场、RQFII、沪港通、深港通、债券通等，并完善相关基础设施，巩固本币优先地位，为人民币使用开辟了有效通道，保障人民币安全高效使用。第三，充分利用时间窗口期提升人民币 SDR 权重，在金融双向开放保证安全的前提下，应持续加快人民币债券、衍生品等国际化开放

进程；拓宽资金双向流通渠道，完善多层次资本市场建设，进一步放宽外资参与国内股市、债券回购、私募投资基金、金融期货、商品期货等；加快上海国际金融中心基础设施、政策体系、制度机制等的建设，大幅提升金融服务贸易比重，进一步提升人民币 SDR 权重。第四，借鉴国外金融基础设施建设的成功经验，加强以人民币支付结算体系为核心的金融基础设施建设，以海外清算行深耕离岸市场为突破口，促进国际金融基础设施的协调，增强各个管理部门对金融基础设施重要性的认识与理解，优化各个功能体系，促进金融工具之间的转换，为金融活动信息的交换和安全提供有力保障。第五，加强区块链、人工智能等技术在人民币支付结算基础设施和数字货币的应用研究，以支付结算系统和数字货币为突破口，建立国家金融安全的攻防体系，提升我国金融安全防护能力。第六，利用我国对外输出新冠疫情防控经验及物资的机遇期，以及石油价格暴跌冲击"石油美元"体系的时间窗口期，加大推广我国跨境支付结算清算系统，提升人民币国际使用比例。第七，疫情给全球资本市场造成巨幅波动，而我国资本市场基本保持稳定，我国资产受全球投资者青睐，可抓住这个时间窗口，积极推广我国证券交易系统、金融资产登记委托系统等与国际主要金融基础设施的联接。

我国重要支付及结算清算系统如表 3 所示。

表 3　　　　　　　　　　　重要支付及结算清算系统

系统名称	一级系统	二级系统	主管主体
支付系统	人民币跨境支付系统（CIPS）		央行
	境内外币支付系统		
	银行卡跨境支付系统		
	大额支付系统		
	小额支付系统		
	城市商业银行汇票处理系统和支付清算系统		
	农信银支付清算系统		
	网络支付系统	银行支付机构网络支付清算平台（互联网支付）	
		非银行支付机构网络支付清算平台（目前有近百家）	

续表

系统名称	一级系统	二级系统	主管主体
结算清算系统	央行结算系统	外币清算处理中心系统	央行
		银行间市场清算系统	
	央行贸易金融区块链平台		
	中国外汇交易中心系统		
	非银行支付机构网络支付清算平台（网联清算）		
	同城票据清算系统		
	全国支票影像交换系统		
	中国证券登记结算系统	上海票据交易所登记结算系统	证监会
		郑州商品交易所系统	
		大连商品交易所系统	
		上海期货交易所系统	
		上海国际能源交易中心系统	
		中国金融期货交易所系统	
		上海清算所登记结算系统	
		上海黄金交易所系统	

3. 完善征信体系和系统，提升金融服务能力

征信系统是新出现的金融基础设施，其建设并未有太多的经验，但从其发展规律来看，可以从以下方面进行完善：第一，丰富和强化征信数据机构的监管，以市场化方式发展征信基础系统和数据，如蚂蚁金服的"芝麻信用"、京东白条。第二，拓宽征信监管范围，如将网络贷款机构、小额贷款机构、租赁机构、电商平台（如百度、阿里、腾讯、京东和苏宁等）等纳入征信监管范围。第三，加快引入监管科技，丰富基础征信监管工具。引入区块链、人工智能、大数据等监管科技，丰富监管手段和工具，提升监管准确度和效率。第四，强化金融基础征信体系和系统的动态性管理，制定统一的监管标准，以"提高准入门槛、分级管理模式、扶优限劣、规范发展"的原则，实行牌照制管理，每年对持牌机构评估，对不达标的给予整治清理。第五，建设征信系统"防火墙"，提升信息安全防范能力。征信系统其实是机构及个体信息的汇总、整合和利用，要对接国外系统应建立相应的

"防火墙"制度和机制，确保信息的安全使用。

我国重要征信系统如表4所示。

表4　　　　　　　　　重要征信系统

系统名称	一级系统	二级系统	三级系统	主管主体
征信系统	央行征信中心系统			央行
	第三方征信系统	个人征信系统	百行征信系统	
			上海资信	
		企业征信系统		

4. 建设国家金融应急灾备系统，提升金融基础设施灾备能力

应急则是在突发情况下采取或运用的措施，包括软、硬件设施。我国缺乏金融应急管理建设的经验，目前已建设有突发事件信息报送和语音调度系统（互联网）、重特大自然灾害综合评估系统（互联网）、国家自然灾害灾情系统、社会应急救援登记系统（互联网）、全国地方应急管理机构建设信息管理系统等系统，借鉴国外的经验，可从以下方面建设我国金融应急灾备系统。第一，可借鉴美国"全国突发事件管理系统"构建我国金融应急灾备系统，其应作为金融突发事件应急管理系统作的子系统之一纳入金融基础设施进行统一监管。第二，应急灾备系统应遵循"两地三中心"原则，分开建设并保持相对独立性。第三，综合利用信息化政府建设、数字化经济建设、金融科技建设等技术成果，建设"自上而下，部门联动，指挥灵活，统一协调"的我国金融应急灾备系统。

新时代中国特色金融应急管理体系构建研究[①]

始于 2019 年底暴发于 2020 年初的新冠肺炎疫情,导致全国大部分省市延长春节假期,甚至停产、停工、停学、停市,交通管制、商业停滞与人口流动限制等;目前国内疫情已得到较好控制,但疫情正在全球主要国家蔓延开来,对全球金融业、资本市场、宏观经济、社会发展等造成严重冲击和引起巨大恐慌。以 2020 年 1 月 20 日为基点,至今 A 股跌幅达 11.86%;2020 年 3 月 13 日,美国、德国、巴西、俄罗斯等 9 个主要国家股市发生熔断,有的甚至熔断两次。如何应对突发事件对国家金融体系的冲击已成亟须研究的重大问题。

党的十九大报告指出"中国特色社会主义进入新时代,中国社会主要矛盾已经转化为人民日益增长的美好生活需要和不平衡不充分的发展之间的矛盾""健全金融监管体系,守住不发生系统性金融风险的底线"。守住不发生系统性金融风险是新时代解决中国社会主要矛盾的关键之一,而构建新时代中国金融应急管理体系则是守住不发生系统性金融风险的关键举措之一。2020 年 2 月 14 日,习近平总书记主持召开中央全面深化改革委员会第十二次会议,在会上他连续提到国家公共卫生应急管理体系、国家治理体系、国家安全体系、国家生物安全风险防控和治理体系、国家应急管理体系等 15 个体系。国家金融应急管理体系是国家应急管理体系的重要组成部分,本研究将重点回答新时代国家金融应急管理体系是什么、如何构建新时代国家金融应急管理体系两个问题。

一、国家金融应急管理体系的界定

《中华人民共和国突发事件应对法》将突发事件定义为:突然发生,造

[①] 原文发表于 2020 年第 8 期《中国金融》,收录时略有改动。

成或者可能造成严重社会危害，需要采取应急处置措施予以应对的自然灾害、事故灾难、公共卫生事件和社会安全事件。中国人民银行《金融机构突发事件应急预案（试行）（2005）》对金融机构突发事件定义为：因突发自然灾害、事故灾难、公共卫生事件、社会安全事件等公共安全事件或者因金融机构市场退出而导致的金融机构存款挤提、客户交易结算资金挤提、集体退保或者其他债务挤兑等金融突发事件。2018年北京市颁布实施的《北京市金融突发事件应急预案》，金融突发事件指金融媒介（如银行、证券公司、保险公司等）、金融市场（如股票市场、债券市场等）和市场基础设施（如支付体系等）突然发生，造成或者可能造成无法预期或难以预期的、严重影响金融稳定，需要立即处置的金融突发事件。

新时代金融突发事件具有突发性、紧迫性、易传染性（快速传播性）、系统性、不确定性和危害性特点，这些特点决定了必须对事件进行及时处置才能保证国家金融稳定和安全。从因果角度来看，金融突发事件极有可能导致金融风险、金融危机等结果的发生，随即影响一个国家乃至全球金融系统的稳定与安全。从人为与非人为角度来看，金融突发事件可分为人为金融突发事件和非人为金融突发事件。人为引发的事件主要指事故灾害、人为公共卫生事件、社会安全事件、金融违法事件、战争冲突事件、国内外政策法规变更事件、金融业重大人事变更、市场风险、信用风险、操作风险、流动性风险等；非为人引发的事件主要指自然灾害、非人为公共卫生事件等。

因此，本文认为，国家金融应急管理体系是指国家层面处理因人为和非人为引发的、危及金融稳定和安全的突发事件的行政职能及其载体系统，是国家金融应急管理的职能、机构、制度与机制之和。由此可知，金融体系所有的主体都应包括在金融应急管理体系之内。"金融活，经济活；金融稳，经济稳"，金融是实体经济的血液。几乎所有的行业和实体企业均与金融业相关联，所以金融突发事件有可能是直接冲击金融体系而引发金融风险，也有可能是通过冲击与金融机构关联性较大的行业或企业而引发金融风险。本研究只关注金融突发事件对金融体系冲击而引发的金融风险。

二、构建国家金融应急管理体系的重要性

新时代中国社会主要矛盾是人民日益增长的美好生活需要和不平衡不充

分的发展之间的矛盾，要解决这个矛盾需要金融稳定与安全、需要妥善应对外部金融危机的冲击、需要面对金融科技飞速发展给金融业带来的新挑战，而金融应急管理体系无疑能提供重要保障。

（一）金融应急管理体系是金融稳定和安全运行的重要保障

2017年4月，习近平总书记在中共中央政治局第四十次集体学习会议上强调，"金融活，经济活；金融稳，经济稳"。中国金融业对GDP的贡献一度超过10%，2018年金融业GDP为69100亿元，贡献GDP约7.7%。金融处于政府、企业与居民之间的资金调度配置的重要枢纽地位，既是经济社会发展的基本要素和重要推动力，又是资源配置的重要手段。金融已融入并深刻影响经济社会发展的各领域和全过程，金融的稳定和安全直接关乎着国家经济社会稳定发展大局，关乎人民群众根本利益。然而，金融具有脆弱性。现代国家的金融体系是由人类构建的，它由机构、规章制度、运行机制、运行系统等组成，任何一个部分出现不稳定均可能会对金融体系产生影响，尤其是突发性事件更可能对其产生破坏性影响，严重影响经济社会的发展与稳定。因此，金融体系的稳定和安全需要金融应急管理体系的保障。

（二）金融应急管理体系是应对外部危机冲击的重要保障

陶萍和刘先伟（2015）研究发现，国外突发事件（如2011年日本地震引发的海啸、希腊主体信用危机等）对国内股票市场有显著负面影响。全球经济一体化使金融机构之间成为一个高度互联的体系，使得风险可通过交叉持有的金融资产进行直接传递，加剧风险传染的速度和冲击程度，进一步危害经济安全。2008年美国次贷金融危机并未对中国造成严重冲击，除中国金融业宏观审慎管理制度外，其中一个重要原因就是2003年SARS危机后，中国央行、银行等金融体系的主体初步建立了"一案三制（应急预案；应急体制、机制和法制）"的应急管理体系，这一点很多研究者没有注意到。2018年全球贸易保护主义、单边主义严重抬头，中美贸易摩擦给中美经济造成不利影响，更是对中国经济社会的发展增加了诸多的不确定性。如前所述，现在这次新冠肺炎疫情正在全球主要经济体蔓延，并对全球金融体系造成恐慌性冲击，同时通过全球金融网络冲击中国资本市场。中国为应对冲击，也综合运用了专项贷款、MLF、逆回购等措施稳定金融体系，这些措施其实就是金融应急管理的一些现实实践。

（三）金融应急管理体系是应对金融科技飞速发展的重要保障

近年来，金融的深度融合造就了金融科技的腾飞，金融科技的不断迭代更新，为金融业新产品、新业态、新模式等提供创新源泉，金融科技助力金融机构的业务创新和发展已成为趋势，金融科技正快速重塑金融业生态，深刻改变着支付、身份管理、征信、金融资源配置、信息安全、风险管理等金融业务和服务的运作方式。金融科技应用所伴生的运营风险、操作风险、合规风险、技术风险及模型算法风险正突破现有监管架构、体制等，正深刻重构金融安全边界。如前所述，金融应急管理体系是金融安全的重要保障。金融应急体系要根据金融科技发展对金融体系的影响而做出相应改变，才能更好地发挥保障金融体系稳定与安全的作用。比如，金融科技的区块链技术在货币发行、支付结算等体系的应用，若这些体系出现突发事件，金融应急管理体系要如何应对。无疑一个完整的、有预见性、并及时更新完善的金融应急管理体系将能较好地应对金融科技发展给金融体系带来的新挑战。

三、中国构建国家金融应急管理体系的现状

2003 年 SARS 危机后，中国应急管理体系得到长足发展；2008 年美国次贷金融危机后，中国金融业宏观审慎监管体系得到长足巩固和提升。但从金融危机应急管理角度来看，中国金融应急管理体系却未得到应有重视和发展，在取得部分成就的同时面临新的挑战。

（一）初步形成"一案三制"应急管理体系，但多部门应急管理协同体系缺失

2007 年颁布实施的《中华人民共和国突发事件应对法》明确了突发事件的预防与应急准备、监测与预警、应急处置与救援、事后恢复与重建、法律责任等，其第三条对突发事件的界定：是指突然发生，造成或者可能造成严重社会危害，需要采取应急处置措施予以应对的自然灾害、事故灾难、公共卫生事件和社会安全事件。从这可以看出并不包括国家金融安全突发事件，或者可以解释为社会安全事件包括了金融安全突发事件。第十七条：国家建立健全突发事件应急预案体系；国务院制定国家突发事件总体应急预案，组织制定国家突发事件专项应急预案；国务院有关部门根据各自的职责和国务院相关应急预案，制定国家突发事件部门应急预案。"一委一行两

会"均是国务院下属部门，应该承担起国家金融安全应急预案制定的责任，但目前却没有相应安排。

中国《突发事件应对法》颁布实施以来，央行及大型金融机构（如国有银行、商业银行等）积极响应，把应急管理纳入日常经营范围，逐渐形成"一案三制"的应急管理体系。央行按照"统一领导、分类管理、分级负责、条块结合、属地为主"的原则建立应急管理机制。银行机构往往成立以行领导为组长、主要领导及中层领导为成员的应急管理工作领导小组，应急工作领导小组下设办公室，形成统一领导、协同应对的应急管理组织架构。但各行有各行的特点，应急预案体系的前瞻性、完备性、开放性、适用性及有效性有较大差异，无法形成应急处置突发事件的联动机制。然而，突发事件的联动管理却是应急管理的关键防线。而且其他金融监管部门、金融机构、类金融机构等也没有构建相协调的应急管理机制。

中国实行的是金融业分业监管，目前的监管体制是"一委一行两会"，除国务院金融稳定发展委员会可以直接协调全国金融机构外，央行仅对银行机构有直接监管和协调的权力，银保监会则能直接监管和协调银行、保险、信托、金融租赁等金融机构，证监会则是证券机构的监管和协调机构。由于长期的分业监管造成的部门藩篱、各自为政等问题，即使成立了金融稳定发展委员会，这些问题也一定程度上存在。这直接阻碍了中国金融应急管理体系的构建，也提示应由国务院稳定发展委员会负责中国金融应急管理体系的构建工作较为合适。

（二）金融应急管理法规已在个别金融机构发挥作用，但缺乏全面完善的金融应急管理法律体系

2005年，中国制定实施了《国家金融突发事件应急预案》，就组织指挥体系与职责、预防预警、金融突发事件的分级、应急响应、后期处置、应急保障等方面进行了明确，在一定程度上为金融机构防范和应对突发事件提供了参考依据；但该预案目前在中国政府网已无法查看全文，是否已废除没有明确。2006年，中国人民银行制定了《金融机构突发事件应急预案（试行）》，确立了中国人民银行应对金融机构突发事件的组织体系和内部职责分工，制订了预防预警、应急响应、后期处置和应急保障等，据前央行行长周小川介绍该预案在2008年修改为《国家金融突发事件应急预案》，但如

前所述，该预案并无进一步消息。

《保险业重大突发事件应急处理规定（保监会令〔2003〕3号）》《中国人民银行突发事件应急预案管理办法（银发〔2005〕196号）》《中国人民银行处置突发事件应急资金管理办法（银办发〔2006〕8号）》《保险资产管理重大突发事件应急管理指引（保监发〔2007〕42号）》等均是部门规章，从法律层次上金融业均是按照2007年发布的《中华人民共和国突发事件应对法》制订自己的应急预案，缺乏金融应急管理上位法和系统性专项的应急法律法规。

（三）金融应急管理预案演练已形成常态机制，但缺乏统一性、整体性和时效性

对各金融机构进行统一的压力测试是应急管理预案演练的可靠基础，虽然中国金融机构的规范发展程度不同，统一进行压力测试缺乏一定基础，但这并不影响压力测试的进行。目前中国除银行机构定期进行压力测试外，其他金融机构、类金融机构则没有压力测试的规定，且银行压力测试也仅是针对大型商业银行，如2018年进行的银行压力测试仅选取总资产规模在5000亿元以上的银行，全国仅20家银行达到此标准，应急管理预案演练缺乏整体性，更缺乏全国性的各类金融机构统一性的压力测试，即金融应急管理也缺乏统一性。

如前所述，中国主要金融机构的应急管理预案均主要依据2005年《国家金融突发事件应急预案》和2007年《中华人民共和国突发事件应对法》制定的，但中国金融业监管体制机制在不断演变，已经数次变革，从宏观上看，由前两年的"一行三会"演变为目前的"一委一行两会"，大部分金融机构的应急管理预案尚未跟进修订，金融应急管理预案缺乏时效性。2018年十三届全国人大一次会议表决通过了关于国务院机构改革方案的决定，批准设立中华人民共和国应急管理部，由应急管理部统一履行国家应急管理职能。然而，国家金融应急管理却未有相应安排。

四、美国构建金融应急管理体系的经验

他山之石，可以攻玉。虽然中国金融的起源可以追溯到2000多年前，但现代金融业相对于发达国家仍有不少差距，借鉴发达国家金融应急管理体系构建的经验显得尤为必要。美国是目前世界上金融最强的国家，其构建金融应急管理体系的经验代表了西方发达国家的最高水平，其他国家多是借鉴其成功经验。

（一）美国金融应急管理法律体系

美国金融以法律体系完善著称，《格拉斯·斯蒂格尔法案》《金融服务现代化法案》《多德—弗兰克法案》三大法案是美国现代金融法律体系的奠基石，并以《联邦储备法》《证券法》《证券交易法》《银行控股公司法》《存款机构去监管化和货币管制法》等专门金融行业法律法规形成完善的法律体系。美国目前暂没有专门的金融应急管理法律，美国于1992年颁布了《存款机构灾难救助》法案，这可以认为是美国较早的金融应急管理方面的法律。2008年次贷危机发生后，美国相继颁布实施了《紧急经济稳定法案》《住房与经济恢复法》《美国恢复与再投资法》等，形成了美国相对完善的金融应急管理法律体系。这些法律明确了美国金融监管部门、金融机构等在金融应急管理中的权力与义务，便于在出现危机事件时能够快速处理。

（二）美国金融应急管理体制

美国金融应急管理体制以上述金融应急管理法律为基础，依法构建应急管理体制。其中尤以2008年颁布的《紧急经济稳定法案》为主，依托该法案美国成立了金融稳定监督委员会、问题资产救助计划特别总检察办公室、国会监管专家组三个机构，这三个机构可以认为是美国金融应急管理体制的具体执行部门。

金融稳定监督委员会（FSOB）的委员由美联储主席、财政部长、联邦住房金融机构理事长、证券交易委员主席、住房与城市发展部长组成，这几乎囊括了美国主要金融机构的负责人，每个机构都在委员会的统筹下承担美国金融应急管理的救助责任；该委员会的主要职责就是监管评估《紧急经济稳定法案》要求的救助计划实施情况，维护美国金融市场稳定。问题资产救助计划特别总检察办公室的主要职责是负责实施和协调对不良资产购买、管理、出售过程的审计、调查，汇总涉及问题资产的总规模、处置销售情况等相关信息。国会监管专家组的职责主要是评估金融市场和监管系统的最新状况，向国会提交法案执行情况、效果和影响的报告和建议等。

（三）美国金融应急管理机制

美国金融监管机构包括协调类监管机构（如金融稳定监督委员会、总统金融市场工作组等）、银行业监管机构（如联邦储备银行、联邦存款保险公司等）、证券业监管机构（如证券交易委员会、市政债券规则委员会等）、保险业监管机构（如全美保险监督官协会、联邦保险办公室等）和其他金融监管机构（如联邦住房金融局、消费者金融保护局等），美国金融应急管理机制主要由这些监管机构创设和实施。

1. 流动性紧急提供机制

流动性紧急提供机制主要涉及美联储和证券监管机构：美联储可使用紧急贷款、降息、公开市场操作、特别贷款、货币融资、票据融资、央行互换等机制，如：扩大货币市场共同基金流动性融资范围的货币融资机制，扩展商业票据融资工具的票据融资机制，货币市场共同基金流动性工具和一级交易商信贷机制等。证券监管机构可使用国债、企业债、联邦机构债、市政债、次级债、股票等发行机制，及股市熔断机制、证券市场贷款机制和临时禁止卖空机制等，如2008年创设的定期资产支持证券贷款机制；1988年2月创设的熔断机制。美国的股市熔断机制指在美国股市交易时段和非美国股市交易时段，甚至于部分个股，除了美国交易时段的股指期货有针对上涨幅度的熔断外，美国交易时段只对跌幅有熔断机制。熔断分几个级别：一是，当市场下跌达7%时，触发一级市场熔断；二是，当市场下跌达13%时，触发二级市场熔断；三是，当市场下跌达20%时，触发三级市场熔断。对于一级、二级市场熔断全天交易只触发一次，如当市场下跌达7%时，触发一级市场熔断，然后市场出现上涨再下跌达7%时不再熔断，除非市场下跌触发二级市场熔断；全天任意交易时段，如果市场下跌达20%时触发三级市场熔断，全市停止交易直至下个交易日开盘。

2. 临时购买金融不良资产机制

该机制主要是由政府出资购买金融机构在金融突发事件中产生的不良资产，最早可以追溯到1929年美国经济危机时代，在2008年美国次贷危机时发挥了巨大作用。比如，2008年美国7000亿美元的"不良资产救助计划"允许政府在未来2年购买金融机构不良资产，财政部可购买、持有、出售住宅和商业抵押贷款及相关贷款支持证券。

3. 临时注资机制

该机制主要是由政府向受金融突发事件影响而陷入困境的金融机构注入资金，避免其倒闭产生系统性危机。比如，2008年美国政府临时向花旗银行注资450亿美元，避免其倒闭对金融市场产生冲击。

4. 临时担保机制

该机制主要是由政府向受金融突发事件影响而出现临时困难的金融机构提供政府主体信用担保，主要以相关政府基金提供担保。比如，2008年美国政府通过财政部、美联储及联邦储蓄保险公司为共3060亿美元的问题资产提供担保；2020年通过外汇稳定基金向美联储货币市场流动性工具提供担保。

5. 外汇稳定机制

该机制主要基于成立于1930年的外汇稳定基金帮助"因市场力量或其他压力导致的某些货币压力"而发挥作用，显然突发事件而引起的外汇市场波动也在该基金发挥作用的范围。比如，2020年通过外汇稳定基金向美联储货币市场流动性工具提供担保。

6. 紧急救助机制

本文指的紧急救助机制主要包括国有化、临时接管及破产清算等机制，这些机制是在金融机构采取上述应急管理机制时无法发挥应有作用时启用，属于灾后或应急管理恢复机制。国有化机制往往是国家采取将陷入困境的金融机构产权国有化，以国家资源救助避免其倒闭产生的金融危机；临时接管是监管部门本身或指定其他金融机构对陷入困境的金融机构实施临时接管，以最低成本处理好突发事件带来的冲击；破产清算是监管部门强制对金融机制实施或金融机构为自我保护提出的清算自救机制。比如，2008年美国对"房利美""房地美"的临时国有化、美国银行收购美林公司的临时接管、雷曼兄弟申请破产保护。

（四）美国金融应急管理预警机制

美国目前没有专门的金融应急管理预警机制，但美国对金融业的监测和预警却有着历史悠久且成熟的经验。比如形成于1926年的CAMEL银行评级制度是美国金融业最早的监测预警机制，资本充足率、资产质量、管理水平、盈利能力和流动性是该机制的监测预警指标，后于1996年增加"敏感性"指标;评级共分五级,M 代表高级,E 代表基本满意,R 代表一般,I 代表有问题,T 代表有严重的问题,评级为 I 或 T 将会进行预警。此外,CAMEL、UBSS、FIMS、CAEL、GMS、SCOR、BC、CBSS 等机制或系统是美国金融应急管理预警机制的常态监测部分(见表1)。此外,"全国突发事件管理系统"是美国集"预警、保护、减缓、响应和恢复"于一体的、统一的全国性应对突发事件的管理系统,该系统创建于 2004 年,并于 2008 年、2017 年进行修订补充,目前实施的是 2017 年修订补充完善的第三版;该系统由"突发事件指挥系统(ICS)、应急操作中心(EOC)、多机构协调群(MAC Group)、联合信息系统(JIS)"四个子系统组成,遵循"灵活性、标准化和统一行动"的指导原则,它不仅是由计算机、通信设备等组成的硬件系统,而且是由政府、组织、个人等管理规则与制度安排为基础组成的软系统;美国的金融应急管理功能同样归集于此系统中,这个系统也是美国金融应急管理的紧急预警机制和系统。

美国金融应急管理预警机制和系统如表 1 所示。

表 1　　　　　　美国金融应急管理预警机制和系统

系统名称	机制和系统功能	预警指标或方法
CAMEL 银行评级制度	银行评级制度及监测预警机制	共有"资本充足率、资产质量、管理水平、盈利能力、流动性、敏感性"六个监测预警指标;评级共分五级,M 代表高级,E 代表基本满意,R 代表一般,I 代表有问题,T 代表有严重的问题,评级为 I 或 T 将会进行预警。
UBSS 系统	非现场稽核监测与预警机制	按季度分析"ACMELS 评级、跟踪银行新业务及发展指标、资本市场监测"三类监管报告核心指标的有关数据,共 30 余个财务比率指标。
FIMS 系统	非现场银行倒闭风险早期预警机制	侧重统计分析模型及预测银行倒闭的可能性,共 30 个参数及一些根据地区经济条件设立的附加参数。
CAEL 系统	银行评级预警机制	联邦存款保险公司对银行的评级系统,但考虑因素更全面,主要有资本、资产质量、获利能力和流动性等监测预警指标。

续表

系统名称	机制和系统功能	预警指标或方法
GMS 系统	银行成长评级机制	对银行危机早期阶段至高增长阶段的预警，主要依据四个财务比率和五个增长率指标去鉴别贷款率超过5%的银行，超标将预警。
SCOR 系统	银行与储蓄机构风险监测预警机制	为更有效地监控银行与储蓄机构面临的风险，主要有逾期贷款、非增值贷款、取消了抵押赎回权的房地产贷款等监测预警指标。
BC 系统	银行风险预警机制	美国货币监理署可运用该系统在银行财务报表显示出经营恶化的迹象之前发出预警信号，主要有资产组合（资产和负债、不良率等）、内部经营（资本金、盈利水平）、外部环境（失业率、银行规模等）等监测指标。
CBSS 系统	社区银行风险预警机制	财政部针对社区银行的风险评级与预警，将社区银行以其预警系统 - 社区银行评分系统来判定经营状况是否稳定，主要评判指标包括资本充足率、资产质量、流动性等指标。
FSVM 监测平台	美国金融系统脆弱性监测预警机制	财政部对美国金融稳定状况进行监测的平台，监测指标包括宏观经济风险、市场风险、信贷风险、杠杆风险、流动性风险及传染性风险六大类，每个大类下细分多个二级和三级指标，共58个细分指标。

资料来源：根据 The Board of Governors of the Federal Reserve System：The Annual Report, 1998、1999、2000、2001 整理。

（五）美国金融应急管理预案

美国为应对飓风、暴雪等带来的灾害，自"911恐怖袭击事件"后，建立较为完善的国家应急预案管理体系，金融应急管理预案属于国家应急预案管理的一部分。美国在《斯坦福法案》《国土安全法》《卡特里娜后应急管理改革法案》《"911"法案》均明确了联邦政府、州政府、企业、个人等在突发事件中的责任与义务，并出台《国家准备导则》《国家响应框架》《国家突发事件管理系统》《国家应急准备目标》《综合应急预案编制指南》《商业及工业应急管理指南》等系列指导文件。美国金融应急管理预案也是按照这些法规和指导文件制定，根据需要及时更新，并形成常态化演练机制。此外，为综合协调相对独立的各州应对突发事件，美国构建了国家突发事件管理系统，为联邦、州以及各地方提供一套全国统一的方法，协调一致和高效的对突发事件进行预防、准备、响应和恢复（吴晓涛，2013）。比如，2019年"Event201"应急预案演练，其中就有推演因瘟疫引发恐慌情绪蔓延触发全球性的金融危机的内容。

五、构建中国特色金融应急管理体系的对策建议

（一）厘清金融应急管理体系多主体协同的边界关系

任何一个应急管理体系都是一个复杂综合体系，涉及多主体，这是得到公认的事实。国家金融应急管理体系是国家应急管理体系的一个重要组成部分，从制度上讲，应该纳入国家应急管理体系进行综合安排。如前所述，金融突发事件可能是由人为或非人为所引发，可能会涉及自然灾害（如地震、洪水等造成的大面积停电导致金融基础设施无法工作）、公共卫生事件（如SARS、新冠肺炎等造成的大范围恐慌导致金融市场急剧动荡）等。因此，国家金融应急管理体系同样需要减灾救灾体系、医疗卫生体系等的共同参与。中国幅员辽阔，在保持中央集权管理的同时，也保留了各地的分权特色管理。"属地管理原则"是应急管理的一条重要原则，因为极少数突发事件会波及全国，绝大部分突发事件都发生在某个特定的时间与地点。因此，强调属地管理有利于地方政府及时发现并消除风险。

一是，建立国务院金融稳定发展委员会（简称金融委）、国家应急管理部联席会议制度，统筹国家金融应急管理体系的构建。二是，进一步厘清金融委和国家应急管理部的职责，增加两者构建国家金融应急管理体系相应的职责。三是，完善中国金融业"宏观审慎＋微观监管"两位一体管理框架，进一步厘清和明确"一委一行两会"的关系，金融委是统筹国家金融应急管理体系构建的常设决策机构，"一行两会"是统筹国家金融应急管理体系构建的常设具体执行机构，国家应急管理部是日常配合协同机构。四是，厘清与明确央行与财政部的关系，央行是金融应急管理体系构建的常设具体执行机构之一，财政部应是金融应急管理体系财政资源配置的主要配合机构。五是，厘清金融应急管理体系中央与地方的关系，强化地方在金融应急管理体系的主动权，强调属地管理和权责对等；中央是协调处理全国性影响的事件处理人，地方是突发事件处理的第一处理人。

（二）健全完善国家金融应急管理法律体系

在此值得一提的是，以往的研究均有提出中国应建立完善国家金融应急法律法规，但我们认为并不一定要专门制定《国家金融应急法》。如前所述，金融突发事件的应急管理相对专业，且从以往多数事件来看属于金融领域造成的较多，借鉴美国经验在《多德—弗兰克法案》《统一鉴定法》中对金融应急管理的规定，不用单独制定金融应急管理法，而应制定《国家金融法》。可直接在金融法里面对金融应急管理做出明确规定，对"一委一行两会"、各金融机构、类金融机构等金融体系的主要主体及其他金融事件参与者的权利义务进行法律明确，明确各主体和参与者在应急管理的各个阶段应承担的责任、采取的措施等。然后，以《国家金融法》为依据，各金融监管机构、金融市场、金融机构等制定应急管理办法或条例，形成系统配套的金融应急管理法律法规体系。

本文认为法律法规是一个较为宽泛的概念，应包括政策、制度、正式法律、部门规章等，只是这些在法律效力和执行上会有所区别。多数战略规划不具备强制力，但却明确了方向和重点任务，如《金融科技（FinTech）发展规划（2019—2021年）》，而政策、法律法规等具有强制力。厘清应急管理规划、金融改革发展与开放战略、监管政策、监管法规等之间的关系，能更好地明确金融应急管理体系构建参与主体的职责边界，更好地发挥他们的主动性和积极性。一是，要主动适应新时代的挑战，制定国家金融应急管理体系构建战略，以战略指导全局。二是，根据《宪法》制定《国家金融法》，在金融法里面明确金融应急管理体系构建主要参与主体的法律地位。三是，厘清和明确各参与主体出台的政策法规的法律地位及相互关系。四是，根据最新实际情况及时修订、完善、废除相关监管法规。《国家金融法》是构建国家金融应急管理体系及金融监管主体出台的政策法规的上位法，应主要以此为准，且所有金融监管法规要遵照执行。

(三) 健全完善国家金融应急管理机制

如前所述，新时代金融突发事件出现一些新特征，国家金融应急管理面临一些新的挑战。然而，万变不离其宗，不宜从根本上重塑国家应急管理体系，而应从机制上做进一步更新完善。那中国金融应急管理机制应该包括哪些机制、如何建立呢？从事件过程来看，金融突发事件的管理可分为事前管理、事中管理和事后管理；从危机处理过程来看，金融应急管理可分为识别、预警、计量、处置与恢复等环节。因此，从机制上看，国家金融应急管理机制应包括危机识别与预警机制、危机处置机制和金融体系恢复机制。

1. 国家金融应急管理—危机识别与预警机制

对金融体系的主要参与主体和关键金融基础设施进行动态监测是危机识别的关键闭环环节，只有实行动态的监测才能第一时间识别危机并进行危机预警。所以，危机识别与预警机制应包括实时监测机制。金融应急管理的实时监测机制与其他领域的监测机制不同，金融体系几乎是可以完整独立运行的一个体系，经过多年的建设，已形成自上而下的监管、市场运行等体系。因此，应把国家应急管理部的系统与金融监测系统对接，并设置相应的防火墙，实时共享关键的危机事件信息。其次，建立自下而上的危机识别与预警机制，"自下而上"则是"属地管理"原则的体现，多数事件是发生在特定的时间和地点，理应是第一时间监测并进行识别和预警的责任主体。监测、识别与预警其实可以同步纵向、横向预警，纵向则是向上、向下进行预警，向上是对上级管理部门预警，由上级管理部门进行更大范围（包括对其他相关部门）的预警；横向预警则是指对同级相关部门、所辖金融体系主体进行预警。通过纵向、横向的交叉预警，形成金融应急管理预警网络。预警网络数学表达式如下（见式1）：

$$C = \frac{1}{N} \sum_{i=1}^{N} c_i \tag{式1}$$

$$C_i = \frac{2 e_i}{k_i(k_i - 1)} \tag{式2}$$

式1中C代表的是网络集聚系数，即网络中所有节点发生风险的概率系数；式2中$\forall i \in V$（V是所有网络节点的总集），节点i的度记作k_i（k_i是节点i发生的概率），节点i的邻接节点之间实际存在的连边数目记作e_i。

一是，打通金融体系与非金融体系的危机应急管理监测、识别和预警机制，尤其要打通金融市场（资本市场、债券市场、外汇市场等）、金融机构（包括类金融机构）间的危机应急管理监测、识别和预警机制。二是，建立金融应急管理压力测试机制，以金融机构为点，金融业态（如银行业、保险业等）、金融市场、金融基础设施等为面，形成应急管理压力测试机制，以压力测试结果作为危机进行识别与预警的重要依据之一。三是，建立金融体系与非金融体系、金融机构（包括类金融机构）间、金融市场间、区域间的危机隔离机制，及时更新风险因子，提升隔离机制的敏感度，及时预警与阻断危机的传染。四是，建立金融基础设施危机预警机制，根据2020年3月5日印发的《统筹监管金融基础设施工作方案》指出，中国金融基础设施统筹监管范围包括金融资产登记托管系统、清算结算系统（包括开展集中清算业务的中央对手方）、交易设施、交易报告库、重要支付系统、基础征信系统等六类设施及其运营机构，应由金融委统筹，央行负责建立统一的、涵盖这六类设施的金融基础设施危机预警机制。

2. 国家金融应急管理—危机处置机制

如前所述，国家应急管理体系是国家金融应急管理的职能、机构、制度与机制之和。因此，国家金融应急管理—危机处置机制应主要包括金融体系监管机构、金融机构、金融市场、金融基础设施等主要主体的危机处置机制。在此要提出的是，所有这些危机处置机制应该公开透明，且处置结果应该及时公开发布。

金融监管机构应急管理—危机处置机制是指金融监管机构应对冲击自身突发性危机事件和冲击监管对象突发性危机事件而引发的危机处置机制。对于自己突发性事件的危机处置，则可分为中央和地方两级处置机制，同样遵循"属地管理优先"和"中央兜底"两大原则，中央危机处置机制如央行的紧急贷款机制、利率调整机制、金融机构接管机制等；对于因监管对象突发性事件的危机处置，原则上由监管对象自身处置为先，监管机构起监督、指导、协调等作用，如央行应急管理—危机处置机制。

央行应急管理—危机处置机制是指央行应对突发性事件危机所采取的处置机制，主要有：中期借贷便利（MLF）机制、公开市场操作（OMO）机制、定向降准机制、再贷款机制、专项贷款机制、贷款市场报价利率

（LPR）机制、贷款本息展期机制等，这次应对新冠军肺炎疫情央行就综合使用了 MLF、OMO、有限定向降准、再贷款等机制。可借鉴美国的商业票据融资机制（CPFF）、一级交易商信贷便利机制（PDCF）、各国央行互换机制（美元流动性互换机制）、紧急贷款机制、扩大货币市场便利机制等，这次应对新冠肺炎疫情美国综合使用了这些机制，且临时增加央行互换机制操作频率（由 7 天操作 1 次改为 1 天操作 1 次）。

金融机构（包括类金融机构）应急管理—危机处置机制是指金融机构应对突发性事件危机所采取的处置机制，比如，行使合约"提前终止权"、更换管理层、临时国有化、暂停营业等"自救"机制。处置机制应包括触发机制、干预机制、处置机制（处置行动、维系运营稳定性的行动、保持必要透明度的行动、跨境协调行动、处置的准备工作）等系列机制。对于金融机构，要尽快建立应急管理—危机处置机制，尤其是系统重要性银行，要按照金融稳定理事会颁布的"恢复与处置计划（RRP）"及国际成熟经验尽快建立处置机制；对于类金融机构，给予一定时间的过渡期，在过渡期内分类规范，成熟一个建立一个。

金融市场应急管理—危机处置机制是指金融市场应对突发性事件危机所采取的处置机制，在中国主要包括资本市场、债券市场和外汇市场。对于资本市场可采取的处置机制：发行机制（加快发行，增加融资速度）、停市机制、熔断机制、退市机制、压降杠杆机制等，比如，应尽快借鉴美国、英国等金融强国资本市场的熔断机制制定中国股市熔断机制。对于债券市场可采取的处置机制：发行机制、违约处置机制、退出机制等。对于外汇市场可采取的处置机制：浮动汇率机制、外汇结售机制、报价机制、宏观审慎调节机制等。为应对这次新冠肺炎疫情对金融市场的冲击，资本市场使用了发行机制（1—2 月 IPO 完成发行 38 家）、压降杠杆机制（当前杠杆比 2015 年高峰时下降 80%）等；债券市场使用了发行机制（1—2 月发行 1.1 万亿元，同比增 30%）；外汇市场使用了发行机制（在香港招标发行 100 亿元的 6 个月央票）、浮动汇率机制（境内人民币即期交易价贬值 1.4%，而人民币总体升值 2.7%）、宏观审慎调节机制（宏观审慎调节参数由 1 上调至 1.25，企业跨境融资风险加权余额上限由原来净资产的 2 倍提高到 2.5 倍）等。比如，美国为应对这次新冠疫情的冲击，启动临时发债机制，拟发行 50 上期和25年期债券募集资金，其中包括直接支付给美国人的5000亿美元、向陷入困境的航空公司提供的500亿美元贷款，以及向因病毒爆发而陷入严重困境的经济部门提供的1500亿美元。

金融基础设施应急管理—危机处置机制是指金融基础设施统筹监管方和具体运营主体为应对突发性事件危机所采取的处置机制，具体包括金融资产登记托管系统、清算结算系统（包括开展集中清算业务的中央对手方）、交易设施、交易报告库、重要支付系统、基础征信系统等六类设施的应急管理—危机处置机制。由央行负责指导，由中证登、上交所、上清所等具体负责建立。

3. 国家金融应急管理–金融体系恢复机制

在危机处置后往往是灾后重建和恢复阶段，金融体系的恢复往往时间较长，如：大家均认为目前全球金融体系仍是2008年次贷危机的深度调整恢复期。但不管怎样，仍可从监管机构、金融机构、金融市场、金融基础设施等方面构建恢复机制。对于监管机构可采取的恢复机制："宏观审慎+微观管理"机制、机构改革机制、事故追责机制等，外汇贷款、法定准备金、逆周期资本缓冲、动态贷款损失准备以及系统重要性金融机构附加要求、银行间风险限制等资本流动管理机制。对于金融机构可采取的恢复机制：接管、收购承接、过桥银行、经营中自救、存款偿付等机制（见表2），金融机构的恢复机制应能达到降低风险、保全和改善资本、剥离某些业务、债务重组、提高融资能力等目标。对于金融市场可采取的恢复机制：紧急贷款、紧急救市等机制。对于金融基础设施可采取的恢复机制：灾后重建（一地三中心灾备系统）、系统恢复机制等。恢复机制应有定量或定性标准的触发机制、执行机制（包括具体措施、准备工作等），恢复计划的内容应有前瞻性，并建在压力测试的结果之上，恢复措施所需资源应高于或等于压力测试的结果建议的资源，银行应保持所需的资本和流动性。

（四）健全完善应急预案演练机制

应急管理以预防为主已是共识，预案演练机制应成为金融应急管理体系的重要组成部分，且要严格执行。一是，健全完善应急预案体系，按照"横向到边、纵向到底、分类管理、分级负责、条块结合"的原则，编制

表 2　　　　　　　　　　金融机构可采取的恢复机制

恢复机制	释义	优点
收购承接	按照成本最小化原则，通过招标、竞争性磋商等方式选择健康银行收购或者承担问题银行全部或者部分的资产、负债、业务。	处置期间在存款保险管理下保持问题银行基本金融服务和业务经营的连续性，最大程度保留金融许可证和有效资产的价值，使存款人和债权人权利得到充分保障。
过桥银行	过桥银行一般由存款保险公司出资设立和管理，一般无须设立资本，运营资金由存款保险公司提供，负责接管倒闭银行的资产和负债，并继续向银行客户提供银行服务，其存续期一般为两年。	在找到最终的处置方式前维持银行的关键业务、服务不中断；待市场信心恢复，存款保险可以择机将过桥银行向市场出售，发挥逆周期处置的重要作用；过桥银行通常可以运营两年，延期三年，之后可以通过收购承接、兼并、出售股权以及买断等方式出售。
经营中救助	使用存款保险基金或公共资金对问题银行实施直接注资、提供贷款、存入存款、购买资产或承担负债等救助措施，以帮助其恢复经营能力和阻止风险无序蔓延。	流动性的注入延迟了问题银行的倒闭时间，最大限度保证了存款人、投资人、股东等利益相关者的利益。
存款偿付	由存款保险使用存款保险基金直接偿付被保险存款人，通常仅在确实无法采取以上处置措施或者采取以上处置措施不符合成本最小化原则时使用。	最大限度保护存款人的利益，提高公众对银行体系的信心；可有效维护金融体系的稳定，维持正常的金融秩序，减少社会震荡，有助于社会的安定。

《金融监管机构应急管理手册》《金融机构应急管理手册（包括各持牌金融机构、类金融机构）》《金融市场应急管理手册》《金融基础设施应急管理手册》等。二是，根据法规允许范围，公布金融监管机构、金融机构、金融市场及金融基础设施应急预案，增加应急预案的透明度。三是，建立应急预案联合演练机制，联合其他相关部门（如电信、电力、公安等）坚决执行应急预案演练机制，定期和不定期地举行演练，使演练机制常态化。四是，建立应急预案分层演练机制，如整体演练机制（即涉及金融体系所有主

体)、监管层演练机制(即金融监管主体参与的演练)、金融机构层演练机制(包括业务系统应急预案演练、IT系统应急预案演练、组织结构应急预案演练等)等,既有整体也有分层,不浪费资源。五是,重点建立金融机构业务连续性应急预案演练机制,根据演练中出现的问题实时动态更新演练机制。六是,对金融应急管理预案进行宣传教育,对所有金融从业人员、监管机构工作人员等进行培训教育,提高从业者对金融应急管理的全面认识和相关技能水平;可在大学开设相关课程,提高金融应急管理文化水平,营造应急管理文化氛围。

(五) 建立国家金融应急管理系统

中国已形成突发事件信息报送和语音调度系统(互联网)、重特大自然灾害综合评估系统(互联网)、国家自然灾害灾情系统、社会应急救援登记系统(互联网)、全国地方应急管理机构建设信息管理系统等组成的一系列应急管理系统,但缺乏全国统一综合性的应急管理系统,金融应急管理系统也尚未建立。一是,可借鉴美国"全国突发事件管理系统"构建中国特色的突发事件管理系统,金融突发事件应急管理系统作为其子系统之一,必须突出中国"一委一行两会"、系统重要性金融机构等特色。二是,金融突发事件应急管理子系统的监测预警应综合考虑宏观风险(财政政策、货币政策、失业率等)、信用风险(金融部门、非金融部门、居民部门)、流动性和融资风险(资金流动比率、债券换手率、央行对金融机构的融资等)、市场风险(汇率波动率、股市波动率、债市波动率等)等风险因子,系统构建时要考虑中央与地方、财政与金融等主体间中国特色风险关联网络。三是,综合利用信息化政府建设、数字化经济建设、金融科技建设等成果,建立"自上而下,部门联动,指挥灵活,统一协调"的中国金融应急管理系统。

金融科技影响国家金融安全的机理与应对[①]

一、引言

2020年新冠肺炎在全球蔓延,造成全球贸易网、产业链等的严重受损,甚至一度中断和停滞,导致全球金融体系和金融市场急剧波动,威胁实体经济发展和国家金融安全。同时,以美国为首的西方国家以国家安全为由对我国科技产业及发展进行压制,甚至不惜以金融制裁手段配合打压,金融基础设施安全的重要性进一步凸显,各国正积极参与和推进以金融科技驱动的新一代全球金融基础设施体系建设,以抢占国际话语权地位,如Libra项目、俄罗斯金融信息传输系统(SPFS)、欧洲INSTEX系统等。2019年全年,我国捕获计算机恶意程序样本数量超过6200万个,日均传播次数达824万余次,传播来源主要是美国、俄罗斯和加拿大等国家或地区,这些恶意程序会通过漏洞、暴力破解等途径入侵和控制终端设备,对金融网络和金融基础设施的安全造成严重威胁。2020年3月,国际安全智库发布文章称,360安全大脑捕获了美国中央情报局CIA攻击组织(APT-C-39)对我国航空航天、科研机构、石油行业、大型互联网公司以及政府机构等多个机构长达11年的网络攻击渗透。

2015年7月1日《中华人民共和国国家安全法》通过实施,确定每年4月15日为全民国家安全教育日。2020年4月15日是我国第五个国家安全教育日,主题是"坚持总体国家安全观,统筹传统和非传统安全,为决胜全面建成小康社会提供坚强保障"。2015年1月,中央政治局审议通过的《国家安全战略纲要》指出,经济安全是国家安全的基础,强调重视经济安全、文化安全、科技安全、信息安全、资源安全等非传统安全领域;2019年2

[①] 本文撰写于2020年5月。

月 22 日,习近平在中共中央政治局第十三次集体学习时强调,金融安全是国家安全的重要组成部分。

金融安全是非传统领域的安全,金融是经济的"血脉",金融安全是经济安全的核心,经济安全是金融安全的基础和保障。一方面,全球经济一体化使金融机构之间成为一个高度互联的体系,使得风险可通过交叉持有的金融资产进行直接传递,加剧风险传染的速度和冲击程度,进一步危害经济安全。另一方面,金融为实体经济提供融资其实质是通过金融体系对实体经济所需要的资源进行优化配置,实体经济发展所需要的资金流、信息流、物流、人流等均可以通过金融体系进行配置。美国作为金融强国,其金融的核心作用就是通过美元霸权体系进行全球资源配置,甚至通过金融体系转移危机,向全球输出通胀或紧缩等。近年来,金融与科技的深度融合造就了金融科技的腾飞,金融科技的不断迭代更新,为金融业新产品、新业态、新模式等提供创新源泉,金融科技正快速重塑金融业生态,深刻改变着支付、身份管理、征信、金融资源配置、信息安全、风险管理等金融业务和服务的运作方式。同时,金融科技在维护国家金融安全方面发挥着越来越重要的作用。比如,区块链技术在金融基础设施的应用有利于加强反洗钱、反恐怖融资的监测;人工智能、大数据等技术的运用有助于收集和分析金融市场信息,加强金融市场系统性风险的预警和防范。

然而,一方面,金融科技应用所伴生的运营风险、操作风险、技术风险及模型算法风险正突破现有监管架构、体制等,金融科技的开放性、多元性和动态性等特征进一步使金融风险的复杂性、传染性等更具破坏性,这些正深刻重构国家金融安全边界。另一方面,随着我国金融和科技改革开放的逐渐深入,金融业大幅度对外开放,金融及科技行业正面临激烈的外部竞争和外部风险的冲击,以美国为首的"美国优先"战略不断对我国科技领域进行压制,金融科技的发展面临巨大的不确定性,国家金融安全面临巨大挑战。

基于此,金融科技对国家金融安全的影响机理是什么?金融科技的哪些因素影响了国家金融安全?我们应该从哪些方面预防金融科技对国家金融安全的冲击?本文就这几个问题进行理论及 34 个案例的分析研究,探讨金融科技对国家金融安全的影响机理,提出金融科技对国家金融安全影响机理的理论解释模型，并提出构建国家金融安全边界体系的政策建议。

表1　2020年我国金融安全受外部冲击的主要影响事件

时间	事件	影响
4月27日	美国商务部宣布对中国、俄罗斯和委内瑞拉出口的技术实施更严格的限制，包括民用飞机零部件、传感器、半导体生产设备等技术；取消了与国家安全相关的民用许可例外，涉及集成电路、电信设备、雷达、高端计算机和其他物品。	损害我国金融科技发展基础
5月15日	美国商务部宣布，未经特别批准，禁止任何使用美国设备的芯片制造商向华为公司供应芯片；只要使用美国相关技术的海外公司向华为及关联公司供应芯片，都需先取得美国政府的许可。	
5月23日	美国新增33家中国公司及机构列入"实体清单"，进一步打击中国科技基础。	
5月23日	英国政府表示将减少中国华为公司在英国5G网络建设中的参与度，计划到2023年将华为的参与率降至零。	
6月24日	美国政府定性中国船舶、华为等近20家中国企业为中国"军方所有或控制"，将对这些公司实施经济制裁。	
6月25日	美国国务院发布公告，对向伊朗提供重要金属物资的中国香港公司环球工业实施制裁。	
6月30日	美国宣布取消香港的特殊地位待遇，暂停为香港提供优于中国内地的优惠待遇，包括出口许可证豁免，并正在进行差别待遇评估，同时调整相关科技对香港的输出政策。	
7月14日	英国政府宣布将从2020年12月31日起停止购买新的华为设备，并将在2027年前拆除5G网络使用的华为设备。	
3月15日	美联储联合加拿大、英国、日本、欧洲和瑞士等国家和地区央行宣布采取协调行动，利用现有货币互换额度为美元流动性提供支持。	
3月19日	美联储又与另外9家中央银行建立临时美元流动性互换安排。	
5月20日	美国参议院通过了《中国公司监管法案》，该《法案》规定，如果上市公司会计监督委员会连续三年无法检查公司的审计工作，则该公司的证券将被禁止，中国公司在美国上市将受更多限制。	
5月29日	美国宣布取消给予香港的特别待遇政策豁免，并威胁将在独立关税地位、敏感技术进口和联系汇率三方面对香港做出打击，进一步威胁中国金融安全。	

续表

时间	事件	影响
6月25日	美国参议院全票通过《香港问责法》，提出了"禁止被制裁公司或个人买卖或持有美国物业（包括行使权益）、拒绝被制裁的个人、金融机构公司代表或控股股东入境美国"等9方面制裁措施，主要是签证和金融制裁。	损害我国金融价值的安全边界
7月2日	美国众参两院通过《香港自治法案》，拟对中国部分官员及金融机构采取金融制裁。	

资料来源：根据公开资料整理。

二、金融科技与国家安全的特征

（一）金融科技的特征分析

金融科技不是简单的科技在金融领域的应用，而是科技与金融的深度融合，推动金融机构商业模式、业务模式、产品、服务等的创新，进而推动金融市场、金融业态等的创新，同时推动金融监管手段、工具等的创新。本文认为，金融科技指具备金融业逻辑的科技及由此种技术推动的金融创新。科技和金融创新非常多，但只有具备金融业逻辑的科技及由此种技术推动的金融创新才能称之为金融科技。

1. 金融科技的开放性

技术最明显的特征是开放性，即技术是可以无限发展的，可以在原来基础上不断的扩展和迭代。金融也具有开放性，从金融产品和服务来讲，同样可以不断地创新和发展。因此，金融科技具备开放性特征。人工智能、区块链等金融科技的基础技术是开放的、无国界的，如区块链技术，其系统是开放的，除了交易各方的私有信息被加密外，区块链的数据对所有人公开，任何人都可以通过公开的接口查询区块链数据和开发相关应用，因此整个系统信息高度透明；技术、金融产品和服务等是开放的，各参与主体均可应用和使用。

2. 金融科技的多元性

从金融科技的供给端来看，其供给主体是多元的。随着社会发展和社会进步，金融业的分工日趋市场化、专业化、精细化。金融产业链和生态圈不断拓展，在金融科技领域，供给的主体既包括通过科技创新推动金融服务转型升级的传统金融机构，也包括运用数字技术、跨界开展金融业务的互联网企业，还包括为金融机构提供技术外包和配套服务的金融科技公司。

从金融科技的需求端来看，其需求主体同样是多元的。"有需求就有供给"，逻辑其实与供给端一样，对金融科技有需求的有各种机构、企业、消费者等。对于金融机构和企业而言，对金融科技的需求是为了提高效率、防范风险、使用方便等；对于消费者而言，更多是追求产品的低成本、服务的高效等。对于金融科技的需求主体和需求目的都是多样的，如：当前消费者更加依赖移动互联网提供的便利、高效的线上购物、移动支付、网络理财等服务模式。

3. 金融科技的动态性

从金融科技的定义可知，技术驱动金融创新是其应有之义。从这个角度看，不管是技术还是金融，它都处于动态的变化之中。技术会随着基础算法、基础材料等的创新发展而发展，处于快速的动态变化中。同样的，金融也会随着消费者的需求、监管的变化、技术的创新等会不断地出现新产品、新服务、新业态等。当然，变化有可能是巨大的变化，也有可能是小变化；量变导致质变的规律同样适用于金融科技。因此，金融科技的动态性会表现出波浪式的动态性。

(二) 国家金融安全的特征分析

本文认为，国家金融安全指一个国家所拥有的金融价值及其金融价值基础不被威胁和不受威胁的一种状态；具体指一个国家的金融体系、体制、机制、金融机构等金融价值及粮食、能源、实体企业等金融价值基础不被威胁和不受威胁的一种状态。

1. 动态性

国家金融安全不是静态的，而是会根据国际、国家的情况的变化而变化，国家金融安全的内容是动态变化的。比如，随着中小银行的发展，原来其安全不至于会影响到国家金融安全，但随着资产和负责规模、贷款余额等不断增加，其安全会影响国家金融安全；随着第三方支付和结算平台的发展，其在国家整个的支付和结算系统的比例不断上升，其对国家金融安全的重要性也随之上升。

2. 全球性

国与国之间或区域之间的经贸往来在2000多年前就已开始，如始于汉朝的"丝绸之路"就是很好的见证。随着经济、贸易、金融等的全球一体化不断推进，一个国家的金融安全逐渐成为一个全球性问题，在系统内的都会彼此影响，互联互通已成为金融新时代的鲜明特征。比如，1997年亚洲金融危机、2008年美国次贷金融危机对全球各经济体的影响就证明一个国家的金融安全具有全球性特征。按照国家金融安全的定义，要放在全球范围内看才会有一个国家的金融是否安全的界定。

3. 政治性

一个国家可以认为主要是由领土、人民（民族、居民）、文化和政府四个要素组成。从广义的角度，国家是指拥有共同的语言、文化、种族、血统、领土、政府或者历史的社会群体。从狭义的角度，国家是一定范围内的人群所形成的共同体形式。因此，政府是一个国家的要素之一，政府是政治属性的具体表征，政治属性是一个国家的典型属性，国家金融安全自然而然也具有政治属性。

4. 独立性

国家金融安全的独立性是相对于国家的独立性而言的，独立对于一个主权国家而言至关重要。一个主权完整的国家应该具有独立属性，不受外部干涉。国家金融安全的前提是国家独立的主权，若一个国家连基本的主权都没有，其国家金融安全也就无从谈起。比如，我国对外开放和外交政策的基本原则就是独立自主，这也成为我国国家金融安全的基本原则。

5. 完整性

国家金融安全的完整性可以从其政治性和独立性两个特征去理解，指一个国家的政治属性和主权的独立性应该是完整的，政治性和主权独立性都不完整，金融安全也就无法保障。比如，20世纪70—80年代阿根廷的金融危机、80—90年代日本的金融危机就是由于国家的独立性和完整性无法得到保证而引发的。

6. 脆弱性

由于信息不对称性的存在，国家金融安全往往具有脆弱性。需求是金融存在的唯一理由，也是金融创新的最大动力，但需求也是会随时变化的，它会引起金融流动性、资产价格等的变动，加上信息的不对称性，会进一步放大金融安全的脆弱性。此外，国家金融安全脆弱性可放于它的全球性特征去理解，由于金融的全球性和交叉传染性，国家金融安全的脆弱性特征会更明显。

三、金融科技对国家金融安全的影响机理

如前所述，金融科技在维护国家金融安全方面发挥越来越重要作用的同时，也正在深刻重构国家金融安全边界，它将通过金融基础设施、数字货币、金融监管系统、金融市场等方面传导对国家金融安全的影响。

（一）金融科技重塑金融基础设施安全边界

巴塞尔银行监管委员会认为，"存贷款与融资服务""支付与清结算服务""投资管理服务""市场基础设施服务"等是金融科技的四个核心应用领域。"存贷款与融资服务""投资管理服务"主要是提升金融业务的效率，但"支付与清结算服务""市场基础设施服务"却直接影响国家金融安全。2020年3月5日，《统筹监管金融基础设施工作方案》印发，我国金融基础设施统筹监管范围包括金融资产登记托管系统、清算结算系统（包括开展集中清算业务的中央对手方）、交易设施、交易报告库、重要支付系统、基础征信系统等六类设施及其运营机构。对于国家金融安全而言，其中最重要的就是支付与清结算系统。

1. 金融科技对国家金融主权安全的影响

支付与清结算是全球贸易、金融市场、资本流通等重要基础服务之一，金融科技在其应用越来越多。从国际上看，目前全球支付与清结算体系由以美国为首的西方金融强国主导，全球外汇结算、贸易结算等以美元为主，支付与清结算中心以欧洲为主。从国内来看，2017年中国第三方移动支付的规模已达202.93万亿人民币，近五年平均增速高达181%；成年人电子支付比例高达76.9%。随着"一带一路"建设的推进，中国的移动支付技术也逐渐推广至其他国家，"技术出海"越来越普遍。短短两三年，中国的移动支付技术已经惠及全球超过8.7亿人。

金融基础设施服务是金融科技发挥作用的基础，也是金融市场运行的硬件基础。在金融市场基础设施服务方面，我国已跻身于全球前列，与美国、英国、加拿大等金融强国处于同一行列。比如，华为生产的通讯基础硬件设

施,百度、阿里、腾讯、京东、苏宁(BATJS)以电商为应用场景,围绕支付、交易结算等把金融市场基础设施建设成为国际第一方阵。同时,它们为金融机构输出大量的技术方案,运用金融科技建设金融基础设施。此外,金融市场基础设施的主要部分——支付结算体系和系统,目前全球性的支付和结算系统是SWIFT和CHIPS,主要由美国控制,它可操纵这些系统,对其想制裁的个体、实体企业和金融机构等进行精准打击,甚至切断金融主权国家的对外金融联系网络,对其他国家的金融主权进行打击破坏。

2. 金融科技对金融基础设施安全运行的影响

不法分子利用大数据、人工智能等技术,通过金融网络系统攻击金融监管系统、金融机构业务系统、支付结算系统等金融基础设施,导致金融基础设施的瘫痪,扰乱金融系统的运行,进而危害国家金融安全。根据中央网信办数据显示,2019年我国重要数据泄露风险与事件累计3000余起。国家信息安全漏洞共享平台(CNVD)数据显示,2019年我国通用软硬件漏洞高达1.62万个,同比增长14%,这些漏洞存在于互联网(包括移动互联网)、操作系统、办公自动化系统(OA)等软件,及VPN设备、路由器、芯片、SIM卡等硬件设备。其漏洞极易成为不法分子攻击金融基础设施的渠道,2019年涉及银行、证券、网贷等金融行业的数据非法售卖事件占数据非法交易的34.3%,这一数据就是有力的证据。

目前金融基础设施的监管办法、管理操作指引等均未出台,金融基础设施各主体缺乏参照指引,面临合规的尴尬境地。2020年6月,美国运通公司获批我国银行卡清算业务许可证,我国金融基础设施已开始对外开放,如何保障在开放过程中金融基础设施的安全,在政策制度上亟须监管办法和系列监管指引的指引,在硬件和技术上需要各参与主体的安全系统。亟须构建金融基础设施各主体间的风险防火墙,尤其是构建各主体与国外金融基础设施对接的防火墙,遇到紧急情况,可以从硬件上直接断开与国外的联接,避免受到严重攻击。此外,重要金融基础设施运维人员若被策反成间谍,或因操作不当而导致金融基础设施损毁,则严重影响金融安全。

(二)金融科技重塑国家货币安全边界

货币管控是确保一个国家金融安全的重要方式之一,金融科技其中最大的一个应用是数字货币,目前全球使用范围最广的数字货币是比特币,但其匿名、去中心化、瞬时结算等特性与许多主权国家货币监管的思维与逻辑矛盾，截至目前也没有获得主流国家的法定认可。我国在 2017 年也取缔了比特币，禁止其在我国生产与流通交易。金融科技对国家主权货币带来以下影响：

1. 数字货币对国家金融主权的影响

以数字货币 Libra 为例。2019 年 6 月 18 日，Facebook 发布加密数字货币 Libra 白皮书。从白皮书可知 Libra 币本质是一种稳定币，其价值将由一系列低波动性资产综合决定，包括由稳定且信誉良好的中央银行提供的现金和政府货币证券，其实质是建立一套简单的、无国界的货币和为数十亿人服务的金融基础设施，这对一个国家的金融安全有两大方面影响。一方面，Libra 使"主权数字货币非核心功能的商业化"，影响国家货币主权；另一方面，Libra 用户数量庞大，其货币锚定作用明显，影响国家货币运行基础。这两方面都将进一步增强其美元国际货币的地位，对全球汇率、金融市场都有较大影响，对现有的金融体系结算、清算和交换效率等更是一个大的挑战。

虽然美国国会于 2019 年 7 月 3 日叫停了 Libra 项目，但由于 INSTEX 结算机制、"金砖支付"体系等不断出现，美国极有可能批准 Libra 项目，进而控制 Libra 项目，进一步强化"美元霸权"。2020 年 4 月 16 日，Libra2.0 白皮书发布，在合法合规方面做了重要更新修改，主要包括：一是，引入单货币稳定币，并将单货币稳定币组合成一篮子稳定币；二是，放弃向无许可系统的过渡；三是，提高 Libra 支付系统的安全性，并在 Libra 储备的设计中加入强大的保护措施。从这几点更新修改来看，Libra 在极力争取获得监管批准，极有可能在短期内获批发行，这将进一步强化美元支付体系和美元霸权，重塑美元"全球货币"信任机制和价值机制，对其他法币构成挑战，进一步造成对一个国家金融主权的挑战。

2. 数字货币对使用机制安全的影响

数字货币需借助于一定的工具或载体方能使用，如手机 APP、POS 终端机等。即使现在我国设计的数字货币采用的是"双离线"支付机制，即不管通信是否中断均不影响支付，但这仍然无法解决数字货币需借助一定的工具才能使用的局限，如果使用工具损坏，或不懂得使用，则影响使用安全与方便。若报以数字货币的编码使用，则需要记住一串数字编码，流通性和安全性受限。此外，对于身处偏远山区、从未使用过电子产品或对电子产品不熟悉的居民而言无疑是一个挑战，这会影响数字货币的使用接受性。2018年美国皮尤研究中心发布一份研究报告显示，我国智能手机普及率为68%，意味着有近1/3的居民不会使用智能手机，这将进一步影响数据货币的安全使用。

3. 数字货币对金融基础设施安全的影响

数字货币的发行使用会生成巨大的数据，每一次流通就会产生新的数据，庞大的数据处理、存储等对于一般的支付结算系统和存储设备是一个巨大的挑战，如何确保支付结算系统和存储设备的稳定和安全运行就是一个巨大的挑战，要确保这些系统和设备运行和存储数据的安全则面临更大的挑战。根据数据显示，每年"双11"光棍节所产生的订单、交易结算等使数据库每秒处理峰值达6100万次，这对于每一个层级或参与其中的金融基础设施而言都是一个巨大的挑战，一旦此时数据库崩溃或遇外力冲击导致设施损毁，则将对所有交易主体或参与者造成巨大损失。

（三）金融科技重塑金融监管机制安全边界

金融科技的快速发展和广泛应用，极大改变了金融市场基础设施的运行模式和形态，使市场参与者迅速增加。一方面，提高了服务质量和效率；另一方面，使市场碎片化，增加市场"噪音"，增加监管成本，放大风险。现有监管体制、机制不能完全覆盖金融科技促进的金融创新业务及带来的新风险。如：虚拟货币的发行，现有监管体制机制暂未有明确的规定；区块链技术在金融领域去中心化的业务应用逻辑与现有监管体制机制中心化逻辑尚存在诸多矛盾；人工智能、云计算、大数据等金融科技基础技术的应用将重塑诸多金融业务，也带来了诸多新的风险。

目前金融科技和国家金融安全的关系如图1所示：一是L1线性关系，若金融科技创新较为激进，则L1往左移且变得更陡，金融安全难以得到保障；二是L2、L3非线性关系，L2、L3会左右移动，金融科技与国家金融安全会保持动态平衡。金融科技与国家金融安全的L2、L3非线性关系应该是常态，也是国家监管部门追求的状态，但某些时期也会出现L1线性关系状态，甚至出现线性与非线性共存的状态。

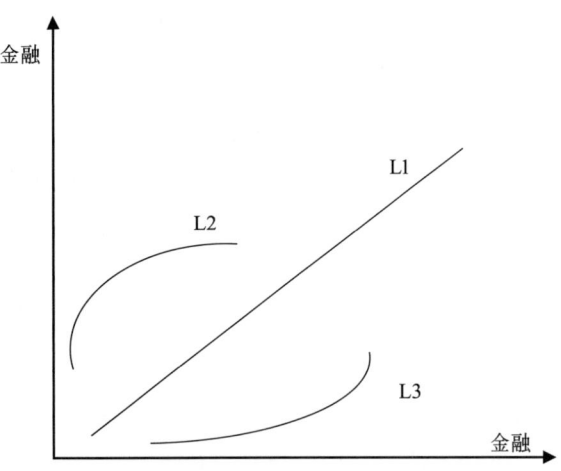

图 1　金融科技与国家金融安全关系示意图

1. 区块链对金融监管机制安全的影响

区块链作为金融科技的典型技术，其应用得到飞速发展。区块链是一种由多方共同维护，使用密码学保证传输和访问安全，能够实现数据一致存储、难以篡改、防止抵赖的记账技术，也称为分布式账本技术。其典型的应用就是数字货币，而数字货币最关键的底层技术为区块链技术，但区块链技术在金融领域的应用尚未成熟，区块链去中心化和去信任化的特点与监管中心化和统一化的逻辑存在矛盾。截至 2019 年 8 月，由全球各国政府推动的区块链项目数量达 154 项，主要涉及金融业、政府档案、数字资产管理、投票、政府采购、土地认证/不动产登记、医疗健康等领域。我国及全球主要经济体在数字货币领域的这些实践均说明区块链在数字货币领域得到了加速应用。

然而，目前全球各国监管部门对区块链的发展与应用持谨慎态度，多数国家重视区块链技术在实体经济中的应用，认为其发展尚未成熟，在金融领域的应用有可能会增加新的风险和放大原有的风险。少数国家对区块链及加密货币持"积极拥抱"的态度，部分国家对加密货币明确了监管政策。例如，澳大利亚、韩国、德国、荷兰、塞浦路斯、阿拉伯联合酋长国、马耳他等国积极发展区块链产业，制定了产业总体发展战略；美国、中国、韩国、英国、澳大利亚及欧盟重视区块链技术研究与应用探索；与此同时，中国及澳大利亚、法国、瑞士、芬兰等国家已经陆续制定了区块链监管方面的法规。目前，在欧盟的 GDPR 就 GDPR 与日本的跨境机制作了安排，但在金融科技风险防范上尚无任何全球性合作机制的安排，全球金融科技风险防范处于"群龙无首"状态，金融科技的开放性、多元性等特征带来的潜在风险对全球金融系统是一个巨大挑战。

目前金融科技行业及监管标准缺失，监管数据共享难，给违法犯罪行为可乘之机。比如，利用瞬时到账、区块链等技术躲避金融监管，进行洗钱、毒品等非法交易。对于人工智能、区块链、云计算和大数据等金融科技的基础技术在金融体系应用的风险尚未得到充分认识和揭示，甚至于对它们的定义、内涵和特征等都尚未取得共识，更难以在短时间内制定有前瞻性的行业标准及监管标准对其进行监管。导致金融科技无法得到有效监管，严重危害国家金融安全。2019 年 12 月在北京率先启动的金融科技"监管沙盒"计划，目前已有数十个项目"入盒"试验运行，其最大的目的就是寻找行业及监管标准。我国实行的是金融业分类监管，监管数据的共享困难是制约监管有效性与及时性最大的困难之一，不断地对金融体制机制进行改革，其目的之一就是加强统一监管，强化监管的协调性。2019 年 9 月印发的《金融科技发展规划（2019—2021 年）》明确提出，要突破部门障碍，打通金融业数据融合应用通道，破除不同金融业态的数据壁垒。然而，目前针对该规划的系列配套细则并未出台，没有统一和强有力的组织保障及专责部门负责推进，金融科技的有效监管步履维艰。

2. 人工智能对金融监管机制安全的影响

目前人工智能可以在没有人类控制或监督的情况下，独立完成自动驾驶汽车、起草一份投资协议和诊断病人等，甚至于进行一台手术。人类对人工智能的自主性缺乏足够的预见性，很难推断人工智能行为的因果关系，这将造成人工智能在金融领域运用结果极大的不确定性，给国家金融安全带来隐忧。比如，人工智能运行过程中，有可能执行某些错误或黑客植入的程序，而造成消费者损失或导致金融系统崩溃等。此外，人工智能研发的秘密性、分散性、不连续性及不透明性（马修，2016）等使金融系统面临巨大的潜在风险，而且监管很难就这些特性产生的潜在风险进行有效的监控和防范。

金融科技关键风险因子及释义如表 2 所示。

表 2　　　　　　　　　　金融科技关键风险因子及释义

	关键风险因子	释义
金融科技风险	算法不准确性风险	算法类型选择不正确、数据质量不佳或算法参数选用不合理等造成的 AI 模型错误。
	算法运行规则的不透明性风险	AI 系统的算法运行规则、工作模式及各子组件间的配合原则很难做到充分透明而导致的运行风险。
	算法偏差性风险	依赖于动态发展及更新的数据集来驱动 AI 产生决策,将使识别模型中的固有偏差变得更加困难;输入数据中的固有偏差可能导致运行效率低下或不公允的结果出现;数据科学家缺乏对于偏见性的考虑,使得偏差风险从一开始就注定无法得到充分解决。
	算法反馈风险	未检测到不当反馈的风险增加(尤其在那些允许持续反馈和学习的 AI 解决方案中),这可能会影响解决方案产生准确结果的能力。
	算法滥用风险	用户可能缺乏对复杂 AI 模型的充分理解,或错误地解释 AI 输出结果从而导致出现错误结果的可能性增加;或者故意利用算法的漏洞而谋利。
	数据合规	决策逻辑风险,即金融机构很难理解并向监管机构证明复杂的 AI 应用程序是如何做出这项决策的,例如那些采用神经网络的应用程序,其中包含了许多类似黑匣子的隐藏决策层。
	数据保护	数据使用风险,即由于 AI 解决方案的不断进步和不透明的特质,这可能会与数据保护法案(例如:GDPR、网络安全法)相关的合规风险增加,其中包括在自动决策生成领域中的数据主体权利。
	IT 运营风险	在某些情况下,AI、区块链、云计算等应用程序对大数据的显著依赖性增加了现有 IT 基础架构所带来的风险,因为后者可能与这些应用程序不兼容(如:现有系统无法处理大数据或无法处理结构性数据)。
	信息与网络安全风险	当技术开发者不再支持、更新或免费提供开源组件(软件包、编程语言、API 等),企业对其组件的依赖性可能会引发安全漏洞;复杂算法使得使用者更难理解机器提供的解决方案是如何做出的决策,从而可能会受到人为或其他智能机器的恶意操纵。

续表

	关键风险因子	释义
金融科技风险	金融科技主管人员变更风险	主管人员变更后,接替者短时间可能难以识别那些为金融科技解决方案提供信息的上游系统发生变化的影响,这可能会导致在AI、区块链、云计算等底层技术与其外部环境交互时产生无法预料的后果。

资料来源:根据德勤《人工智能与风险管理报告》整理。

(四) 金融科技重塑金融市场安全边界

金融科技使收集大量个人金融数据极为方便,为非法买卖、精准营销、暴力催收等提供数据支持,导致不公平竞争,扰乱金融市场秩序,也危害消费者财产安全,甚至人身安全。近年来,部分金融消费者不考虑还款能力,利用互联网金融征信缺失过度借贷,造成逾期无法偿还,甚至引发暴力催收等恶性事件。此外,P2P网络平台违规募资、放贷、挪用资金等导致的暴雷造成数百万投资者投资损失,部分投资者为维权而产生冲击企业、到公安机关集体静坐等不理性行为,给经济发展带来不确定因素,给社会稳定带来压力。

互联网金融涉及金融机构业务系统、支付结算系统、征信系统等金融基础设施,以金融科技为驱动的P2P行业的暴力催收和金融欺诈一度使该行业陷入困境,造成数百万投资者利益受损,曾一度引发群体性事件,危害国家安全。据网贷天眼研究院不完全统计,截至2019年10月31日,我国P2P网贷平台数量累计达6698家,其中问题平台5795家,在运营平台903家。出问题主要是平台失联、平台清盘、提现困难、暂停运营、警方介入等原因;涉及资金逾万亿元,涉及投资者数百万人。2019年9月,刘鹤副总理就在当月的金融委会议上指出,地方政府要强化属地风险处置责任和维稳第一责任,有效打击各类非法金融活动,防止发生群体性事件。在中国裁判文书网通过"暴力催收"关键字查询,共检索到1541篇文书,再在这1541篇文书中通过"科技"关键字查询,共检索到162篇文书。这从另外一角度说明互联网金融的暴力催收案件仍处于高发阶段,进一步危害国家金融安全。

部分问题网贷平台信息汇总如表3所示。金融科技对国家金融安全的影响机理如图2所示。

表3　　　　　　　部分问题网贷平台信息汇总

平台名称	上线时间	问题发生时间	出问题原因
融益汇	2014 - 12 - 28	2019 - 12 - 28	平台清盘
轻易贷	2014 - 10 - 25	2019 - 12 - 13	警方介入
车励享金服	2017 - 10 - 12	2019 - 12 - 03	暂停运营
铜掌柜	2015 - 03 - 15	2019 - 11 - 27	平台清盘
麦子金服财富	2009 - 06 - 15	2019 - 11 - 27	警方介入
拓道金服	2013 - 12 - 09	2019 - 11 - 21	警方介入
好又贷	2014 - 04 - 25	2019 - 11 - 19	平台清盘
申鼎互金	2016 - 03 - 31	2019 - 11 - 08	平台清盘
赚啦理财	2014 - 11 - 26	2019 - 10 - 19	平台展期
珠宝贷	2014 - 09 - 23	2019 - 10 - 18	平台清盘
银谷在线	2016 - 07 - 15	2019 - 10 - 17	提现困难
升值空间	2016 - 01 - 01	2019 - 10 - 17	提现困难
工场微金	2012 - 07 - 1	2019 - 10 - 16	平台展期
汇理财	2014 - 07 - 14	2019 - 10 - 16	平台清盘
民投金融	2015 - 12 - 1	2019 - 09 - 24	平台失联
阳光金服	2013 - 07 - 1	2019 - 09 - 24	平台失联

资料来源：根据网贷天眼数据整理。

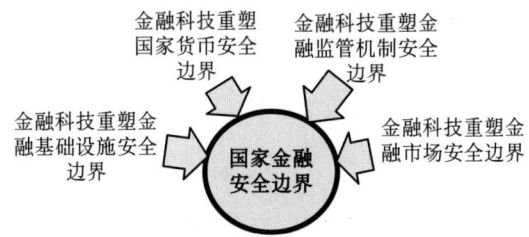

图2　金融科技对国家金融安全的影响机理示意图

四、金融科技影响国家金融安全机理的案例分析

由金融科技直接导致的危害国家金融安全的事件虽然较少发生，但由于金融科技方面的漏洞而危害国家金融安全价值的案例却非常多，如数据泄

露、数据非法买卖等，频繁发生的危害国家金融安全价值的事件一旦积少成多，将严重危害国家金融安全。本文将通过多案例分析，梳理出金融科技影响国家金融价值的风险因子及其导致的后果，通过主成分分析梳理出最主要的风险因子及其导致的危害结果因子，进一步分析和证明金融科技对国家金融安全的影响机理。

1. 案例资料来源

通过银保监会官网、裁判文书网、数据法盟公众号、期刊文章等公开的网站、报告、报道等收集案例资料及数据，主要收集的是近3年内的由于金融科技风险而导致的安全风险事件，共收集34个事件案例资料。

2. 案例资料的分析及数据编码

基于前面梳理出的金融科技风险关键因子及其对国家金融安全的影响机理初步的路径，对案例资料内容进行分析，重点关注金融科技风险事件的原因及导致的结果，进行规范性数据编码，确认具有经验内容的理论概念，梳理出影响金融科技风险的因素及结果因子，构建理论模型（见表4）。

表4　金融科技风险事件影响因素及结果因子编码结果

事件	示例性证据	事件原因		事件结果	
		一阶编码	二阶编码	一阶编码	二阶编码
1	人脸识别应用程序Clearview AI泄露美国30亿人脸数据，涉及警方、执法机构和银行等机构数据。	服务器安全漏洞	AI技术风险	银行机构数据泄露	金融机构安全
2	雅诗兰黛的官方服务器遭黑客入侵，导致其未经加密保护的云数据库中4.4亿用户信息泄露。	数据库安全漏洞	云技术风险	用户信息泄露	金融消费安全
3	迪卡侬数据信息存储未加密，导致客户及员工的姓名、地址、电话号码等1.23亿条数据泄露。	信息存储设备安全漏洞	大数据技术风险	客户信息泄露	金融消费安全

续表

事件	示例性证据	事件原因		事件结果	
		一阶编码	二阶编码	一阶编码	二阶编码
4	Facebook 公司近 7000 页内部决策记录与信息泄露，其中大约有 1200 页被标记为"高度机密"。	API 接入安全漏洞	数据风险	决策信息泄露	数据机构安全
5	国泰航空的计算机系统缺乏合适的保护机制，导致 940 万乘客的姓名、国籍、出生日期、电话号码等信息泄露。	计算机系统安全漏洞	大数据技术风险	乘客信息泄露	金融消费安全
6	利库德集团（Likud）开发的选举应用程序配置中的错误暴露并损害了近 650 万以色列公民的个人资料。	程序错误	技术风险	公民信息泄露	金融消费安全、国家主权安全
7	米高梅国际度假（MGM Resorts）酒店超 1060 万名客人的全名、家庭住址、电话号码等信息泄露。	数据库漏洞	数据风险	客户信息泄露	金融消费安全
8	由于缺乏保护的 Elasticsearch 实例，并根据 SSL 证书和反向 DNS 记录等手段，某英国安全公司的 50 亿条安全事件记录遭泄露。	技术缺乏保护机制	算法风险	技术安全信息泄露	金融系统安全
9	超 51.5 万多台服务器、路由器和物联网智能设备的远程登录 Telnet 的 IP 地址、用户名和密码等信息被黑客攻击而泄露。	技术缺乏保护机制	技术风险	技术安全信息泄露	金融系统安全
10	万豪国际 520 万名客人的姓名、地址、出生日期、电话号码等信息被泄露。	系统漏洞	数据风险	客户信息泄露	金融消费安全

续表

事件	示例性证据	事件原因 一阶编码	事件原因 二阶编码	事件结果 一阶编码	事件结果 二阶编码
11	因第三方API泄露或报废导致2.67亿Facebook用户的姓名、邮箱地址、电话等信息被盗。	API接入安全漏洞	技术风险	用户信息泄露	金融消费安全
12	印尼电商9000万用户的邮箱地址、全名、哈希口令等信息泄露。	PostgreSQL数据库安全漏洞	算法风险	用户信息泄露	金融消费安全
13	CAM4的109亿条包含用户姓名、支付记录、电子邮件信息、IP地址和密码哈希等信息被泄露。	Elasticsearch集群配置错误	技术风险	用户信息泄露	金融消费安全、支付系统安全
14	泰国移动运营商AIS云泄露83亿条包含DNS查询日志和NetFlow日志互联网记录的信息。	云数据库安全漏洞	云技术风险	用户信息泄露	网络安全
15	WordPress数百万网站数据库遭到窃取。	技术安全漏洞	技术风险	网络数据泄露	网络安全
16	Zoom1.5万个包括医疗会议、商务会议、小学课堂等会议视频被泄露。	数据存储及传输安全漏洞	技术风险	决策信息泄露	金融系统安全、金融消费安全
17	Zoom App内嵌的Facebook SDK程序盗输用户的手机型号、时区、城市、运营商以及广告唯一标识符等信息。	技术安全漏洞	技术风险	用户信息泄露	金融消费安全
18	汇丰银行美国分部银行在线账户被攻击及发生数据泄露,泄露数据主要包括客户全名、Email、电话号码等。	数据库安全漏洞	数据风险	银行及用户信息泄露	金融系统安全、金融消费安全

续表

事件	示例性证据	事件原因		事件结果	
		一阶编码	二阶编码	一阶编码	二阶编码
19	澳大利亚联邦银行数据转运中遗失了包含客户姓名、地址、账号等17年交易记录的两个存储磁带，超1200万条用户银行数据遗失。	存储设备丢失风险	操作风险	交易信息泄露	金融系统安全、金融消费安全
20	DragonEx平台钱包遭黑客入侵，大量用户和平台的数字资产被盗，损失超602万美元。	交易平台安全漏洞	技术风险	资产被盗	金融系统安全、金融消费安全
21	币安货币交易平台出现"大规模安全漏洞"而被网络钓鱼、病毒等技术盗走7000枚比特币，损失超4100万美元。	系统安全漏洞	技术风险	资产被盗	金融系统安全、金融消费安全
22	韩国交易所UpBit安全系统被黑客攻破，被盗3.42万个以太币，损失超5000万美元。	系统安全漏洞	技术风险	资产被盗	金融系统安全、金融消费安全
23	用于安全存储/处理XRP的钱包和网关GateHub超2300万个XRP被盗及超1300万个XRP被洗白。	技术安全漏洞	技术风险	资产被盗	金融系统安全、金融消费安全
24	BTTBank游戏合约被攻击，导致1.8亿BTT损失。	智能合约漏洞	金融科技风险	资产被盗	金融系统安全、金融消费安全
25	中国某电信公司超2亿条用户信息被卖。	运维人员盗取	操作风险、道德风险	信息被卖	金融消费安全
26	某公司5.38亿用户的ID、微博数、粉丝数、关注数、性别、地理位置等数据泄露。	技术安全保护漏洞	技术风险	用户信息泄露	金融消费安全

续表

事件	示例性证据	事件原因 一阶编码	事件原因 二阶编码	事件结果 一阶编码	事件结果 二阶编码
27	某医院6000多名就诊者的姓名、电话、身份证号码等信息泄露,导致患者被骚扰。	信息存储安全漏洞	操作风险	患者信息泄露	金融消费安全、消费者人身安全
28	某农商银行、某商业银行内部人员违规泄露客户信息,被银保监会处罚。	信息存储安全漏洞	操作风险、道德风险	银行信息泄露	金融系统安全、金融消费安全
29	民警盗取公民个人的行踪轨迹、住宿信息、车辆轨迹等信息售卖谋利,被判刑。	数字证书安全漏洞	大数据技术风险	公民信息泄露	金融消费安全
30	某村镇银行、某国有行支行内部员工盗卖客户752条征信信息谋利获刑。	信息存储安全漏洞	操作风险、道德风险	银行信息泄露	金融系统安全、金融消费安全
31	某城商行员工利用银行系统,倒卖公民个人征信信息830余条谋利获刑。	信息存储安全漏洞	操作风险、道德风险	银行信息泄露	金融系统安全、金融消费安全
32	某公司非法窃取30亿条公民信息,通过精准营销、恶意弹窗、加粉、刷量等方式用于互联网营销牟利变现,违法被罚。	网站安全漏洞	技术风险	公民信息泄露	网络安全
33	某公司程序员删除数据导致300万电子商铺瘫痪,其市值蒸发超10亿元。	数据存储安全漏洞	数据风险	数据灭失	金融市场安全
34	某人非法窃取2000万人脸数据制作3D头像通过支付宝认证非法获利,被判刑。	支付系统安全漏洞	技术风险	个人信息被泄露	金融支付系统安全

由表4可知,服务器安全漏洞、数据库安全漏洞、信息存储设备安全漏洞、API接入安全漏洞、计算机系统安全漏洞、程序错误、技术缺乏保护机制、系统漏洞、云数据库安全漏洞、技术安全漏洞等是造成金融科技风险的

主要因素，导致技术风险、云技术风险、大数据技术风险、数据风险、操作风险、道德风险等风险的出现。由这些金融科技风险影响因素会造成，银行机构数据泄露、决策信息泄露、技术安全信息泄露、网络数据泄露、交易信息泄露、客户信息泄露等结果，进而影响金融系统安全、金融市场安全、支付系统安全、网络安全、金融消费安全等。Audit Analytics 近期发布《网络安全事件披露趋势》报告指出，2011 年至 2019 年底发生的 639 起上市公司网络安全事件，每起网络数据泄露事件的平均损失高达 1.16 亿美元。由此可知，由安全防护技术、硬件设施、人为等因素造成的网络数据泄露安全事件造成上市公司股价波动，进而导致金融市场的动荡。从已有案例分析及数据表明，金融科技风险确实会对国家金融安全造成影响。因此，可提出金融科技影响国家金融安全机理的理论解释模型，如图 3 所示。

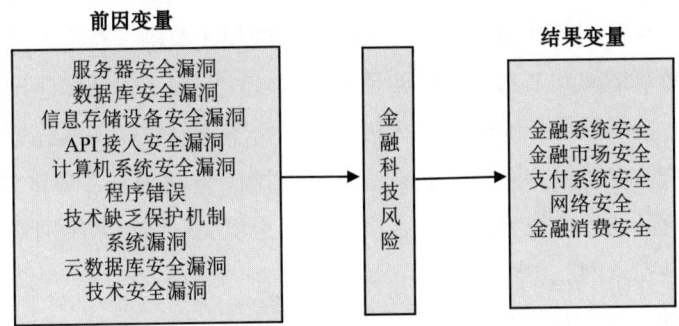

图 3　金融科技影响国家金融安全机理的理论解释模型

五、构建我国金融安全边界体系的政策建议

随着金融科技在金融领域应用步伐的加快，金融科技对国家金融安全的影响逐步体现，其会通过影响国家金融基础设施、国家主权货币、金融监管机制、金融市场等重塑国家金融安全边界，应围绕这些方面重点构建我国金融安全边界体系，保障国家安全。

（一）以人民币国际化强化金融基础设施安全边界

截至 2018 年底人民币国际化指数（RII）为 2.95%，在全球官方外汇储备中的占比仅为 1.89%，即使包括直接投资、国际信贷、国际债券与票据等在内的国际金融交易，人民币计价的综合占比仅为4.9%，远低于美元的40.08%。人民币跨境支付系统（CIPS）目前有30多家直接参与的银行，800多家间接参与银行，已经覆盖全球2800多家机构，覆盖机构数量与SWIFT持平，但每天交易笔数仅7000多笔。因此，必须加快人民币国际化的步伐来强化金融基础设施安全边界。

1. 以"一带一路"建设加快推进建设人民币离岸结算体系

一是应争取更多国家和地区加入"一带一路"建设。在"英国脱欧"进程中，加大与英国、欧盟在贸易、投资、金融市场等多领域的合作，尽快与英国签订自由贸易协定，更好地利用中英经济结构的互补性和伦敦的金融优势，推动伦敦人民币离岸中心成为覆盖"一带一路"乃至全球的人民币支付途径和渠道。二是继续推动多边主义，争取与欧盟在产业合作、贸易投资自由化便利化方面更大的突破。三是扩大中东欧国家的经贸投资，完善我国优势产业在欧洲地区的布局，扩大人民币的使用范围，奠定人民币贸易使用基础、政策框架和节点布局。四是推进区域性跨境支付系统建设，建立风险隔离墙，在风险可控前提下，积极与现有跨境支付联盟、系统等对接，构建多元化跨境支付结算系统。五是，以上海国际金融中心、粤港澳大湾区、海南自由贸易港等建设为突破点，构建我国跨境支付结算系统网络，以点带面形成金融安全网。

2. 加快人民币国际化政策体系建设

一是应由央行牵头，采取渐进式人民币国际化的方式，以"服务实体经济、促进贸易投资便利化"为基本导向，顺应市场需求，逐步建立人民币跨境使用政策体系，有序解除人民币跨境使用的政策限制；二是在促进贸易便利化基础上逐步放开直接投资、跨境人民币资金池、银行间债券市场、RQFII、沪港通、深港通、债券通等，并完善相关基础设施，巩固本币优先地位，为人民币使用开辟了有效通道，保障人民币安全高效使用。

3. 充分利用时间窗口期提升人民币SDR权重

一是在金融双向开放保证安全的前提下，应持续加快人民币债券、衍生品等国际化开放进程；二是拓宽资金双向流通渠道，完善多层次资本市场建设，进一步放宽外资参与国内股市、债券回购、私募投资基金、金融期货、商品期货等；三是加快上海国际金融中心基础设施、政策体系、制度机制等的建设，大幅提升金融服务贸易比重，进一步提升人民币 SDR 权重。

4. 以人民币支付结算基础设施建设加快构建金融安全的攻防体系

通过 CIPS 完成的总的交易量和金额仍远低于 SWIFT 的原因在于 CIPS 服务的便利性、可获得性、跨境业务的熟悉程度、市场习惯和行为等。一方面，借鉴国外金融基础设施建设的成功经验，加强以人民币支付结算体系为核心的金融基础设施建设，以海外清算行深耕离岸市场为突破口，促进国际金融基础设施的协调，增强各个管理部门对金融基础设施重要性的认识与理解，优化各个功能体系，促进金融工具之间的转换，为金融活动信息的交换和安全提供有力保障。另一方面，加强区块链技术在人民币支付结算基础设施和数字货币的应用研究，以支付结算系统和数字货币为突破口，建立国家金融安全的攻防体系，确保国家金融安全。

5. 渐进式市场化手段完善金融基础设施建设

《统筹监管金融基础设施工作方案》指出，我国金融基础设施统筹监管范围包括金融资产登记托管系统、清算结算系统（包括开展集中清算业务的中央对手方）、交易设施、交易报告库、重要支付系统、基础征信系统等六类设施及其运营机构。《中国金融稳定报告2017》的第七章中的金融基础设施范围则包括支付、清算和结算体系、法律环境、会计标准、信用环境、反洗钱、金融消费权益保护等。

第一，尽快完善金融基础设施监管立法，使监管有法可依。尽快公布《统筹监管金融基础设施工作方案》，并制定配套政策、制度、机制等，明确金融基础设施的定义、范围、统筹监管机构、监管规则等，及早对金融基础设施进行全面监管，并根据实际情况调整监管策略；金融基础设施的监管涉及"一委一行两会"，而目前关键的金融基础设施主要由央行监管，国务院金融稳定发展委员会办公室也设在央行，可由央行作为金融基础设施的统筹监管机构，设置相应的处室专职负责；兼顾国际金融基础设施相关法律基础、制度框架、运行规则、监管规则等，可设置过渡期，渐进式对接。

第二，建立金融市场基础设施处置机制。充分实施《国际支付结算体系委员会与国际证监会组织原则》，完善相关法律框架，增强金融市场基础设施的韧性。以《统筹监管金融基础设施工作方案》《金融市场基础设施原则》为指引，加强对重要金融基础设施的统筹监管，统一监管标准，健全准入管理，优化设施布局，健全治理结构，推动形成布局合理、治理有效、先进可靠、富有弹性的金融基础设施体系。完善金融科技的法律、规制和监管框架，制定金融科技行业标准，以金融科技手段完善金融基础设施建设。

第三，建立我国金融应急管理体系和机制。建立完善的应急事件响应团队以及对事件响应计划开展全面测试是保障金融基础设施安全的两项重要举措。

（二）以"新基建"建设强化金融基础设施安全边界

新型基础设施建设（简称新基建），主要包括5G基站建设、特高压、城际高速铁路和城市轨道交通、新能源汽车充电桩、大数据中心、人工智能、工业互联网七大领域，涉及诸多产业链。2018年12月的中央经济工作会议把5G、人工智能、工业互联网、物联网定义为"新型基础设施建设"；2020年4月20日国家发改委指出，新型基础设施主要包括信息基础设施、融合基础设施和创新基础设施三方面内容，人工智能、云计算、区块链等就包括在信息基础设施中。我国以5G为代表的信息通信技术已有一定的基础，在5G、物联网、数据中心、智能计算中心等基础设施的建设上走在世界前列，但我国智能交通、智慧能源等融合基础设施及重大科技、科教、产业技术、产品研制等创新基础设施却仍有很大的提升空间。此外，我国行政区域辽阔，新型基础设施建设极不均衡，进一步导致金融基础设施发展的不均衡。

第一，要持续推进我国信息基础设施的建设，抢占世界第一方阵，保持持续领先的地位，以5G、数据中心、云计算中心等的建设为突破口，保障我国金融基础设施的安全。第二，加快物联网、大数据等技术在传统金融机构的应用步伐，建设智慧金融基础设施，抢抓金融与科技融合发展的机遇。第三，加大重大科技基础设施、科教基础设施、产业技术创新基础设施等建设的投资，推动金融基础设施的创新发展，研发金融基础设施安全防护技术。第四，建立金融基础设施应急管理机制，按"两地三中心"原则，建设我国金融基础设施灾备系统。第五，以市场化原则鼓励更多资本进入金融基础设施建设，考虑把第三方支付平台纳入金融基础设施建设及监管范围。如支付宝、微信支付等。

（三）以监管机制改革及法律法规建设强化金融监管系统安全边界

近年来，《中华人民共和国密码法》《信息安全技术网络安全等级保护基本要求》《网络安全审查办法》《App 违法违规收集使用个人信息行为认定方法》《App 违法违规收集使用个人信息自评估指南》《互联网个人信息保护指引》等多项网络安全相关法律法规、配套制度及有关标准陆续发布，但这些管理要求、指引等大多属于部门规章性质，法律效力低，无法起到威慑作用。现行的《网络安全法》《民法总则》和即将出台的《个人信息保护法》等相关法律作为国家法律，构成我国个人信息保护的制度基础，但政府行政、立法司法、市场企业及个人等相关主体间协作治理体系尚未形成，存在个人信息采集、使用和管理存在采集主体资格无法界定、数据权利无法律依据、权利人被动接受、数据使用和退出边界不清晰、相关法律责任不明确，以及监管和执法难以到位等问题。此外，鲜有看到关于金融基础设施、金融关键信息设备保护等的管理办法、指引等出台。

第一，完善我国顶层金融科技监管体制机制。以《金融科技发展规划（2019—2021 年）》为契机，进一步厘清金融科技监管体制机制，明确"一委一行两会"对金融科技监管的职责。第二，完善我国金融科技监管法律法规。以现有的《统筹监管金融基础设施工作方案》《中华人民共和国密码法》《信息安全技术网络安全等级保护基本要求》《网络安全审查办法》等为基础依据，短期可先加快出台《数据安全管理办法》《个人信息保护法》等法规，长期应制定专门的《金融法》，在《金融法》里明确金融科技管理相关规定。

（四）以国家金融安全审查机制建设强化国家金融安全防御边界

2015 年 11 月 25 日，周小川在《人民日报》发文呼吁，我国应建立国家金融安全审查机制（见表 5），健全金融安全网。2016 年 12 月，中国人民银行等 14 部门联合发布的《关于促进银行卡清算市场健康发展的意见》提出，依法建立银行卡清算服务等金融领域安全审查机制，保障国家金融安全。时至今日，我国仍缺乏相对独立、全面的金融安全审查机制。未来需要从以下方面加以健全完善：

第一，应制定《金融安全审查法》或在《外商投资法》里增加和明确金融领域的安全审查内容，尽快制定金融安全审查制度，健全金融安全审查体制，明确金融安全审查机制的法律依据。第二，建立以国家安全委员会和国务院金融稳定与发展委员会为领导牵头部门，在国务院金融稳定与发展委员会下设金融安全审查专责部门,成立央行、银保监会、证监会、商务部、发改委等部际联席审查机制,由金融安全审查专责部门统一协调,如表5所示。第三,加快科技与金融领域的外商投资审查机制的改革,建立科技、金融、关键基础设施等领域的外商投资安全审查机制,将关键基础设施、金融关键技术和金融数据安全作为国家金融安全的审查重点,构建国家关键产业安全边界。第四,建立技术引入评估审查机制,对从国外引入的金融及科技产品、服务方案等进行评估审查,评估及预警引入的新产品、新技术等对国家金融、科技等安全的影响,同时在《外商投资法》《外商投资审查机制》等法规里明确对外商在金融及科技领导的重要、重大投资进行审查,审查内容应包括,主要评估及预警所能感知到的外部威胁。

表5 国家金融安全审查机制

	一级指标	二级指标	三级指标
国家金融安全审查机制	国家安全委员会		
	国务院金融稳定与发展委员会	金融安全审查专责小组(统筹建立部际联席审查机制)	央行
			银保监会
			证监会
			商务部
			发改委

(五)以金融科技行业标准及全球治理机制的建设强化国家金融安全攻击边界

虽然全球金融科技发展的如火如荼,但对于全球金融科技行业标准及治理机制的合作机制目前尚未建立,处于群龙无首的状态。2020年6月,美国战略与国际研究中心(CSIS)发布报告《全球数字经济下的数据治理原则》,提出了包括3个核心目标和7个基本机制的10项数据治理原则,称其是"为G20成员国制定的一套数据治理原则",为世界各国的数据治理框架提供参考。虽然CSIS是一个非党派、非政府的民间国际问题研究机构,但这个举动无疑可以看出美国意欲主导全球金融科技治理机制的意图,这将持续强化美国金融与科技霸权。我们必须足够清醒,并采取必要的应对措施。

第一,保持5G的行业领先地位,以5G技术推进金融基础设施安全网的建设。第二,积极参与全球金融科技行业标准的制定与全球合作治理机制的制定，争取金融科技产业链关键核心地位及更多的国际话语权。第三，设立更多的5G基金、金融基础设施建设基金等，引导更多的资金投向国内金融科技领域，培养相关人才，牢牢巩固我国金融科技全球第一方阵的地位。第四，进一步厘清和明确"一委一行两会"的金融科技和数据保护监管职责，在积极对接国际金融科技监管体制机制的同时，建立风险隔离机制，构建中国特色的金融科技监管体制机制。如增设银保监会金融科技监管局。第五，增加金融科技安全保障体系建设资金的投入，提升投资回报率。如增加网络安全、数据保护、大数据中心等建设的投入。根据ESI Thoughtlab发布的研究报告显示，企业在网络安全中持续增加的投入可以产生179%的超高投资回报（ROI）。第六，大力发展监管科技，对金融科技风险实施实时动态监控。制定金融机构、类金融机构和金融科技企业金融科技风险管理指引，建立金融科技使用安全策略与标准、数据统一管理机制等。如制定《数据治理指引》《区块链使用安全标准》等。第七，提高金融科技服务机构准入门槛，对于征信机构、数据服务机构（数据采集、存储及使用）等金融科技服务机构要进一步提高准入门槛，实行行业准入管理及动态持牌管理。比如，企业征信、个人征信、身份信息检验服务等行业应实行准入管理和动态持牌管理，动态持牌管理指对持牌机构定期进行规则执行检查评估，对执行规则不达标的机构实行退出管理。